《电工实战丛书》编委会

DIANGONG 电工 实战丛书 SHIZHAN CONGSHU

汽车电工技能速成与实战技巧

孙克军 主编

梁国壮 薛增涛 副主编

QICHE DIANGONG JINENG SUCHENG YU SHIZHAN JIQIAO

化学工业出版社

·北京·

图书在版编目（CIP）数据

汽车电工技能速成与实战技巧/孙克军主编. —北京：化学工业出版社，2017.11

（电工实战丛书）

ISBN 978-7-122-30730-9

Ⅰ.①汽… Ⅱ.①孙… Ⅲ.①汽车-电工 Ⅳ.①U463.6

中国版本图书馆 CIP 数据核字（2017）第 247106 号

责任编辑：高墨荣　　文字编辑：孙凤英

责任校对：边　涛　　装帧设计：刘丽华

出版发行：化学工业出版社（北京市东城区青年湖南街 13 号　邮政编码 100011）

印　　刷：大厂聚鑫印刷有限责任公司

装　　订：三河市宇新装订厂

787mm×1092mm　1/16　印张 15½　字数 380 千字　2018 年 1 月北京第 1 版第 1 次印刷

购书咨询：010-64518888（传真：010-64519686）　售后服务：010-64518899

网　　址：http://www.cip.com.cn

凡购买本书，如有缺损质量问题，本社销售中心负责调换。

定　　价：48.00 元

前言

随着国民经济的飞速发展，电能在工农业生产、军事、科技及人民日常生活中的应用越来越广泛。各行各业对电工的需求越来越多，新电工不断涌现，新知识也需要不断补充，为了满足广大再就业人员学习电工技术的要求，我们组织编写了“电工实战丛书”。本丛书按高压电工、低压电工、维修电工、建筑电工、物业电工、家装电工、水电工、汽车电工、电工分册。本丛书采用大量图表，内容由浅入深、言简意赅、通俗易懂、简明实用、可操作性强，力求帮助广大读者快速掌握行业技能，顺利上岗就业。

近几年随着我国汽车工业的迅猛发展和人民生活水平的提高，汽车已大量进入平常百姓的家庭，而现有从事汽车维修服务的专业人才数量远远不能满足汽车保有量的急剧增加的需求。另外，由于各种新技术、新材料、新工艺在汽车上的大量应用，汽车行业对汽车专业人员的素质、技术提出了越来越高的要求。汽车维修人员是当前技能型紧缺人才之一。汽车维修行业就业机会多、发展前景好，受到社会的高度关注。

为了使汽车从业人员更好、更快地掌握汽车电气设备的拆装、维修技术，更好地适应汽车行业发展的需要，我们组织编写了本书，以帮助汽车电工提高汽车电气设备维修技术及处理实际问题的能力。本书从当前汽车电工的实际情况出发，面向生产实际，搜集、查阅了大量有关资料，归纳了汽车电工基础知识，简要介绍了汽车电源系统，汽车发动机启动系统，汽车发动机点火系统，汽车照明、灯光信号及电喇叭系统，汽车仪表与报警系统，辅助电气系统，空调系统的基本结构与工作原理，重点介绍了各种常用汽车电气设备的使用、检测与维护，还介绍了各种汽车电气设备的常见故障及其排除方法等。编写时考虑到了本书的系统性、实用性和可操作性，努力做到理论联系实际。

本书由孙克军任主编，梁国壮、薛增涛任副主编。第 1 章由孙克军编写，第 2 章由梁国壮编写，第 3 章由薛增涛编写，第 4 章由王雷编写，第 5 章由路继勇编写，第 6 章由杨征编写，第 7 章由钟爱琴编写，第 8 章由商晓梅编写。编者对关心本书出版、热心提出建议和提供资料的单位和个人在此一并表示衷心的感谢。

由于水平所限，书中难免有不妥之处，敬请广大读者批评指正。

编　者

目 录

第1章 汽车电工基础知识

第2章 汽车电源系统

第3章 汽车发动机启动系统

第4章 汽车发动机点火系统

第5章 汽车照明、灯光信号及电喇叭系统

第6章 汽车仪表与报警系统

第7章 辅助电气系统

第8章 空调系统

参考文献

第1章 汽车电工基础知识

1.1 汽车电气设备的组成与特点

1.1.1 汽车电气设备的组成

虽然现代汽车电气设备的数量很多，但总的来说可以大致分为三部分：电源系统、用电设备和汽车电气线路。

1.1.1.1 电源系统

电源系统又称电源系或充电系，主要由蓄电池、发电机、调节器及充电指示装置组成。其作用是向全车用电设备提供低压直流电能。发动机不工作时由蓄电池供电；发动机启动后，转由发电机供电。当发电机的端电压高于蓄电池端电压时，在向用电设备供电的同时，又向蓄电池充电。调节器的作用是在发电机工作时，保持输出电压的稳定。

1.1.1.2 用电设备

(1) 启动系统

启动系统又称启动系，主要由直流启动机、启动继电器、启动开关及启动保护装置等组成，其主要用于启动发动机。

(2) 点火系统

点火系统又称点火系，它仅用于汽油机上，主要由点火线圈、高压线、分电器、电子点火器、火花塞等组成。其作用是在气缸中适时可靠地产生火花，以便点燃气缸中的可燃混合气。

(3) 照明与信号系统

照明系统包括车内外各种照明灯及其控制装置，其作用是确保车辆内外一定范围内合适的照度，提供车辆夜间安全行驶必要的照明，以便夜间行车。信号系统包括声响信号和灯光信号两类。其作用是告示行人、车辆，引起其注意，指示行驶趋向，指示操纵件状态，运行性机械故障报警，以提高行驶和停车的安全性、可靠性。

(4) 仪表、报警及显示装置

仪表系统常见的仪表有电流表、电压表、机油压力表、冷却液温度表、燃油表、气压表、车速里程表、发动机转速表、各种警告灯（电子显示装置）等。其作用是检测汽车的各种工作情况，使驾驶人员能够通过仪表、报警装置及显示装置，及时发现发动机及汽车的各种参数及异常情况，以确保行驶和停车的安全性、可靠性。

(5) 辅助电气设备

辅助电气设备是为驾驶员和乘员提供良好的工作条件和舒适的乘坐环境而设置的，常见的有风窗刮水清洁设备、电动车窗、电动座椅、空调器、音响设备、卫星导航和定位系统及防盗装置等。

(6) 其他电子控制系统

为了提高汽车的动力性、经济性，改善安全性，减少排放污染，现代汽车大量采用了计算机控制系统，又称电子控制系统。汽车电子控制系统主要指利用微机控制的各个系统，包括电控燃油喷射系统、电控点火系统、电控自动变速器、制动防抱死装置、电控悬架系统、自动空调等。电控系统的采用可以使汽车上的各个系统均处于最佳工作状态，达到提高汽车动力性、经济性、安全性、舒适性，降低汽车排放污染物等目的。

现代汽车所采用的电控系统越来越多，所占的比例越来越大。汽车电控系统往往都自成系统，将电子控制与机械装置相结合，形成了较为典型的机电一体化系统，这也代表了汽车今后的发展方向。

1.1.1.3 汽车电气线路

汽车电气线路使全车电路构成一个统一的整体。汽车电气线路主要包括中央控制盒、熔断装置、继电器、电线束及插接器、电路开关等。随着现代汽车技术的发展，电子控制系统采用得越来越多，所占的比例日益增大。

下面以丰田卡罗拉轿车为例介绍汽车电气设备的结构。卡罗拉轿车的外部电气设备的结构如图 1-1 所示；其内部电气设备的结构如图 1-2 所示；其仪表板电气设备的结构如图 1-3 所示。

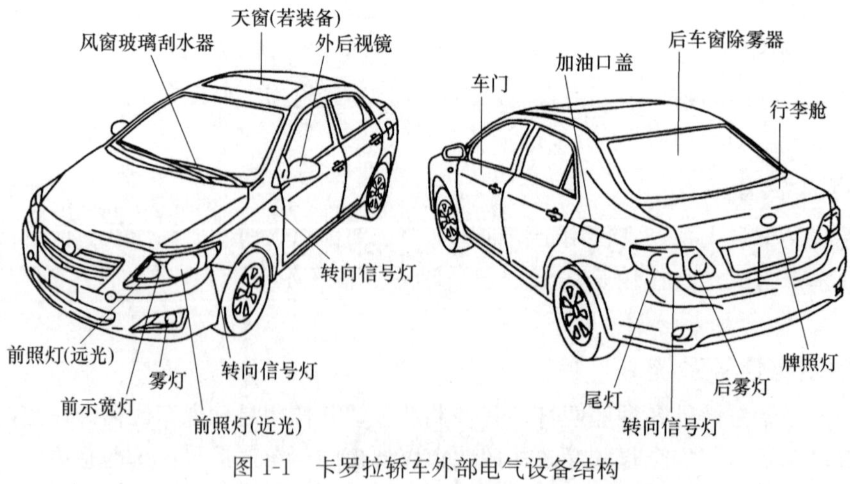

图 1-1 卡罗拉轿车外部电气设备结构

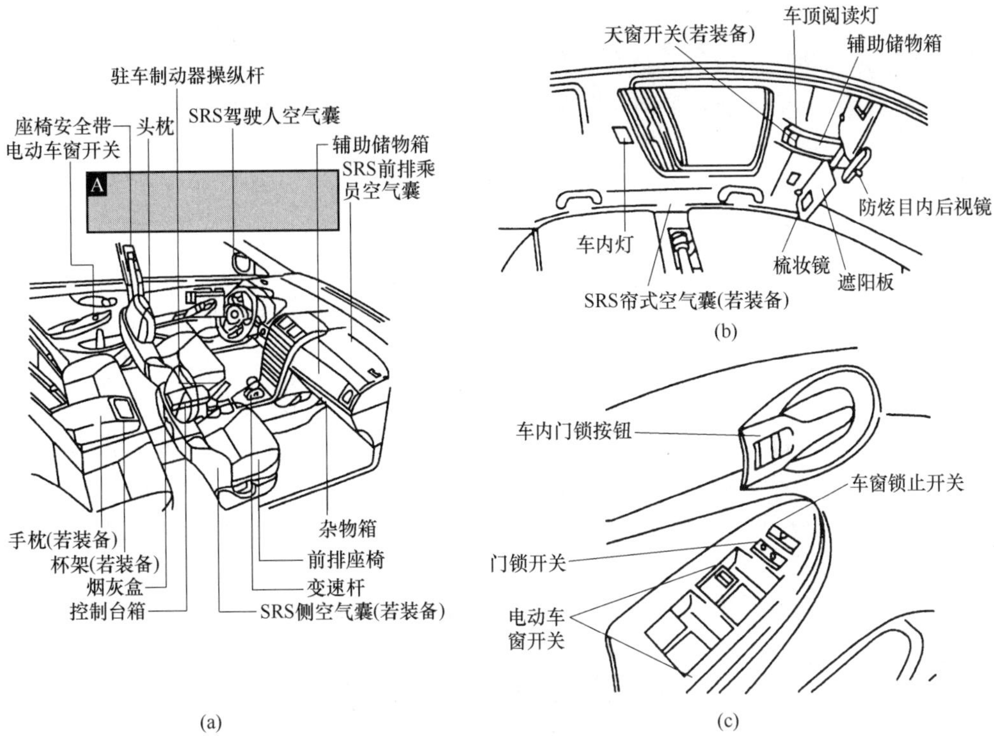

图 1-2　卡罗拉轿车内部电气设备结构

1.1.2 汽车电气设备的特点

汽车电气设备与普通的电气设备比较有以下的特点。

① 两个电源。蓄电池和发电机，汽车所有设备均与蓄电池、发电机并联。发电机为主电源，主要提供汽车运行时各用电设备用电；蓄电池为辅助电源，主要供启动机用电。

② 低压直流。汽车电系的额定电压有 12V 和 24V 两种，目前汽油车普遍采用 12V 电源，重型柴油车多采用 24V 电源。由于汽车用电设备增多，因此也已经开始研发 42V 的电源。

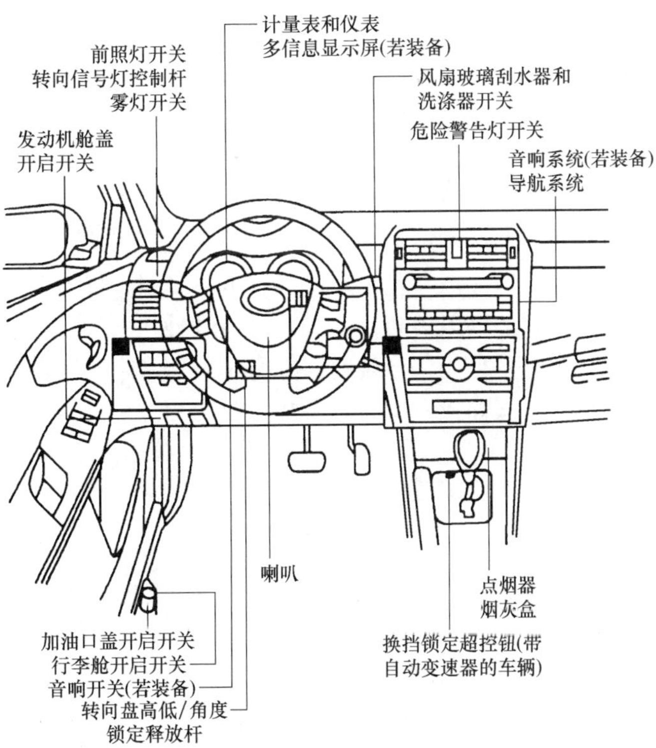

图 1-3　卡罗拉轿车仪表板电气设备结构

③ 并联单线。一般用电设备与电源的连接需要两条导线，一条为火线，另一条为零线，这样才能构成回路，而汽车上

所有的用电设备都是并联的，从理论上讲需要一条公共的火线和一条公共的零线。而汽车的底盘及发动机是由金属制造的，具有良好的导电性能。因此，用汽车的金属机体作为一条公共导线，从而达到节约导线，使电气线路简单、安装维修方便的目的。因此，现代汽车基本都采用单线制，但现代汽车上也有一些部位没有与汽车的金属机体相连，这些地方则必须采用双线制。采用单线制不仅可以节省材料（铜导线），使电路简化，而且便于安装、检修，同时也使故障率大大降低。当一条支路发生故障时，并不影响其他支路设备的正常工作。

④ 负极搭铁。由于汽车采用单线制，因此电气系统的两条线路中的一条必须用汽车的金属机体来代替，在接线时电源的一极及用电设备的一端要与金属机体相连，这样的连接称为搭铁。对直流电系统来说，从原理的角度，电气系统的正极或者负极均可作为搭铁极，但是，为了提高搭铁可靠性，统一标准，便于汽车电子设备的生产、使用和维修。按照国际通行的做法和我国标准的规定，汽车电气系统规定为负极搭铁。负极搭铁具有对电子器件干扰少、对车架及车身电化学腐蚀小、连接牢固的优点，目前绝大多数汽车是负极搭铁。这些搭铁线形式与普通导线有所不同，一般是扁平的铜质或铝质编织线，电流承载量大。

1.2 汽车电路的组成与特点

1.2.1 汽车电路的组成

汽车电气设备的种类和数量较多，包括电源、启动系统、点火系统、照明装置、信号装置、仪表与报警系统、电动刮水器与风窗洗涤器、电动车窗、电动门锁、电动后视镜、电动座椅、空调、音响、导航、安全气囊等。要使这些电气设备工作，必须构成能使电流流通的路径，该路径称为汽车电路。

汽车电路一般由电源电路、启动电路、点火电路、照明与灯光信号装置电路、仪表信息系统电路、辅助装置电路和电子控制系统电路共同组成。

汽车电源包括蓄电池和发电机。发动机不工作时，由蓄电池供电；发动机工作后，由发电机供电。汽车用电器包括电动机、电磁线圈、灯泡、仪表等。汽车配电装置包括过载保护器件（熔断器、断电器和易熔线）、控制器件（开关、电控单元）、导线及插接器等。

汽车电路的作用是当线路因负荷超载、短路故障而电流过大时，保护装置自动断开电源电路，以防止线路或者用电设备烧坏。

1.2.2 汽车电路的基本形式

根据控制器件与用电器之间是否使用继电器，将汽车电路分为直接控制电路和间接控制电路。

(1) 直接控制电路

直接控制电路是一种简单电路，控制器件与用电器串联连接，由控制器件直接控制用电器。该电路适用于工作电流不大的用电器控制，如制动灯电路、报警灯电路等。

直接控制电路的分析应遵循回路原则，即任何用电器只有与电源的正极和负极构成回路才能工作。

当接通开关，电流从蓄电池“+”极柱→熔断器→开关→灯泡→车身或金属机体（搭铁）→蓄电池“−”极柱，构成回路，灯泡亮，灯泡由开关直接控制，如图 1-4 所示。

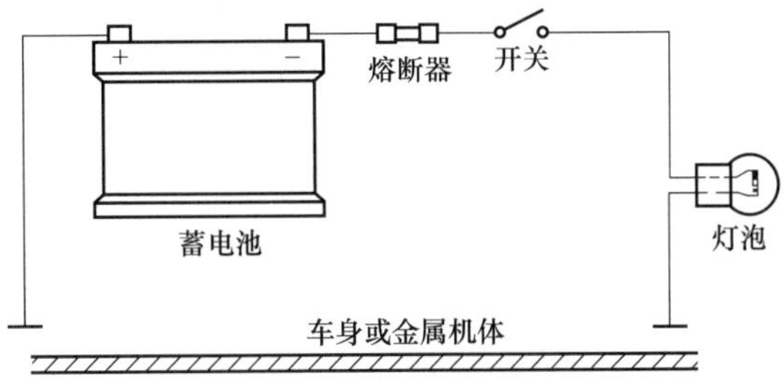

图 1-4 直接控制电路示意图

(2) 间接控制电路

间接控制电路是一种在控制器件与用电器之间使用继电器的电路。继电器由电磁线圈和触点组成；控制器件与电磁线圈连接的电路为控制电路；用电器与触点连接的电路为主电路。如图 1-5 所示。

当接通开关 S 时，电磁线圈通电产生电磁力，使触点闭合，因电磁线圈电阻大，故通过电磁线圈的电流较小。而触点可以通过较大电流，触点与用电器串联，解决了控制器件允许通过电流较小和用电器所需电流较大的矛盾。该电路适用于工作电流较大的用电器控制。

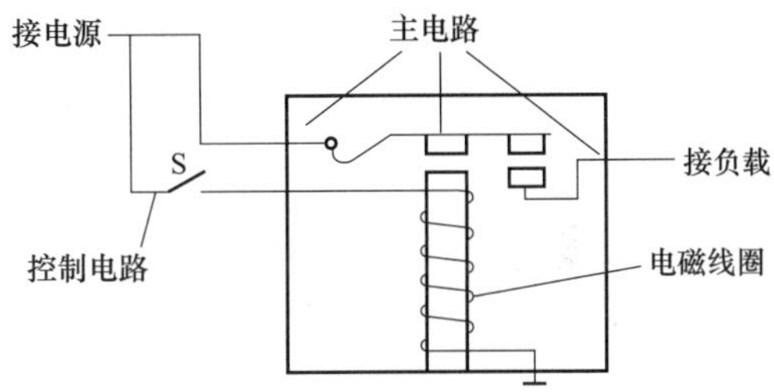

图 1-5 间接控制电路示意图

1.2.3 汽车电路的种类与特点

(1) 电气线路图

电气线路图（又称电气接线图）是将汽车电器（或部件）以实物轮廓图表示，再用线将电源、开关、熔断器等装置和这些电器一一连接起来的。

这种电路图的优点是电路设备的外形和实际位置都与原车一致。因此查线时，导线中间的分支、接点很容易找到，线的走向和车上实际使用的线束的走向基本一致，具有直观、查找方便的特点。但是这种图的缺点是线条密集、纵横交错，并很难表达电路内部结构与工作原理，不利于读图和分析电路。

(2) 电路原理图

电路原理图是按各个国家规定的图形符号，按电路原理，把仪表及各种电气设备，按由上到下的顺序合理地连接起来，然后按各系统进行横向排列。汽车电路的原理图有整车电路原理图和局部电路原理图两种。它们各有不同的用途。

电路原理图用于表达电气系统的工作原理。它是电气系统维修最实用的资料。电路原理图具有以下特点。

① 用电气图形符号表达各器件（或部件），各个图形符号旁边标注了名称或代码。

② 在此图上建立起电位高、低的概念。其负极“−”接地（俗称搭铁），电位最低，可用图中的最下面一条线表示；正极“+”电位最高，用最上面的那条线表示。电流的方向基本都是由上而下，路径是：电源正极“+”→开关→用电器→搭铁→电源负极“−”。

③ 可以减少电线的曲折与交叉，布局合理，使各系统处于相对独立位置，图面简洁、清晰，便于读者分析，易读、易画。

④ 所有控制器件和用电器处于不工作状态。

⑤ 导线标注有颜色和规格代码，有的车型还标注有所属系统的代码。

⑥ 整车电路图对全车电路有完整的概念，它既是一幅完整的全车电路图，又是一幅互相联系的局部电路图。重点难点突出、繁简适当。

⑦ 为了弄清汽车电器的内部结构，各个部件之间相互连接的关系，弄懂某个局部电路的工作原理，常从整车电路图中抽出某个需要研究的局部电路，参照其他翔实的资料，必要时根据实地测绘、检查和试验记录，将重点部位进行放大、绘制并加以说明。这种电路图的优点是用电器少、幅面小，看起来简单明了，易读易绘；其缺点是只能了解电路的局部。

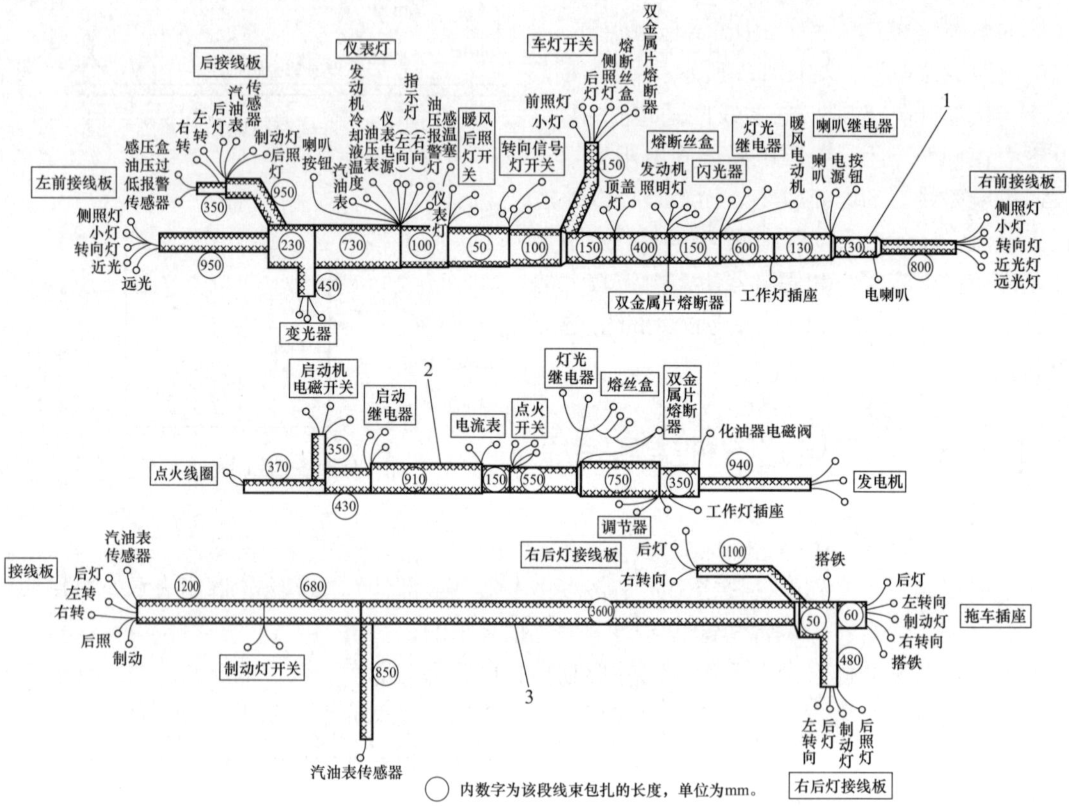

图 1-6 汽车电路线束图（东风 EQ1090 型汽车）

1—驾驶室线束；2—电源点火、启动线束；3—车架线束

⑧ 各局部电路（或称子系统）相互并联且关系清楚，发电机与蓄电池间、各个子系统之间的连接点尽量保持原位，熔断器、开关及仪表等的接法基本上与原图吻合。

(3) 线束图

整车电路线束图常用于汽车厂总装线和修理厂的连接、检修与配线。线束图主要表明电线束各用电器的连接部位、接线柱的标记、线头、插接器（连接器）的形状及位置等，它是人们在汽车上能够实际接触到的汽车电路图。图 1-6 所示为某汽车的电路线束图。

这种图一般不去详细描绘线束内部的电线走向，只将露在线束外面的线头与插接器详细编号或用字母标记。它是一种突出装配记号的电路表现形式，非常便于安装、配线、检测与维修。如果再将此图各线端都用序号、颜色准确无误地标注出来，并与电路原理图和布线图结合起来使用，则会起到更大的作用且能收到更好的效果。

1.3　汽车电路的识图方法

1.3.1　汽车电路识图的准备工作

① 由于各种汽车电路图的绘制尚不规范，特别是各种进口汽车的一些图形符号还很不一致，因此，尽可能多地识记国产及进口车型汽车电路图中采用的图形符号（包括导线、端子和导线的连接装置、触点与开关、电气元件、仪表、传感器、电气设备的一些限定符号）的意义以及表示各种布线配线走向的图形符号的各种标记、字母等图标的含义。这是识读和分析汽车电路图首先应该了解的东西，否则就无法识读汽车电路图，更谈不上分析了。

② 夯实基础，应从电工电子（或汽车电工电子基础）等基础知识开始学习。应掌握直流、交流电路等，这些知识对于识读分析传统汽车电路图是必不可少的。而对于识读和分析现代汽车的电子控制系统电路图，只掌握上述知识仍嫌不够，应再具备数字逻辑电路、运算放大器等基础理论知识。如有的集成电路闪光器中使用了555定时器，发光二极管显示板中用到了译码器，数字燃油表中使用了LM324集成电路电压比较器等等。

③ 掌握汽车电路中的各种元器件和单元电路的工作原理。这是识读各个电气系统以及全车电路的基础。必须从蓄电池、启动机、发电机及其调节器、继电器、开关以及启动系、电源系、点火系、灯光照明、仪表信号、刮水洗涤系统、空调、收音机、CD等附属设备、电子控制系统等各个具体元件或独立系统入手，各个击破，逐一掌握。

④ 熟练掌握汽车专业英语。据此，可快速判定一些进口车型电路图中的接线端子上的缩略语的含义，便于全面快捷地理解电气工作原理。

1.3.2　汽车电路识图的方法步骤

① 先易后难，逐步深入。应先从比较熟悉的一些传统汽车的电路图入手，开始读图分析；然后识读桑塔纳、捷达等车型的电路图；最后识读别克、帕萨特、雅阁等车型的电路图。这样由简到繁、整理归纳、比较提高，以至触类旁通。刚开始识读现代汽车电路图时，会碰到对一些ECU（电子控制单元，俗称“行车电脑”“车载电脑”等）、继电器的引脚名称和功能感到迷茫困惑的情况，此时，可暂时绕过这些与电子控制系统有关的内容，继续识读全车电路的其他电器部分，只有等到对这些ECU、继电器的资料收集完全后，才能理清各个引脚的电流流向，深入领会电子控制部分和传统电器部分之间的功能联系。这有助于增强我们读懂汽车电路图的信心。

② 化整为零，化繁为简。对于仅有线路图的汽车电路图，因图上线条密集交错，易使识读分析出错，有条件的话，可尝试参考有关资料和实物把原车线路图按系统改画成不同的单元电路原理图。对于整车电路图的识读分析，亦可仿照上述方法化整为零，化全车整体图为系统部分图以方便识读。对于各个系统单元电路图同样可以采取各个击破的办法进行识读。例如电子控制系统电路，就可以分成发动机电子控制系统、自动变速器电子控制系统、制动防抱死电子控制系统等电路；发动机电子控制系统又可以分为燃油喷射控制、点火控

制、排放控制等不同电路逐一进行阅读分析。同时，还应注意各系统单元电路之间的相互关系和相互影响，以便合零为整。

③ 突破一点，触类旁通。在识读汽车电路图时，一定要弄懂某种型号的汽车电路结构及其原理，通过这个具体的例子，举一反三，互相比较，以掌握汽车电路图的一些共性规律。再以这些共性为指导，了解其他型号的汽车电路，这样又可以发现更多的共性，触类旁通。同时还可以发现各种车型之间的差异。如此反复，不断积累，便可获得识读各种汽车电路图的能力。

④ 按车系识读汽车电路图。目前，国内汽车保有量逐年增加，品牌日趋多样，想要识读所有车型种类的汽车电路图极不现实，也大可不必。如前所述，只要突破一两种车型，便可触类旁通。为了使有限的知识和精力能覆盖更为广阔的车型品种，就要按照日、美、欧(德、法)、韩等车系合理划分，从中挑选出一两种车型作为重点掌握的对象。

1.4 汽车电气系统故障检修基础

1.4.1 汽车电气系统故障检修的注意事项

在对汽车电气系统进行故障检修时，应注意以下几点。

① 拆卸和安装电气元件时，应切断电源。

② 更换熔断器时，一定要与原规格相同，切勿用导线代替。

③ 在换灯泡时，应采用原制造厂指定的型号或与之功率相近的灯泡，以避免线路和发电机过载。

④ 对亏电的蓄电池必须及时充电，以恢复其供电能力。

⑤ 正确拆卸导线插接器（插头与插座）。为了防止插接器在汽车行驶中脱开，所有的插接器均采用了闭锁装置。要拆开插接器，首先要解除闭锁，然后把插接器拉开。不允许在未解除闭锁的情况下用力拉导线，这样会损坏闭锁或连接导线。

⑥ 在排除故障（如灯泡发红）时，应多检查灯具的搭铁线以及各接点的连接情况、蓄电池及发电机的输出线，并且仔细清理每一个发黑的锈蚀点、黏结和烧蚀的触点。

⑦ 在检修传统汽车电气故障时，往往采用“试火”的办法逐一判断故障部位。在装有电子设备的汽车上，不允许使用这种方法，否则会给某些电路和电子元件造成意想不到的损害。

⑧ 不允许使用万用表的 R×100Ω 以下低阻欧姆挡检测小功率晶体管，以免电流过载损坏晶体管。

1.4.2 汽车电气系统故障的检修方法

汽车电路中发生的故障主要有断路、短路、电气设备的损坏等。为了能迅速、准确地诊断出故障，下面介绍几种常见的故障检修方法。

(1) 直观诊断法

直观诊断法是在原地或通过道路实验，依靠观察和感觉，或者采用简单的工具来诊断故障。其特点是不需要什么设备，也不受场地等条件的限制，随时随地都可以进行诊断。但是对复杂故障的诊断速度慢，诊断的准确性在很大程度上取决于诊断人员的经验。对于潜伏和隐蔽的故障无法查实。往往需要通过解体检查才能发现。

采用直观诊断法时，首先要搞清故障的表现，有何特征及伴随症状；然后由简到繁，由表及里，逐步深入，进行推理分析；最后做出判断。这种故障诊断方法，可以概括为：问、看、听、嗅、摸、试。

① 问就是调查。除驾驶员诊断自己所驾驶车辆的故障外，任何人在诊断故障之前，都必须先问明情况。如：车辆的技术状况、故障的先兆迹象、故障的发生属于突变还是渐变等等。即便是经验丰富的诊断人员，在不问明情况时，就盲目诊断，也会影响诊断的速度和质量。

② 看就是观察。如排气的颜色、漏油的部位和程度、机油的颜色、损坏情况等。

③ 听就是听汽车工作时的声音，判断故障的性质和部位。

④ 嗅就是凭汽车在运行中散发出的某些特殊气味，判断故障所在部位。

⑤ 摸就是用手触摸可能产生故障的部位，通过温度、振动等情况的变化，来判断其工作情况。

⑥ 试就是试验验证。诊断人员可亲自试车，去体验故障的部位。如：用单缸断火法判定发动机异响等。

上述的各种方法，并非每一种故障的诊断都必须采用，不同故障，可视其具体情况而灵活运用。

例如，汽车行驶中，突然发现转向灯与转向指示灯均不亮，用手一摸，发现闪光器发热烫手，说明闪光器已被烧坏。

(2) 断路法

汽车电路设备发生搭铁（短路）故障时，可用断路法判断，即将怀疑有搭铁故障的电路段断路后，根据电气设备中搭铁故障是否还存在，判断电路搭铁的部位和原因。

例如，汽车行驶时，听到电喇叭长鸣，则可以将继电器“按钮”接线柱上的导线拆开，此时如果喇叭停鸣，则说明喇叭按钮至继电器这段电路中有搭铁现象。

(3) 短路法

汽车电路中出现断路故障，还可以用短路法判断，即用螺钉旋具或导线将被怀疑有断路故障的电路短接，观察仪表指针变化或电气设备的工作状况，从而判断出该电路中是否存在断路故障。

例如，怀疑汽车电路中的各种开关有故障，可用导线将开关短接来判断开关是好是坏。

(4) 试灯法

试灯法就是用一只汽车用灯泡作为试灯，检查电路中有无断路故障。检查时试灯一端与电路中某一接线柱连接；另一端搭铁。若灯亮，则电路正常；若灯不亮，则电路有断路故障。

试灯法是利用试灯对线路故障进行诊断的一种方法，其优点是可迅速地判断出电路中的短路、断路故障。试灯法又分为短路检测法和断路检测法两种。短路法主要用于检测线路中的断路故障，而断路法则主要用于检测线路中的短路故障。

(5) 仪表法

仪表法即通过观察汽车仪表板上的电流表、水温表、燃油表、机油压力表等的指示情况，来判断电路中有无故障的方法。

例如，发动机冷态，接通点火开关时，水温表指示满刻度位置不动，说明水温表传感器有故障或该线路有搭铁。

(6) 高压试火法

高压试火法即对高压电路进行搭铁试火，观察电火花状况，从而判断点火系的工作情况的方法。具体方法是：取下点火线圈或火花塞的高压导线，将其对准火花塞或缸盖等，距离约 5mm，然后接通启动开关，转动发动机，看其跳火情况。如果火花强烈，呈天蓝色，且跳火声较大，则表明点火系工作基本正常；反之，则说明点火系工作不正常。

(7) 低压搭铁试火法

低压搭铁试火法即拆下用电设备接线的某一线端对汽车的金属部分（搭铁）碰试而产生火花来判断故障的方法。这种方法比较简单，是广大汽车电工经常使用的方法。搭铁试火法可分为直接搭铁和间接搭铁两种。

直接搭铁是指未经过负载而直接搭铁，以是否产生强烈的火花来判断电路有无故障。例如，要判断点火线圈至蓄电池一段电路是否有故障，可拆下点火线圈上连接点火开关的线头，在汽车车身或车架上刮碰，如果有强烈的火花，说明该段电路正常；如果无火花产生，说明该段电路出现了断路。

间接搭铁是指通过汽车电器的某一负载而间接搭铁，以是否产生微弱的火花来判断线路或负载有无故障。例如，将传统点火系断电器连接线搭铁（回路经过点火线圈初级绕组），如果有火花，说明这段线路正常；如果无火花，则说明这段线路出现了断路。

特别值得注意的是，试火法不能在电子线路汽车上应用。

(8) 换件法

换件法在实际故障诊断中经常采用，即使用一个无故障的元件替换怀疑出现故障的元件，观察出现故障系统的工作情况，从而判断故障所在。采用换件法必须注意的是，在换件前要对其线路进行必要的检查，确保线路正常方可使用，否则会造成更大的损失。

(9) 仪器法

用仪表仪器对电气设备进行检查。根据仪表测量某些电参数的大小，经与正常数据对比后，来确定故障原因和部位。

随着汽车电气设备的日趋复杂，在维修中，特别是维修装置电子设备较多的车辆，使用一些专用仪器是十分必要的。

(10) 试灯检查法

用一个汽车灯泡作为试灯，检查电路是否有断路故障。检查时试灯一段与电路中某一接线柱连接；另一端搭铁。若灯亮则电路正常；若不亮则电路有断路故障。

(11) 分段检查法

采用分段检查法查找汽车故障就是以顺藤摸瓜的方式进行，逐步缩小可疑范围，渐次找出故障部位。每检查一段，即可排除该段的故障可能，因此也叫分段排除法。

第2章 汽车电源系统

2.1 蓄电池

2.1.1 汽车蓄电池的主要功能

汽车蓄电池的主要功能如下。

① 发动机启动时，蓄电池向启动系、点火系供电。

② 发动机低速运转、发电机不发电或电压低于蓄电池电压时，由蓄电池向用电设备供电，同时还向发电机励磁绕组供电。

③ 发动机中高速运转、发电机正常发电且有剩余时，将多余电能转化为化学能储存起来。

④ 当用电设备接入较多（如空调、灯光、音响等同时使用）而导致发电机过载时，蓄电池协助发电机向用电设备供电。

⑤ 稳定电气系统电压，保护电子设备。蓄电池相当于一个大容量的电容器，它不仅能稳定电气系统电压，还能吸收电路中出现的瞬时高电压，以免击穿电子元件。

总而言之，汽车蓄电池主要有以下两大作用。

① 为汽车启动时提供启动动力电源，大电流放电。

② 发动机正常工作以后蓄电池的主要作用是持续为点火线圈、音响等用电设备供电，同时发电机里发出来的电再给蓄电池补充电，从而保证了蓄电池在使用过程中不亏电。

2.1.2 蓄电池的分类与特点

(1) 分类

蓄电池是一种可逆的低压直流电源，放电时，化学能转变为电能；充电时，电能转变为化学能。蓄电池的种类很多。目前燃油汽车上使用的蓄电池按照电极所用材料和电解液性质的不同可分为铅酸蓄电池和碱性蓄电池。同时，由于人们对燃油汽车排放要求的提高和能源危机的冲击，因此各国正在不断探索和研制电动汽车，其主要动力源为新型高性能蓄电池。

铅酸蓄电池用途非常广泛，根据用途和容量的不同可分为启动用蓄电池、固定用蓄电池、铁路客车用蓄电池、摩托车用蓄电池等。

碱性蓄电池根据电极材料不同可分为镉镍蓄电池、铁镍蓄电池和锌银蓄电池等。

(2) 特点

碱性蓄电池的电解液为化学纯净的氢氧化钠或氢氧化钾溶液。碱性蓄电池具有容量大、使用寿命长、维护简单等优点，但价格昂贵。

铅酸蓄电池的电解液为化学纯净的硫酸溶液。其电极主要成分是铅，电解液是稀硫酸溶液。铅酸蓄电池由于结构简单、价格便宜、内阻小、可以短时间供给启动机强大的启动电流等特点而被广泛应用。本章主要介绍汽车用铅酸蓄电池（简称铅蓄电池或电瓶）。

铅蓄电池又可以分为普通铅蓄电池、干荷电铅蓄电池、湿荷电铅蓄电池和免维护铅蓄电池等。各种铅蓄电池的特点见表 2-1。

表 2-1 各种铅蓄电池的特点

类　型	特　点
普通铅蓄电池	新蓄电池的极板不带电，使用前需按规定加注电解液并进行初充电，初充电时间较长，使用中需要定期维护
干荷铅蓄电池	新蓄电池的极板处于干燥的已充电状态，电池内部无电解液。在规定的保存期内，只需按规定加入电解液，静置 20～30min 即可使用，使用中需要定期维护
湿荷铅蓄电池	新蓄电池的极板处于已充电状态，电池内部带有少量电解液。在规定的保存期内，只需按规定加入电解液，静置 20～30min 即可使用，使用中需要定期维护
免维护铅蓄电池	使用中不需要维护，可用 3～4 年不需要补加蒸馏水，极柱腐蚀极少，自放电少

2.1.3 蓄电池的结构

(1) 铅酸蓄电池的结构特点

汽车蓄电池一般为铅酸蓄电池。铅酸蓄电池是在盛有稀硫酸的容器中插入两组极板而构成的电能存储器，它由极板、隔板、电解液、连接条与极柱、外壳和加液孔盖等组成。普通铅酸蓄电池的结构如图 2-1 所示。

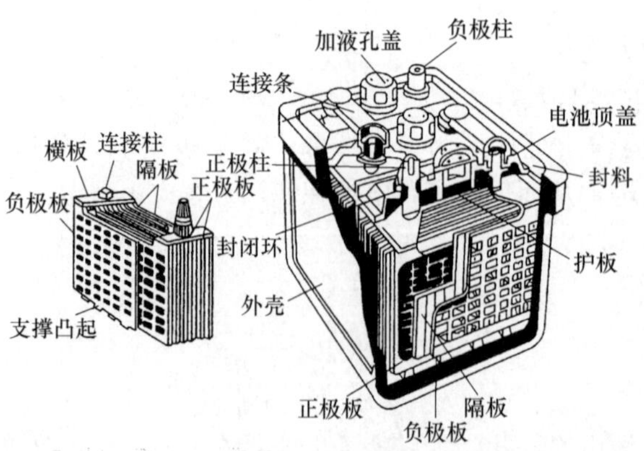

图 2-1 普通铅酸蓄电池的结构

① 极板　极板是蓄电池的核心部分，蓄电池充、放电过程中，电能和化学能的相互转换，就是依靠极板上活性物质和电解液中硫酸的化学反应来实现的。极板由栅架和活性物质组成，活性物质填充在铅锑合金铸造成的栅架上，如图 2-2 所示。极板分为正极板和负极板，正极板上的活性物质是深棕色二氧化铅（PbO_2），负极板上的活性物质是青灰色海绵状纯铅（Pb）。在栅架的铅锑合金中，加入锑是为了提高栅架的机械强度，并改善铸造性能。

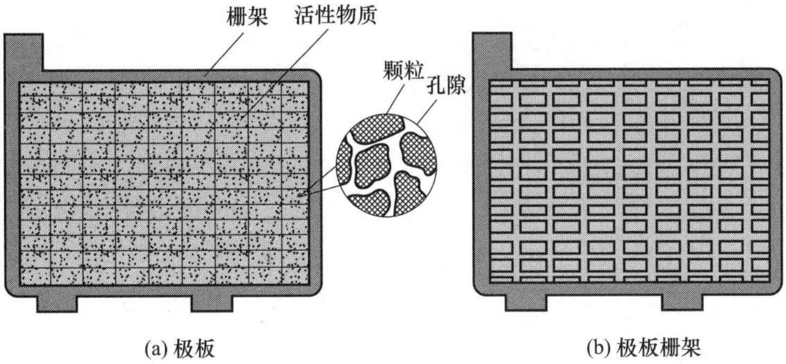

图 2-2　蓄电池极板

由于单片极板上的活性物质数量少，所存储的电量少，因此为了增大蓄电池的容量，通常将多片正、负极板分别并联，用横板焊接，组成正、负极板组，如图 2-3 所示。横板上连有极柱，各片间留有间隙，正、负极板相互嵌合，中间插入隔板。由于正极板的机械强度差，单面工作会使两侧活性物质体积变化不一致而造成极板拱曲，活性物质脱落，因此，在每个单格电池中，负极板的数量总比正极板多一片，正极板处于负极板之间，使正极板两侧放电均匀。

② 隔板　隔板置于正、负极板之间，以避免正、负极板之间接触而短路。隔板具有多孔性，以便电解液渗透，且化学稳定性好，具有耐酸和抗氧化性。

隔板的材料有木质、微孔橡胶、微孔塑料等。微孔塑料隔板孔径小、孔率高、薄而软、生产效率高、成本低。

隔板带槽的一面朝向正极板，且沟槽与外壳底部垂直。正极板在充、放电过程中化学反应剧烈，沟槽既能使电解液上下沟通，又能使气泡沿槽上升，还能使脱落的活性物质沿槽下沉。

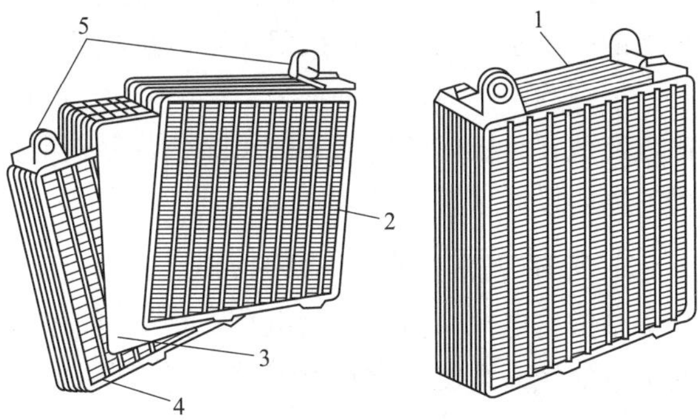

图 2-3　极板组

1—极板组总成；2—负极板；3—隔板；4—正极板；5—极板联条

③ 电解液　电解液是蓄电池发生化学反应的主要物质。它由化学纯净硫酸（密度为 1.84g/cm³）和蒸馏水按一定的比例配制而成。配制电解液时，必须使用耐酸的器皿，只能将硫酸慢慢地倒入蒸馏水中，并不断搅拌。电解液的密度一般为 1.24～1.30g/cm³（25℃），具体应根据地区、气候条件和制造厂的要求而定。

在蓄电池使用中应注意，电解液的腐蚀性极强，溅到皮肤上或眼睛里会受伤。如果接触了蓄电池电解液，要立即用苏打水（苏打中和酸）冲洗，酸液溅到眼睛里要立即用凉水或医用冲眼器冲洗，并请医生处理。

④ 壳体　壳体（又称蓄电池槽）作为一个容器，用来盛放极板、隔板和电解液。壳体耐酸、耐热、耐振动、绝缘性好，通常采用硬橡胶或聚丙烯塑料制成。

蓄电池的正、负极板之间所能产生的电压大约为 2.1V。为了获得更高的电压，壳体内部一般分成 3 个或 6 个互不相通的单格，构成 3 个或 6 个 2.1V 单格电池。蓄电池内单格电池之间均用铅质联条串联，形成 6V 或 12V 蓄电池。联条有外露式和穿壁式，其中，采用穿壁式联条连接单格电池，联条在蓄电池内部，尺寸较小，可减小蓄电池内阻，如图 2-4 所示。

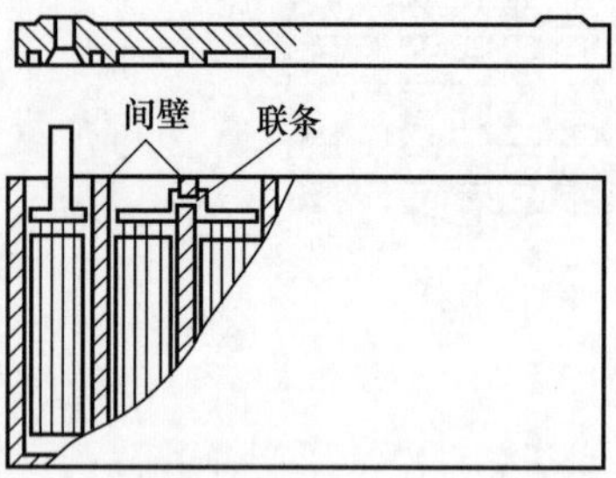

图 2-4 单格电池穿壁式连接示意图

壳体内每个单格的底部制有凸起的肋条，用来安置极板组与隔板。肋条之间的空隙可以积存极板脱落的活性物质，防止正、负极板短路。

每个单格电池都有一个加液孔，用于加注电解液或蒸馏水，也可检查电解液液面高度和密度。加液孔装有加液孔盖，可防止电解液溅出。加液孔盖上有通气孔，以便随时排出蓄电池内化学反应产生的氢气（H_2）和氧气（O_2），防止壳体胀裂。使用中，应保持此通气孔畅通。

⑤ 连接条　连接条的作用是将每个单格电池的负极柱与其相邻的单格电池的正极柱依次连接起来，以提高蓄电池总成的端电压。6V 蓄电池用了 2 个连接条；12V 蓄电池用了 5 个连接条；24V 蓄电池用了 11 个连接条。连接条是由铅锑合金浇铸而成的。

⑥ 电极柱　电极柱（或称电极桩）简称极柱（或称极桩）。电极柱的作用是将连接条连接剩下的一个正极和一个负极引出，以供与外电路连接。国产启动用蓄电池的正、负极柱有两种：一种为圆锥形；另一种为 90°角铁形。极柱上刻有“+”“−”号，同时在正极柱周围涂以红色；负极柱的周围一般不涂色，但是也有涂以蓝色、绿色或黑色的，目的是使标志明确，以防极性接错。

(2) 免维护蓄电池的结构特点

免维护蓄电池又称 MF 蓄电池，是指汽车合理使用期间，不需要对蓄电池加注蒸馏水、检测电解液液面高度、检测电解液密度等维护作业。其具有高性能、长寿命、无污染、免维护、安全可靠的卓越性能。图 2-5 为免维护蓄电池的结构。

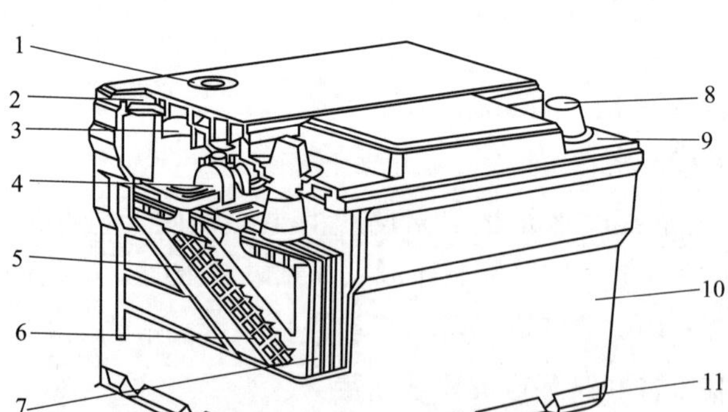

图 2-5 免维护蓄电池的结构

1—内装温度补偿型密度计；2—壳内消除火焰作用的排烟孔；3—液气隔板；4—极柱连接板；5—极板；6—铅钙栅架；7—隔板；8—极柱；9—模压代号；10—聚丙烯外壳；11—安装固定底座

与普通蓄电池相比，免维护蓄电池有如下结构特点。

① 因为免维护蓄电池采用铅钙合金栅架，充电时产生的水分解量少，水分蒸发量低，加上外壳采用密封结构，释放出来的硫酸气体也很少，所以它与传统蓄电池相比，具有不需要添加任何液体，对接线桩头、电线腐蚀少，抗过充电能力强，启动电流大，电量储存时间长等优点。

② 免维护蓄电池因其在正常充电电压下，电解液仅产生少量的气体，极板有很强的抗过充电能力，而且具有内阻小、低温启动性能好、比常规蓄电池使用寿命长等特点。因而在整个使用期间不需要添加蒸馏水，在充电系正常情况下，不需要拆下进行补充充电。但在保养时应对其电解液的密度进行检查。

③ 大多数免维护蓄电池在盖上设有一个内装式电解液密度计，它会根据电解液密度的变化而改变颜色。可以指示蓄电池的存放电状态和电解液液位的高度。当密度计的观察窗呈绿色时，表明充电已足，蓄电池正常；若显示深绿色或黑色，表明蓄电池存电不足，需要充电；若显示浅黄色，表明蓄电池已接近报废。内装式密度计工作示意图如图 2-6 所示。

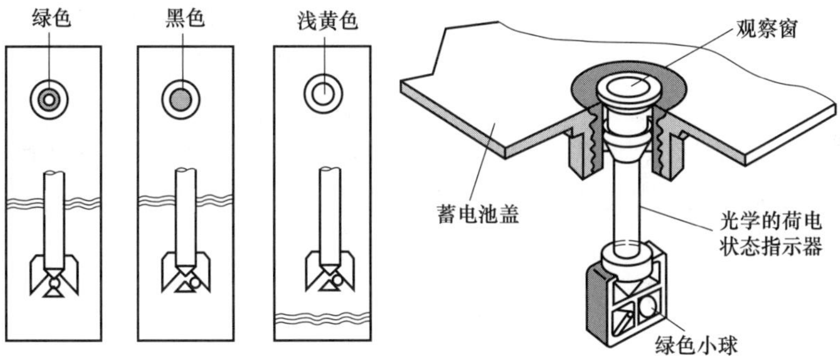

图 2-6 内装式密度计工作示意图

④ 免维护蓄电池也可以进行补充充电，充电方式与普通蓄电池的充电方法基本一样。充电时每单格电压应限制在 2.3～2.4V 之间。注意使用常规充电方法充电会消耗较多的水，充电时充电电流应稍小些（5A 以下）。不能进行快速充电，否则，蓄电池可能会发生爆炸，导致伤人。当免维护蓄电池的密度计，显示为淡黄色或红色时，说明该蓄电池已接近报废，即使再充电，使用寿命也不长。此时的充电只能作为救急的权宜之计。

有条件时，对免维护蓄电池可用具有电流-电压特性的充电设备进行充电。该设备既可保证充足电，又可避免过充电而消耗较多的水。

2.1.4 蓄电池的工作原理

铅蓄电池的种类虽然很多，但其工作原理完全相同。蓄电池的工作原理就是化学能和电能的相互转化过程，它分为充电和放电两个过程。当蓄电池的化学能转化为电能而向外供电时，称为放电过程；当蓄电池与外界电源相连而将电能转化为化学能储存起来时，称为充电过程，如图 2-7 所示。

(1) 放电（向外输出电能）过程

当蓄电池和外负载接通放电时，正极板上的二氧化铅和负极板上的海绵状纯铅，都与电解液产生化学反应，两种极板上的活性物质均逐步转化为硫酸铅，电解液中的硫酸成分逐渐

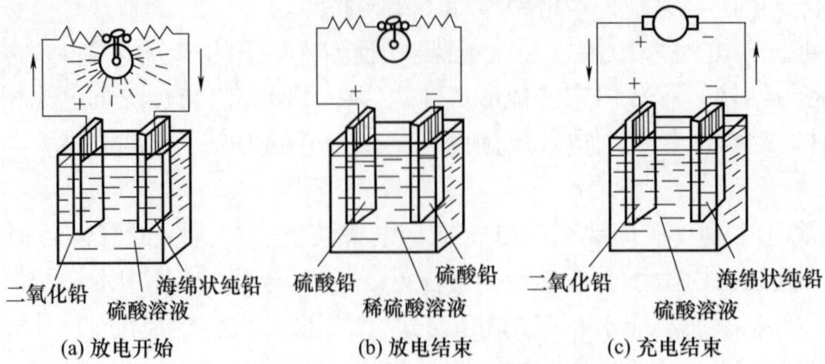

图 2-7 蓄电池的工作过程

减小，相对密度小，然后以化学能转换为电能向外输出。电流流动方向是正极→负载→负极。

(2) 充电（存储电能）过程

给蓄电池加一极性与其一致的直流电源，加在其正、负极端。当外加直流电压高于蓄电池电动势时，电流将以一定的方向流过蓄电池，这一过程称为充电。

蓄电池充电时，正、负极板上形成的硫酸铅与电解液作可逆电化学反应，分别恢复成原来的二氧化铅和海绵状纯铅，电解液中的硫酸增加，相对密度增大，电能转换为化学能储存起来。电流流动方向是充电电源正极→蓄电池正极→电解液→蓄电池负极→充电电源负极。

2.1.5 蓄电池的储存

(1) 新蓄电池的储存

未启用的新蓄电池其加液孔盖上的通气孔均已封闭，不要通破。保管蓄电池时应注意以下几点。

① 蓄电池应储存在温度为 5～40℃的干燥、清洁以及通风良好的仓库内。

② 蓄电池应避免阳光直射，远离热源（暖气设备等），不小于 2.0m。

③ 避免与任何液体和有害气体接触。

④ 蓄电池不得倒置以及卧放，不得受任何机械冲击或重压，相邻蓄电池之间应相距 10cm 以上。

⑤ 旋紧加液孔盖，通气孔密闭。

⑥ 新蓄电池储存方法和储存时间应以出厂说明为准，当运输和保管条件符合厂方要求时，储存期一般为 2 年。

(2) 暂时不用的蓄电池的储存（采用湿储存方法）

暂时不用的蓄电池可以作湿储存处理。方法是先将蓄电池充足电，再把电解液密度调至 1.24～1.28g/cm^3，液面调到规定高度，并将加液孔盖密封，放置室内暗处。存放期不得超过半年，且在此期间要定期检查，如果容量降低 25%，应立即补充充电，交付使用前也应重新充足电。

(3) 长期停用的蓄电池的储存（采用干储存法）

停用期长的蓄电池应采用干储存方法。

① 先将其充足电，再按 20h 率放电至单池电压为 1.75V。

② 倒出电解液，加入蒸馏水，3h 后更换蒸馏水，用蒸馏水反复冲洗，直至水不呈酸性为止。

③ 倒干蒸馏水，晾干后旋紧加液孔盖，封闭通气孔。

④ 存放条件与新蓄电池相同，重新启用时，以新蓄电池对待。

2.1.6　蓄电池的使用

(1) 新蓄电池启用

普通铅蓄电池启用时，首先擦净外表面，旋开加液孔盖，疏通通气孔，注入新电解液，静置 4～6h 后，调节液面高度到规定值，按初充电规范进行充电后即可使用。

干荷电铅蓄电池在规定存放期（一般为 2 年）内，启用时可直接加入规定密度的电解液，静置 20～30min 后，校准液面高度即可使用。若超期存放或保管不当损失部分容量，应在加注电解液后经补充充电方可使用。

(2) 蓄电池的拆装

① 拆装、移动蓄电池时，应轻搬轻放，严禁在地上拖拽。

② 安装前应检查待用蓄电池型号是否和本车型相符，电解液密度和高度是否符合规定。

③ 安装时必须将蓄电池固定在托架上，塞好防振垫，以免汽车行驶时蓄电池在框架中振动。

④ 极柱上应涂上凡士林或润滑油，以防腐防锈。极柱卡子应紧固，与极柱之间要接触良好。

⑤ 蓄电池搭铁极性必须与发电机一致，不得接错。

⑥ 接线时先接正极后接负极，拆线时相反，以防金属工具搭铁，造成蓄电池短路。

(3) 蓄电池的合理使用

① 启动发动机时，每次启动不得超过 5s。如果一次未能启动，应停顿 15s 以上再启动；连续三次不能启动，应排除发动机启动故障，以免损坏蓄电池。

② 安装蓄电池时，应固定牢靠，防止车辆行驶时振动和移位。

③ 拆装蓄电池电缆时，要防止蓄电池短路。拆卸蓄电池电缆时，应先拆下蓄电池负极电缆，再拆下蓄电池正极电缆。安装蓄电池电缆时，应先装上蓄电池正极电缆，再装上蓄电池负极电缆。

④ 经常清洁蓄电池表面，去除灰尘污物，擦净溅出的电解液，清除极柱和电缆夹上的氧化物。

⑤ 经常疏通加液孔盖上的通气孔，保持通气孔畅通。

⑥ 检查电解液液面高度，如发现电解液不足，应及时补充。

⑦ 检查蓄电池的放电情况，冬季蓄电池放电程度达 25%、夏季蓄电池放电程度达 50% 时，应及时充电。

⑧ 在冬季，应使蓄电池处于充足电状态，以免因电解液密度降低而结冰。

⑨ 放完电的蓄电池，应在 24h 内及时充电。

⑩ 当需要用两块蓄电池串联使用时蓄电池的容量最好相等，否则会影响蓄电池的使用寿命。

(4) 蓄电池使用注意事项

① 在蓄电池交货后，要立即进行检查，以便用户能迅速掌握损坏或部件缺失的情况，这是因为如果反映问题的时间太迟，不仅会加重损失，而且向厂商或供货公司索赔也会很困难。

② 蓄电池的循环使用寿命与电池的放电深度有密切的关系：放电越深，寿命越短。因此在使用中应尽可能地减小电池的放电深度和过放电的次数。尽量不要将电池使用至完全没电，再给电池充电。尽量在蓄电池每次使用后立即进行充电，这样既有利于提高寿命，又可缩短充电时间。

③ 不要单独增加电池组中某几个单体电池的负荷，这将造成单体电池间容量的不平衡。

④ 蓄电池容量随温度下降而减小，气温低时蓄电池容量降低属于正常现象。

⑤ 冬天蓄电池充电时应尽量在室温环境下进行，以保证蓄电池充足电。

⑥ 在低温环境中，蓄电池的充电转化效率会明显下降。另外，在低温环境中，蓄电池内部电解液的内阻增大，其充电电压增高，也影响充电效果，蓄电池充电不完全，最终会影响蓄电池寿命。

⑦ 蓄电池在使用过程中，尽量避免大电流放电对蓄电池的损坏（启动型蓄电池除外）。

⑧ 非专业人员不准拆开和重新装配蓄电池，也不能拆卸蓄电池排气阀或向蓄电池中加入任何物质。

⑨ 蓄电池内部电解液为强腐蚀性酸，切勿溅到皮肤或衣物上。如果溅到皮肤、眼中，须立即用清水冲洗，严重时送医院治疗。

⑩ 报废蓄电池交由回收站统一处理。

2.1.7 蓄电池技术状况的检查

蓄电池技术状况的检查项目包括蓄电池液面高度的检查、电解液密度的检查、蓄电池端电压的检查等。从蓄电池的化学反应过程可以看出，在蓄电池充放电过程中，电解液的密度随充放电程度而改变。因此在使用中可以通过蓄电池电解液密度和端电压的检查，来判断蓄电池的放电程度。

(1) 蓄电池电解液液面高度的检查

蓄电池电解液液面过高或过低，都会影响蓄电池的技术状况。如果液面过高容易外溢，腐蚀周围机件；液面过低则极板上部容易露出，不仅会使蓄电池容量降低，而且外露的极板会很快硫化。因此，蓄电池液面应保持适当的高度。蓄电池每个单格电池的电解液液面应高出极板 10～15mm。蓄电池电解液液面高度的检查方法要根据蓄电池的结构形式而定。

① 玻璃管测量法　电解液液面高度可用一根内径为 3～5mm、长度为 100～150mm 的玻璃管进行测量。测量时，先将玻璃管竖直插入蓄电池加液孔内，且与极板防护片相抵（即插到极板上平面处），然后用大拇指按紧玻璃管的上端，将玻璃管堵住，利用其真空度，当把玻璃管提起（取出）时，就把电解液吸入。管内的电解液高度即为电解液高出极板的数值。用玻璃管测量电解液液面高度示意图如图 2-8 所示。

② 竹片或木条测量法　若没有玻璃管，也可用清洁的竹片或木条进行液面高度测量，但不得用金属棍棒插入蓄电池内进行测量。

用竹片或木条测量液面高度的方法较简单，只要将竹片或木条插入蓄电池加液孔内与极板防护片抵住，然后拿出，其液体侵入竹片或木条上的痕迹高度，即为液面高度。

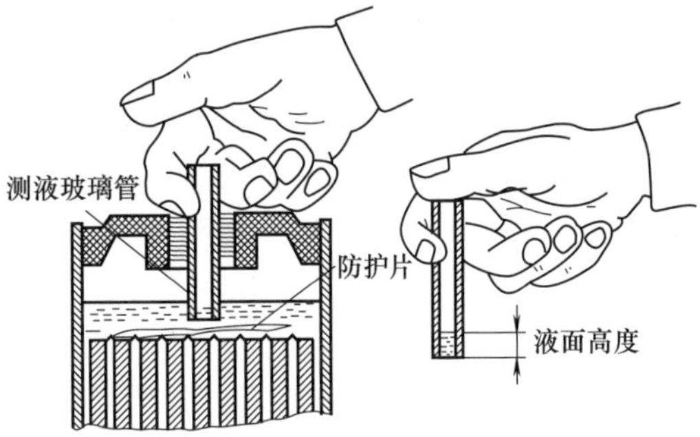

图 2-8　用玻璃管测量电解液液面高度示意图

③ 液面高度指示线检查　对于采用透明塑料壳体的蓄电池，在壳体上刻有两条液面高度指示线，通过观察液面高度指示线，可以检查电解液的液面高度，正常液面高度应介于两线之间，如低于下线，表明液面过低。液面高度指示线检查法如图 2-9 所示。

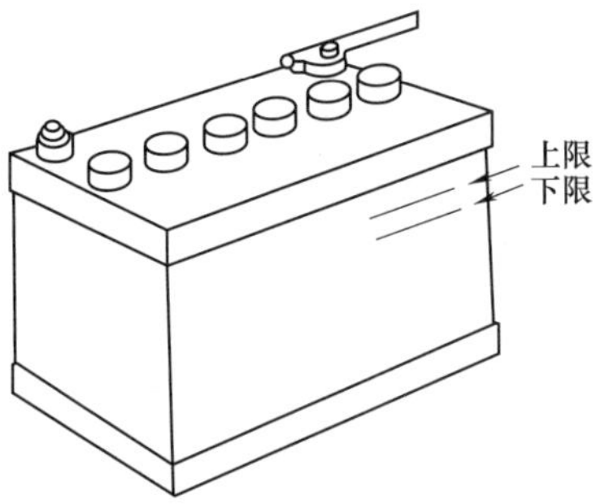

图 2-9　液面高度指示线检查法

若查得液面偏低，应添加适当的蒸馏水，不能加注硫酸与蒸馏水配制好的电解液（但若液面降低是外壳开裂使电解液外漏所造成的，则应加注配好的电解液）。因为造成液面过低的主要原因多是蓄电池在使用过程（充放电）中已蒸发掉部分水分，所以若再加注电解液，势必要使蓄电池电解液密度增加，即硫酸成分增多，易使极板损坏。

若查得液面过高，可用密度计吸出，否则电解液容易外溢，腐蚀极桩和连接件，易造成短路等。

（2）蓄电池电解液密度的检查

测量蓄电池电解液密度时，拧下加液孔盖，将密度计下端的橡胶管伸入加液孔内，用手捏一下橡胶球，再慢慢放开，电解液就会被吸到管中，吸入的电解液不要过多或过少，使管内浮子浮起在合适位置，读取密度计的读数，读数时使密度计刻度线与眼睛平齐，如图 2-10所示。

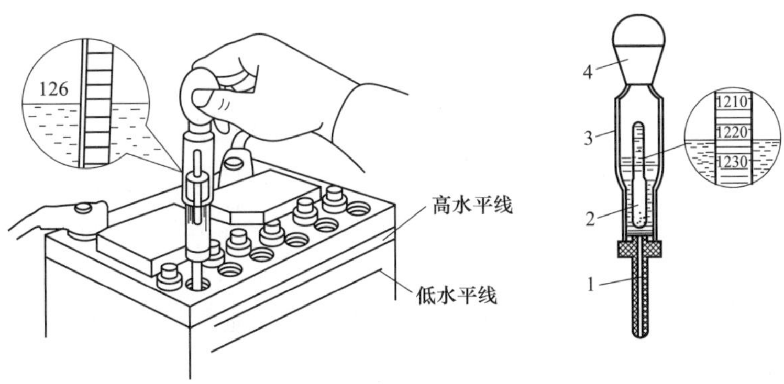

图 2-10　测量电解液密度

1—吸嘴；2—密度计；3—玻璃管；4—橡皮球

将所测量的密度换算为 25℃时的密度。换算公式为

$$\rho_{25℃}=\rho_t+\beta(t-25)$$

式中　$\rho_{25℃}$——25℃时的密度；

ρ_t——实际测得的电解液密度；

β——密度温度系数（β为0.00075，即温度升高1℃，密度下降0.00075g/cm³）；

t——实际测得的电解液温度。

通过测量电解液密度，可以判断蓄电池的放电程度，即电解液密度每下降0.01g/cm³，相当于蓄电池放电6%。若电解液密度降到1.21g/cm³以下，说明蓄电池放电超过50%，应及时进行补充充电。

(3) 蓄电池端电压的检查

用高率放电计测量蓄电池端电压，可以比较准确地判断蓄电池放电程度和启动能力。

高率放电计由一只直流电压表和一个定值电阻组成。它是一种模拟发电机启动时蓄电池在短时间内向启动机提供大电流（12V电系为200～600A）的检测仪器，用于测量蓄电池所能维持的端电压来判断蓄电池放电程度。由于不同的高率放电计负荷电阻不同，电压读数也就不同，因此，使用时应参照说明书。

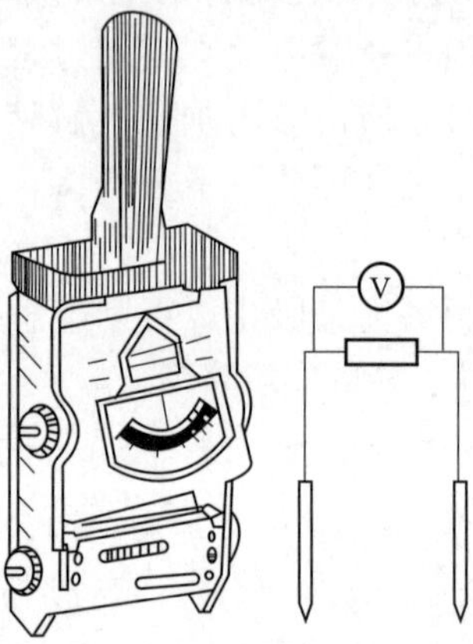

图2-11 测量蓄电池单格端电压的高率放电计

测量蓄电池单格端电压的高率放电计，如图2-11所示。它适合测量外露式联条蓄电池单格端电压。测量时，将两叉尖压紧在单格电池的正、负极桩上，约保持5s，观察高率放电计的电压，即单格电池在大电流放电情况下的端电压。如果单格电池的端电压低于1.5V，但5s内尚能稳定，则为放电过多，应及时进行补充充电。

测量蓄电池端电压的高率放电计如图2-12所示。测量时，将高率放电计两触针压紧在蓄电池正、负极柱上，约保持5s，观察高率放电计的电压，即蓄电池在大电流放电情况下的端电压。如果端电压在9.6V以下，则为放电过多，应及时进行补充充电；如果端电压稳定在10.6～11.6V之间，则表明蓄电池充足电。

2.1.8 蓄电池的充电及其设备

无论是启用的新蓄电池和修复的蓄电池，还是装在车上使用的蓄电池以及存放的蓄电池，都必须对其进行充电，这是关系到电池容量及寿命的问题。对蓄电池充电时，应选择合适的充电方法和充电种类。

2.1.8.1 充电设备

蓄电池是直流电源，必须用直流电源对其进行充电。充电时，充电电源的正极接蓄电池的正极，充电电源的负极接蓄电池的负极。

常用的充电设备由交流电源和整流器组成。汽车上的充电设备是由发动机驱动的交流发电机。车下充电多采用硅整流充电机、晶闸管整流充电机和智能充电机等。

(1) 硅整流充电机

目前使用较多的有GCA系列硅整流充电机，其外形如图2-13所示。这种交流电转变为直流电的充电设备，主要用于各种蓄电池的定流、定压充电。它具有操作简单、体积小、维护方便、整流效率高、寿命长等优点。

硅整流充电机是采用单相桥式或三相桥式整流电路，通过调节调压器或调压开关可得到不同的直流输出电压，过载保护由熔断器或过流继电器担任，过电压保护由电阻电容担任。

(2) 快速充电机

用常规的充电完成一次初充电大概需要 60～70h，补充充电也需要 20h 左右，由于充电时间长，给使用带来很大不便。但是，仅凭加大充电电流来缩短充电时间是行不通的，因为这样不仅使充电时蓄电池达不到额定容量，反而会使蓄电池温升加快，产生大量气泡，造成活性物质脱落而影响其寿命。

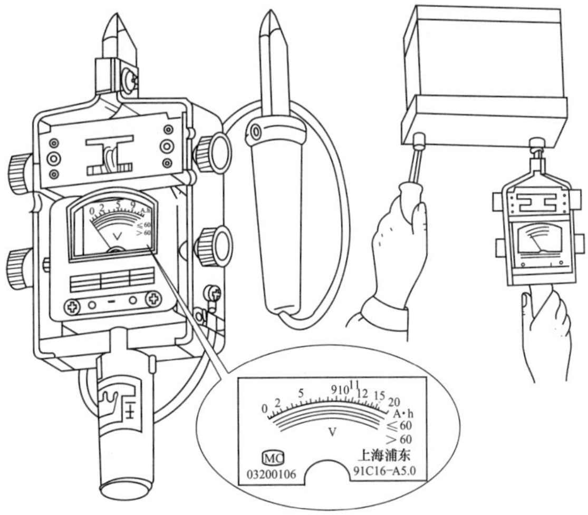

图 2-12 测量蓄电池端电压的高率放电计及测量方法

快速脉冲充电机采用自动控制电路对蓄电池进行正反向脉冲充电，极大地提高了充电效率。新电池充电一般不超过 5h，旧电池补充充电只需要 0.5～1.5h。

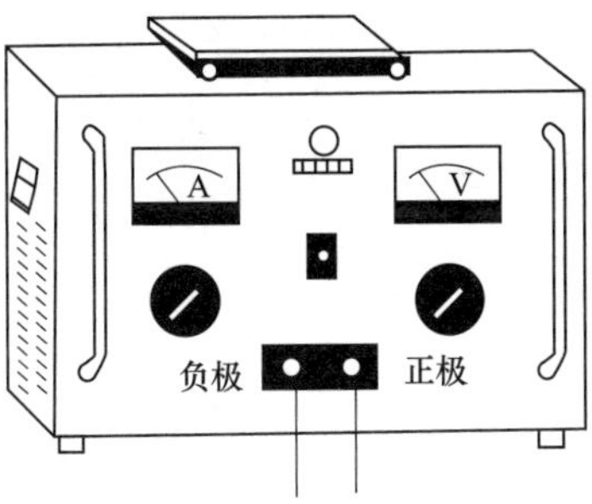

图 2-13 硅整流充电机外形图

脉冲快速充电机的优点是充电时间短、空气污染小、省电节能等。因此，在电池集中、充电频繁或应急使用部门，其优点更为突出。

蓄电池在进行快速脉冲充电前，应首先检查电解液的密度，然后通过电解液的密度值，推算出蓄电池的剩余容量，以确定充电时间，并将充电机的定时器调到相应的时间上。

2.1.8.2 充电方法

蓄电池充电方法有定流充电、定压充电和脉冲快速充电三种。

(1) 定流充电

定流充电是指蓄电池在充电过程中，充电电流保持恒定的充电方法。可将多个蓄电池串联在一起充电，蓄电池充电过程中，其电动势逐渐升高，需要不断增加充电电压，当单格电池端电压上升至 2.4V（电解液开始冒气泡）时，再将充电电流减半，直到蓄电池完全充足电为止。

采用定流充电时，被充电的多个蓄电池可串联在一起充电，如图 2-14 所示。定流充电有较大适应性，可任意选择和调整充电电流，充电时间较长。定流充电适用于新蓄电池初充电、使用中的蓄电池补充充电及去硫化充电。

(2) 定压充电

定压充电是指在蓄电池充电过程中，充电电压保持恒定的充电方法。汽车上发电机对蓄电池充电就是定压充电。可将多个蓄电池并联在一起充电，如图 2-15 所示。充电开始时，充电电流很大，随着蓄电池电动势的不断增高，充电电流逐渐减小，充电终了，充电电流将自动减小至零，在充电过程中不需要调整充电电压。在定压充电过程中，要选择合适的充电电压。如果充电电压过低，则蓄电池充电不足；如果充电电压过高，则充电初期充电电流过

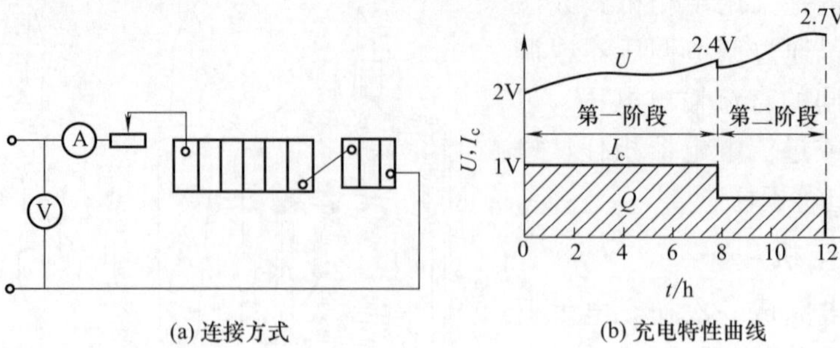

图 2-14 定流充电

大，易导致过充电。定压充电速度较快，充电时间较短。

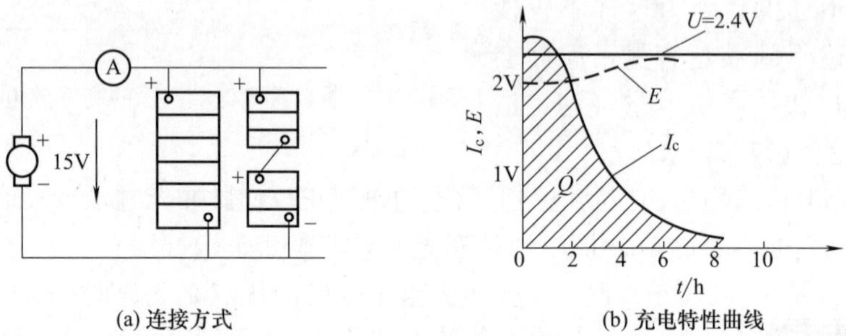

图 2-15 定压充电

由于定压充电时间短，充电过程不需要调整充电电压，因此适用于蓄电池的补充充电。因为定压充电电流的大小不能调整，所以不能用于蓄电池的去硫化充电。定压充电时，要求所有充电的蓄电池电压必须相同。

(3) 脉冲快速充电

脉冲快速充电又称分段充电，充电初期采用大电流（0.8～1)C_{20}对蓄电池进行定流充电，使蓄电池容量在短时间内达到额定容量的60%左右。当单格电池端电压达2.4V、电解液开始冒气泡时，在控制电路的作用下自动转入脉冲快速充电阶段，其程序是：先停止充电25ms左右（称为前停充），再反向脉冲快速充电，反向充电的脉宽一般为150～1000μs，脉幅为（1.5～3)C_{20}的充电电流（即脉冲深度一般为充电电流的1.5～3倍）；然后停止充电40ms左右（称为后停充）；最后用正向脉冲进行充电，周而复始，直至充足电为止，其充电电流波形如图2-16所示。

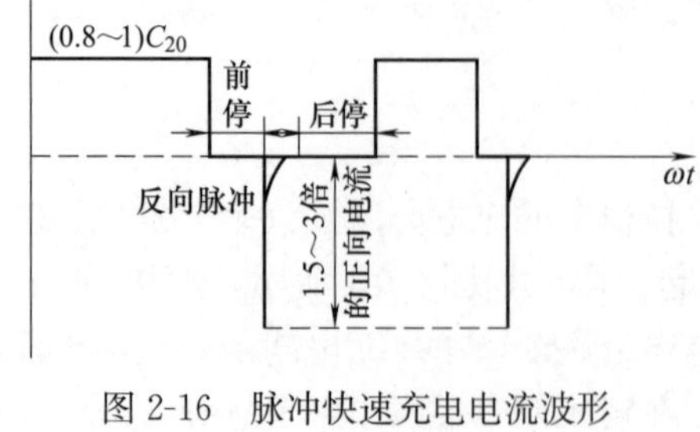

图 2-16 脉冲快速充电电流波形

脉冲快速充电克服了充电过程中所产生的极化现象，有效地提高了充电效率。脉冲快速充电速度快，充电时间大大缩短，一般初充电只需要5h左右，补充充电只需要1～2h。其可以增加蓄电池容量，去极板硫化作用明显，但充电过程中会产生大量气泡，对极板活性物质的冲刷力强，易使活性物质脱落，对蓄电池的使用寿命有一定影响。

2.1.8.3 充电种类

蓄电池充电种类有初充电、补充充电和去硫化充电三种。

(1) 初充电

初充电是指新蓄电池或修复后的蓄电池（更换极板）在使用之前的首次充电。

初充电过程如下。

① 将合适密度的电解液加入到蓄电池中，加入的电解液温度不得超过 35℃，静置 3～6h，电解液液面要高出极板上沿 10～15mm。

② 连接充电机，将充电机的正极接到蓄电池的正极，将充电机的负极接到蓄电池的负极。

③ 采用定流充电，充电分两个阶段进行：第一阶段的充电电流约为蓄电池额定容量的 1/15，充电至电解液中有气泡析出，单格电池端电压达到 2.4V 为止；第二阶段的充电电流减半，继续充电到蓄电池充足电。

④ 充电终了时，应测量电解液密度。如果电解液密度不符合规定，则用蒸馏水或密度为 1.40g/cm^3 的稀硫酸进行调整，再充电 2h。

充电过程中，应经常测量电解液的密度和温度。充电初期电解液密度有降低情况，不需要调整密度，但要以相同的电解液将液面调整到规定值。如果充电时，电解液的温度上升到 40℃，要将充电电流减半，温度继续上升到 45℃时，则应停止充电，待电解液温度降至 35℃以下时再继续充电。

不同型号铅蓄电池的初充电电流值见表 2-2。

表 2-2 不同型号铅蓄电池充电规范

<table>
<tr><th rowspan="3">蓄电池型号</th><th rowspan="3">额定容量 C_{20}/A·h</th><th rowspan="3">额定电压 /V</th><th colspan="4">初充电</th><th colspan="4">补充充电</th></tr>
<tr><th colspan="2">第一阶段</th><th colspan="2">第二阶段</th><th colspan="2">第一阶段</th><th colspan="2">第二阶段</th></tr>
<tr><th>电流/A</th><th>时间/h</th><th>电流/A</th><th>时间/h</th><th>电流/A</th><th>时间/h</th><th>电流/A</th><th>时间/h</th></tr>
<tr><td>3-Q-75</td><td>75</td><td rowspan="6">6</td><td>5</td><td rowspan="6">25～35</td><td>2.5</td><td rowspan="6">20～30</td><td>7.5</td><td rowspan="6">10～12</td><td>3.75</td><td rowspan="6">3～5</td></tr>
<tr><td>3-Q-90</td><td>90</td><td>6</td><td>3</td><td>9</td><td>4.5</td></tr>
<tr><td>3-Q-105</td><td>105</td><td>7</td><td>3.5</td><td>10.5</td><td>5.25</td></tr>
<tr><td>3-Q-120</td><td>120</td><td>8</td><td>4</td><td>12</td><td>6</td></tr>
<tr><td>3-Q-135</td><td>135</td><td>9</td><td>4.5</td><td>13.5</td><td>6.75</td></tr>
<tr><td>3-Q-150</td><td>150</td><td>10</td><td>5</td><td>15</td><td>7.5</td></tr>
<tr><td>6-Q-60</td><td>60</td><td rowspan="5">12</td><td>4</td><td rowspan="5">25～35</td><td>2</td><td rowspan="5">20～30</td><td>6</td><td rowspan="5">10～12</td><td>3</td><td rowspan="5">3～5</td></tr>
<tr><td>6-Q-75</td><td>75</td><td>5</td><td>2.5</td><td>7.5</td><td>3.75</td></tr>
<tr><td>6-Q-90</td><td>90</td><td>6</td><td>3</td><td>9</td><td>4.5</td></tr>
<tr><td>6-Q-105</td><td>105</td><td>7</td><td>3.5</td><td>10.5</td><td>5.25</td></tr>
<tr><td>6-Q-120</td><td>120</td><td>8</td><td>4</td><td>12</td><td>6</td></tr>
</table>

(2) 补充充电

补充充电是指蓄电池使用后的充电。

使用中的蓄电池，常有电量不足现象，如启动机运转无力、发动机不工作时前照灯灯光暗淡或喇叭声音小等，应及时进行补充充电。由于蓄电池在车上使用的是定压充电（发电机充电），不一定能使蓄电池充足电，因此为了防止极板硫化，最好每 2～3 个月进行一次补充充电。对于存储或放置时间超过一月的蓄电池，也要进行补充充电。对蓄电池进行补充充电时，需要从汽车上拆下蓄电池电缆，清除极柱和导线接头上的氧化物。

补充充电过程如下。

① 检查电解液液面高度。如果液面过低，只需补加蒸馏水即可，一般不要加电解液，使液面符合规定。

② 连接充电机，将蓄电池正极接充电机正极，将蓄电池负极接充电机负极。

③ 可以采用定流充电，也可以采用定压充电。如采用定流充电，分两个阶段：第一阶段的充电电流约为蓄电池额定容量的1/10，充电至有气泡冒出，单格电池端电压为2.4V转入第二阶段；第二阶段的充电电流减半，继续充电到蓄电池充足电。

(3) 去硫化充电

极板硫化是蓄电池长期充电不足或放电后长时间未能充电，极板上逐渐生成的一层白色粗晶粒硫酸铅，在正常充电时不能恢复为二氧化铅和海绵状铅的一种现象。极板硫化主要发生在负极板，为消除硫化现象而进行的充电称为去硫化充电。

当蓄电池极板有轻微硫化时，可用去硫化充电进行清除。

去硫化充电过程如下。

① 首先倒出原有的电解液，并用蒸馏水清洗两次，然后加入足够的蒸馏水。

② 连接充电机，将蓄电池正极接充电机正极，蓄电池负极接充电机负极。

③ 将充电电流调到初充电的第二阶段电流值进行充电。当电解液密度上升到1.15g/cm^{3}时，倒出电解液，换加蒸馏水后再进行充电，直到电解液密度不再增加为止。

④ 换用正常密度的电解液，按初充电的方法将蓄电池充足电。

⑤ 用20h放电率放电，检查容量，若其输出容量可达额定容量的80%以上，则可装车使用；若达不到，应更换蓄电池或进行修理。

2.1.8.4 充电注意事项

① 给蓄电池充电应将蓄电池从车上卸下，在充电室内进行。

② 蓄电池应尽量选择生产厂家提供的充电方法，严禁长时间大电流充电。

③ 严格遵守各种充电方法的充电规范。

④ 充电前，应将充电机导线夹子与蓄电池极柱连接牢固；停止充电时，应先切断电源，再取下导线夹子，防止火花产生。

⑤ 充电过程中，要密切观察各单格电池的电压和密度变化，及时判断其充电程度和技术状况。

⑥ 在充电过程中，应经常测量电解液的温度，超过45℃时，应立即停止充电。

⑦ 初充电时，应连续进行，不能长时间间断。

⑧ 配制和灌入电解液时，要严格遵守安全操作规程和器皿的使用规则。

⑨ 由于其他原因，需要直接在汽车上对蓄电池进行充电时，应拆下蓄电池正、负极柱上导线，并加强安全管理。

⑩ 充电室要安装通风装置，并严禁明火。

⑪ 充电设备最好不和蓄电池放置在同一房间内。

⑫ 充电时应经常备用冷水和10%的苏打水溶液或10%的氨水溶液，以清除溅出的电解液。

⑬ 充电过程中，在条件许可的情况下，可定期用万用表校准充电设备的输出电压及电

流，保证充电数据的真实准确性。若显示与输出不符，差距越大，对蓄电池伤害越大，严重时，会造成蓄电池报废。

⑭ 串联在一路的蓄电池的总电压不能大于充电设备的额定电压。

2.1.8.5 免维护蓄电池充电注意事项

免维护蓄电池也可以进行补充充电，充电方式与普通蓄电池的充电方法基本一样。充电时每单格电压应限制在 2.3～2.4V 之间。注意使用常规充电方法充电会消耗较多的水，充电时充电电流应稍小些（5A 以下）。不能进行快速充电，否则，蓄电池可能会发生爆炸，导致伤人。若免维护蓄电池的密度计显示为淡黄色或红色，说明该蓄电池已接近报废，即使再充电，使用寿命也不长。此时的充电只能作为救急的权宜之计。

有条件时，对免维护蓄电池可用具有电流-电压特性的充电设备进行充电。该设备既可保证充足电，又可避免过充电而消耗较多的水。

2.1.9 蓄电池的维护

2.1.9.1 蓄电池日常维护工作

① 经常检查蓄电池表面是否清洁，应及时清除灰尘、油污、电解液等脏物。

② 检查蓄电池在支架上的固定螺栓是否拧紧，安装不牢靠会因行车振动而引起壳体损坏。另外不要将金属物放在蓄电池上以防短路。

③ 经常查看极柱和接线头连接得是否可靠。为防止接线柱氧化可以涂抹凡士林等保护剂。

④ 经常检查电解液的密度、温度、液面高度。液面一般应高出极板 10～15mm，液面过低时应及时补充蒸馏水。除非确知液面降低是由电解液溅出所致，否则一般不允许加注硫酸溶液。

⑤ 不可用直接打火（短路试验）的方法检查蓄电池的电量，这样会对蓄电池造成损害。

⑥ 普通铅酸蓄电池要注意定期添加蒸馏水。

⑦ 蓄电池盖上的气孔应通畅。蓄电池在充电时会产生大量气泡，若通气孔被堵塞使气体不能逸出，则当压力增大到一定的程度后就会造成蓄电池壳体炸裂。

⑧ 在蓄电池极柱和盖的周围常会有黄白色的糊状物，这是由硫酸腐蚀了极柱、线卡、固定架等造成的。这些物质的电阻很大，要及时清除。

⑨ 及时检修不合格的老化电池。

⑩ 按要求进行蓄电池的充放电。

⑪ 平时记录蓄电池的运行状况。

2.1.9.2 免维护蓄电池的维护特点

免维护蓄电池由于自身结构上的优势，电解液的消耗量非常小，在使用寿命内基本不需要补充蒸馏水。它还具有耐振、耐高温、体积小、自放电小的特点。使用寿命一般为普通蓄电池的两倍。市场上的免维护蓄电池也有两种：第一种在购买时一次性加电解液，使用中不需要维护（添加补充液）；另一种是电池本身出厂时就已经加好电解液并封死，用户根本就不能加补充液。

为了使免维护蓄电池经常处于良好的工作状况，应定期进行少量的维护工作。一般每年或汽车行驶 30000km，应检查电解液液面高速，并测量电解液密度和蓄电池的开路电压。液面下降应加注蒸馏水至规定的液面高度。经常保持蓄电池的清洁和干燥，最好每半年进行一次补充充电以保持蓄电池的容量，不至于产生深度过放电而影响蓄电池的使用寿命。

2.1.9.3 蓄电池的清洁方法

① 清洗蓄电池之前，要拧紧加液孔盖，防止苏打水进入蓄电池内部。

② 清洗蓄电池时，最好从车上拆下蓄电池，用苏打水溶液冲洗整个壳体，如图 2-17（a）所示，然后用清水冲洗蓄电池并用纸巾擦干。

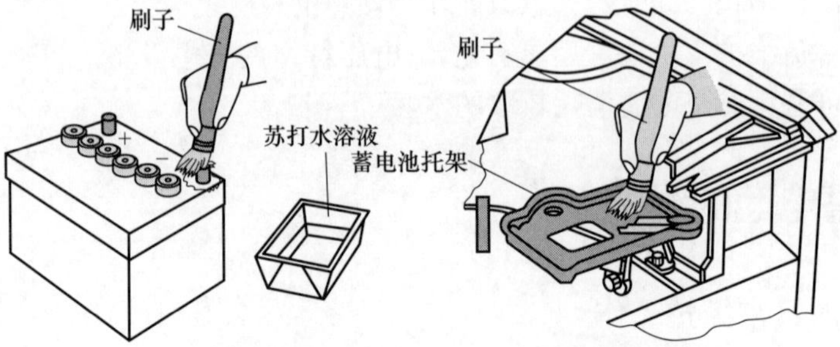

(a) 清洗蓄电池表面　　(b) 清洗蓄电池托架

图 2-17　蓄电池壳体的清洁

③ 对蓄电池托架，可先用腻子刀刮净腐蚀物，再用苏打水溶液清洗托架，然后用水冲洗并使之干燥。托架干燥后，涂上防腐漆，如图 2-17（b）所示。

④ 对极桩和电缆卡子，可先用苏打水溶液清洗，再用专用清洁工具进行清洁。清洗后，在电缆卡子上涂上凡士林或润滑油防止腐蚀，如图 2-18 所示。

2.1.9.4 加注电解液和调整电解液密度的方法

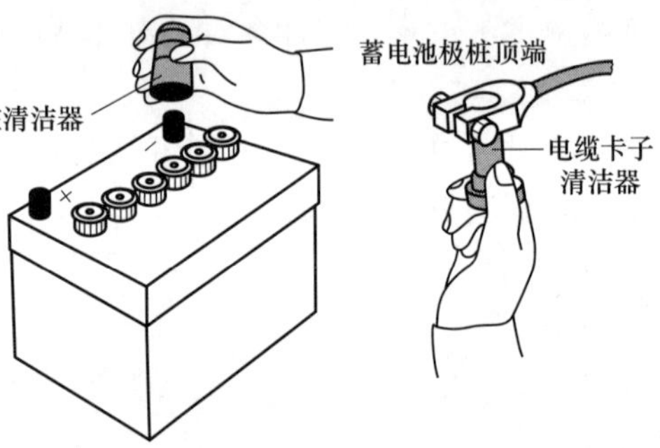

(a) 极桩的清洁　　(b) 电缆卡子的清洁

图 2-18　蓄电池极桩和电缆卡子的清洁

(1) 电解液加注方法

配制好的电解液温度较高，待其冷却到 30℃以下时，可用吸式密度计测量相对密度是否合适；如不合适，应再做适当的调配，直至合适为止。待配制好的电解液温度低于 30℃时，分别注入铅蓄电池各单格电池内，然后让其静置 5～8h，待温度降至 30℃以下再进行充电。

(2) 电解液密度调整方法

蓄电池在使用或检修时，如发现其电解液密度不合适，或各单格电解液密度不一致，则应及时进行调整。

① 先将蓄电池充足电，然后测量电解液的密度；如密度不合适，应用吸管吸出适量的电解液。

② 若需由高调低电解液的密度，则应添加蒸馏水；若电解液密度由低调高，则应添加密度为 1.4g/cm^3 的电解液。

③ 用小电流充电 1～2h，使电解液混合均匀。

④ 测量电解液密度，如仍不合适，还应进行相应的调整，即重复上述过程，直至密度合适为止。

对蓄电池电解液的加注和调整蓄电池内电解液的密度的操作是一项细致的工作，切不可心急，不能一次加注量过多，操作时还应注意安全；如操作不当会造成不良后果。

2.1.10　蓄电池常见外部故障及其排除方法

（1）容器破裂

蓄电池容器多由硬橡胶或塑料制成，其质地硬脆。造成破裂的原因有蓄电池固定螺母旋得过紧、行车剧烈振动、外物击伤和电解液结冰等。检查判断时可根据蓄电池电解液面高度以及蓄电池底部的潮湿情况来判断容器是否有裂纹存在，容器的裂纹一般在其上近四角。蓄电池容器裂纹轻者可修补，重者应更换。

（2）封口胶破裂

封口胶因质量低劣或受到撞击容易造成破裂，封口胶破裂后，电解液从裂缝中渗出，与杂质或脏物混合会使蓄电池外表沟通形成短路，引起自行放电。封口胶轻微裂缝可清洁干燥后，用喷灯喷裂纹处烤热熔封。严重者可把封口胶清除干净，重新封口。

（3）极桩螺栓和螺母腐蚀

蓄电池的极桩螺栓和接线端已腐蚀产生污物，可用竹片将污物刮去，用抹布蘸有5%的碱溶液擦去残余的污物和酸液，再用水清洗干净，然后在极桩及接线端表面涂以凡士林油层保护。严重的腐蚀应更换极桩接线螺母及螺栓。

（4）蓄电池爆炸

蓄电池充电后期，电解液中的水分解为氢气和氧气。由于氢气可以燃烧，氧气可以助燃，如果气体不及时逸出，且与明火接触即迅速燃烧，从而引起爆炸，因此为了防止蓄电池产生爆炸事故，在使用过程中应从防止形成可爆性混合气体和杜绝明火两方面着手来预防蓄电池的爆炸。具体措施如下。

① 蓄电池充电室内通风良好。

② 严禁蓄电池的周围有明火。

③ 使用匹配的充电设备，不过充电。

④ 蓄电池内部连接处的焊接要可靠，避免因松动产生火花。

⑤ 蓄电池的通气孔保持通畅。

2.1.11　蓄电池常见内部故障及其排除方法

2.1.11.1　极板硫化

（1）故障特征

极板上生成白色粗晶粒硫酸铅的现象称为“硫酸铅硬化”，简称“硫化”。这种粗晶粒硫酸铅导电性能很差，正常充电很难转化为二氧化铅和海绵状纯铅。由于晶粒粗、体积大，会堵塞活性物质的孔隙，阻碍电解液的渗透，因此蓄电池的内阻明显增大。

极板硫化使蓄电池充放电的电化学反应不能正常进行，大电流放电时端电压下降较多，致使启动车辆电能不足等，将直接影响到蓄电池的正常使用，严重时将导致蓄电池的早期报废。

① 硫化的电池放电时，电压急剧降低，过早降至终止电压，电池容量减小。

② 充电性能下降，充电时电解液温度上升过快，但密度增加缓慢，过早产生气泡，甚至一充电就有气泡。

③ 蓄电池容量明显不足，启动性能下降，启动使用一两次便运转无力。

④ 电解液的密度低于规定的正常数值。

(2) 故障原因

① 蓄电池长期充电不足或放电后没有及时充电，导致极板上的硫酸铅有一部分溶解于电解液中，环境温度越高，溶解度越大。当环境温度降低时，溶解度减小，溶解的硫酸铅就会重新析出，在极板上再次结晶，形成硫化。

② 蓄电池电解液液面过低，使极板上部与空气接触而被氧化，在汽车行驶过程中，电解液上下波动，与极板的氧化部分接触，会生成大晶粒硫酸铅硬化层，使极板上部硫化。

③ 蓄电池经常过放电或小电流深度放电，使硫酸铅深入到极板内层，充电时又得不到恢复，久而久之也将导致硫化。

④ 新蓄电池初充电不彻底，活性物质未得到充分还原。

⑤ 电解液不纯、相对密度过高和气温剧烈变化等都是促使硫化形成的外部原因。

(3) 排除方法

轻度硫化的蓄电池可用小电流长时间充电的方法予以排除；硫化较严重者采用去硫化充电方法消除硫化；硫化特别严重的蓄电池应报废。

极板硫化的预防：经常保持工程车辆充电系统的正常工作，若发现发电机和调节器出现故障应予以及时排除；保证电解液的液面高度不能过低，在日常维护中应及时添加补足；不要将半放电的蓄电池搁置，尤其要注意给蓄电池定期补充充电，使之保持完全充电状态；不要让蓄电池过度放电，每次接通启动机时间不应超过 5s，避免低温大电流放电。

2.1.11.2 活性物质脱落

(1) 故障特征

蓄电池在正常使用中，由于极板要随着反复充放电而反复膨胀和收缩，因此活性物质便会自行脱落，特别是正极板。在正常情况下这种活性物质的脱落是缓慢的，危害不大。但是，如果使用不当则会加速活性物质的脱落。活性物质的脱落导致蓄电池容量减小，充电时从加液孔中可看到有褐色物质，电解液浑浊。

(2) 故障原因

① 蓄电池充电电流过大，电解液温度过高，使活性物质膨胀、松软而易于脱落。

② 蓄电池经常过充电，极板孔隙中逸出大量气体，在极板孔隙中造成压力，而使活性物质脱落。

③ 经常低温大电流放电使极板弯曲变形，导致活性物质脱落。

④ 因固定不牢，汽车行驶中的颠簸振动。

⑤ 拆装时随便敲打。

⑥ 不恰当地连续使用启动机。

⑦ 冬季大电流放电后不及时充电、电解液冻结。

（3）排除方法

对于活性物质脱落的铅蓄电池，沉积物较少时，可清除后继续使用；沉积物较多时，应报废。

极板活性物脱落的预防：不要连续使用启动机，特别是在冬季冷车启动时，事先必须做好一切准备，保证不让蓄电池连续强烈放电；按技术标准调整发电机调节器的限额电压，防止过度充电；行车时避免蓄电池振动，蓄电池要固定牢固；拆装接线不用工具敲打、碰撞，防止过放电，特别是冬季不要使蓄电池放电过多，放电程度超过25%时要及时充电，以防冻结。

2.1.11.3　极板栅架腐蚀

（1）故障特征

主要是正极板栅架腐蚀，极板呈腐烂状态，活性物质以块状堆积在隔板之间，蓄电池输出容量降低。

（2）故障原因

① 蓄电池经常过充电，正极板处产生的 O_2 使栅架氧化。

② 电解液密度、温度过高，充电时间过长，会加速极板腐蚀。

③ 电解液不纯。

（3）排除方法

腐蚀较轻的蓄电池，电解液中如果有杂质，应倒出电解液，并反复用蒸馏水清洗，然后加入新的电解液，充电后即可使用。

腐蚀较严重的蓄电池，如果电解液密度过高，可将其调整到规定值，在不充电的情况下继续使用。腐蚀特别严重的蓄电池，如栅架断裂、活性物质成块脱落等，则需要更换极板。

2.1.11.4　极板短路

（1）故障特征

蓄电池正、负极板直接接触或被其他导电物质搭接，称为极板短路。极板短路的蓄电池充电时充电电压很低或为零，电解液温度迅速升高，密度上升很慢，充电末期气泡很少。用蓄电池放电测试仪测量端电压时，电压很低并且会迅速下降为零。

（2）故障原因

① 隔板破损使正、负极板直接接触。

② 活性物质大量脱落，沉积后将正、负极板短路。

③ 极板组弯曲。

④ 其他导电物体落入蓄电池内或两极板间使其发生短路。

（3）排除方法

出现极板短路时，必须将蓄电池拆开检查。更换破损的隔板，消除沉积的活性物质，校正或更换弯曲的极板组等。

极板短路故障的预防：严禁对蓄电池进行过充、过放电，以免损坏蓄电池极板活性物质；加注电解液时应掌握好电解液的密度，加液时防止导电物掉入蓄电池内部；若极板、隔离板损坏严重应更换。

2.1.11.5 自放电

(1) 故障特征

蓄电池在无负载的状态下，电量自动消失的现象称为自放电。一般情况下，维护良好、充足电的蓄电池在20～30℃的环境中，开路搁置28天，其容量损失不应超过20%。超过上述数值，则属于自放电过大，称为故障性自放电。

(2) 故障原因

① 电解液不纯，杂质与极板之间及沉附于极板上的不同杂质之间形成电位差，通过电解液产生局部放电。

② 蓄电池长期存放，硫酸下沉，使极板上、下部产生电位差引起自放电。

③ 蓄电池溢出的电解液堆积在电池盖的表面，使正、负极柱形成通路。

④ 极板活性物质脱落，下部沉积物过多使极板短路。

⑤ 蓄电池离热源过近，负极海绵状铅溶解加快，析氢量增加，导致负极板自放电加剧。

(3) 排除方法

自放电较轻的蓄电池，可将其正常放完电后倒出电解液，用蒸馏水反复清洗干净，再加入新电解液，充足电后即可使用；自放电较为严重时，应报废。

蓄电池自放电过大的预防：坚持日常维护，保持蓄电池表面清洁干燥，拧紧加液孔螺塞，疏通通气孔，防止灰尘及脏物进入壳内；保持电解液的纯度，按国家标准的规定使用合格的硫酸及纯水配制的电解液，切不可随意添加矿泉水或自来水；充电电流大小应适宜，防止充电电流过大导致极板活性物质脱落；蓄电池离热源过近时应有隔热措施；经常检查电气系统的绝缘性，排除漏电和短接；暂不用的新蓄电池不要灌注电解液。对已灌电解液待用的蓄电池，应定期补充电，以免降低其容量缩短寿命。

2.1.11.6 局部发热

(1) 故障特征

主要表现特征为蓄电池极板连接条和极桩发热。

(2) 故障原因

① 焊接处有裂纹或脱焊腐蚀。

② 极桩的接触部分产生硫化物引起导线接触不良。

③ 连接条短路使连接条和极桩发热。

(3) 排除方法

避免产生局部发热的措施：定期检查极桩和导线连接是否良好，有无硫化物产生；对于极桩上产生硫化物的应先消除其硫化物，用砂纸打磨接触面并涂凡士林加以保护；定期清洁连接条，防止发生短路故障。

2.1.11.7 极板弯曲

(1) 故障特征

极板弯曲度越大，对蓄电池容量的影响就越大。

(2) 故障原因

① 蓄电池由于过量放电，硫酸容易在极板内层深处生成粗晶粒硫酸铅，在充电时活性物质得不到恢复，造成内部膨胀，导致极板弯曲。

② 有的极板活性物质脱落较多，增加了极板活性物质的不均匀性，造成极板弯曲。

③ 蓄电池中含有杂质，小部分的活性物质转变为硫酸铅，也能造成极板弯曲。

(3) 排除方法

防止极板弯曲最重要的是充放电电流不要过大，更不要过放电。如果极板已经弯曲，应首先检查电解液杂质含量；若超过规定值时应更换电解液。对于弯曲的极板，可用厚度与极板群间距相同的木板一一插入其中，慢慢进行压平，禁用锤子击打，以免损坏极板群。

2.2　交流发电机

2.2.1　汽车发电机的功用与特点

发电机是汽车供电系统的主要电源，由汽车发动机驱动，它在正常工作时，对除启动机以外的所有用电设备供电，并向蓄电池充电以补充蓄电池在使用中所消耗的电能，其电路如图 2-19 所示。

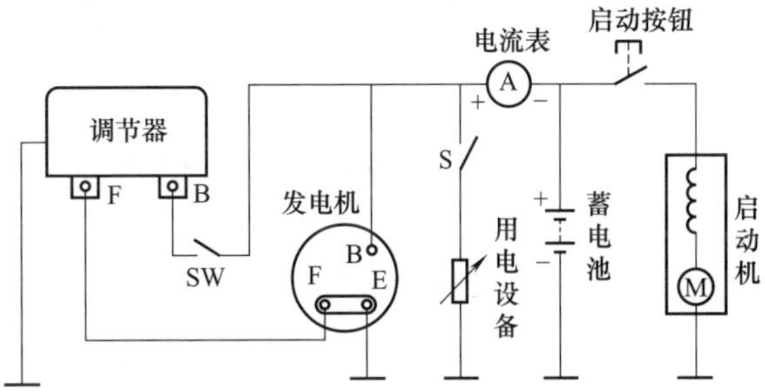

图 2-19　汽车并联电路

汽车上用的发电机有直流发电机和交流发电机两大类。

早期使用的是直流发电机，它是靠换向器将电枢绕组内感应的交流电转变为直流电的。在换向过程中，电刷与换向器之间易产生火花引起换向器和电刷的烧蚀与磨损，并且随着发电机转速的提高，换向火花也越大，换向器与电刷的磨损也就更为严重。因此，传统的直流发电机已不能满足现代高速发动机的要求。

随着电子技术的进步，硅二极管的出现，从 1960 年开始，美国、日本开始使用交流发电机。汽车上的交流发电机是一个三相同步交流发电机，它是利用硅二极管将其定子绕组中所感应的三相交流电整流为直流电。由于是用硅二极管整流，因此，也称为硅整流交流发电机。

交流发电机与直流发电机相比，具有体积小、重量轻、结构简单、维修方便、使用寿命长、发动机低速时充电性能好、配用的调节器结构简单、对无线电干扰小、能节省大量铜材等优点。因此，汽车采用交流发电机以后，直流发电机便被淘汰了。本章所介绍的发电机即为硅整流交流发电机。

另外，交流发电机必须配装电压调节器，电压调节器对发电机的输出电压进行控制，使其保持基本恒定，以满足汽车用电设备的需求。

2.2.2 汽车发电机的分类

汽车发电机结构形式繁多，按照不同的分类方法可分为以下类型。

① 按有无电刷可分为有刷式和无刷式两种。其中有刷式应用较为普遍，无刷式结构相对复杂，制造成本较高，一般用于工作环境比较恶劣的场合。

② 按励磁方式不同分为励磁式和永磁式两种，其中励磁式应用较多。

③ 按磁场绕组的搭铁方式不同分为内搭铁式和外搭铁式两种。前者是指磁场绕组接电源负极的一端直接搭铁与发电机壳体相连；后者是指磁场绕组接电源负极的一端接调节器，通过调节器后再搭铁。

④ 按整流二极管的数量不同分为六管、八管、九管、十一管不同形式的发电机。六管是指只有六个整流二极管的普通类型发电机；八管是指在六管的基础上又增加了两个中性点二极管，从而具有八个整流二极管的发电机；九管是指在六管的基础上又增加了三个磁场二极管，具有九个整流二极管的发电机；十一管是指在六管的基础上既有中性点二极管又有磁场二极管的具有十一个整流二极管的发电机。

⑤ 按通风、冷却方式不同分为开启式和封闭式两种。开启式是在发电机的端盖上留有通风孔，通过风扇使空气流经发电机内部，对发电机进行冷却；封闭式发电机，端盖上无通风孔，可防泥浆、污水、灰沙侵入发电机内部，其外形尺寸较大，在其前、后端盖上铸有散热筋，进行散热冷却。封闭式发电机也适用于工作环境较恶劣的场合。

发电机按其结构不同还有内装调节器的整体式发电机和带泵的发电机（通过转子轴驱动一个其他用途的真空泵）等。

2.2.3 交流发电机的基本结构

目前国内外生产的汽车发动机结构基本相同，主要由转子、定子、硅整流器、前后端盖、电刷总成、风扇、皮带轮等组成。图 2-20 所示为交流发电机的基本组成与结构；图 2-21所示为发电机的组装图。

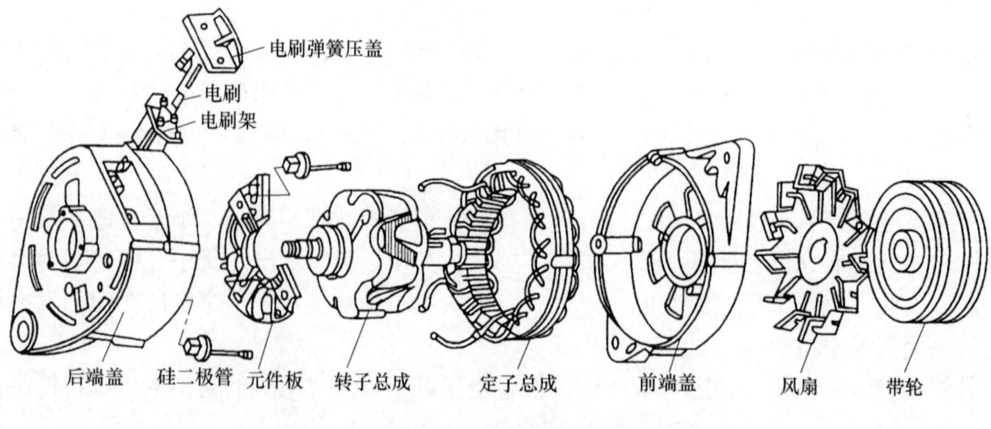

图 2-20　发电机分解图

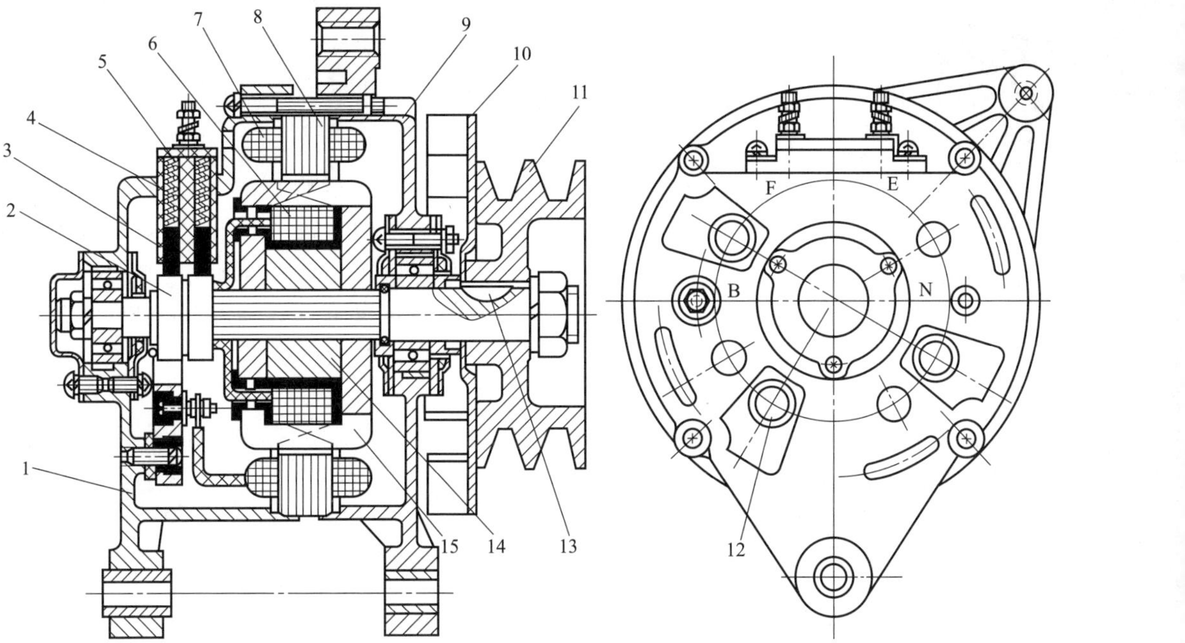

图 2-21 发电机的组装图

1—后端盖；2—滑环；3—电刷；4—电刷弹簧；5—电刷架；6—磁场绕组；
7—定子绕组；8—定子铁芯；9—前端盖；10—风扇；11—皮带轮；
12—整流器；13—键；14—转子铁芯（磁轭）；15—磁极

（1）转子

转子是发电机的磁场部分，其作用是产生发电机的旋转磁场。转子主要由转轴、爪形磁极、励磁绕组（磁场绕组）、磁轭、滑环等组成，硅整流交流发电机转子的组成示意图如图 2-22 所示。

励磁绕组的两端分别焊接在与转子轴绝缘的两个滑环上，滑环与装在后端盖内的两只电刷相接触。当电刷加上直流电压时，便有电流经滑环通过励磁绕组，从而产生发电机的磁场。

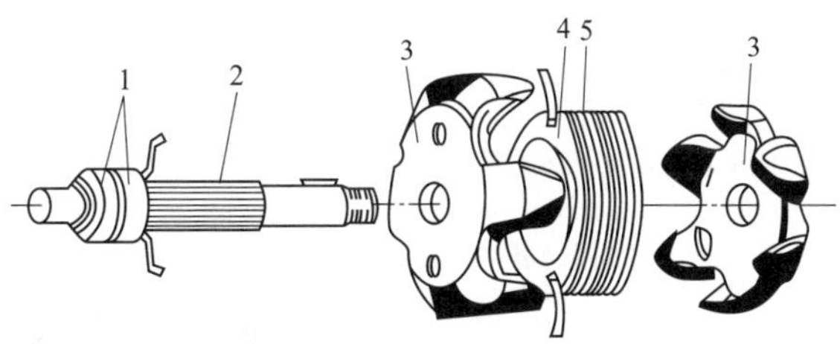

图 2-22 发电机转子结构

1—滑环；2—轴；3—爪极；4—磁轭；5—磁场绕组

（2）定子

硅整流发电机的定子（又称为电枢）的作用是产生三相交流电动势。定子主要由定子铁芯和定子三相绕组（电枢绕组）等组成。铁芯由相互绝缘的内圆带嵌线槽的硅钢片叠成，定子铁芯槽内嵌入了三相对称绕组。定子的组成示意图如图 2-23（a）所示。

定子绕组一般为星形（Y）连接，即把三相绕组的末端接到一起，各相绕组的首端分别接到由硅二极管组成的整流器上。三相绕组的连接如图 2-23（b）所示。

（3）端盖

端盖分前端盖（驱动端盖）和后端盖（整流端盖）。其作用是支撑转子并封闭内部构件，以便安装和调整。它们均由铝合金制成。在前、后端盖上开有通风口。为提高轴承孔的机械强度，提高其耐磨性，有的发电机的轴承座镶有铜套。

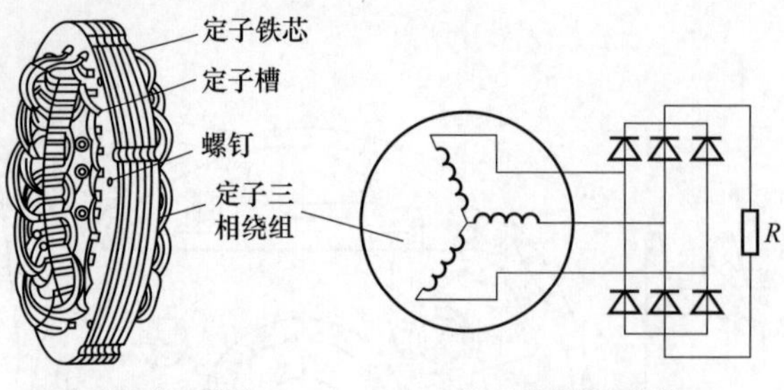

(a) 定子组成示意图　(b) 三相绕组的连接

图 2-23　定子的组成示意图与三相绕组的连接

(4) 电刷总成

电刷总成由电刷、电刷弹簧和电刷架组成，其结构如图 2-24 所示。电刷架固定在发电机后端盖上，两个电刷装在电刷架的孔内，借弹簧压力与转子的滑环接触，电刷弹簧压盖压紧弹簧并固定，两电刷的引线通过接线柱引至压盖的外部，两只电刷的引出线分别与后端盖上的磁场（或“F”）和搭铁（或“—”）接线柱相连，用来接通直流电源，给发电机提供磁场电流（又称励磁电流）。

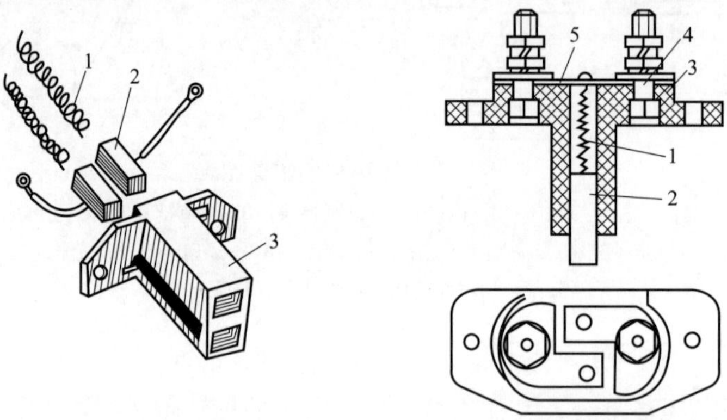

(a) 电刷总成的结构　(b) 电刷总成的组装

图 2-24　电刷总成

1—电刷弹簧；2—电刷；3—电刷架；4—磁场接线柱；5—电刷弹簧压盖

(5) 交流发电机的搭铁形式

因交流发电机有内、外搭铁之分，故电刷引线的接法也有所不同，如图 2-25 所示。

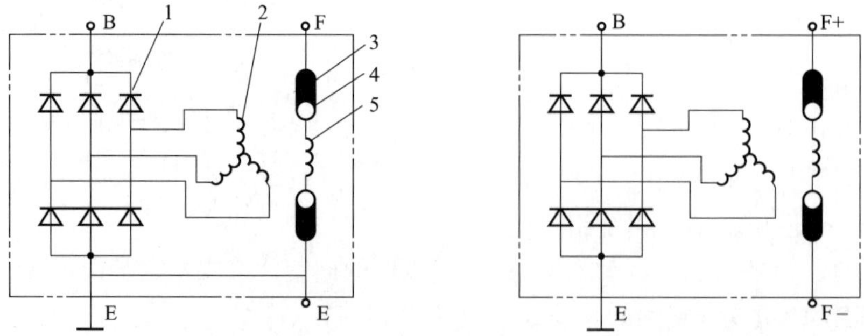

(a) 内搭铁式发电机　(b) 外搭铁式发电机

图 2-25　交流发电机的搭铁形式

1—整流二极管；2—电枢绕组；3—电刷；4—滑环；5—励磁绕组

对于内搭铁的交流发电机，磁场绕组直接通过交流发电机的外壳搭铁。故磁场绕组的一根引线接至后端盖上的接线柱，该接线柱与后端盖绝缘，称为磁场接线柱，用“F”或“磁场”表示；磁场绕组的另一根引线直接与后端盖连接，称为搭铁接线柱，用“－”或“E”或“搭铁”表示。

外搭铁发电机磁场绕组的两根引线分别与两个接线柱连接，这两个接线柱均与电动机的后端盖绝缘。该两个接线柱分别用“F＋”和“F－”或“F1”和“F2”表示。

上述两种交流发电机整流输出端的接线柱，其输出为正的接线柱用“＋”或“B”表示；而其输出为负的接线柱用“－”或“E”表示。

(6) 风扇及皮带轮

发电机前端盖外侧装有皮带轮，皮带轮后面装有风扇，当风扇随皮带轮一起转动时，空气便由后端盖通风口流入，经发电机内部从前端盖通风口流出，以对发电机进行散热。

2.2.4 交流发电机的工作原理

(1) 发电（交流电动势的产生）

交流发电机是利用电磁感应原理产生交流电的。当励磁绕组有电流通过时，产生轴向磁场，两块爪极磁化（形成6对相间排列的磁极），磁极的磁力线经过转子与定子之间的气隙、定子铁芯形成闭合磁路。当转子旋转时，磁力线和定子绕组之间产生相对运动，在三相绕组中产生交流电动势，如图2-26所示。由于三相绕组是对称绕制的，因此产生的三相电动势也是对称的。

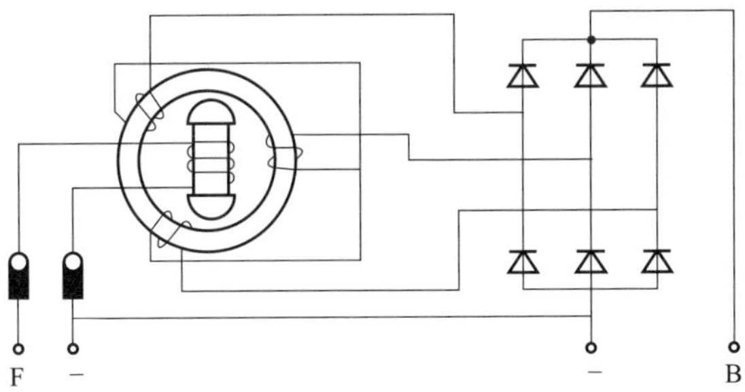

图2-26 发电机的工作原理图

交流发电机每相绕组的电动势有效值的大小和转子转速及磁极磁通成正比，即

$$E_{\Phi}=C_1 n\Phi$$

式中 E_{Φ}——电动势有效值；

C_1——发电机电动势常数；

n——转子转速；

Φ——磁极磁通。

(2) 励磁方式

交流发电机的励磁方式有他励和自励两种，由蓄电池供给励磁电流，称为他励；由交流发电机供给励磁电流，称为自励。

交流发电机在无外接直流电源时，转子的磁极剩磁很弱，交流发电机在低速运转时，仅靠较弱的剩磁产生很小电动势（小于0.6V），不能使二极管导通，交流发电机不能发电。

交流发电机发电时，需先由蓄电池供给励磁电流（他励），使交流发电机在低速运转时，电压能够迅速上升。当交流发电机输出电压高于蓄电池电压时，由交流发电机供给励磁电流

（自励）。交流发电机与蓄电池并联，开始由蓄电池向励磁绕组供电，使发电机电压很快建立起来，并由他励转变为自励。

（3）整流原理

整流就是将交流电变成直流电。二极管具有单向导电特性，当给二极管加上正向电压（正极电位高于负极电位）时，二极管导通；当给二极管加上反向电压（正极电位低于负极电位）时，二极管截止。通过由二极管组成的整流器将定子绕组产生的交流电变为直流电。三相桥式整流电路中的电压波形如图 2-27 所示，其整流过程如图 2-28 所示。

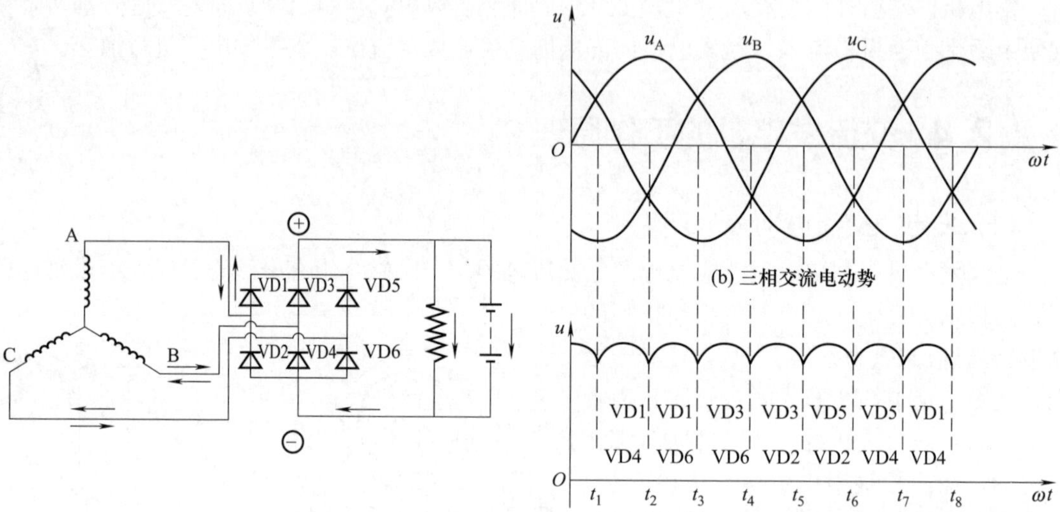

(a) 电路　　(c) 整流后的交流发电机输出电压波形

图 2-27　三相桥式整流电路中的电压、电流波形

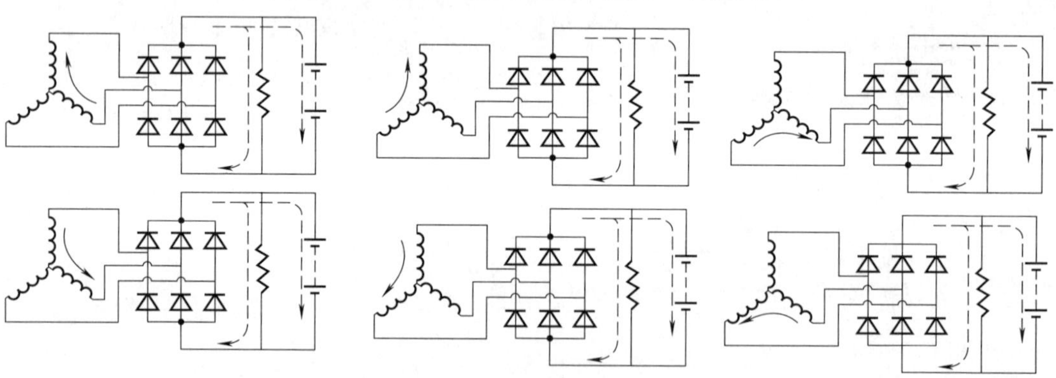

图 2-28　三相桥式整流过程示意图

（1）正极管导通原则

整流器的 3 个正极管（VD1、VD3、VD5）的正极分别接在定子绕组的始端（A、B、C），负极连接在一起。3 个正极管导通原则是在某一瞬间正极电位最高者导通。

（2）负极管导通原则

整流器的 3 个负极管（VD2、VD4、VD6）的负极分别接在定子绕组的始端（A、B、C），正极连接在一起。3 个负极管导通原则是在某一瞬间负极电位最低者导通。

2.2.5 交流发电机的工作特性

交流发电机的工作特性是指交流发电机端电压 U、输出电流 I 和转速 n 之间的关系，包括输出特性、空载特性和外特性。

汽车发动机转速从怠速到最高转速之间变化，由它带动旋转的交流发电机转速也相应在很大范围内变化。以转速为基准来分析交流发电机的工作特性，其中最重要的是输出特性。

(1) 空载特性

空载特性是指交流发电机在输出电流 I 为 0（空载运行）时，其端电压 U 随转速 n 变化的关系，如图 2-29 所示。

从空载特性曲线可以看出，随着转速的升高，发电机的端电压上升较快。由他励转入自励发电时，能向蓄电池进行补充充电。这进一步证实了交流发电机低速充电性能好的优点。空载特性是判断交流发电机充电性能是否良好的重要依据。

(2) 输出特性

输出特性是指交流发电机端电压 U 一定时，其输出电流 I 随转速 n 变化的关系，如图 2-30 所示。对于 12V 系列的交流发电机，规定端电压为 14V；对于 24V 系列的发电机，规定端电压为 28V。

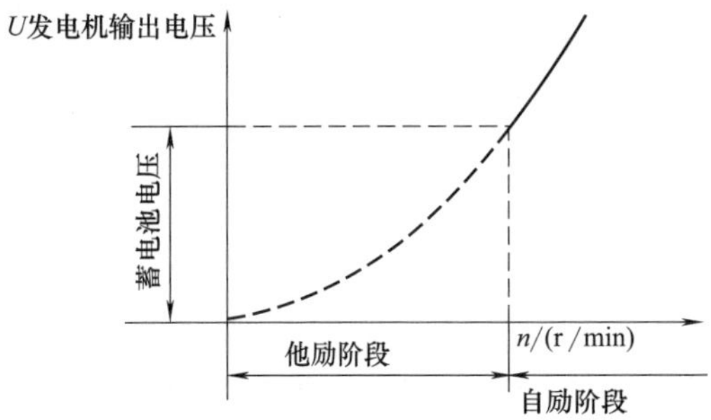

图 2-29 发电机空载特性曲线

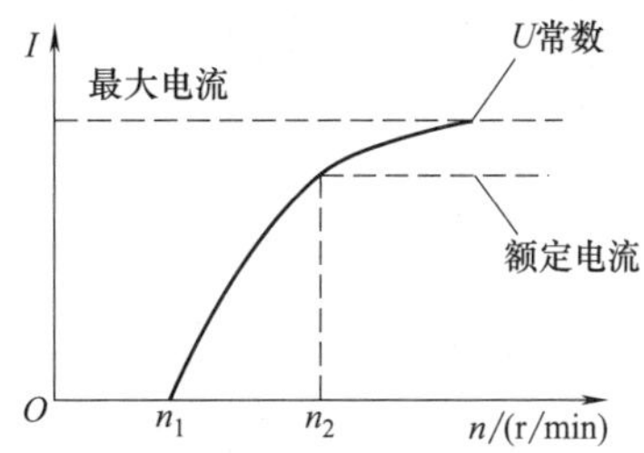

图 2-30 输出特性曲线

从输出特性曲线可以看出：

① 交流发电机空载运行时，端电压达到额定值时的转速称为空载转速 n_1。空载转速 n_1 常用来作为选择交流发电机与发动机传动比的主要依据。

② n_2 为交流发电机的额定转速（即发电机达到额定电压和额定电流时的转速），当发电机转速 n 超过空载转速 n_1 时，发电机的输出电流将随着转速 n 的升高而增大。空载转速与额定转速是测试交流发电机性能的重要依据，使用中，只要测得这两个数据，即可判断发电机性能是否良好。

③ 当交流发电机转速达到一定值后，其输出电流不再随转速升高而增加。因此其具有限制输出电流的功能，不再需要限流器。

(3) 外特性

外特性是指交流发电机转速 n 一定时，其端电压 U 与输出电流 I 的关系，如图 2-31 所示。

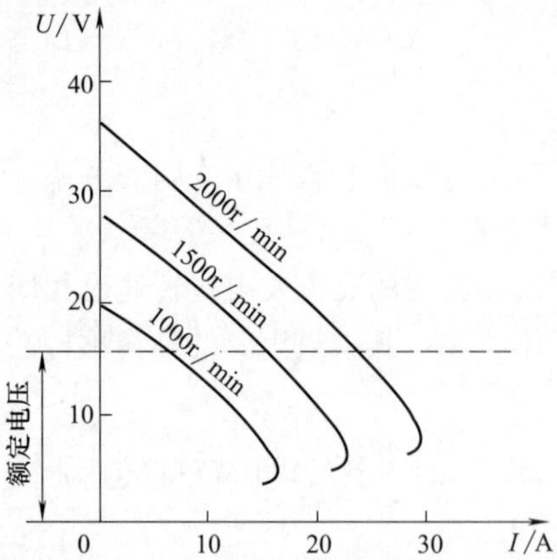

图 2-31 交流发电机的外特性

从外特性曲线可以看出：

① 在转速变化时，交流发电机端电压有较大的变化。

② 在转速恒定时，交流发电机输出电流的变化对端电压也有很大影响。

③ 在高速时，当发电机突然失去负载时，端电压会急剧升高，这时电气设备中的电子元件将有被击穿的危险。

④ 当输出电流增大到一定值时，如负载再增加，其输出电流非但不会增加，反而会同端电压一起下降，即在外特性曲线上有一个转折点。

因此，要使发电机输出电流稳定，必须配用电压调节器；发电机高速运转时，不允许突然失去负载，否则其端电压会急剧上升，致使二极管或其他电子元件有被击穿损坏的危险。

2.2.6 交流发电机的使用与维护

(1) 使用

交流发电机及其调节器结构简单、维护方便，若使用得当，不但可以减少故障，还可延长使用寿命。若使用不正确，不仅故障多，而且易损坏。为此，要正确使用交流发电机，发现故障及时检修。

① 蓄电池搭铁极性不能接错。因国产交流发电机均为负极搭铁，故蓄电池必须为负极搭铁，否则会出现蓄电池经发电机二极管大电流放电的现象，将二极管迅速烧坏，有时还会烧坏调节器中的电子元件。在蓄电池更换或补充充电后，要格外注意。

② 充电系统的导线连接要牢固可靠，以免在电路突然断开时产生瞬时过电压，而烧坏晶体管元件。

③ 发电机和调节器的规格型号要相互匹配。

④ 发动机熄火后，应将点火开关（或电源开关）断开，以免蓄电池长时间向励磁绕组和调节器磁场绕组放电，浪费电能。

⑤ 发动机运行中，不得用“试火”的方法检查发电机是否正常。

⑥ 不得用兆欧表或220V交流电压检查发电机及其调节器的绝缘情况。应采用万用表或低压试灯检查。

⑦ 在更换半导体元件时，电烙铁的功率应小于45W，焊接时操作要迅速，并应采取相应的散热措施，以免烧坏半导体元件。

⑧ 在发电机正常运行时，不可随意拆动电气设备的连接导线，以防止连线搭铁短路或因突然断开而引起瞬时过电压。

⑨ 发电机皮带的挠度应符合规定。若挠度过大，发电机发电不足；若挠度过小，将损坏皮带和皮带轮轴承。

⑩ 发电机不发电或充电电流很小时，应及时排除故障，不宜长时间持续运转，否则可能烧坏整流器和定子绕组。

(2) 维护

交流发电机在使用中，应定期进行以下项目的检查。

① 检查发电机驱动带

a. 检查驱动带的外观。用肉眼观看应无裂纹或磨损现象，如有则应更换。

b. 检查驱动带的挠度。如果不符合要求，则重新调整。

② 检查导线的连接

a. 检查接线是否牢固。

b. 检查接线是否正确。

c. 发电机输出端接线螺钉必须加弹簧垫片。

③ 检查发电机运转时有无噪声　在交流发电机出现故障，特别是机械故障（如轴承损坏或转子轴弯曲等）后，当发电机运转时，都会发出异常声响。检查时，应逐渐加大发电机的转速，同时监听发电机有无异常响声。如有异常响声，则需拆下发电机进行分解检修。

④ 检查发电机是否能够正常发电

a. 观察充电指示灯的状态。若充电指示灯一直亮着，说明发电机或调节器有故障，也可能是充电指示灯线路有故障，应及时维修。

b. 用万用表直流电压挡测量电压。在发电机未转动时测量蓄电池端电压，并记录下来，启动发电机并将转速提高到怠速以上运转，测量蓄电池端电压，若能高于原记录，说明发电机能发电；若测量电压一直不上升，说明发电机或调节器有故障，应及时维修。

⑤ 当发电机或调节器有故障需要从车上拆下检修时，首先关断点火开关及一切用电设备，拆下蓄电池负极电缆线，再拆下发电机上的导线接头。

(3) 检查与调整V带松紧度的方法

由于交流发电机V带的挠度能反映交流发电机的传动情况，通过检查V带的挠度（或张紧力）可以确定其松紧度是否合适。

① 用弹簧加力器在水泵带轮与发电机带轮之间V带的中部施加40～50N的力，其挠度应为8～12mm，如图2-32所示。

② 用拇指在水泵带轮与交流发电机带轮之间V带的中部压下V带时，其挠度应为2mm（新带）或5mm（旧带）。如果不符合要求，则对V带进行调整。

③ 拧松张紧卡板和交流发电机支架紧固螺栓（至少松开一圈，紧固螺栓松开后，交流发电机靠自重倒向一侧），用扭力扳手转动张紧螺母使V带扰度符合规定数值，然后用35N·m的力矩拧紧张紧螺母上的紧固螺栓，用20N·m的力矩拧紧交流发电机支架紧固螺栓，如图2-33所示。

④ 再检查V带松紧度是否合适。如果不符合要求，则重新调整。

2.2.7 交流发电机的不解体检测

当把发电机从车上拆下后，首先用手转动皮带轮，应转动自如，无扫膛及异响等机械故障；然后进行以下检查。

(1) 各接线柱之间电阻值的测量

在发电机不解体时，用万用表测量各接线柱之间的电阻值，可初步判断发电机是否有故障。如有故障需将发电机解体后进行检修。

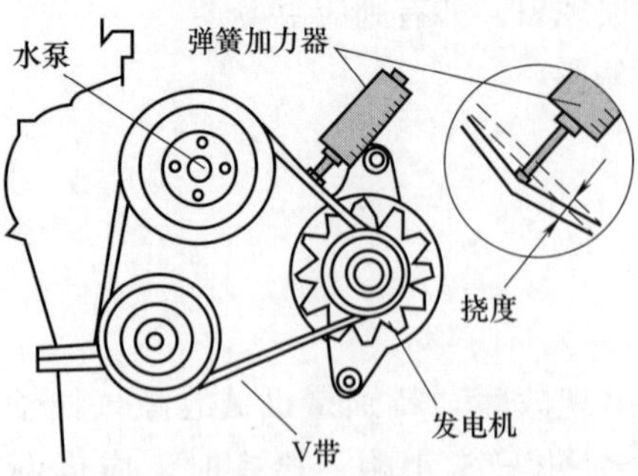

图 2-32 检查交流发电机 V 带挠度

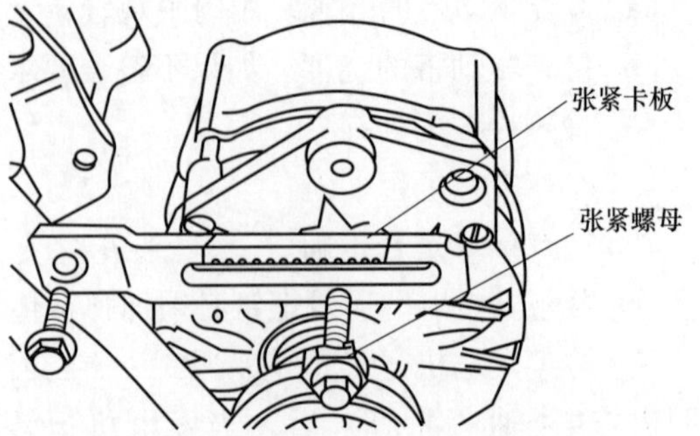

图 2-33 调整交流发电机 V 带挠度

用万用表检测发电机各接线柱之间的电阻值应符合规定范围。表 2-3 列出了不同类型发电机正常时的电阻值范围。

表 2-3 交流发电机各接线柱之间的电阻值

发电机类型	“F”与“E”之间的电阻	“B”与“E”之间		“B”与“F”之间		“N”与“B”(或“E”)之间	
		正向	反向	正向	反向	正向	反向
有刷	5～6Ω(12V) 19.5～21Ω(24V)	40～50Ω	>10kΩ	50～60Ω	>10kΩ	10Ω	>10kΩ
无刷	3.5～3.8Ω(12V) 15～16Ω(24V)	40～50Ω	>10kΩ	50～60Ω	>10kΩ	10Ω	>10kΩ

测量结果分析如下。

① F 与 E（—）之间 F 与 E 之间的阻值大于标准值时，一般是电刷与滑环接触不良或滑环脏污；若阻值小于标准值或接近于零，一般是磁场绕组有匝间短路；若阻值为∞，一般是磁场绕组断路；若阻值为零，则“F”接线柱搭铁或两只滑环短路。

② B（+）与 E（—）之间 B 与 E 之间的正向阻值小于标准值时，说明某个二极管被击穿（短路）；若正、反向阻值均为零，则说明“B”接线柱搭铁或正、负极板上各有一只或一只以上的二极管被击穿；若正向阻值大于标准值，则二极管断路；若正、反向阻值为∞，则说明连接电路出现断路。

③ B（+）与 F 之间 B 与 F 之间的正向阻值小于标准值时，则二极管短路；若正、反向阻值等于 F 与 E 之间的标准值，则说明“B”接线柱搭铁或正、负极板上各有一只或一只以上的二极管被击穿；若正、反向阻值为∞，则说明磁场绕组断路。

④ 若交流发电机有中性抽头接线柱（N），用万用表测 N 与 B 之间的正、反向电阻值，若正向电阻为无穷大，则说明“N”端子引线所连的绕组断路或三个二极管均断路；若正、反向电阻值均为零，则正二极管中至少有一个二极管短路。同理，测量 N 与 E 之间的正、反向电阻值，可进一步判断故障在负二极管和定子绕组。

(2) 测试发电机的性能

发电机空载转速和满载转速是表示其性能好坏的主要指标，可以在汽车电器万能试验台上测得，与说明书中规定的数值进行比较，以判断性能是否良好。

用万能试验台测试时，将发电机固定在试验台上，由试验台的调速电动机带动旋转。按图 2-34 所示电路接好线。闭合开关 K_1（由蓄电池供给磁场电流进行他励），启动调速电动机，逐渐提高转速，当电流表指示为零时，说明发电机电压已建立起来，此时断开开关 K_1（由发电机自励），继续提高转速，待电压升高到额定值时记下此时发电机的转速，即空载转速。然后闭合开关 K_2，逐渐减小负载电阻并提高转速，在保持发电机额定电压的情况下，当输出电流达到额定值时，记下此时的转速，即为满载转速。测试结果应符合发电机技术参数中的规定。若空载转速过高，或在满载转速下，发电机的输出电流过小，则表示发电机有故障。

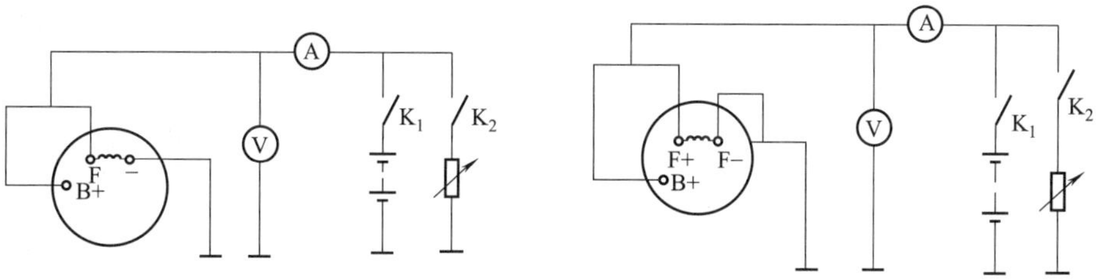

(a) 内搭铁发电机接线　　(b) 外搭铁发电机接线

图 2-34　交流发电机空载和发电试验

(3) 用示波器观察输出电压的波形

当发电机有故障时，其输出电压的波形将会出现异常。故可根据输出电压的波形判断发电机内部二极管以及定子绕组是否有故障。发电机出现各种故障时输出电压的波形如图 2-35所示。

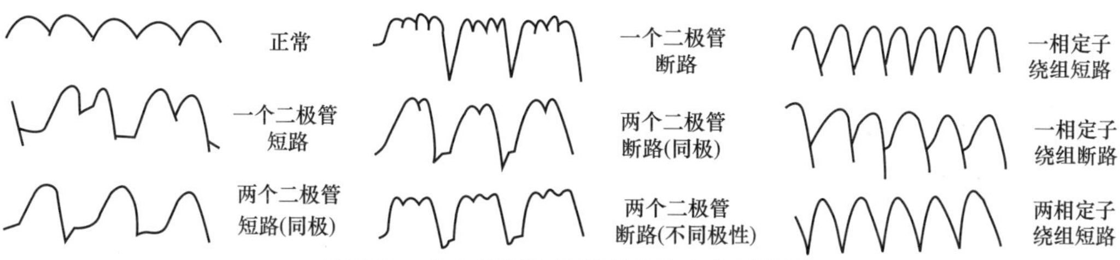

图 2-35　发电机各种故障时的输出电压波形

2.2.8　交流发电机的解体检修

2.2.8.1　转子的检修

(1) 外观检修

① 检查滑环是否松动或移位；若有松动或移位，应粘牢。

② 检查磁场绕组的引线是否折断、绝缘有无破损、引线与滑环焊接是否断开；若有引线断开，可取一段同直径导线，将连接部位刮净绞合后，用锡焊焊牢，并进行绝缘处理。

③ 滑环表面应清洁、光滑，如有轻微烧蚀，可用“00”号砂纸打磨；若滑环表面磨损严重，可少量车削加工，但要保证滑环的铜环厚度不小于 1.5mm。

(2) 励磁绕组的检修

① 测量励磁绕组的电阻。用万用表 R×1Ω 挡，将两支表笔分别接触在两个滑环上，检

测两个滑环之间的电阻，如图 2-36 所示。一般 12V 发电机转子绕组电阻为 3.5～6Ω，24V 的为 15～21Ω。若阻值为∞，则说明断路；若阻值过小，则说明短路。

② 用万用表 R×10kΩ 挡，将两支表笔分别接触转轴和滑环，分别测量两个滑环与转子轴的电阻，电阻值应为∞，否则说明磁场绕组绝缘不良，如图 2-37 所示。

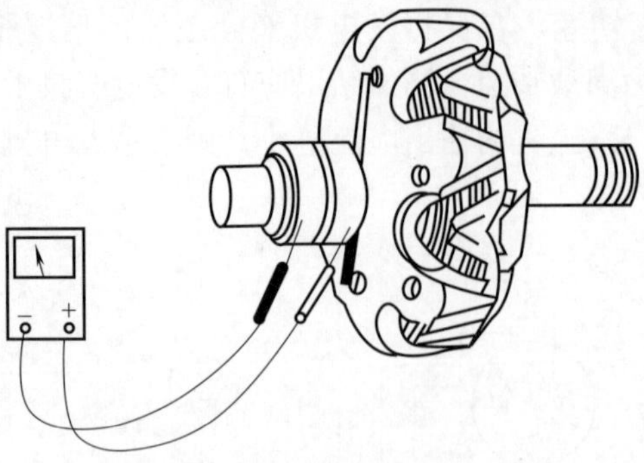

图 2-36　励磁绕组短路、断路的检测

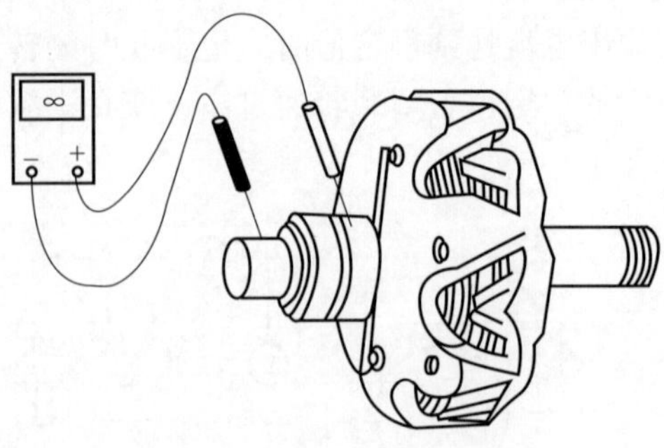

图 2-37　励磁绕组绝缘的检测

(3) 转子轴和滑环的检修

① 转子轴弯曲会造成转子与定子间隙过小而摩擦或碰撞，如发现发电机运转时阻力过大或有异响，应检查转子轴是否有弯曲。

② 滑环应表面光滑，无烧蚀，厚度应大于 1.5mm。

(4) 轴承的检修

轴承径向跳动不大于 0.1mm，轴颈磨损可用电镀等方法修复；轴颈与轴承配合间隙应为－0.01～＋0.02mm，轴承与皮带轮孔的间隙应为－0.01～＋0.03mm。

(5) 转子轴的检查

转子轴弯曲会造成转子与定子间隙过小而摩擦或碰撞，如发现发电机运转时阻力过大或有异响，应检查转子轴是否弯曲。用百分表检查转子轴的径向跳动量不应大于 0.1mm，如图 2-38 所示。

图 2-38　转子轴径向跳动量的检查

2.2.8.2　定子的检修

(1) 直观检查

① 检查绕组外露部分导线有无断路，绝缘有无损坏；若有断路，可将断路处的导线两端头刮净，取一段同直径导线，搭接在断开处焊牢。

② 检查绕组表面有无烧焦、严重脱漆皮，用鼻子闻有无严重烧焦味；若有上述现象，则说明定子绕组短路。

(2) 定子绕组的断路和搭铁故障检修

① 用万用表的 R×1Ω 挡，一支表笔接绕组的中性点；另一支表笔分别接三相绕组的另一端。两两相测，正常时阻值小于 1Ω 且相等。指针不动或阻值过大，说明断路，如图 2-39 所示。

② 用万用表电阻最大挡检测定子绕组接线端与定子铁芯间的电阻。若绝缘电阻小于等

于 100kΩ，则说明定子绕组有搭铁故障，正常应指示趋于∞，如图 2-40 所示。

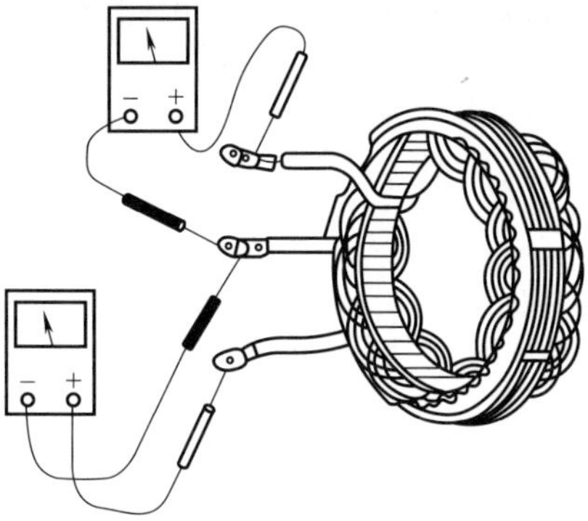

图 2-39　定子断路故障的检测

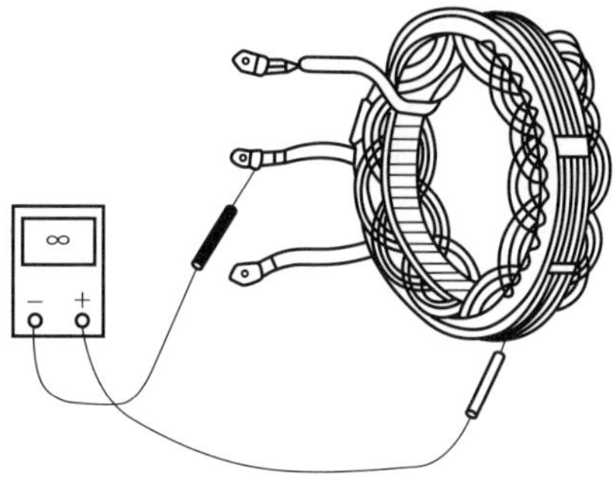

图 2-40　定子搭铁故障的检测

(3) 定子绕组的短路故障检修

用万用表的 R×1Ω 挡，一支表笔接中性点（绕组首端）；另一支表笔分别接三相绕组的另一端。若阻值过小（近似等于 0Ω），说明定子绕组短路。

2.2.8.3　电刷与刷架的检测

① 电刷长度不得小于 10mm，否则应及时更换。

② 电刷和刷架应无破损或裂纹，电刷在电刷架中应活动自如，不得出现卡滞现象。电刷长度不应超出磨损极限（原长度的 1/2），否则应更换。

③ 电刷弹簧压力应符合标准，一般为 2～3N，将电刷压入电刷架使之露出部分约 2mm，弹簧压力过小应更换。

④ 电刷表面不得有油污，电刷与滑环接触面积应达到 75%以上，否则，应进行修磨。

2.2.8.4　二极管正负极的识别

在检测二极管之前，应先将发电机定子绕组与二极管完全分开，即用电烙铁将二极管烫开，然后对其进行检查。对二极管主要检查其是否出现短路（PN 结击穿）及开路故障。

当二极管的极性标志没有时，可以较快地识别是何种极性的二极管，具体方法有以下两种。

① 用万用表识别。将万用表置于 R×1kΩ 挡，并调好零，万用表的两只表笔接二极管的两个电极，找到较小值（如果第一次找不到较小值，应对调两支表笔）。当出现较小值时（8～10kΩ），万用表黑表笔所接的电极为二极管的正极，如果这个极是二极管的引线，说明这只管是正极性二极管（简称正二极管或正极管）；反之，当找到较小值时，万用表黑表笔所接的电极是二极管的外壳，说明这只管是负极性二极管（简称负二极管或负极管）。

② 用试灯识别。找一只 12V 灯泡焊上导线，然后将灯泡与 12V 蓄电池串联。用蓄电池正极的导线和灯泡另一端的导线分别接二极管的两个极，使灯泡发亮（如果第一次试验灯泡不亮，应使两个线头对调）。灯泡亮时，蓄电池正极所接触的二极管端是二极管的正极，如果这一端是二极管的外壳，表明该管是负极性二极管；如果试灯亮时，蓄电池正极所接触的二极管端是引线，则该管是正极性二极管。

2.2.8.5　整流器的检修

(1) 普通整流器的检测

将二极管的引线与其他连接分离，用万用表的两个表笔分别接到二极管的引线与壳体上，测二极管的正向与反向电阻。二极管的正向电阻应符合标准值，为8～10Ω，反向电阻应在10kΩ以上。若正反向电阻均为零或很小，说明二极管被击穿；若正反向电阻无穷大，

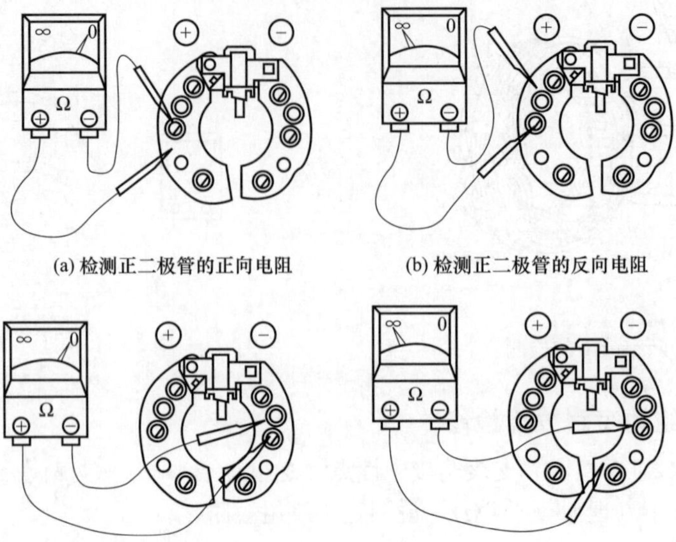

(a) 检测正二极管的正向电阻　(b) 检测正二极管的反向电阻

(c) 检测负二极管的正向电阻　(d) 检测负二极管的反向电阻

图2-41　整流二极管的检测

说明二极管为断路。如图2-41所示。

(2) 整体结构整流器的检测

整体结构整流器的整流板及正、负硅二极管全部焊装在一起，不可分解。图2-42为本田汽车交流发电机的整流器。

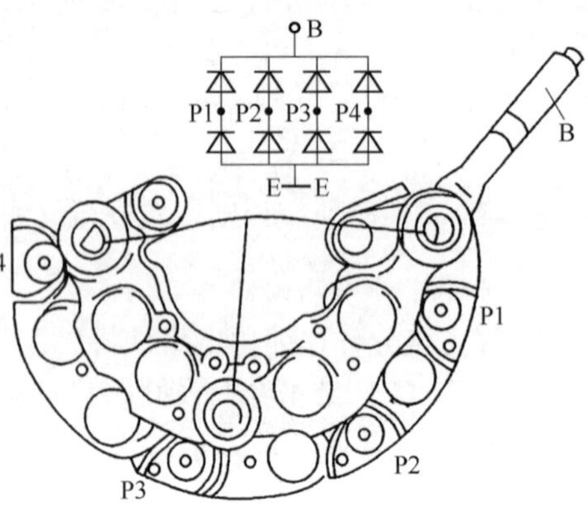

图2-42　整体结构的整流器

检测正二极管时，将指针万用表的红表笔接B，将黑表笔依次接P1、P2、P3、P4，均应导通；交换两只表笔再测，其阻值均应为无穷大，否则有正二极管损坏，需更换整流器总成。

检测负二极管时，将指针万用表的黑表笔接E，将红表笔依次接P1、P2、P3、P4，均应导通；交换两只表笔再测，其阻值均应为无穷大，否则有负二极管损坏，需更换整流器总成。

2.3　电压调节器

2.3.1　电压调节器的作用与类型

从交流发电机的空载特性曲线可以看出，随着发电机转速的升高，其端电压上升较快。另外，汽车上用电设备的使用是频繁变化的。为了保证用电设备正常工作，防止蓄电池过充

电及损坏电子装置，交流发电机必须配用电压调节器，保证交流发电机输出电压不受转速和用电设备的影响，使其保持稳定，以满足用电设备的需要。

（1）电压调节器的作用

电压调节器是把发电机输出电压控制在规定范围内的装置，其作用是将交流发电机输出的电压控制在规定范围内。当发电机的转速发生变化时，能自动控制发电机输出的电压保持恒定，使其不因发电机转速高时，电压过高而烧坏用电器和导致蓄电池过充电；也不会因发电机转速低时，电压不足而导致用电器工作失常。

（2）电压调节器的分类

汽车硅整流发电机所用的电压调节器种类很多，根据其分类方式的不同而有多种类型。电压调节器的分类及说明如表 2-4 所示。

随着电子技术的不断发展，电子产品在汽车上的应用越来越广泛，目前的轿车上大都采用电子电压调节器，并已逐步取代其他类型的电压调节器。

表 2-4 电压调节器的分类及说明

分类方式	分类		备注
以调节方式分类	机械触点方式	单级方式	
		双级方式	
	无触点(电子电压调节器)	晶体管分立元件式	
		集成电路式	
以结构分类	单纯电压调节器		
	组合电压调节器		
以调节范围分类	14V(13.5～14.5V)		多用于汽油发动机汽车上
	28V(27～29V)		多用于柴油发动机汽车上
以发电机磁场线圈的连接方式分类	内部接地		内部接地是指发电机磁场线圈的一端在发电机内部搭铁
	外部接地		外部接地是指发电机磁场线圈的一端通过电压调节器后搭铁
以电压极性分类	负极搭铁		俗称的负极接地
	正极搭铁		俗称的正极接地

2.3.2 电压调节器的工作原理

（1）电压调节器的基本工作原理

由交流发电机的工作原理我们知道，交流发电机的输出电压正比于交流发电机的感应电动势，即

$$U \propto E_{\Phi} = C_e n \Phi \propto C_e n I_f$$

当转速升高时，感应电动势 E_{Φ} 增大，输出端电压 U 升高，当转速 n 升高到一定值时（空载转速以上），输出端电压达到极限，要想使发电机的输出电压 U 不再随转速的升高而上升，只能通过减小磁通 Φ 来实现。又因磁极磁通 Φ 与励磁电流 I_f 成正比，所以减小磁通 Φ 也就是减小励磁电流 I_f。

所以，交流发电机调节器的工作原理是：当交流发电机的转速升高时，调节器通过减小发电机的励磁电流 I_f 来减小磁通 Φ，使发电机的输出电压 U 保持不变。

电压调节器通过触点开闭，接通和断开磁场电路，或利用大功率晶体管的导通和截止，接通和断开磁场电路，来改变磁场电流 I_f 的大小。

(2) 外搭铁型电压调节器的工作原理

外搭铁型晶体管电压调节器的基本电路由三个电阻 R1、R2、R3，两个三极管 VT1、VT2，一个稳压二极管 VS 和一个二极管 VD 组成，如图 2-43 所示。

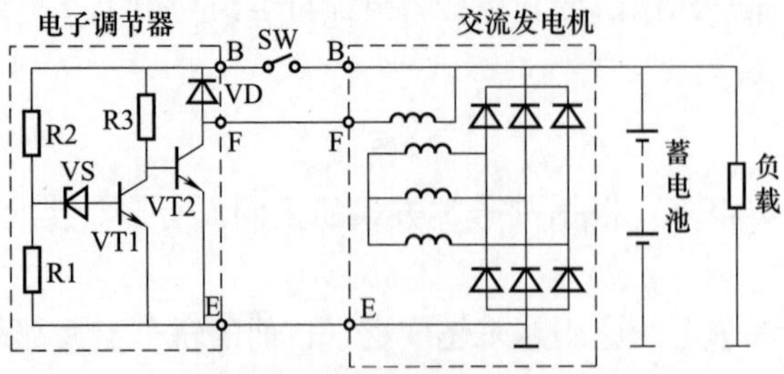

图 2-43 外搭铁型调节器

电阻 R1 和 R2 组成一个分压器，稳压管 VS 是感受元件，串联在 VT1 的基极电路中，并通过 VT1 的发射结并联于分压电阻 R1 的两端，以感受发电机的输出电压；VT2 是大功率三极管（NPN 型），和发电机的磁场绕组串联，起开关作用，用来接通与切断发电机的励磁电路；VT1 是小功率三极管（NPN 型），用来放大控制信号；VD 是续流二极管；磁场绕组由接通转为断开状态时（F 端为+，B 端为－），经二极管 VD 构成放电回路，防止三极管 VT2 被击穿损坏。

其工作原理如下。

① 点火开关 SW 接通，发电机电压 U_B＜蓄电池端电压时，VT1 截止，VT2 导通，此时由蓄电池供给磁场电流。随着发动机的启动，发电机转速升高，发电机他励发电，电压上升。

② 发电机电压虽然升高，但如果蓄电池端电压＜发电机输出电压 U_B＜调节上限时，VT1 继续截止，VT2 继续导通。此时的磁场电流由发电机供给，发电机电压随转速升高迅速升高。

③ 当发电机电压升高到等于调节上限 U_2 时，调节器开始工作。电阻 R1、R2 分压，$U_{R1}=U_{VS}+U_{be1}$，VS 导通，VT1 导通，VT2 截止，磁场电路被切断，发电机输出电压迅速下降。

当发电机电压下降到等于调节下限 U_1 时，电阻 R1、R2 分压减小；当 $U_{R1}<U_W+U_{be1}$ 时，VS 截止，VT1 截止，VT2 重新导通，磁场电路重新被接通，发电机电压上升。

发电机电压升到调节上限时，VT2 就截止，磁场电路被切断，输出电压下降；降到等于调节下限 U_1 时，磁场电路被接通，发电机电压上升，周而复始，发电机输出电压被控制在一定范围内。

因为三极管 VT2 的状态转换（导通和截止）频率很高，所以配装电子调节器的发电机的输出电压上限 U_2 和下限值 U_1 的差值很小。因此发电机的输出电压波动也非常小，再加上电容的滤波，发电机的输出电压很稳定。

(3) 内搭铁型电压调节器的工作原理

内搭铁型电压调节器基本电路的特点是晶体管 VT1、VT2 采用 PNP 型，发电机的励磁绕组连接在 VT2 的集电极和搭铁端之间，与外搭铁型电路显著不同，但电路工作原理和结构与外搭铁型电子调节器类似，如图 2-44 所示。

(4) 集成电路（IC）电压调节器的工作原理

集成电路电压调节器又称 IC 调节器，根据使用要求，它把电路中的若干元件集成到同

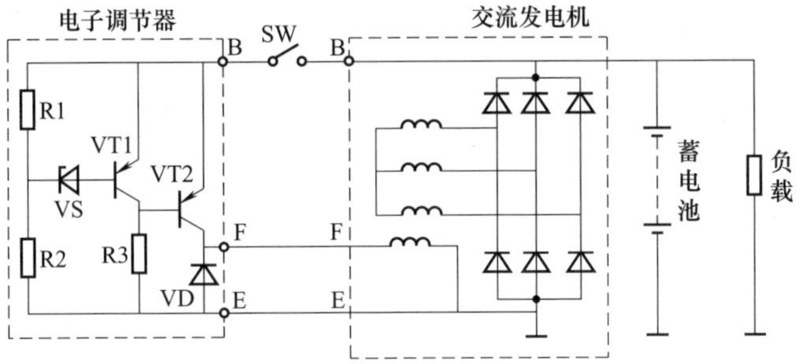

图 2-44 内搭铁型调节器

一基片上，制成一个独立的电子芯片。集成电路电压调节器装于发电机内部，称为整体式发电机。发电机外部有两个或三个接线端子。桑塔纳轿车采用了混合电路加集成电路发电机调节器，集成电路和保护电阻共同贴在一块陶瓷基片上，封装在一个金属盒里，并与电刷连成一体，便于安装和维修。

集成电路电压调节器的工作原理与晶体管电压调节器的工作原理完全一样，都是根据发电机输出电压的变化，利用晶体管的开关特性控制发电机励磁电流，达到稳定发电机输出电压的目的。也有内、外搭铁之分，以外搭铁使用较多。

根据检测电源电压方式不同，集成电路电压调节器可分为发电机电压检测法和蓄电池电压检测法两种。对于大功率硅整流发电机多采用后者。

图 2-45 所示为天津夏利微型轿车配用的单片式集成电路调节器的电路，调节器具有电压调节、充电指示灯控制等功能。

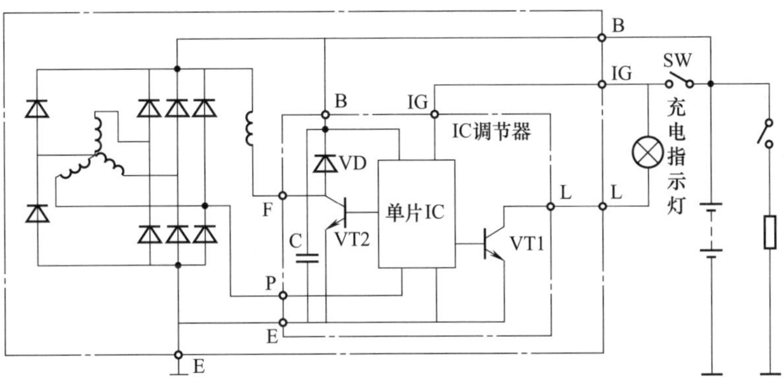

图 2-45 夏利轿车用集成电路调节器电路

调节器内有一个单片集成电路，其“IG”端经点火开关接至蓄电池和发电机的正极，用来检测蓄电池和发电机的电压。VT2 是大功率三极管，和磁场绕组（励磁绕组）串联，由集成片 IC 控制三极管 VT2 的导通与截止，从而控制磁场电路通断，调节发电机的输出电压。发电机电压调节原理与前述电子调节器相同，不再赘述。

而“P”端则接至发电机定子绕组的某一相上，该点的电压约为发电机直流输出电压的 1/3，单片集成电路调节器从“P”端检测到发电机的电压，从而控制三极管 VT1 的导通与截止。因为充电指示灯串联在 VT1 的集电极上，所以三极管 VT1 起到控制充电指示灯的作用。其原理如下：

当发电机未转动时，“P”端获取电压为 0，单片集成电路 IC 使 VT1 导通，充电指示灯电路由蓄电池经点火开关、充电指示灯、“L”端、三极管 VT1、搭铁构成回路，充电指示灯点亮，表示蓄电池放电。

同理，当发电机转速较低，发电机输出电压低于蓄电池电压时，IC 中的控制电路仍使 VT1 导通，充电指示灯继续点亮，表示蓄电池继续放电。

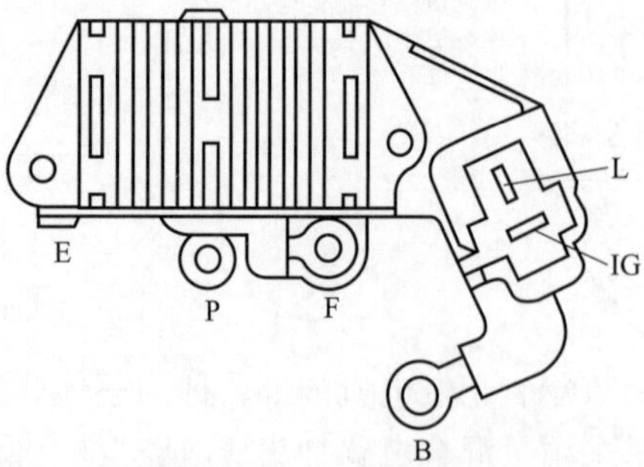

图 2-46 夏利轿车用集成电路调节器外形

当发电机转速升高，发电机输出电压超过蓄电池电压时，“P”端电压信号使单片集成电路 IC 控制 VT1 截止，切断了充电指示灯电路，充电指示灯熄灭，表示发电机开始向蓄电池充电，并向用电设备供电。

当发电机运转正常，但是因电路故障导致不发电时，“P”端电压为 0，致使 VT1 导通，充电指示灯点亮，告知驾驶员充电系统出现故障。

图 2-46 是夏利轿车用集成电路调节器的外形。

2.3.3 电压调节器的使用与维护

电压调节器在使用过程中应注意如下几个问题。

① 调节器与发电机的电压等级必须一致，否则充电系统不能正常工作。

② 调节器与发电机的搭铁形式必须一致，当调节器与发电机的搭铁形式不匹配而又急需使用时，可通过改变发电机磁场绕组的搭铁形式及线路的连接来临时替代。

③ 调节器与发电机之间的线路连接必须完全正确，否则充电系统不能正常工作，甚至还会损坏调节器。

④ 配用双级式的电压调节器，当检查充电系统故障时，在没有断开调节器与发电机的接线之前，不允许将发电机的“+”与“F”(或调节器的“+”与“F”）短接，否则会烧坏调节器的高速触点。

⑤ 调节器必须受点火开关控制。因为调节器控制磁场电流的大功率管在发电机输出电压较低时就始终导通，所以如果不受点火开关控制，当汽车停驶时，大功率管一直导通，不仅会缩短调节器使用寿命，而且会导致蓄电池亏电。

⑥ 调节器损坏后，最好选用原型号调节器。但在不得已的情况下，也可以用别的型号临时替代。替代时，除了要注意调节器的调压值必须与发电机匹配外，与发电机的线路连接也应做相应的改动。对于集成电路调节器，必须是专用的，不能替代。

2.3.4 电压调节器的检查与测试

充电系统出现故障，经检查确认发电机工作正常，而调节器有故障时，应将调节器从车上拆下，进行检修。使用中的调节器也应定期进行测试和必要的调整，保证发电机的输出电压经常稳定在额定值内。

(1) 电压调节器的故障与检查

电压调节器由于使用不当或质量不佳，可能出现的故障现象及原因见表 2-5。

表 2-5 电压调节器故障现象及原因

故障现象	故障原因
发电机不发电	大功率三极管断路，稳压管或小功率三极管损坏使大功率三极管始终处于截止状态
发电机电压过高，充电电流过大，车上灯泡特亮或烧坏，蓄电池电解液沸腾，消耗过快	大功率三极管短路，稳压管或小功率管损坏使大功率三极管始终处于饱和导通状态

(2) 电压调节器搭铁形式的判断

电子电压调节器有内搭铁和外搭铁之分，必须与相应搭铁形式的发电机配用。若调节器标记不清，为避免选错，可用图 2-47 所示的方法判别。

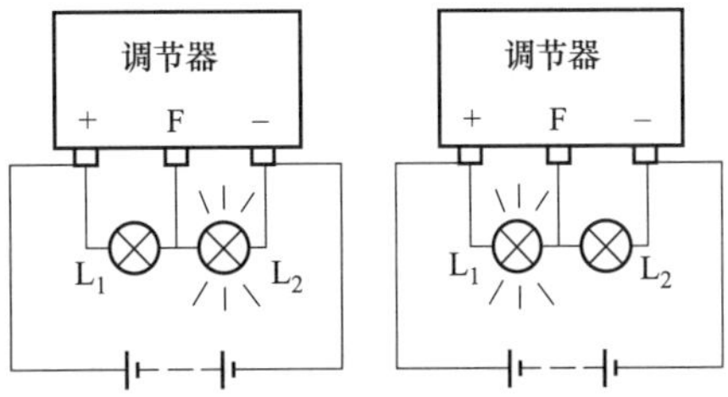

(a) 内搭铁式调节器　(b) 外搭铁式调节器

图 2-47 晶体管调节器搭铁形式判别

用一个 12V（或 24V）蓄电池和一只 12V（或 24V）、2W 的小灯泡按图 2-47 所示的方法接线。如灯泡在“－”与“F”接线柱之间发亮，而在“＋”与“F”接线柱之间不亮，则该调节器为内搭铁式，如图 2-47（a）所示；如灯泡在“＋”与“F”接线柱之间发亮，而在“－”与“F”接线柱之间不亮，则该调节器为外搭铁式，如图 2-47（b）所示。

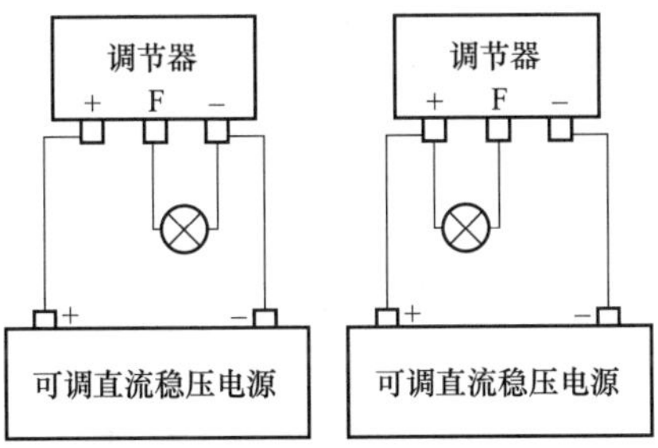

(a) 内搭铁　(b) 外搭铁

图 2-48 电压调节器的检查方法

(3) 电压调节器故障检查

电压调节器的检查方法如图 2-48 所示。用一个电压可调的直流稳压电源（0～30V，3A）和一只 12V（或 24V）、20W 的车用小灯泡代替发电机磁场绕组，按图 2-48 所示的方法接线后进行试验。调节直流稳压电源，使其输出电压从零逐渐增高时，灯泡应逐渐变亮。当电压升高到调节器的调节电压（14V±0.2V 或 28V±0.5V）时，灯泡应突然熄灭。若电压超过调节电压值，灯泡仍不熄灭或一直不亮，都说明调节器有故障。

如果已知电压调节器的有关参数，也可用万用表 R×10Ω 挡测量调节器三个接线柱之间的电阻值来判断调节器的好坏。

调节器的故障一般是晶体管损坏导致大功率三极管始终处于不通或导通的状态，致使发电机电压建立不起来或调节电压过高而损坏用电设备。

(4) 电压调节器的性能测试

电压调节器的性能在万能试验台上进行测试。首先固定发电机，然后根据调节器的搭铁形式按图 2-49 接线。

发电机由调速电动机驱动运转，先接通 K1，待发电机自励后，断开 K1，合上 K2，并将发电机转速控制在 3000r/min，调节可变电阻，使发电机处于半载（输出电流为额定电流的一半）时，记下调节器所维持的电压值，该电压值应符合规定，一般为 14V±0.5V 或 28V±0.5V。若不符合规定应报废。

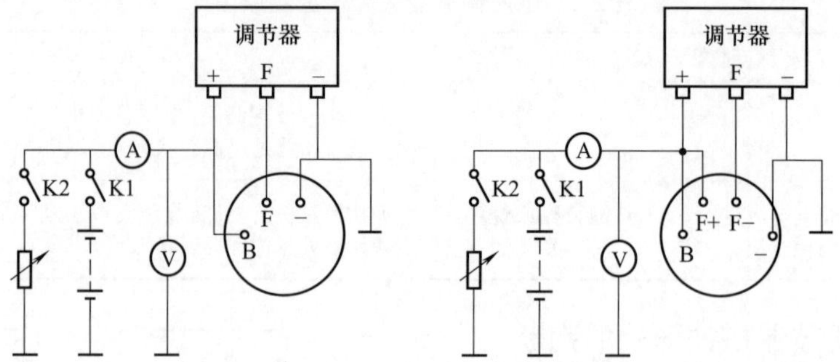

(a) 内塔铁发电机配用的调节器测试电路　(b) 外塔铁发电机配用的调节器测试电路

图 2-49　电子调节器的测试

2.4　供电系统的正确使用与故障排除

2.4.1　供电系统的使用

为保证供电系统（电源系统）的使用性能，交流发电机与调节器在使用中应注意以下几点。

① 蓄电池搭铁极性必须与发电机一致，否则蓄电池将正向电压加在整流二极管上，使二极管烧坏。

② 发电机运转时，不能通过短接交流发电机的“B”“E”端子（即用试火花的方法）来检查发电机是否发电，否则容易烧坏整流二极管。

③ 当整流器的六个整流二极管与定子绕组连接时，绝对禁止使用 220V 以上交流电压或兆欧表检查发电机的绝缘情况，否则将会损坏二极管及调节器中的电子元件。

④ 调节器与交流发电机的搭铁形式、电压等级必须一致，否则充电系统不能正常工作。若调节器与发电机的搭铁形式不匹配而又急需使用时，只能改变发电机磁场绕组的搭铁形式，使发电机与调节器的搭铁形式一致。

⑤ 发电机正常运行时，切不可任意拆卸各电器的连接线，以防引起电路中的瞬时过电压损坏二极管及调节器中的电子元件或其他电子设备。

⑥ 蓄电池可起到电容器的作用，即可在一定程度上吸收电路中的瞬时过电压。在发电机运行过程中不要拆下蓄电池连接导线，否则容易造成发电机二极管及调节器中电子元件的损坏。

2.4.2　供电系统故障判断方法

(1) 供电系统常见故障的部位

供电系统（电源系统）常见故障部位如图 2-50 所示。

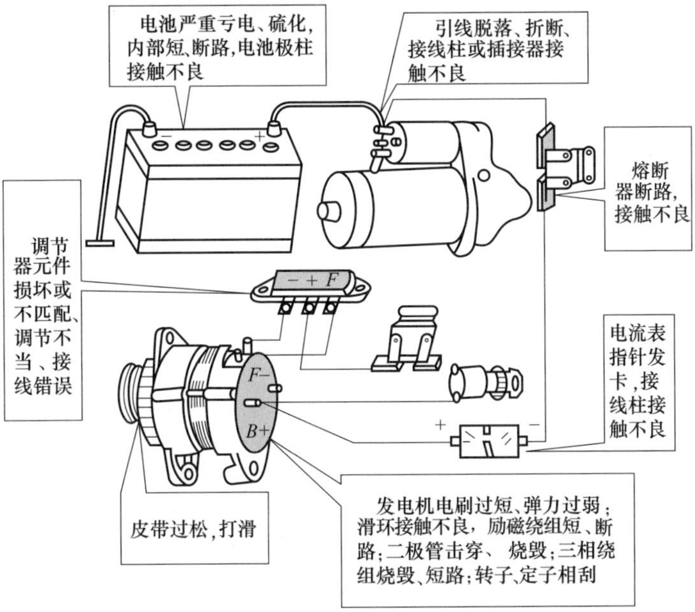

图 2-50 电源系统常见故障部位

(2) 电源系统常见故障及诊断

供电系统常见故障及诊断见表 2-6。

表 2-6 供电系统常见故障及诊断

故障现象	故障原因	故障处理方法
不发电	二极管损坏	更换二极管
	调节器损坏	更换调节器
	励磁绕组断路、短路或搭铁	更换励磁绕组
	定子绕组断路、短路或搭铁	更换定子绕组
	电刷与集电环不接触	检修电刷装置或清洁集电环
	接线柱搭铁	检查接线柱
发电量小	个别二极管损坏	更换二极管
	调节器电压调整值偏低	更换调节器
	励磁绕组有局部短路	更换励磁绕组
	电刷接触不良	检查电刷装置或清洁集电环
发电不稳定	传动带过松	调整传动带松紧度
	电刷弹簧压力不足	更换电刷弹簧或电刷
	定子绕组接触不良	检修定子绕组
	接线柱松动或接触不良	检查接线柱
发电机异响	发电机装配不当	重新装配发电机
	定子与转子表面相摩擦	检修定子或转子
	定子绕组搭铁	检修定子绕组
	发电机轴承损坏	更换轴承

2.4.3 供电系统常见故障及其排除方法

交流发电机供电系统（充电系统）常见故障及其排除方法见表 2-7。

表 2-7 交流发电机供电系统常见故障及其排除方法

故障现象	故障部位		故障原因	故障排除方法
完全不充电(电流表指示放电或充电指示灯亮)	接线		接线断开或短路	修理
	电流表		接线错误	改接
	发电机不发电		①二极管损坏 ②电刷卡死与集电环不接触 ③定子、转子线圈断路、短路或搭铁、接线柱绝缘不良 ④阻尼电容器损坏	①更换 ②更换或修理 ③更换或修理 ④更换
	调节器	调节电压过低 / 触点式	①调整不当 ②触点接触不良	①再调整 ②修理
		调节电压过低 / 晶体管式	调整不当	更换
		调节器不工作 / 触点式	①高速触点烧结在一起 ②内部断路或短路	①更换 ②修理或更换
		调节器不工作 / 晶体管式	①大功率管断路 ②其他电阻、电容、二极管和三极管有断路、短路	①更换 ②更换
		磁场继电器工作不良	①继电器线圈或电阻断路、短路 ②触点接触不良	①更换 ②修理
充电电流过小(启动性能变差,灯光变暗)	接线		接头松动	修复
	发电机发电不足		①发电机皮带过松 ②二极管损坏(个别的) ③电刷接触不良,集电环油污 ④转子线圈局部短路,定子线圈局部短路或接头断开	①调整 ②更换 ③修理 ④更换或修理
	调节器		①电压调整偏低 ②触点脏污 ③继电器触点接触不良	①再调整 ②修理 ③更换或修理
充电电流不稳定(电流表指针不断摆动)	接线		接线的各连接处松动,接触不良	修复
	发电机		①发电机皮带过松 ②转子线圈或定子线圈有故障 ③电刷压力不足,接触不良 ④接线柱松动,接触不良	①调整 ②修理或更换 ③修理或更换 ④修理
	调节器	调整作用不稳定 / 触点式调节器	①触点脏污、接触不良 ②线圈、电阻有故障 ③附加电阻断路	①修理可调整 ②修理或更换 ③修理或更换
		调整作用不稳定 / 晶体管调节器	①连接部分松动 ②电子元件性能变坏	①修理 ②更换
		继电器工作不良	同完全不充电时继电器的故障原因	更换或修理
充电电流过大(灯丝易断,电解液消耗过快)	调节器	调整值过高	①调整不当 ②触点脏污,接触不良(高速触点) ③接触不良	①再调整 ②修理 ③修理
		调节器不工作	①线圈断路、短路,加速电阻断路 ②低速触点烧结	①更换 ②更换
发电机有不正常响声	发电机		①发电机安装不当 ②发电机轴承损坏、松动 ③转子与定子相碰 ④二极管短路、断路 ⑤定子线圈断路,出现电磁声	①修理 ②更换 ③修理或更换 ④更换 ⑤更换或修理

第3章 汽车发动机启动系统

3.1 汽车启动系统基础知识

3.1.1 认识启动系统

内燃机（发动机）在以自身动力运转之前，必须借助外力旋转。发动机借助外力由静止状态过渡到能自行运转的过程，称为发动机的启动。

启动系统的作用是供给内燃机曲轴启动转矩，使曲轴转速达到启动转速，使内燃机进入自行运转状态。

汽车发动机常用的启动方式有人力启动、辅助汽油机启动和电力启动三种形式。人力启动采用绳拉或手摇的方式，简单但不方便，而且劳动强度大，只适用于一些小功率的发动机，在一些汽车上仅作为后备方式保留着；辅助汽油机启动主要用在大功率的柴油发动机上；电力启动方式操作简单，启动迅速，具有重复启动能力，并且可以远距离控制，因此被现代汽车广泛采用。

电力启动方式就是用电动机作为机械动力，当将电动机轴上的齿轮与发动机飞轮周缘的齿圈啮合时，动力就传到飞轮和曲轴，使之旋转。

3.1.2 启动系统的组成

启动系统将储存在蓄电池内的电能转变成机械能，要实现这种转换，必须使用启动机。启动机的功用是由直流电动机产生动力，经传动机构带动发动机曲轴转动，从而实现发动机的启动。发动机启动之后，启动系统便立即停止工作。启动系统包括蓄电池、总熔断丝、电流表、点火开关（启动开关）、启动继电器、启动机等部件，启动机安装在汽车发动机飞轮壳前端的座孔上。汽车发动机启动系统的组成如图 3-1 所示。

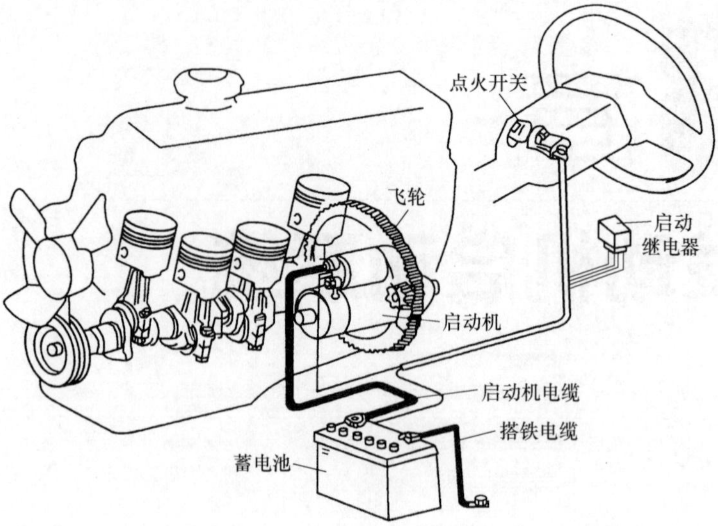

图 3-1 汽车发动机启动系统的组成

3.1.3 启动电路分析

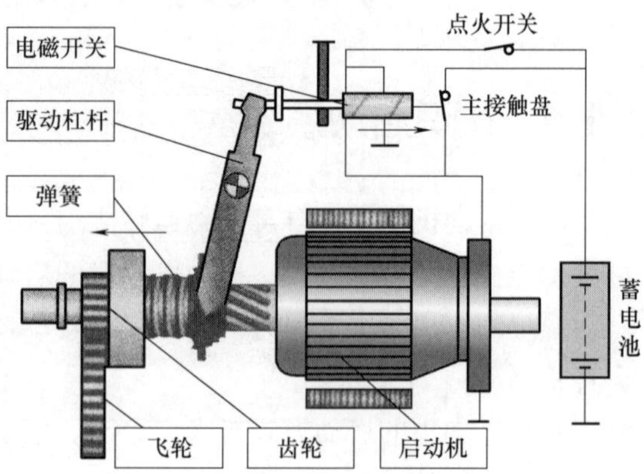

图 3-2 启动电路原理

把点火开关旋至启动挡Ⅱ位置时，就形成了如图 3-2 所示的电流通路。

蓄电池正极→点火开关启动挡→电磁开关线圈→搭铁→蓄电池负极。

电磁开关内线圈通电后，吸引铁芯移动，其主触点闭合，接通主电路。这时，启动电流从蓄电池的正极经电磁开关的主接触盘进入启动机，经其内部的线圈回到蓄电池负极，启动机开始带动发电机的曲轴运转。

发动机被启动后，点火开关在自身的回弹力作用下，自动退回到第Ⅰ挡位置，从而完成了启动任务。

3.2 启动机

3.2.1 启动机的组成

启动机一般由串励直流电动机、传动机构和操纵机构（控制装置）三部分组成，如图 3-3 所示。

(1) 直流电动机

直流电动机的作用是将蓄电池输入的电能转换为机械能，产生电磁转矩。

(2) 传动机构

传动机构又称启动机离合器或啮合机构。其主要由单向离合器与驱动齿轮、拨叉等组成。传动机构的作用是在发动机启动时使启动机轴上的小齿轮啮入飞轮齿圈，将启动机的转矩传递给发动机曲轴；在发动机启动后又能使启动机小齿轮与飞轮齿圈自动脱开。在它们脱离过程中，发动机飞轮反拖驱动齿轮时，单向离合器使其形成空转，避免了飞轮带动启动机旋转。

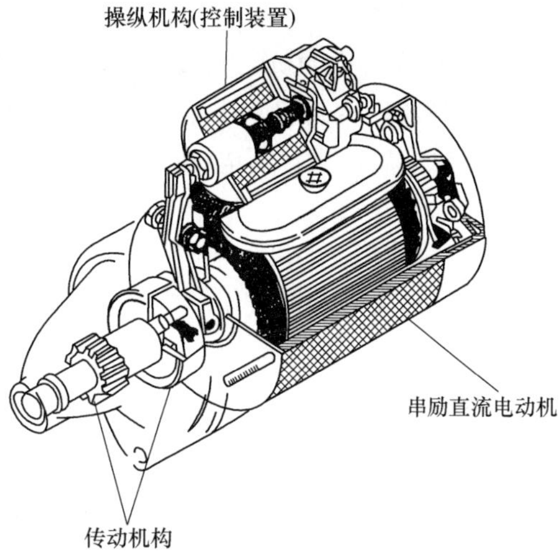

图 3-3　启动机组成

(3) 操纵机构（控制装置）

操纵机构的作用是接通和断开电动机与蓄电池之间的电路。对于传统点火系，启动机工作时，操纵机构还能短接点火线圈的附加电阻，以增加启动时的点火能量。

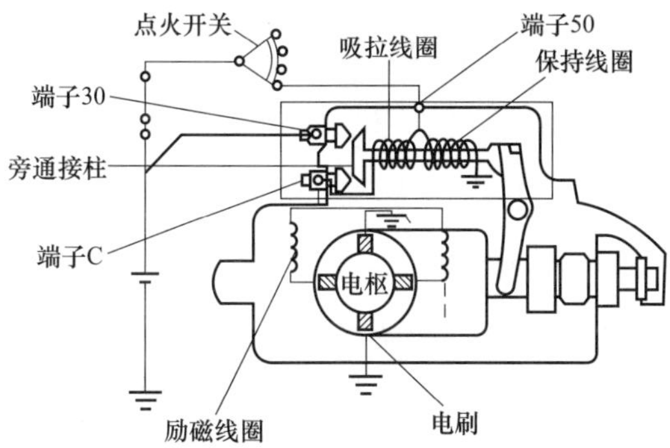

图 3-4　启动机控制电路

3.2.2　启动机的工作原理

启动机的控制电路如图 3-4 所示，当点火开关接至启动挡时，接通吸拉线圈和保位（持）线圈，其电路为蓄电池正极→熔断器→点火开关→接线端子→分两路，一路经吸拉线圈→主电路接线柱端子 C→励磁绕圈→电枢绕组→搭铁→蓄电池负极；另一路经保位（持）线圈→搭铁→蓄电池负极。

此时，吸拉线圈与保位（持）线圈产生的磁场方向相同，在两线圈电磁吸力的作用下，活动铁芯克服回位弹簧的弹力而被吸入。拨叉将启动小齿轮推出使其与飞轮齿圈啮合。

齿轮啮合后，接触盘将触点接通，蓄电池便向励磁绕组和电枢绕组供电，产生正常的转矩，带动启动机转动。

与此同时，吸拉线圈被短路，齿轮的啮合位置由保位（持）线圈的吸力来保持。

3.2.3　启动机的类型

(1) 按电动机磁场产生方式分类

① 励磁式启动机。励磁式启动机一般采用串励直流电动机，各型号的结构相差不大。

② 永磁式启动机。永磁式启动机以永磁材料为磁极，由于电动机中无磁极绕组，故可使启动机结构简化，体积和质量都可相应减小。

(2) 按操纵机构分类

① 直接操纵式启动机。直接操纵式启动机由脚踏或手拉杠杆联动机构直接控制启动机的主电路开关来接通或切断主电路，也称机械式启动机。这种方式虽然结构简单、工作可靠，但由于要求启动机、蓄电池靠近驾驶室，因此受安装布局的限制，而且操作不便，已很少采用。

② 电磁操纵式启动机。电磁操纵式启动机由按钮点火开关控制继电器，再由继电器控制启动机的主开关来接通或切断主电路，也称电磁控制式启动机。这种方式可实现远距离控制，操作方便，在现代汽车上广泛采用。

(3) 按传动机构的啮合方式分类

① 惯性啮合式启动机。启动机旋转时，其啮合小齿轮靠惯性力自动啮入飞轮齿圈。启动后，小齿轮又借惯性力自动与飞轮齿圈脱离。这种啮合机构结构简单，但不能传递较大的转矩，而且可靠性较差，已很少采用。

② 强制啮合式启动机。强制啮合式启动机是靠人力或电磁力拉动杠杆强制小齿轮啮入飞轮齿圈的。这种啮合机构结构简单、动作可靠、操作方便，仍被现代汽车所采用。

③ 电枢移动式启动机。电枢移动式启动机是靠启动机磁极磁通的吸力，带动电枢沿轴向移动而使小齿轮啮入飞轮齿圈的，启动后再由回位弹簧使电枢回位，让驱动齿轮退出飞轮齿圈。这种啮合机构多用于大功率的柴油发动机上。

④ 齿轮移动式启动机。它是由电磁开关推动安装在电枢轴孔内的啮合杆，使小齿轮啮入飞轮齿圈的。

3.3 启动系统的直流电动机

3.3.1 串励直流电动机的结构

串励直流电动机主要由电枢（转子）、磁极（定子）、电刷架与电刷等主要部件构成，如图 3-5 所示。

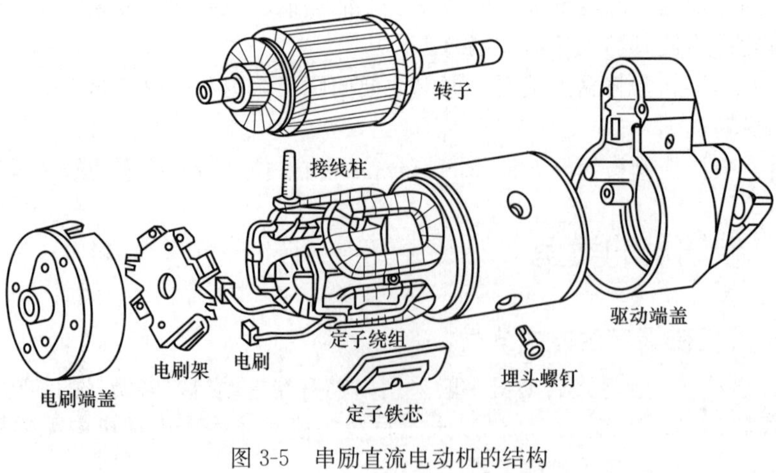

图 3-5 串励直流电动机的结构

(1) 电枢

电枢是直流电动机的旋转部分，包括电枢轴、换向器、电枢铁芯和电枢绕组，如图 3-6 所示。

电枢铁芯由外圆带槽的硅钢片叠压而成。为了获得足够的转矩，通过电枢绕组的电流一般为 200～600A。因此电枢绕组采用较粗的矩形铜线绕制为成型绕组。换向片和云母片叠压成换向器，电枢绕组各线圈的端头均焊接在换向片上，通过换向器和电刷将蓄电池的电流引进来。

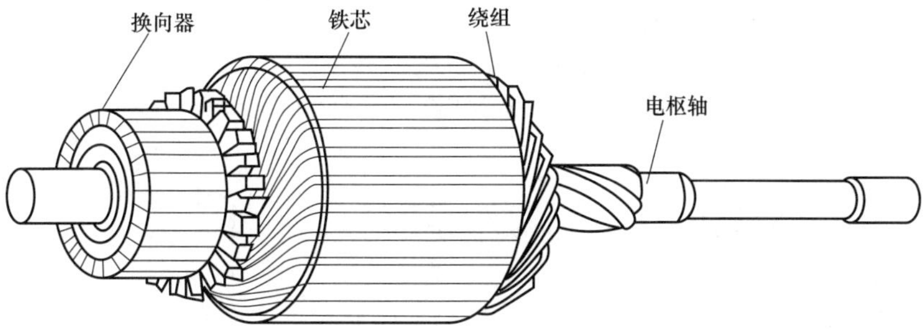

图 3-6　电枢总成

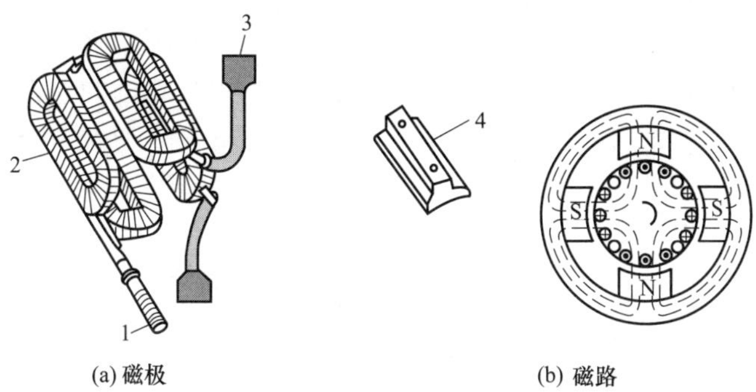

图 3-7　磁极与磁路

1—接线柱；2—励磁绕组；3—电刷；4—铁芯

(2) 磁极

磁极的作用是产生电枢转动时所需的磁场。磁极常被称为定子，它主要由固定在机壳上的磁极铁芯和磁场绕组（励磁绕组）组成。直流电动机一般为四个磁极（为增大电磁转矩，大功率的采用六个磁极），四个励磁绕组外形和极性排列示意图如图 3-7 所示。励磁绕组与电枢绕组的连接方式如图 3-8 所示。由于励磁绕组与电枢绕组串联，故称为串励直流电动机。

(3) 电刷及电刷架

电刷的作用是将直流电引入转动的电枢绕组。电刷用含铜石墨压制而成，电刷装在端盖上的电刷架中，通过电刷弹簧使电刷压在换向器上。四个磁极的电动机装有四个电刷，其中一对电刷与外壳绝缘，称为绝缘电刷；另一对电刷与机壳直接连接，称为搭铁电刷。

(4) 外壳

外壳制成圆筒状，磁极安装在外壳内，其上有绝缘接线柱，在内部与励磁绕组连接。

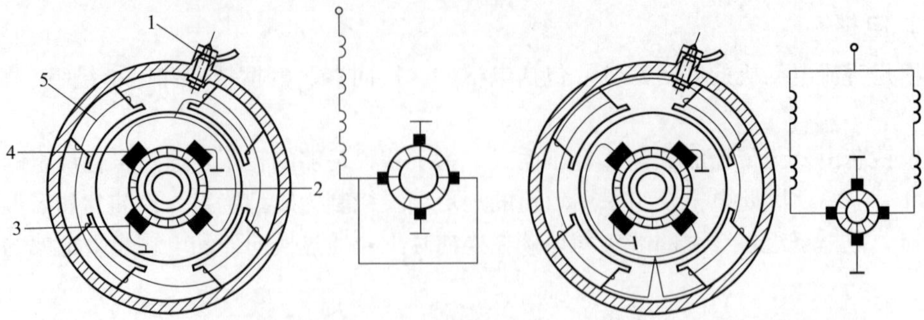

(a) 四磁极绕组串联　　(b) 磁极绕组两两串联后再并联

图 3-8　磁极绕组的连接

1—接线柱；2—换向器；3—负电刷；4—正电刷；5—励磁绕组

3.3.2　串励直流电动机的工作原理

直流电动机是根据载流导体在磁场中受力运动的原理设计而成的。图 3-9 所示为串励直流电动机的工作原理。当电路接通时，蓄电池的电流经励磁线圈和转子线圈形成回路。励磁绕组通电后形成电磁场，转子绕组通电后受到电磁作用力产生旋转运动。

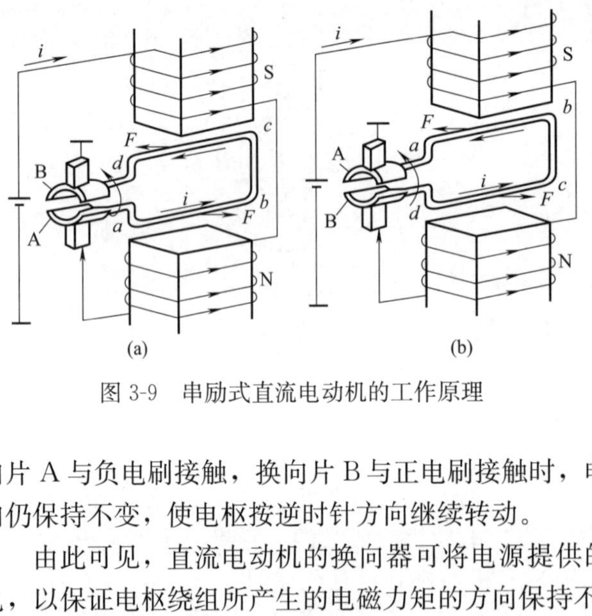

图 3-9　串励式直流电动机的工作原理

串励直流电动机的特点是电源输入到电动机的电流 I 与电动机的电枢电流 I_a、励磁电流 I_f 三者相等，即 $I=I_a=I_f$。

电动机工作时，电流通过电刷和换向片流入电枢绕组。换向片 A 与正电刷接触，换向片 B 与负电刷接触，绕组中的电流从 $a \to b \to c \to d$ 根据左手定则判断导体 ab、cd 均受到电磁力 F 的作用，由此产生逆时针方向的电磁转矩 M 使电枢转动；当电枢转动至换向片 A 与负电刷接触，换向片 B 与正电刷接触时，电流改由 $d \to c \to b \to a$，但电磁转矩的方向仍保持不变，使电枢按逆时针方向继续转动。

由此可见，直流电动机的换向器可将电源提供的直流电转换为电枢绕组所需要的交流电，以保证电枢绕组所产生的电磁力矩的方向保持不变，使其产生定向转动。但实际的直流电动机为了产生足够大且能保持转速稳定的电磁力矩，其电枢上绕有很多组线圈，换向器的铜片也随其相应增加。

根据安培定律，可以推导出电动机通电后所产生的电磁转矩 M 与磁极的磁通量 Φ 及电枢电流 I_a 之间的关系为：

$$M=C_m \Phi I_a \tag{3-1}$$

式中，C_m 为电机转矩常数，它与电动机磁极对数 p、电枢绕组导线总根数 z 及电枢绕组电路的支路对数 a 有关，即

$$C_m=pz/(2\pi a) \tag{3-2}$$

3.3.3 串励直流电动机转矩自动调节原理

直流电动机的电枢在电磁转矩 M 作用下转动，由于绕组在转动的同时切割磁力线而产生感应电动势，并根据右手定则判定其方向与电枢电流 I_a 的方向相反，故称为反电动势 E_f。反电动势 E_f 与磁极的磁通 Φ 和电枢的转速 n 成正比，即

$$E_f=C_e\Phi n \tag{3-3}$$

式中，C_e 为电动机的电动势常数（又称结构常数）。由于反电动势的方向与电源电压的方向相反，因此电动机工作时，电枢回路的电压平衡方程式为

$$U=E_f+I_a(R_a+R_f) \tag{3-4}$$

式中 U——电源电压，V；

R_a——电枢回路电阻，Ω，其中包括电枢绕组的电阻、电刷与换向器的接触电阻；

R_f——励磁绕组电阻，Ω；

I_a——电枢电流，A。

在直流电动机接通电源的瞬间，电枢转速 n 为 0，电枢反电动势 $E_f=0$，此时，电枢绕组中的电流达到最大值，即 $I_{amax}=U/(R_a+R_f)$，将相应产生最大电磁转矩，即 M_{max}。若此时的电磁转矩大于电动机的负载转矩（阻力矩）M_z，电枢就开始加速转动。随着电枢转速 n 的上升，E_f 增大，I_a 下降，电磁转矩 M 也就随之下降。当电磁转矩 M 下降至与 M_z 相平衡时（$M=M_z$），电枢就以此转速运转。如果直流电动机在工作过程中负载转矩 M_z 发生变化时，就会出现如下变化：

当工作负载转矩 M_z 增大时，$M<M_z\rightarrow n\downarrow\rightarrow E_f\downarrow\rightarrow I_a\uparrow\rightarrow M\uparrow\rightarrow M=M_z$，达到新的稳定；

当工作负载转矩 M_z 减小时，$M>M_z\rightarrow n\uparrow\rightarrow E_f\uparrow\rightarrow I_a\downarrow\rightarrow M\downarrow\rightarrow M=M_z$，达到新的稳定。

由此可见，当负载变化时，电动机能通过电枢转速、电枢电流和转矩的自动变化来满足负载的需要，使之在新的转速下稳定工作。因此串励直流电动机具有自动调节转矩的功能。这是汽车发动机采用串励式电动机启动的原因之一。

3.3.4 串励直流电动机的特性

直流电动机的转矩 M、转速 n、功率 P 随电流 I_a 的变化规律称为电动机的工作特性。直流电动机的工作特性有转矩特性、转速特性和功率特性，如图 3-10 所示。

(1) 转矩特性

对于串励直流电动机、其励磁电流 I_f 与电枢电流 I_a 相等，并且磁路未饱和时，磁通 Φ 与电枢电流 I_a 成正比，即 $\Phi=kI_a$。所以，串励直流电动机的转矩可表示为

$$M=C_mI_a\Phi=C_mkI_a^2$$

可见，在磁路未饱和的情况下，直流串励电动机的电磁转矩 M 与电枢电流 I_a 的平方成正比，如图 3-11 所示。与并励直流电动机相比，在相同电枢电流 I_a 的情况下，串励直流电动机可以产生较大的电磁转矩 M。

在启动发动机的瞬间，由于发动机的阻力矩很大，因此发动机处于完全制动状态下，转速为零，反电动势也为零。此时电枢电流将达到最大值，电动机产生最大转矩，从而使启动机易于启动发动机，这也是汽车上多采用直流串励直流电动机的主要原因之一。

(2) 转速特性和机械特性

直流电动机的转速特性是指电动机的转速 n 随电枢电流 I_a 变化的关系。而直流电动机的机械特性是指电动机的转速 n 随电动机的电磁转矩 M 变化的关系。

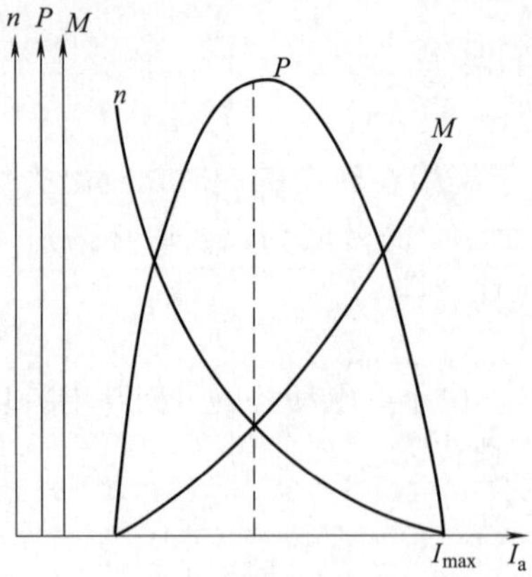

图 3-10　启动机特性曲线

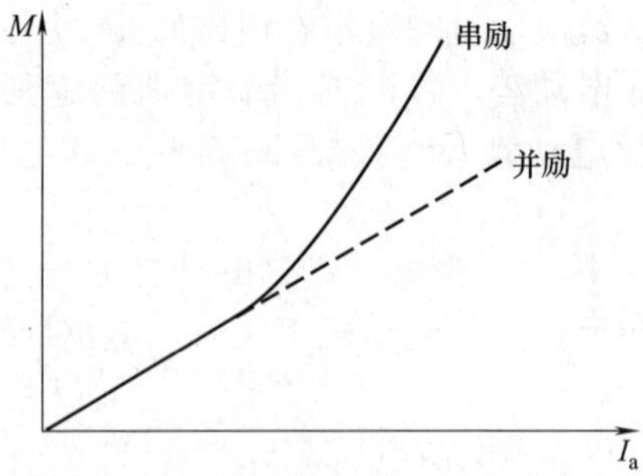

图 3-11　直流电动机的转矩特性

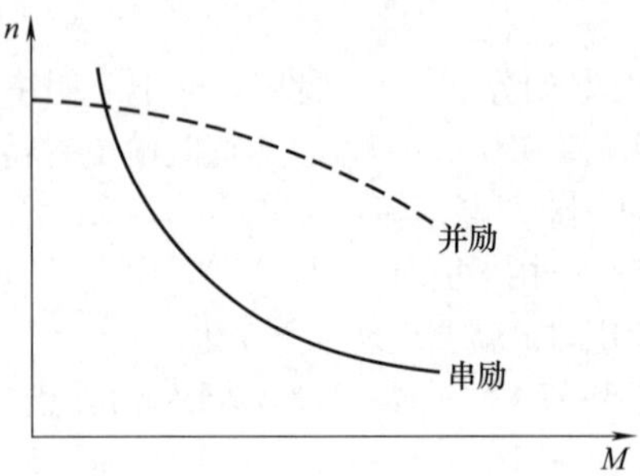

图 3-12　直流电动机的机械特性

根据电枢绕组反电动势的关系式 $E_f=C_e\Phi n$ 和电动机电压平衡方程式 $U=E_f+I_a(R_a+R_f)$，可得到直流电动机的转速与电枢电流的关系式。即

$$n=\frac{U-I_a(R_a+R_f)}{C_e\Phi}$$

串励电动机在磁路未饱和时，由于 Φ 不为常数，因此当 I_a 增加时，即电枢转矩 M 增大。由于 Φ 与 $I_a(R_a+R_1)$ 也随之增加，因此，电枢转速 n 随 I_a（M）的增大下降较快，具有较软的机械特性，如图 3-12 所示。

即串励直流电动机具有在轻载时，电枢电流小、转速高；在重载时，电枢电流大、转速低的软机械特性，能保证发动机既安全又可靠地启动，这是汽车启动机采用串励式直流电动机的又一主要原因。

串励直流电动机在轻载或空载时转速很高，容易造成“飞速”（又称“飞车”），以致造成电枢绕组“飞散”事故。因此串励直流电动机不允许在轻载或空载下运行。

(3) 功率特性

电动机的功率 P，可以通过测量电枢轴上的输出转矩 M 和电枢的转速 n 来确定，即

$$P=Mn/716.2(\text{hp})=Mn/9549.3(\text{kW})$$

当完全制动时，相当于刚接入启动机的情况，此时 $n=0$，电流最大，称为制动电流；转矩也达到最大值，称为制动转矩，此时输出功率为零；在启动机空转时，电流最小，转速达最大值，此时，输出功率也为零；只有在电流接近制动电流 1/2 时，启动机的功率最大。

3.4　启动系统的传动机构

3.4.1　发动机对启动机传动机构的要求

发动机对启动机传动机构的要求如下。

① 启动机的驱动齿轮与发动机的飞轮齿圈啮合时要平稳，不能发生冲击现象。

② 由于发动机的驱动齿轮与发动机的飞轮齿圈速比很大（一般大于15），因此发动机启动后，驱动齿轮应能自动打滑或脱离啮合，以免发动机带动启动机电枢高速旋转，造成电枢绕组“飞散”的事故。

③ 因为启动机是由点火开关控制的，所以当发动机工作时，要防止点火开关误操作，使启动机的驱动齿轮再次与发动机的飞轮啮合，导致启动机与发动机的飞轮齿圈的损坏。

图 3-13（a）所示为启动机不工作时所处的位置；图 3-13（b）所示为在电磁开关的作用下，驱动齿轮与飞轮齿圈正在啮合，此时启动机的主要电路还没有接通；图 3-13（c）所示为驱动齿轮与发动机飞轮齿圈完全啮合，主电路接通，电枢轴开始带动发动机曲轴旋转。发动机启动后，驱动齿轮仍处于啮合状态，单向离合器打滑，驱动齿轮在飞轮的带动下空转。启动结束后，驱动齿轮在电磁开关回位弹簧的作用下，与发动机飞轮齿圈脱离啮合。

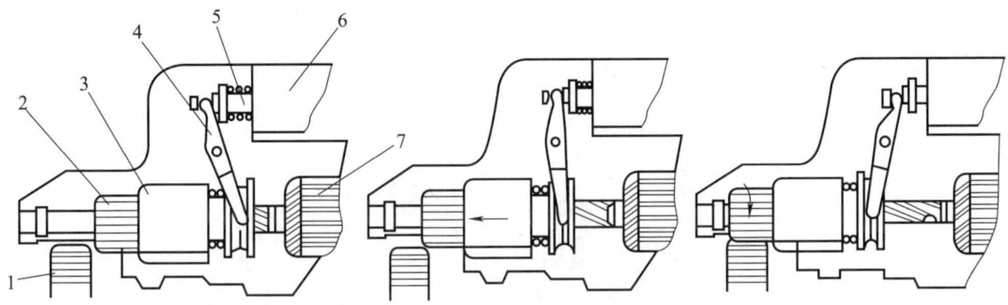

(a) 启动机静止状态　(b) 驱动齿轮与飞轮齿圈正在啮合　(c)完全啮合

图 3-13　传动机构的工作示意图

1—飞轮；2—驱动齿轮；3—单向离合器；4—拨叉；
5—活动铁芯；6—电磁开关；7—电枢

启动机传动机构中的关键部件是单向离合器。其作用是在启动时将电枢产生的电磁转矩传递给发动机飞轮；而当发动机启动后，单向离合器立刻打滑，防止发动机飞轮带动电枢高速旋转，造成电枢绕组“飞散”的事故。

3.4.2　常见的启动机单向离合器

(1) 滚柱式离合器

滚柱式单向离合器的原理是通过改变滚柱在楔形槽中的位置来实现分离和接合的。滚柱式离合器的结构如图 3-14 所示。驱动齿轮与外壳制成一体，外壳内装有十字块和四套滚柱、压帽和弹簧，十字块与花键套筒固定连接在一起，外壳与护盖相互扣合密封，花键套筒的外面装有缓冲弹簧及衬圈，末端固装着拨环与卡圈（卡簧）。单向离合器套装在电枢轴的花键部位上，可以做轴向移动和随轴移动。

滚柱式离合器的工作原理如下：在图 3-15（a）中，发动机启动时，拨叉将单向离合器推出，驱动齿轮与飞轮齿圈啮合，直流电动机通电产生转矩，带动十字块旋转。十字块处于主动状态，随电动机电枢一起旋转，促使 4 套滚柱进入槽的窄端，将十字块与外壳挤紧，于是电动机电枢的转矩就可由十字块经滚柱式离合器外壳传给驱动齿轮，从而达到驱动发动机

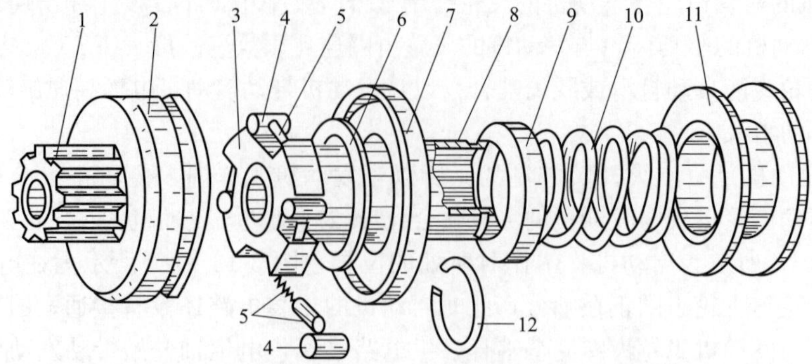

图 3-14　滚柱式单向离合器结构

1—驱动齿轮；2—外壳；3—十字块；4—滚柱；5—弹簧与压帽；6—垫圈；7—护盖；8—传动套筒；9—弹簧座；10—弹簧；11—移动衬套；12—卡簧

飞轮齿圈旋转、启动发动机运转的目的。

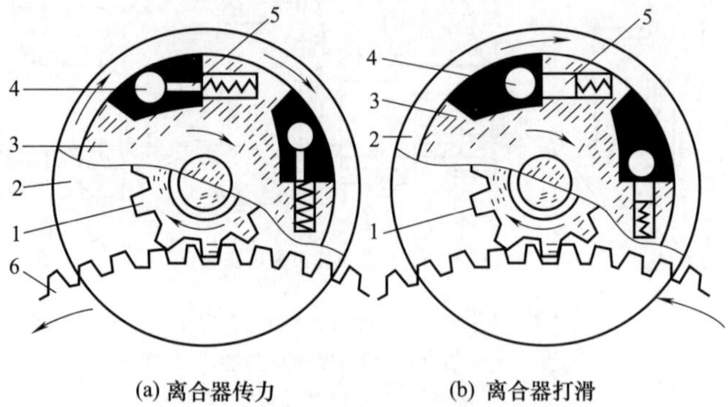

图 3-15　滚动式单向离合器工作原理

1—驱动齿轮；2—外壳；3—十字块；4—滚柱；5—弹簧与压帽；6—飞轮

启动后，飞轮齿圈带动驱动齿轮与外壳高速旋转；当转速超过十字块时，十字块处于被动状态，促使滚柱进入槽的宽端而自由滚动，十字块与外壳打滑，自由转动，如图 3-15（b）所示。在这种离合器打滑的功能下，防止了电枢超速飞散的危险。启动完毕，由于拨叉回位弹簧的作用，离合器经拨环退回，驱动齿轮完全脱离飞轮齿圈。

由于滚柱式离合器具有结构简单、坚固耐用、体积小、质量轻、工作可靠等优点，因此得到了广泛应用。但在传递较大转矩时，滚柱易变形卡死。所以其不能用在大功率启动机上。

(2) 摩擦片式离合器

摩擦片式离合器的原理是通过主、从动摩擦片的压紧和放松来实现分离与结合的。其结构如图 3-16 所示。在外接合毂的内壁有 4 道轴向槽沟，钢质从动摩擦片利用外围 4 个齿插装其中。在花键套筒的一端表面有 3 条螺旋花键，与内接合毂内的 3 条螺纹花键配合。内接合毂的表面也有 4 条轴向槽沟，用钢或青铜制造的主动摩擦片利用内圆 4 个齿套装在其沟槽内。主动摩擦片和从动摩擦片彼此相间地排列组装。内接合毂的外面装有缓冲弹簧，端部固装着拨环。

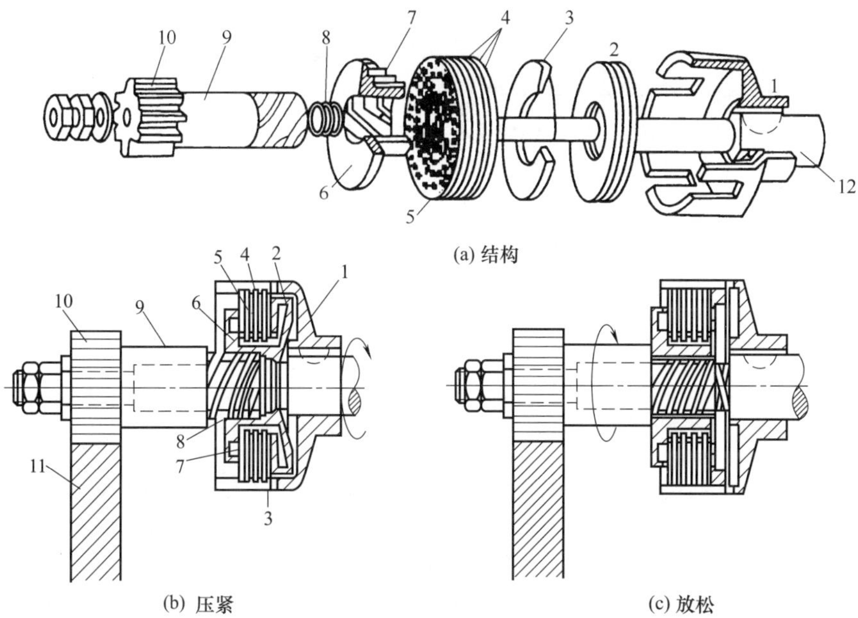

图 3-16　摩擦片式离合器

1—外接合毂；2—弹性圈；3—压环；4—主动片；5—从动片；6—内接合毂；7—小弹簧；8—减振弹簧；9—齿轮柄；10—驱动齿轮；11—飞轮；12—电枢轴

离合器总成在启动机不工作时，主、被动摩擦片之间处于放松无摩擦状态。发动机启动时，通过拨叉推动拨环使内接合毂沿 3 条螺旋花键向外移动。由于螺纹花键的作用，主动和从动摩擦片相互压紧，从而具有了摩擦力。当驱动齿轮啮入飞轮齿圈时，电动机的转矩使主、从动摩擦片压得更紧，摩擦力更大，启动机的转矩通过摩擦片传给飞轮齿圈，驱动曲轴旋转。

发动机启动后，驱动齿轮被飞轮齿圈带动做高速旋转，从动摩擦片到主动摩擦片的摩擦力带动内花键毂转动，使内花键毂与螺旋花键旋松，于是主动和被动摩擦片之间的摩擦力消失而打滑，防止了电枢超速飞散的危险。

摩擦片式离合器具有传递大转矩、防止超载损坏启动机的优点，多用在大功率启动机上。但由于摩擦片容易磨损，因为影响启动性能，需要经常检查、调整或更换摩擦片。此外，这种离合器结构比较复杂、耗用材料较多，加工费时，而且不便于维修。

(3) 弹簧式离合器

弹簧式单向离合器的原理是通过扭力弹簧的径向收缩和放松来实现分离和结合的，其结构如图 3-17 所示。

驱动齿轮与套筒是一体的，套在电枢轴的光滑部分，传动套筒套在电枢的花键上。两者通过月形键连接，在驱动齿轮套筒与传动套筒的外圆上抱有扭力弹簧。

启动发动机时，传动叉拨动拨环，并压缩缓冲弹簧，推动单向离合器移向飞轮齿圈一端，使驱动齿轮啮入飞轮齿圈。电枢旋转时带动传动套筒旋转，在摩擦力的作用下，扭力弹簧被扭紧，将两个套筒抱死，启动机转矩便经扭力弹簧传给驱动齿轮，再传给飞轮。

当发动机启动后，飞轮齿圈对驱动齿轮的作用力改变了方向，使弹簧防松，于是驱动齿轮只能在电枢轴的光滑部分高速空转，从而使电枢轴避免了超速运转的危险。

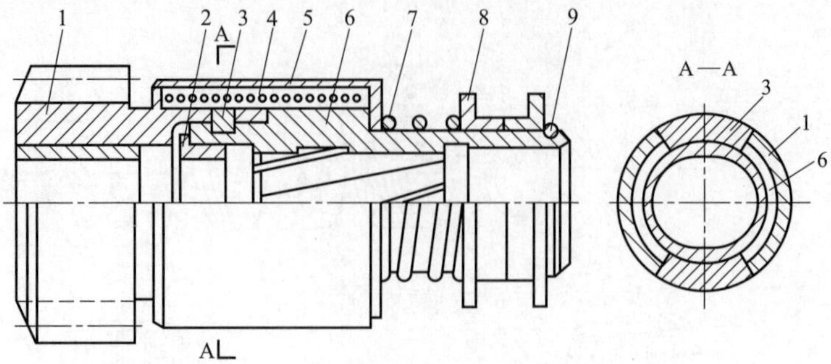

图 3-17 弹簧式单向离合器

1—驱动齿轮与套筒；2—挡圈；3—月形键；4—扭力弹簧；5—护圈；6—传动套筒；7—缓冲弹簧；8—移动衬套；9—卡簧

弹簧式离合器具有结构简单、制造工艺简单、成本低等优点，但由于驱动弹簧所需圈数较多，因此其轴向尺寸增大。

3.5 启动机的控制机构

控制机构又称操纵机构。控制机构主要由吸引线圈、保持线圈、复位弹簧、活动铁芯、接触片等组成。其作用是控制驱动齿轮与飞轮齿圈的啮合与分离，控制电动机电路的接通与切断。

现代汽车上，启动机均采用电磁式控制装置，所以也称电磁开关或启动开关。因为电磁开关要受其他装置的控制，所以，如果电磁开关直接受点火开关的控制，则称为直接控制式电磁开关；如果在电磁开关的控制回路中加入继电器控制回路，则称为带启动继电器式电磁开关。

3.5.1 直接控制式电磁开关

直接控制式电磁开关的控制电路如图 3-18 所示。它通过电磁开关推动启动机驱动齿轮强制啮入飞轮齿圈，它的控制电路有 3 个工作回路。

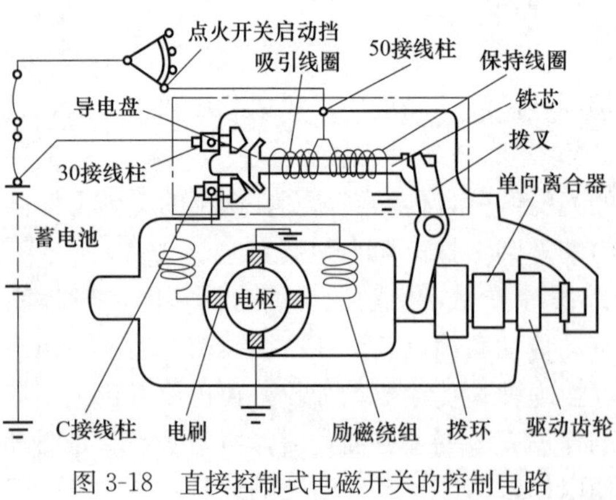

图 3-18 直接控制式电磁开关的控制电路

其工作过程如下。

① 启动时，在点火开关打到启动挡的瞬间，接通了两个回路。

回路 1：蓄电池正极→点火开关→50 接线柱→吸引线圈→C 接线柱→启动机励磁绕组→电枢→搭铁→蓄电池负极。

回路 2：蓄电池正极→点火开关→50 接线柱→保持线圈→搭铁→蓄电池负极。

这时电流通过励磁绕组与电枢绕组

中，启动机开始缓慢转动，保证驱动齿轮被强制啮入时与飞轮齿圈的顺利啮入；磁场铁芯在吸引线圈与保持线圈所产生的磁场共同作用下，向左移动，并同时通过拨叉推动启动机驱动齿轮向右移动，与飞轮齿圈啮合。

磁场铁芯向左移动，使导电盘接通电磁开关上的30接线柱与C接线柱，此时回路1短路，接通了新的回路3；蓄电池正极→30接线柱→导电盘→C接线柱→启动机励磁绕组→电枢→搭铁→蓄电池负极。这时回路3中流经励磁与电枢绕组中的大电流使启动机产生大转矩，经启动机的传动机构驱动飞轮齿圈使曲轴旋转，用来启动发动机。

② 发动机启动后，松开点火开关，50接线柱断电，由于机械惯性，在松开点火开关的瞬间，导电盘仍将30接线柱与C接线柱连通，瞬间构成一个新的回路：蓄电池正极→30接线柱→导电盘→吸引线圈→保持线圈→搭铁→蓄电池负极。吸引线圈与保持线圈产生相反方向的磁场而有效磁场大大削弱，磁场铁芯因失去磁场力而在回位弹簧的作用下迅速回位，导电盘与C接线柱与30接线柱分开，回路3被断开，同时驱动齿轮通过拨叉被拉回位，启动完毕。

在传统点火系统中，30接线柱和C接线柱之间还有一旁通接线柱，用来在启动时短路点火线圈上的附加电阻，从而改善启动时的点火性能。目前，汽车较多采用电子点火，点火系统已不再设置附加电阻，在这种类型的车上，启动机电磁开关也没有旁通接线柱。

3.5.2 带启动继电器控制的电磁开关

图3-19所示是带有启动继电器控制电磁开关的启动系控制电路。与直接控制式电磁开关的控制电路相比，没有很大的区别，只是多了一条点火开关控制启动继电器磁场线圈的控制回路。

其控制电路：蓄电池正极→主接线柱（主触点）→电流表→点火开关→启动继电器线圈→搭铁→蓄电池负极。

开关电路：蓄电池正极→主接线柱（主触点）→继电器磁轭→继电器触点→启动机接线柱→电磁开关接线柱，然后分为两路，其中一路到保持线圈→搭铁→蓄电池负极；另一路到吸引线圈→导电片→主触点→励磁绕组→电枢→搭铁→蓄电池负极。

主电路：蓄电池正极→主接线柱（主触点）→接触盘→主接线柱（主触点）→励磁绕组→电枢→搭铁→蓄电池负极。

工作过程如下：发动机启动时，将点火开关旋至启动挡，启动继电器通电后，吸下衔铁使触点闭合，接通了电磁开关线圈电路，启动机投入工作。发动机启动后，松开点火开关，点火开关便自动转回到点火工作挡位，启动继电器线圈断电而触点被断开，电磁开关电路也随即断开，启动机停止工作。

利用启动继电器来控制电磁开关电路，能减小通过点火开关启动触点的电流，避免点火开关的烧蚀，延长点火开关的使用寿命。

3.6 减速启动机

3.6.1 减速启动机的优点

在电枢轴和驱动齿轮之间装有减速装置的启动机称为减速启动机。它通过减速装置降低

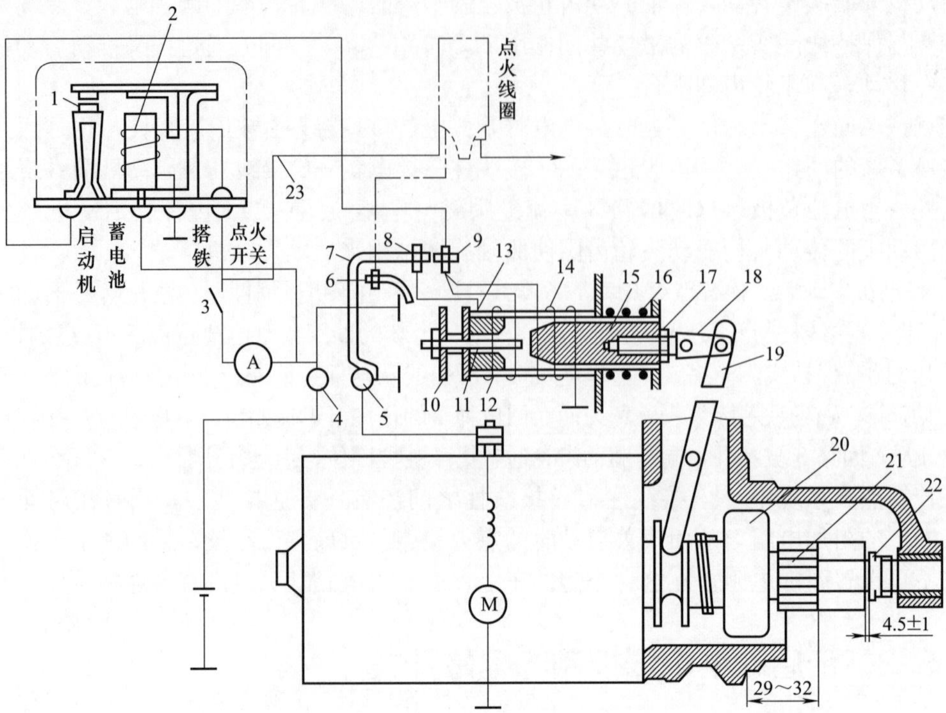

图 3-19　启动继电器控制电磁开关电路

1—启动继电器触点；2—启动继电器线圈；3—点火开关；4，5—主接线柱；6—辅助接线柱；7—导电片；8—吸引线圈接线柱；9—电磁开关接线柱；10—触盘；11—活动杆；12—固定铁芯；13—吸引线圈；14—保持线圈；15—电磁铁芯；16—回位弹簧；17—螺杆；18—连接头；19—拨叉；20—滚柱式离合器；21—驱动齿轮；22—止推螺母；23—点火线圈附加电阻线

驱动齿轮的转速并增大转矩。

(1) 减速启动机的优点

和传统启动机相比，减速启动机具有以下优点。

① 启动转矩增大，启动可靠，有利于低温启动。

② 启动机体积小，总长度可缩短 20%～30%，便于外部安装。

③ 单位重量的输出功率增加。

④ 减轻了蓄电池的负担，延长了使用寿命。

(2) 减速启动机的结构特点

① 动力输出结构分为电枢轴和传动轴两部分。电枢轴两端用滚动轴承支撑，负荷分布均匀，使用时间长，不易磨损，电枢较短，不易出现电枢轴弯曲、磨坏磁场绕组的情况。

② 采用了减速装置，在转子和驱动齿轮之间，安有减速齿轮，电动机传递给启动齿轮的转矩会增大。

③ 减速启动机采用电磁开关操纵，使承担电动机（经减速齿轮后）动力输出的是启动齿轮和启动齿轮轴，而单向离合器部分不动。有些减速型启动机还备有辅助开关（称副开关），它的作用是防止烧坏电磁开关和启动开关。

减速启动机根据减速机构可分为外啮合式、内啮合式和行星齿轮啮合式三种类型。

3.6.2 外啮合式减速启动机

外啮合式减速启动机的结构如图 3-20 所示。外啮合式减速机构在电枢轴和启动机驱动齿轮之间利用惰轮做中间传动，且电磁开关铁芯与驱动齿轮同轴线，电磁开关直接推动驱动齿轮进入啮合，无须拨叉。减速启动机的外形与普通启动机有较大差别。但有些外啮合式减速机构中间不加惰轮，驱动齿轮必须通过拨叉拨动才能进行啮合。

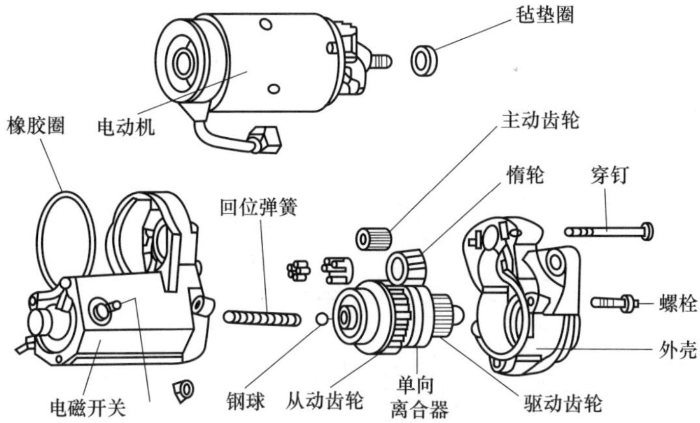

图 3-20 外啮合式减速启动机

外啮合式减速机构的传动中心距较大。因此受启动机结构的限制，其减速比不能太大，一般用在小功率的启动机上。

3.6.3 内啮合式减速启动机

内啮合式减速启动机的结构如图 3-21 所示。内啮合式减速机构的传动中心距小，可有

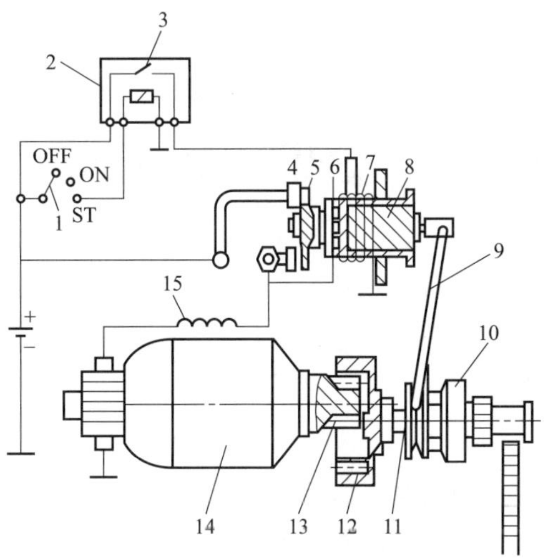

图 3-21 内啮合式减速启动机结构图

1—点火开关；2—启动继电器；3—启动继电器触点；4—主接线柱；5—接触盘；6—吸拉线圈；7—保持线圈；8—活动铁芯；9—拨叉；10—单向离合器；11—螺旋花键轴；12—内啮合减速齿轮；13—主动齿轮；14—电枢；15—励磁绕组

较大的减速比。故适用于较大功率的启动机。但内啮合式减速机构的驱动齿轮仍需用拨叉拨动进行啮合。因此，内啮合式减速启动机的外形与普通启动机相似。

3.6.4 行星齿轮式减速启动机

行星齿轮啮合式减速启动机结构如图 3-22 所示。其输出轴与电枢轴同轴线、机构结构紧凑、传动比大、效率高。行星齿轮由太阳轮、三个行星齿轮、齿圈组成。太阳轮与电枢轴连接，三个行星齿轮装在行星齿轮架上，行星齿轮架与输出轴连接，齿圈固定不动。当电枢旋转时，太阳轮带动三个行星齿轮绕齿圈旋转，行星齿轮绕齿圈的运动带动行星齿轮架旋转，将电动机动力传递到传动机构。

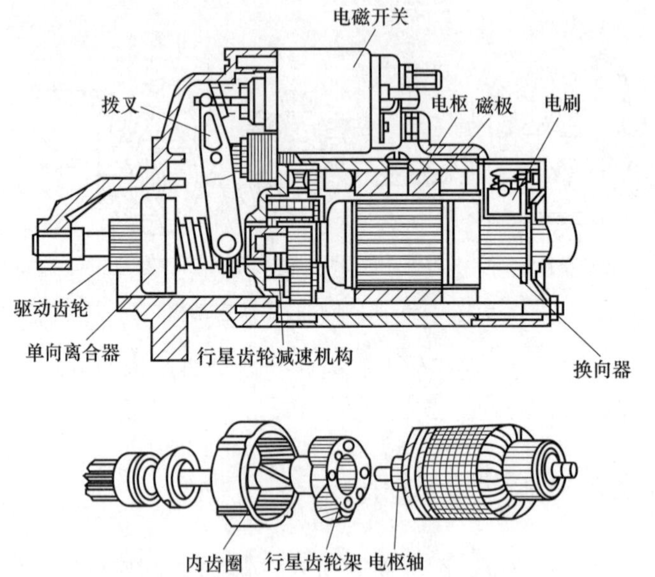

图 3-22 行星齿轮式减速启动机结构

3.7 启动系统的使用与维修

3.7.1 启动机的使用与维护

(1) 启动机的正确使用

① 由于启动机启动时电流可达到 200A，连续长时间启动会产生很大的热量，容易烧毁电动机绝缘而造成短路，因此使用时，启动时间应尽量短。每次启动时间不超过 5s，若第 1 次不能启动，应停歇 10～15s 后再进行第 2 次启动。

② 启动发动机时，尽量减少启动机的启动次数，若连续 3 次启动失败，应检查发动机的电路、供油油路等系统是否正常，启动负荷是否过大，排除故障后再行启动。

③ 在启动发动机过程中，应将变速器操纵杆置于空挡位置，并踩下离合器踏板，使启

动机不带负载启动，提高一次启动成功率。

④ 蓄电池要经常保持充足电的状态，以保证发动机启动时，启动电动机能获得较大的工作电流和电压，确保启动机具有足够的转速和转矩，以满足发动机的启动，减少启动机的工作时间。

⑤ 在冬季和低温环境下冷机启动时，应采取相应的措施（例如对蓄电池保温，确保蓄电池有充足的启动容量）。建议先对发动机进行预热，以提高启动的成功率；减少重复启动的次数，以延长启动机和蓄电池的使用寿命。

⑥ 发动机启动后，要立即松开点火开关，使启动机停止工作，以免损坏电磁开关和启动电动机，减少单向离合器不必要的磨损。

(2) 启动机的维护

① 启动机定期检查清洗。拆下防尘带，检查换向器表面与电刷的接触情况。换向器表面应平滑、清洁，接触面应大于85%，电刷高度不低于7mm，电刷弹簧压力应为8.8～12.7Pa。如换向器表面不光滑，应用0号砂纸磨光。电刷弹簧压力低于8.8Pa时，应调整或更换。

② 检查电磁开关触点表面；若有烧坏或有黑斑，应用0号砂纸磨掉。

③ 检查励磁线圈及线路状况，内部转动应无碰击。

④ 车辆行驶2000km后，应检查紧固件连接是否牢靠，导线接触是否良好。特别是与蓄电池相连接的导线，应保持连接牢固可靠。

⑤ 车辆行驶6000km后，应检查换向器表面是否光洁，电刷在架内是否卡死，电刷弹簧压力是否正常；若有故障应拆下修理。

⑥ 在车上进行检修启动机之前，一定要将变速器杆置于空挡，并拉紧制动。

⑦ 在拆卸启动机之前，应先拆下蓄电池搭铁电缆线。

⑧ 每年对启动机进行一次解体性保养。

(3) 启动机的调整

启动机的调整包括电枢轴轴向间隙的调整、驱动齿轮端面与启动机安装凸缘之间距离的调整、电磁开关接通时刻的调整。

① 电枢轴轴向间隙的调整　电枢轴轴向间隙的调整如图3-23所示，在电枢轴的电刷端盖外侧用调整垫片调整电枢轴的轴向间隙，其间隙应为0.1～0.3mm，然后装上挡圈。

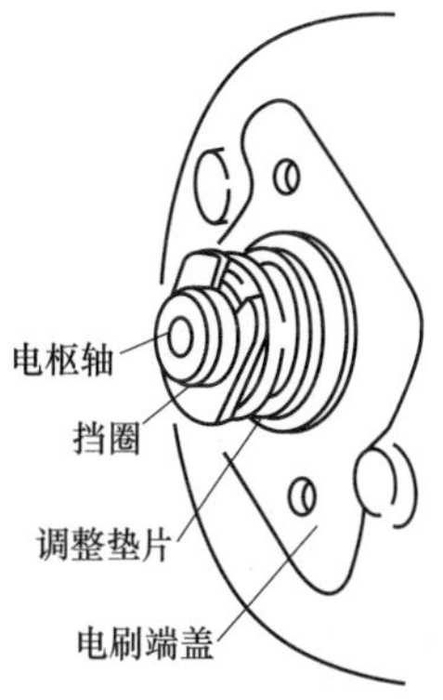

图3-23　电枢轴轴向间隙的调整

② 驱动齿轮端面与启动机安装凸缘之间距离的调整　驱动齿轮端面与启动机安装凸缘之间距离的调整如图3-24所示，使活动铁芯回到极限位置，让拨叉靠在限位螺钉上。此时驱动齿轮端面与启动机安装凸缘之间的距离应为32.5～34mm。若不符合要求，应适当拧入或旋出限位螺钉进行调整。

③ 电磁开关接通时刻的调整　电磁开关接通时刻的调整如图3-24所示，将电磁开关的活动铁芯推至使其开关刚好接通的位置，并保持稳定。测量驱动齿轮与止推垫圈端面的间隙值，一般其间隙值为4.0～5.0mm；如不符合，可拆下连接销，适当拧入或旋出拨叉与活动铁芯的连接螺杆进行调整，直至合格为止。

3.7.2 启动机的检修

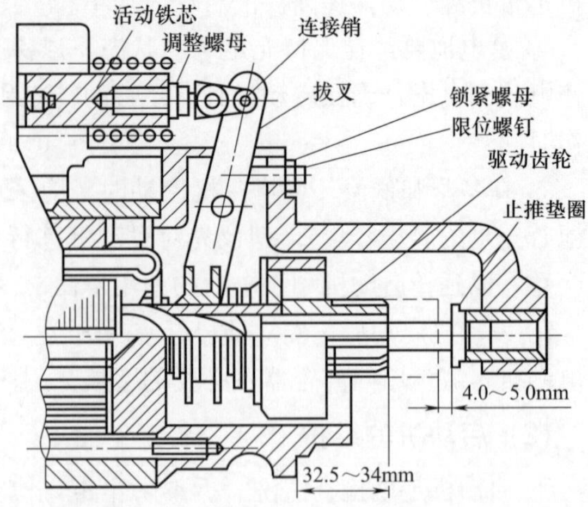

图 3-24 驱动齿轮极限位置的调整

(1) 电枢的检修

电枢常见的故障有匝间短路、搭铁、断路、电枢轴弯曲、换向器磨损等。

① 电枢绕组短路的检查 电枢绕组发生短路故障时，利用电气万能试验台上的电枢感应仪进行检查。电枢绕组短路检查如图 3-25（a）所示，把电枢放在电枢感应仪的 V 形铁上，把一个薄钢片（如钢锯条）沿平行于电枢轴轴线的方向放在电枢顶部的铁芯槽上，当电枢感应仪通电后，一边转动电枢，一边移动钢片。当钢片在某一部位产生振动，并发出蜂鸣声时，说明该槽中的绕组有短路之处。当转动一周，发现在转子相对称的 4 个槽内发生峰鸣现象时，说明相邻的两个换相片间有短路现象。出现这种故障，应重绕绕组或换新件。

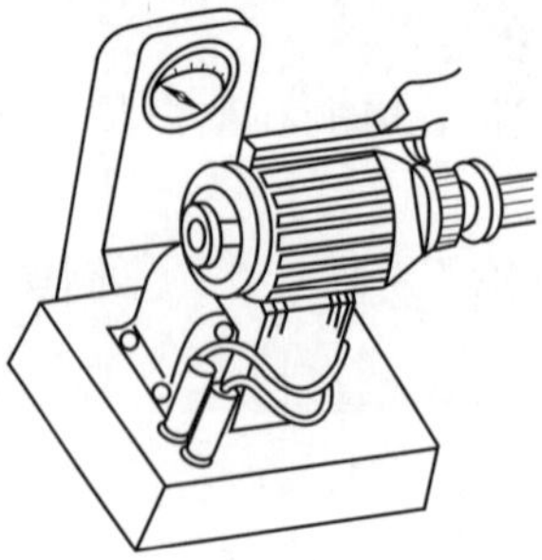

(a) 电枢绕组短路的检查

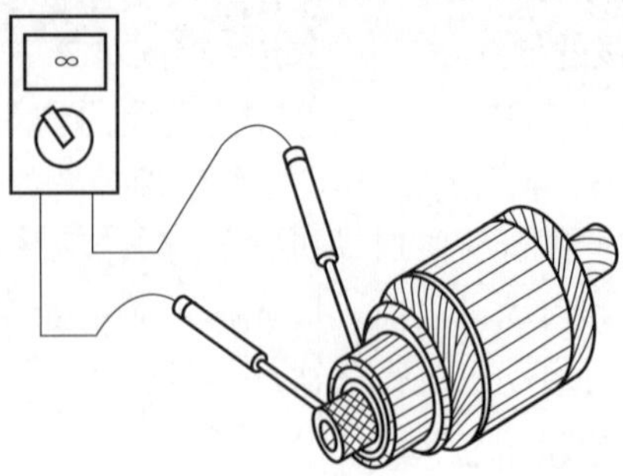

(b) 电枢绝缘性能的检查

图 3-25 电枢绕组短路和绝缘性能的检查

② 电枢绕组绝缘性能的检查 使用万用表电阻挡检测，如图 3-25（b）所示，用一根表笔接触电枢轴，另一根表笔依次接触换向器铜片，万用表指针不应摆动，即电阻为无穷大，否则说明电枢绕组与电枢轴之间绝缘不良有搭铁之处。

③ 电枢绕组断路的检查 电枢绕组断路故障多发生在线圈端部与换向器的连接处。故障原因是长时间大电流运转或电枢铁芯与磁极铁芯摩擦，使得电枢温度过高，焊锡熔化，而使焊在换向器上的线头脱焊所致，一般较易发现。也可用万用表电阻挡，将两个表笔分别接触换向器相邻的铜片，测量每相邻两换向片间是否相通，若指针指示“0”，说明电枢绕组无断路故障；若电阻值为无穷大，说明此处有断路故障，应更换电枢绕组。

④ 电枢轴弯曲的检查 电枢轴弯曲的检查如图 3-26 所示，将电枢放在偏摆仪（V 形架上）上，用百分表检查电枢铁芯的圆跳动量，若铁芯表面摆差超过 0.15 mm 或中间轴颈摆差大于 0.05mm，说明电枢轴弯曲严重，均应进行校正或更换。还应检查电枢轴上的花键齿槽，如发现严重磨损或损坏，应修复或更换。

⑤ 换向器的检查　换向器最小直径检查：用游标卡尺测量换向器外径尺寸，由于换向器在转动时要与电刷接触，因此会受到磨损。如果测量值超出规定的磨损范围，应进行更换。

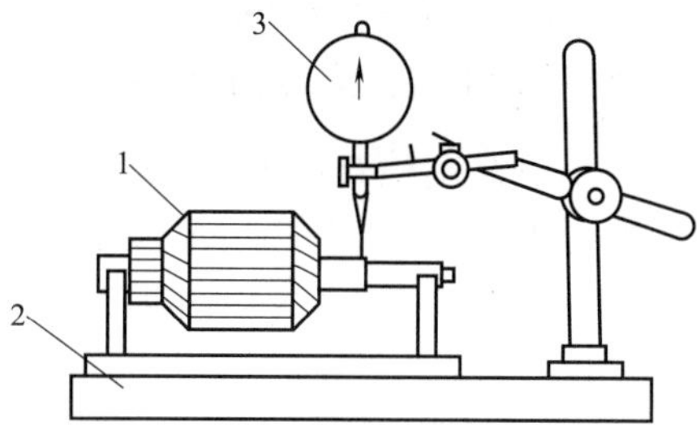

图 3-26　电枢轴弯曲的检查
1—电枢；2—平板；3—百分表

换向器磨损情况检查：用游标卡尺的深度杆测量换向器片之间的绝缘云母片的深度，标准值为0.5～0.8mm，使用极限值为0.2mm。如果云母槽深度低于极限值，可先用锉刀修整，再用细砂纸打磨，修整时锉刀要与换向器外圆母线平行。

换向器径向跳动的检查：将换向器放在V形块上，用百分表测量径向跳动。标准径向跳动为0.02mm，最大径向跳动为0.05mm。如果径向跳动大于最大值，则应更换。

(2) 磁场绕组的检修

励磁绕组常见的故障有短路、搭铁和励磁绕组断路等。

① 磁场绕组断路的检查　磁场绕组断路，多是由绕组引出线头脱焊或假焊所致，可用万用表电阻挡检查，或用一只12V（24V）试灯与磁场绕组串联后接到12V（24V）的直流电源上，通过观察试灯的亮度来检查；若灯不亮，则表明该磁场绕组断路。

② 磁场绕组匝间短路的检查　磁场绕组匝间短路多由其匝间绝缘不良引起，而匝间绝缘不良往往由绕组外部的包扎层烧焦、脆化等造成。若其外部完好，无法判断其内部是否短路时，可按图3-27所示的方法检查。

将磁场绕组套于铁棒上，然后放入电枢感应仪中，使感应仪通电3～5min；如果该绕组发热，即表明绕组有匝间短路故障。

也可用图3-28所示的方法检查。即用蓄电池一个单格的直流电检查。电路接通后，立即将螺钉旋具（起子）放在每个磁极上，检查各个磁极对螺钉旋具的吸力的大小是否相同；若某一磁极的吸力很小或基本不吸，则表明该磁场绕组有匝间短路。

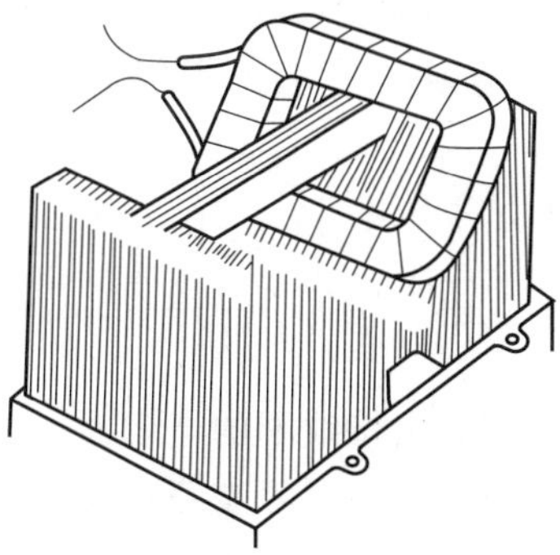
图 3-27　用电枢感应仪检查磁场绕组有无匝间短路故障

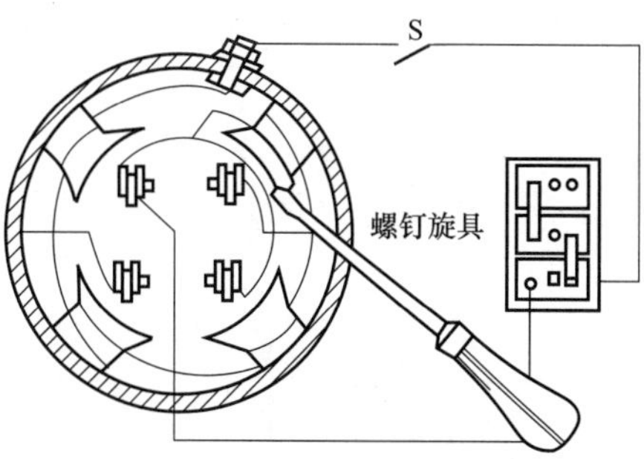

图 3-28　用蓄电池单格直流电检查磁场绕组有无匝间短路故障

③ 磁场绕组搭铁的检查　磁场绕组搭铁的检查实际上是检查磁场绕组与定子外壳的绝缘状况，可以采用万用表电阻挡或交流试灯检查。用交流试灯检查时，按图3-29所示电路接线。使用一只220V交流试灯，将其一端与启动机接线柱相接，另一端接启动机的外壳。

若试灯不亮，说明磁场绕组与外壳的绝缘状况良好；若试灯亮，则说明该磁场绕组搭铁。

(3) 电刷、弹簧及电刷架的检修

① 电刷高度检查：用卡尺检查电刷高度，电刷高度应不低于新电刷高度的2/3（国产启动机新电刷高度一般为14mm），即7～10mm，否则应予以更换。

② 电刷与换向器的接触面积应大于75%，否则应研磨电刷。电刷在电刷架内应活动自如，无卡滞现象。

③ 电刷弹簧拉力检查：用弹簧秤（拉力计）测量弹簧拉力的方法如图3-30所示，标准拉力应在18～22N之间；最小拉力为12N。如果达不到规定值，应更换新的弹簧。

④ 用欧姆表检查电刷架正极（+）与负极（-）之间的导通性，应不导通。

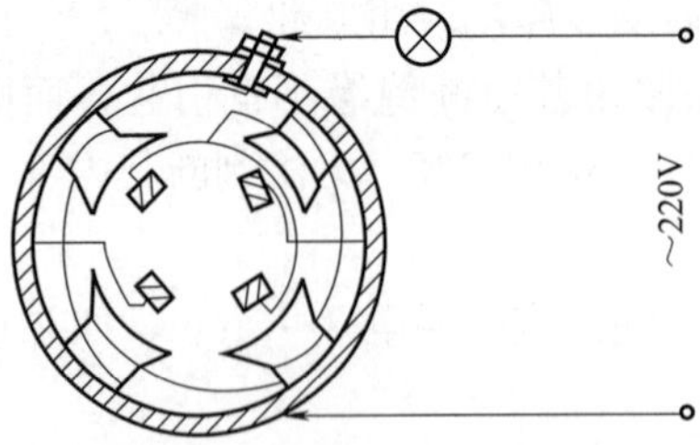

图3-29 用交流试灯检查励磁绕组

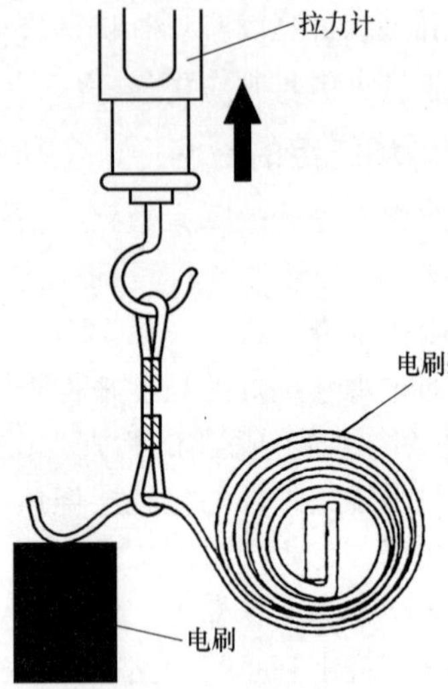

图3-30 电刷弹簧检测

(4) 电磁开关的检修

① 保持线圈的检查 从励磁绕组接线柱上拆下励磁绕组正极端后，用万用表R×1Ω挡检查电磁开关接线柱（端子50）与电磁开关壳体之间的电阻，保持线圈的阻值一般在1Ω左右。

② 吸引线圈的检查 从励磁绕组接线柱上拆下励磁绕组正极端后，用万用表R×1Ω挡检查电磁开关接线柱（端子50）与励磁绕组接线柱之间的电阻，即吸引线圈的电阻，一般在0.6Ω以下。

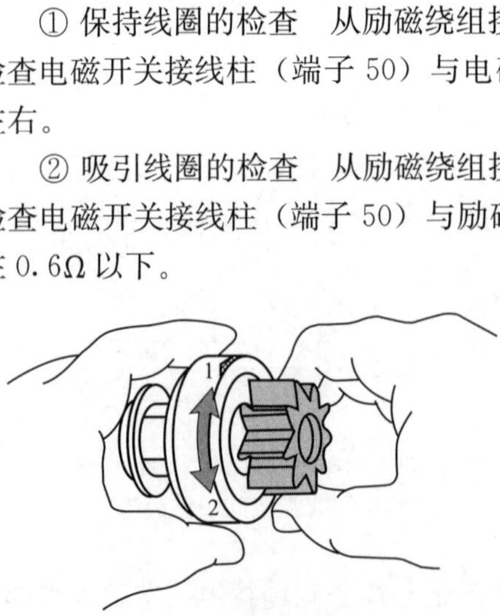

图3-31 检查启动机离合器

1—自由；2—闭锁

测量吸引线圈和保持线圈的电阻时，如万用表所测电阻值为无穷大，说明线圈断路；若电阻值小于规定值，说明线圈有匝间短路。线圈断路或短路均需更换。

(5) 单向离合器的检修

① 用手转动启动机离合器，检查单向离合器是否处于闭锁状态，如图3-31所示。单向离合器仅向一个旋转方向传送转矩。在另一个方向，离合器只

是空转，不会传送转矩。

② 检查单向离合器是否打滑或卡滞。在台虎钳上夹住驱动齿轮，将花键轴插入花键套筒中，用扭力扳手扳动花键轴，如图 3-32 所示。力矩应大于 24N·m，否则，说明单向离合器打滑，应该进行修理或更换。

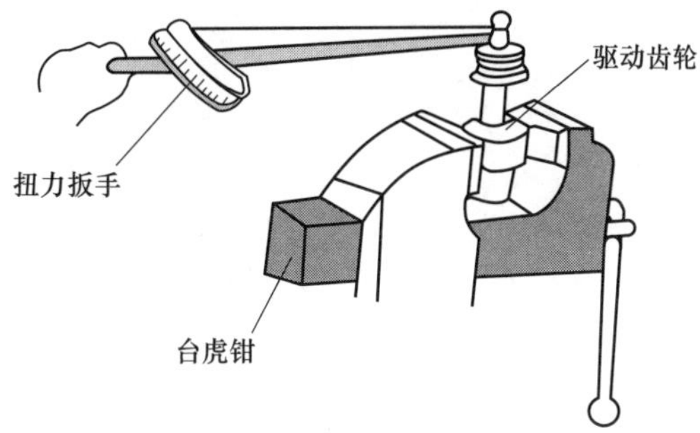

图 3-32 检查单向离合器

(6) 启动机常见故障分析与判断

启动机最常出现的故障是启动机运转无力或不转，两者检修方法相同。如接通启动开关，启动机运转无力或不转，应立即切断启动开关，开亮大灯或按喇叭，看灯光或声音是否正常。

① 如无声或无光，应检查电源线路或熔断器是否有开路处。

② 如灯光或声音弱，则应检查蓄电池是否亏电，接线是否良好。

③ 若灯光或声响均正常，可用螺丝刀（螺钉旋具）将启动机接蓄电池接线柱与接电动机接线柱短接，看启动机运转是否正常。

④ 若启动机不转，则为启动机有开路故障。

⑤ 若启动机运转无力，则说明启动机有短路、接触不良或机械故障。

⑥ 若启动机运转正常，可用螺丝刀将启动机电磁开关接线柱与启动机接蓄电池接线柱短接，看启动机运转是否正常。

⑦ 若启动机不转，则可能是电磁开关接触盘与触点间隙不当，触点氧化或线圈开路。

⑧ 若启动机运转无力，则可能是电磁开关接触盘与触点接触不良或线圈匝间短路。

⑨ 若启动机运转正常，再用螺丝刀短路启动继电器，看启动机能否正常运转。若不转，则可能是点火开关内的开关触点接触不良；若运转正常，则应重点检查启动继电器、变速器挡位开关或防盗控制器电路。

3.7.3 启动机的性能测试

检查启动机操作时可直接用蓄电池供电，然后检查启动机的各项功能。因为用蓄电池给启动机长时间供电会烧坏线圈，所以每次检查的时间应限定为 3～5s。

(1) 吸引动作测试

吸引动作测试方法如图 3-33 所示。吸引动作测试用于检查启动机电磁开关是否正常。

① 为防止启动机转动，从端子 C 断开励磁线圈引线。

② 将蓄电池正极（+）端子连接到端子 50 上。

③ 将蓄电池负极（−）端子连接到启动机壳体和端子 C（测试引线 A）上，检查小齿轮是否伸出。如果小齿轮没有伸出，应更换启动机电磁开关总成。

(2) 保持动作测试

保持动作测试方法如图 3-34 所示。保持动作测试的目的是检查保持线圈是否正常。

① 吸引动作测试之后，当小齿轮伸出时，从端子 C 断开测试引线 A。

② 检查小齿轮是否保持伸出状态。

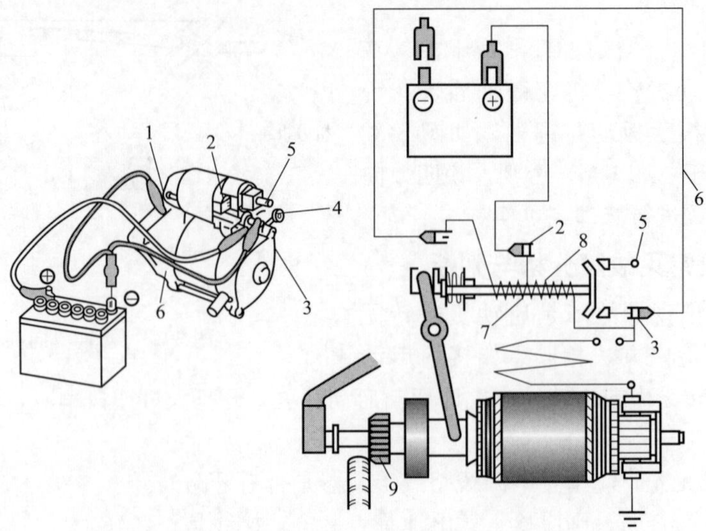

图 3-33 吸引动作测试

1—启动机壳体；2—端子 50；3—端子 C；4—励磁线圈引线；5—端子 30；6—测试引线 A；7—保持线圈；8—吸拉线圈；9—小齿轮

断开测试引线 A（该引线连接蓄电池负极端子和端子 C），从端子 C 断开流入吸拉线圈的电流，让电流仅流入保持线圈。如果小齿轮无法保持伸出状态，请更换启动机电磁开关总成。

(3) 检查小齿轮间隙

在保持动作测试状态下，测量小齿轮和止动环的间隙。如果间隙超出规定值范围，请更换启动机电磁开关总成。检查小齿轮间隙的测量方法如图 3-35 所示。

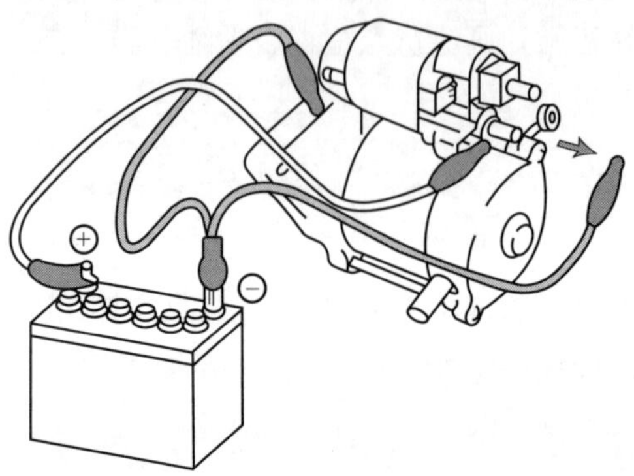

图 3-34 保持动作测试

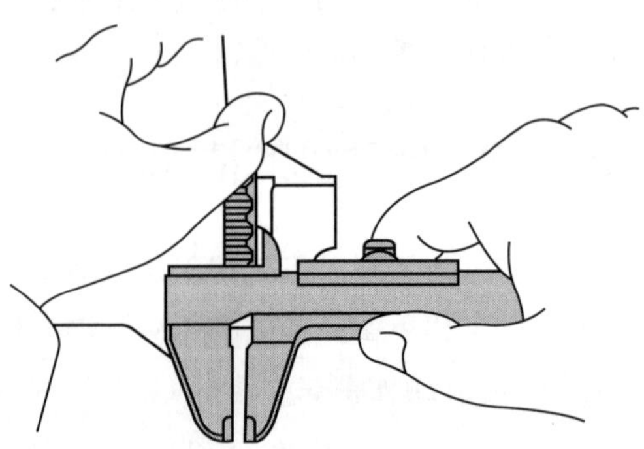

图 3-35 检查小齿轮间隙

(4) 小齿轮回位测试

① 保持动作测试后，当小齿轮伸出时，从启动机壳体断开接地线，如图 3-36 所示。

② 确认小齿轮返回其原始位置。如果小齿轮未返回其原始位置，请更换启动机电磁开关总成。

(5) 无负荷测试

无负荷测试方法如图 3-37 所示。无负荷测试用于检查启动机电磁开关接触点以及换向器和电刷之间的接触状况。

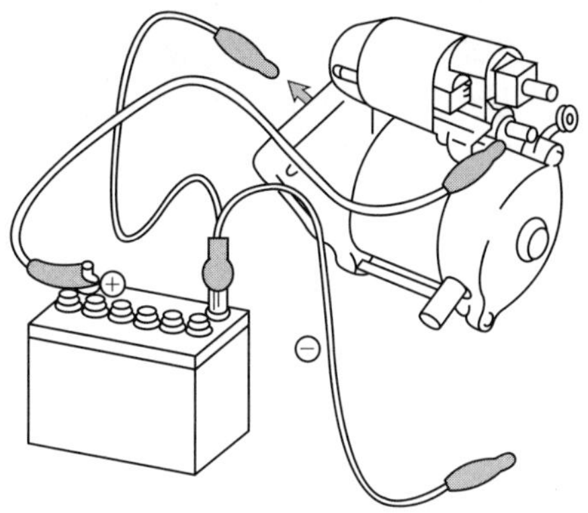

图 3-36 小齿轮回位测试

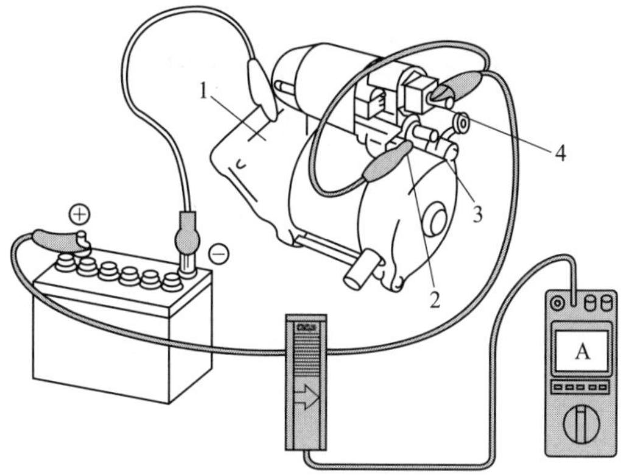

图 3-37 无负荷测试

1—启动机壳体；2—端子 50；3—端子 C；4—端子 30

① 用台虎钳固定住夹在铝板或者布之间的启动机。

② 将拆下的励磁线圈引线连接到端子 C。

③ 将蓄电池正极（+）端子连接到端子 30 和端子 50 上。

④ 将测试仪连接在蓄电池正极（+）端子和端子 30 之间。

⑤ 将蓄电池负极（−）端子连接到启动机壳体上，然后转动启动机。

⑥ 测量流入启动机的电流。

规定电流一般低于 50A，但电流值会随启动机电机的不同而不同，有时甚至会用到 200～300A 的电流。可预先查阅维修手册，务必使用容量足够大的安培计和引线。

(6) 启动机的性能检测

启动机修复后，必须进行空载试验和全制动试验；如不符合要求，应重新检查和修理。

① 空载试验 启动机空载试验的目的是测量启动机空转电流和空转转速，并与其标准值进行比较，从而判断启动机内部有无电路故障和机械故障。

空载试验方法如图 3-38 所示，将被试的启动机夹在台虎钳或试验台上，接通启动机电路（每次试验不要超过 1min，以免启动机过热），启动机应能均匀运转，且在电刷下无火花产生，立即记下电流表和电压表的读数，并测量启动机的转速，各项数值应符合有关技术指标的规定。

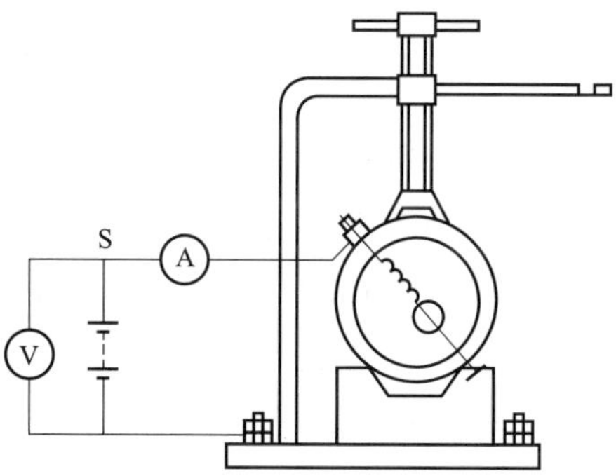

图 3-38 空载试验

如果其电流大于标准值，而转速低于标准值，则表明该启动机装配过紧或电枢绕组和磁场绕组内部有短路或搭铁故障；若其电流和转速都小于标准值，说明在启动机电路中有的地方接触不良，如电刷弹簧弹力不足，电刷与换向器间接触不良等。

② 全制动试验（扭力试验） 全制动试验的目的是测量启动机在完全制动时所消耗的电流（制动电流）和制动转矩。并将其与标准值相比较，用以判断启动机主电路的工作是否正常、传动机构中单向离合器是否打滑等。

全制动试验方法如图 3-39 所示，将被试启动机夹紧在台虎钳或试验台上，使杠杆一端

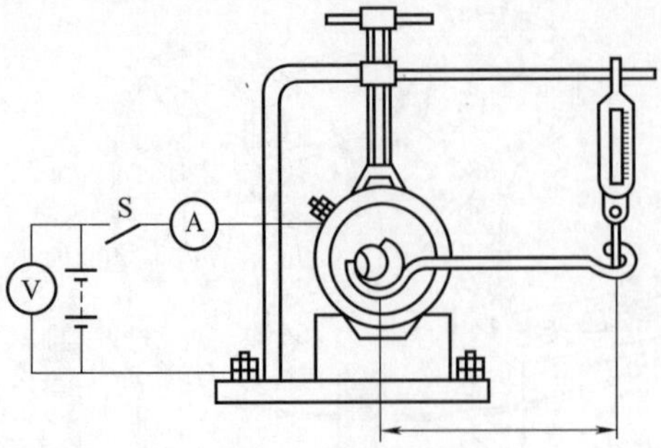

图 3-39　全制动试验

夹住启动机驱动齿轮；另一端挂在弹簧秤上。试验时，接通启动机电路（每次试验不要超过 5s，以免损坏启动机和蓄电池），观察其单向离合器是否打滑，并迅速记下电流表、弹簧秤及电压表的读数，各项数值均应符合规定。

若其扭矩小于标准值而电流大于标准值，表明启动机电枢绕组或磁场绕组有短路、搭铁故障；若扭矩和电流均小于标准值，表明电路中接触电阻过大；若驱动齿轮已完全制动（锁止）而电枢轴仍缓慢转动，则说明单向离合器有打滑现象存在。

3.7.4 启动系统的常见故障及其处理方法

启动系统常见故障及其处理方法见表 3-1。

表 3-1　启动系统常见故障及其处理方法

故障现象	故障原因	故障处理方法
启动机不转	点火开关损坏	更换点火开关
	插接器脱落	重新插紧插接器
	电磁开关故障	检修电磁开关
	蓄电池严重亏电或损坏	充电或更换蓄电池
	启动机内部故障	检修启动机
启动机运转无力	蓄电池亏电	充电
	蓄电池极柱或启动机接线柱接触不良	清除氧化物并紧固
	电磁开关内触点、接触盘烧蚀	修复或更换电磁开关
	电动机故障	检修电动机
启动机空转	单向离合器打滑或驱动齿轮磨损过度	更换单向离合器
	拨叉或弹簧损坏	更换拨叉或弹簧
	电磁开关拉钩与拨叉未钩住或损坏	重新安装或更换
	启动机的齿圈轮齿损坏	更换齿圈
	驱动齿轮端面与挡套间隙过大	调整
启动机不停	拨叉复位弹簧折断	更换拨叉复位弹簧
	电磁开关触点烧蚀粘住	修复或更换电磁开关
	单向离合器运动发卡	检修并润滑
启动机异响	轴承损坏	更换轴承
	电磁开关线路断路	检修或更换电磁开关
	驱动齿轮轮齿损坏	更换驱动齿轮

3.7.5 启动电路的常见故障及其排除方法

各种汽车的启动电路较易出现的常见故障及排除方法见表 3-2。

表 3-2 启动电路常见的故障、故障原因及排除方法速查

故障现象	故障分析		排除方法
	故障部位	故障原因	
启动机不转	蓄电池	①蓄电池严重亏电 ②蓄电池内部短路或硫化	①检查充电系统，排除不充电或充电电流过小的故障，并充电 ②修理或更换
	线路	①蓄电池至启动机间连接导线不良、连接松动 ②接线柱氧化或积污 ③蓄电池搭铁不良	①检查导线，必要时更换 ②清洁接线柱及接点，并紧固 ③检查并紧固
	启动开关	点火开关启动挡损坏	更换
	启动继电器	继电器触点氧化、线圈短路或开路	清洁触点、修理或更换
	启动机	电磁开关损坏，接触盘触点氧化，电刷磨损或弹簧损坏，换向器氧化与电刷接触不良，电枢或磁场开路	检查并找出故障部位，修复，必要时更换
启动机运转无力，发动机不能启动	蓄电池	①充电不足 ②蓄电池故障	①检查充电系统并充电 ②修理或更换
	线路	蓄电池至启动机间接线处松动或接触不良	紧固并清理接点
	启动机	①电磁开关接触盘触点氧化，电刷磨损，弹簧不良 ②换向器氧化与电刷接触不良 ③电枢或磁场绕组短路或接触不良	①清洁触点，检查弹簧张力和电刷长度，必要时更换 ②用细砂纸打磨换向器 ③检查电枢或磁场绕组，必要时更换
驱动齿轮移出与飞轮啮合但启动机不转	启动机	①电磁开关接触盘、触点氧化 ②电刷磨损、弹簧损坏 ③换向器氧化与电刷接触不良 ④电枢、磁场绕组短路、开路	①清洁接触盘和触点 ②更换电刷或弹簧 ③清洁换向器 ④检查磁场和电枢，修理或更换
启动机运转但驱动齿轮不与飞轮啮合	启动机	扭簧损坏	更换
启动机空转，发动机不能启动	启动机	单向离合器打滑	更换
发动机启动后，切断启动开关，启动机仍运转	启动机	①电磁开关接触盘与触点烧结 ②弹簧损坏	①修理接触盘及触点 ②更换弹簧
	启动继电器	触点烧结	修理或更换继电器
	启动开关	失效	更换启动开关

第 4 章

汽车发动机点火系统

4.1 汽车发动机点火系统基础知识

4.1.1 汽车点火系统的作用与要求

（1）点火系统的作用

对于汽油发动机，吸入气缸内的可燃混合气在压缩终了时，由电火花点燃而开始燃烧，燃烧产生的强大的压力推动活塞向下运动而做功。为此，在汽油机上设有一套在气缸内产生电火花的系统，称为点火系统。

点火系统的作用是将蓄电池或发电机提供的低压电变为高压电，并按照发动机的工作顺序和点火时间的要求，适时、准确地将高压电分配给各缸火花塞，产生电火花，点燃气缸内的可燃混合气。

（2）发动机对点火系统的要求

① 应能产生足以击穿火花塞间隙的电压。点火系统利用高压电击穿火花塞电极间隙而产生电火花。为了确保发动机在工作时火花塞的电极间隙处能产生可靠电火花，要求点火系统必须能提供10～30kV的电压；但电压也不能过高，以免因绝缘不良而产生漏电。

② 电火花应具有足够的能量。要使可燃混合气可靠点燃，电火花必须具有一定的能量。可燃混合气压缩终了的温度已接近其自燃温度，所需的电火花能量很小（1～5mJ）。在发动机正常工作时，需要10～50mJ的电火花能量。但在发动机低温启动时，因可燃混合气雾化不良，故需较高的电火花能量。为了保证发动机可靠点火，一般要求电火花的能量在100mJ以上。

③ 点火时刻应能适应发动机工况。点火系统应按发动机的工作顺序进行点火，如四缸发动机的点火顺序为1→3→4→2；六缸发动机的点火顺序为1→5→3→6→2→4，且必须在最佳时刻点火，使发动机发出的功率最大、油耗最低、排放污染最小。

④ 工作要可靠。点火系统除能在正常的工作条件下可靠地工作外，在一些特殊的条件下，如高温、低温、潮湿、高原等环境下也能可靠地工作。

4.1.2 汽车点火系统的类型

汽油发动机气缸内的混合气是用电火花点燃的，这种电火花是由各种点火装置所组成的系统来完成的。通常将这一套电气设备和机件总称为点火装置，俗称点火系统。

点火系统根据其分类方式的不同而主要有以下几种。

(1) 根据有、无触点划分

根据有、无触点划分，主要分为机械触点式和无触点式两大类。前者主要是蓄电池点火系统（也称为传统点火系统）；后者主要是指电子点火系统。

(2) 按产生点火信号不同划分

按产生点火信号不同，点火系统可以分为传统点火系统、半导体点火系统和微电脑控制点火系统。

① 传统点火系统。传统点火系统也就是上面所说的蓄电池点火系统，它利用断电器产生点火信号，控制点火线圈初级电路的通、断和点火系统的工作。

② 半导体点火系统。半导体点火系统也称电子点火系统，它利用断电器触点或传感器产生点火信号，利用晶体三极管的开关作用控制点火线圈初级电路的通、断和点火系统的工作。按产生点火方式不同又可分为有触点半导体点火系统、无触点半导体点火系统及集成电路半导体点火系统。

③ 微电脑控制点火系统。微电脑控制点火系统由各种传感器提供的信号，经微电脑控制系统进行精确计算，确定点火时刻，发出点火信号，通过点火控制电路控制点火线圈初级电路的通、断和点火系统的工作。按高压电分配方式不同，又分为有分电器的微电脑点火系统和无分电器的微电脑点火系统。

(3) 按储能方式划分

按储能方式的不同，点火系统可分为电感储能式和电容储能式两种类型。

① 电感储能式点火系统。电感储能式点火系统的点火能量主要以磁场能的形式储存在点火线圈中，上述各点火装置均属电感储能式。

② 电容储能式点火系统。电容储能式点火系统是将点火能量储存在一个专用电容器中，该附加电容器的电容通常为 1μF。

(4) 按发动机曲轴位置传感器类型划分

按发动机曲轴位置传感器（即信号发生器）的类型来划分，可分为光电式电子点火系统、磁电式（电磁感应式）电子点火系统和霍尔传感器式电子点火系统。

由于早期的光电式电子点火性能不十分理想，故目前已很少采用。目前较普遍采用的是磁电式和霍尔传感器式电子点火系统。例如捷达、奥迪、红旗以及桑塔纳轿车采用的是霍尔传感器式；日产公爵王、伏尔加、广州标志、日产蓝鸟、北京切诺基、三菱太空以及丰田（K、5R、12R）系列汽车采用的是磁电式。

4.2 传统点火系统

4.2.1 传统点火系统的组成

传统点火系由电源、点火线圈、分电器、火花塞、点火开关等组成，如图 4-1 所示。各组成部分的功用如下。

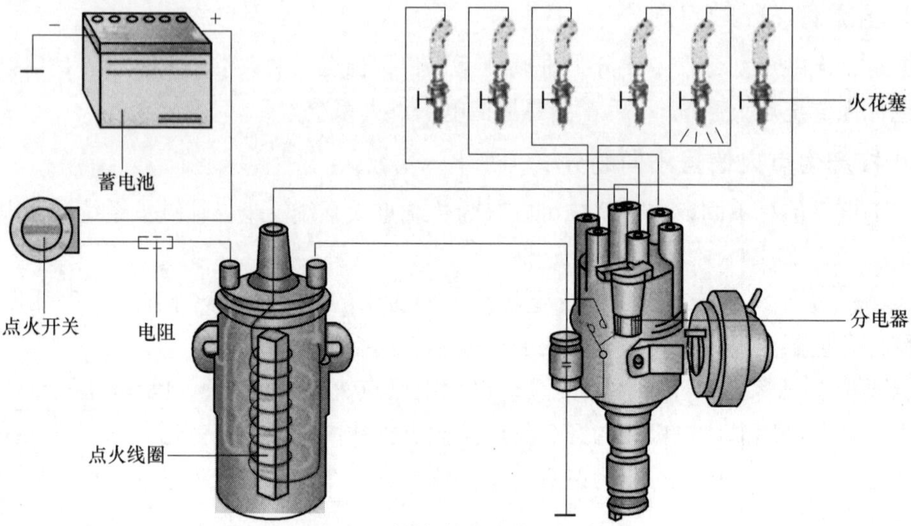

图 4-1 传统点火系统的组成

(1) 电源

电源由蓄电池和发电机提供，它供给点火系统所需的电能。

(2) 点火线圈

点火线圈的功用是将电源提供的低压电转变为 15～30kV 的高压电。

(3) 分电器

分电器主要包括断电器、配电器、电容器和点火提前机构等部分。各部分的作用如下。

① 断电器由触点和凸轮组成（凸轮的凸角数与气缸数相等），其作用是接通和断开点火线圈初级电路。

② 配电器由分电器盖和分火头组成。分电器盖上有与发动机气缸数相同的旁电极。当分火头旋转时，它上面的导电片依次和旁电极接通，将点火线圈产生的高压电，按发动机的工作顺序分别传到各缸火花塞。

断电器凸轮和分火头装在同一轴上，一般由发动机配气机构凸轮轴驱动，四冲程发动机转速与分电器转速比为 2∶1，即曲轴每转两圈分电器转一圈。

③ 电容器与断电器触点并联，用来减少触点间的火花，延长触点的使用寿命，提高次级电压。

④ 点火提前机构由离心点火提前机构和真空点火提前机构组成，用来随发动机转速和负荷变化，自动调节点火提前角。

(4) 火花塞

火花塞的作用是将点火线圈产生的高压电引入燃烧室，并在其电极间产生电火花，点燃混合气。

(5) 点火开关

点火开关用来控制点火系统初级电路的通断，只要断开点火开关，发动机可立即熄火。

(6) 附加电阻

附加电阻的作用是改善点火性能和启动性能。

4.2.2 传统点火系统的工作原理

在传统点火系统中，蓄电池或发电机供给的 12V 低压电，经点火线圈和断电器转变为高压电，再经配电器分送到各缸火花塞，使其电极间产生电火花。其工作原理如图 4-2 所示。

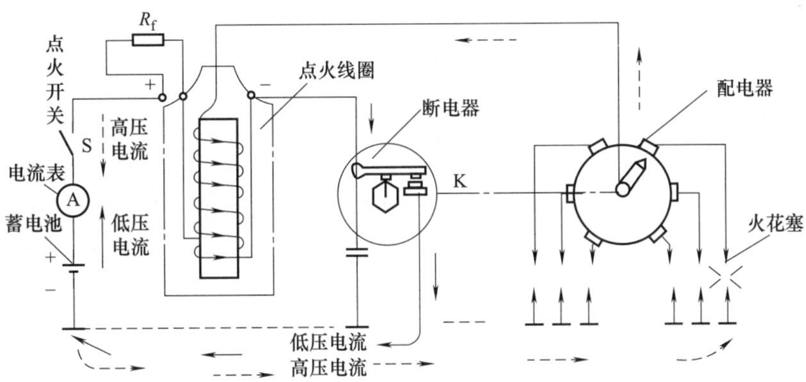

图 4-2 传统点火系统的工作原理

发动机工作时，断电器凸轮在发动机凸轮轴的驱动下旋转，凸轮旋转时使断电器触点交替地闭合和打开。在点火开关 SW 接通的情况下，当触点闭合时，点火线圈初级绕组中有电流流过。流过初级绕组的电流称为初级电流 i_1，其电路称为初级电路或低压电路。初级电流（低压电流）i_1 的路径（图 4-2 中用实线表示）为：蓄电池正极→电流表→点火开关 S→点火线圈“+”接线柱→附加电阻 R_f→点火线圈初级绕组→点火线圈“−”接线柱→断电器触点→搭铁→蓄电池负极。初级电流在点火线圈的铁芯中形成磁场，电能转变为磁能。

当断电器凸轮将触点打开时，初级电路被切断，初级电流消失，它所形成的磁场也随之迅速变化，在两个绕组中都感应出电动势，磁能转变为电能。由于点火线圈次级绕组的匝数多，因此在次级绕组中就感应出 15～30kV 的电动势。它足以击穿火花塞的电极间隙，产生电火花点燃混合气。高压电流 i_2 的路径（图 4-2 中用虚线表示）为：点火线圈的次级绕组→附加电阻 R_f→点火线圈“+”接线柱→点火开关 S→电流表→蓄电池→搭铁→火花塞的旁电极（侧电极）→火花塞中心电极→配电器的侧接线插孔→分火头→高压导线→点火线圈次级绕组另一端。

流过火花塞的高压电流方向为旁电极到中心电极，如前所述，这样击穿电压低。高压电流的方向与点火线圈初、次级绕组的绕向有关。对负极搭铁的蓄电池，次级绕组和初级绕组绕向相同时，即可产生中心电极为负的高压电。

分电器轴每转一圈，各缸按点火顺序轮流点火一次。在点火过程中，与触点并联的电容器具有重要作用。这是因为触点打开磁场消失时，在初级绕组中也会产生200～300V的自感电动势，无电容器时，该自感电动势就会在触点间形成火花使触点烧蚀；同时该自感电动势的方向与原来初级电流的方向相同，使初级电路中的电流不能迅速中断，磁场消失也相应减慢，因而次级感应电动势大大降低。为了避免上述不良后果，在触点间并联一个电容器，当触点打开时，初级绕组中所产生的自感电动势向电容器迅速充电，触点间不再形成强烈的火花，延长了触点的使用寿命；同时触点打开后，初级绕组和电容器形成一个振荡回路，充了电的电容器通过初级绕组进行振荡放电。当电容器第一次放电时，电流以相反的方向通过初级绕组，加速了磁场的消失，使次级感应电动势显著提高。

4.3 电子点火系统

4.3.1 电子点火系统概述

(1) 传统点火系统的缺陷

① 触点容易烧蚀　传统点火系统中，其初级电流是由触点接通和切断的；当触点打开瞬间，触点间易形成火花，将触点烧蚀。又因触点反复开闭，触点臂顶块与凸轮长期摩擦而磨损，造成触点间隙变化，点火正时不稳定，而影响点火系统的正常工作。为此必须经常打磨触点并调整触点间隙，给使用带来很大不便。

② 火花能量的提高受到限制　由于初级电流受触点允许电流强度的限制（一般不大于5A），因此火花能量的提高就受到了限制。

③ 高速时次级电压降低　发动机高速时，由于触点闭合时间缩短，初级电流不能达到较大的数值，因此次级电压随转速的升高而显著下降，不能保证高速、高压缩比、多缸发动机的可靠点火。

④ 对火花塞积炭和污染敏感　由于传统点火系统中次级电压上升速率低（一般120μs），故对火花塞的积炭和污染很敏感。当火花塞稍有积炭时，次级电压就会显著下降，甚至断火。

由于传统点火系统存在上述缺点，因此已远不能适应发动机向高转速、高压缩比发展的需要。尤其是近年来，为了减少空气污染，改善混合气的燃烧情况，都要求提高点火电压和点火能量。而传统式点火系统已无法满足这些要求。电子点火系统则能够较好地克服上述缺陷，并且已基本取代传统的蓄电池点火系统。

(2) 电子点火系统的基本概念

电子点火系统又称晶体管点火系统，它主要由点火电子组件、分电器及位于分电器内的点火信号发生器、点火线圈、火花塞等组成，如图4-3所示。

点火电子组件也称点火器，它是由半导体元器件（如三极管、晶闸管等）组成的电子开关电路。其主要作用是根据点火信号发生器产生的点火脉冲信号，接通和断开点火线圈初级电路，起着传统点火系统中断电器触点的作用。

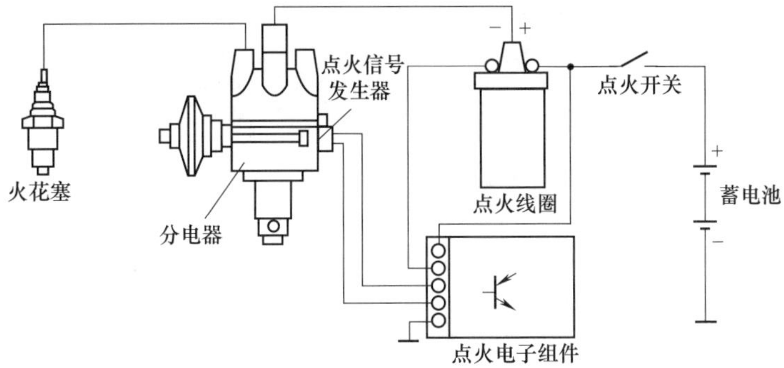

图 4-3 电子点火系统的基本组成

点火信号发生器安装在分电器内，它可根据各缸的点火时刻产生相应的点火脉冲信号，控制点火器接通和断开点火线圈初级电路的具体时刻。

(3) 电子点火系统的优点

与传统点火系统相比，无触点电子点火系统具有以下优点。

① 由于无触点，可彻底消除触点的缺点，如触点磨损、触点间隙变化对点火正时的影响，因此，能保证稳定的点火正时，同时又免除了对触点的维修工作。

② 由于初级电流由大功率三极管控制，因此可适当增大初级电流、减小点火线圈初级绕组的电阻和电感。这样初级电流上升快，而半导体开关速度高。因此，次级电压高且稳定，火花能量大，可适应高速、高压缩比以及燃用稀混合气的现代新型发动机的需要，可使发动机动力性、经济性和冷启动性能提高，排气污染下降。

③ 在点火电子组件内可很方便地通过恒（限）流控制、闭合角控制、点火正时控制等电路，来进一步改善电子点火系统的点火特性。

由此可见，电子点火系统不仅点火性能比传统点火系统优越，而且克服了传统点火系统几乎所有的先天不足。因此，电子点火系统自 20 世纪 70 年代初投放使用以来，尽管成本较高，但由于其突出的优良性能，世界各大汽车公司相继开发出来自己的电子点火系统并大量装车使用。同时，由于各国排放法规的实施以及电子技术的发展，电子点火系统价格降低，可靠性提高，也促使了电子点火系统的不断完善及推广使用。尤其是 20 世纪 70 年代末，微机用于汽车发动机控制后，发动机的点火系统由微机更为精确地控制，从而使发动机的动力性和经济性更佳，并且更有效地降低了排气污染。最新型的电子点火系统已取消了分电器，而采用电子分火方式（即无分电器点火系统），彻底消除了机械传动过程对点火系统的影响。

4.3.2 磁感应式电子点火系统

磁感应式电子点火系统又称为磁脉冲式电子点火系统，由磁感应式分电器（内装磁感应式点火信号发生器）、点火控制器、专用点火线圈、火花塞等部件组成，如图 4-4 所示。

图 4 5 所示为磁感应式无触点电子点火系统电路图。

(1) 磁感应式点火信号发生器

磁感应式点火信号发生器由信号转子、传感线圈、铁芯、永久磁铁等组成，如图 4-6 所示。点火信号发生器装在分电器内，永久磁铁和铁芯固定在分电器底板上，传感线圈绕在铁

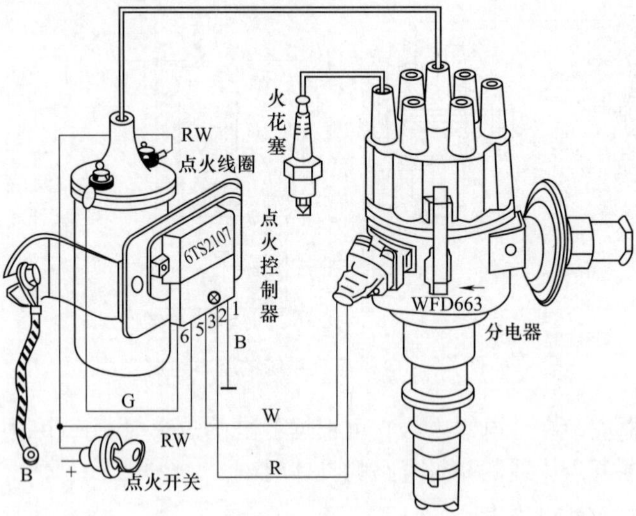

图 4-4　磁感应式电子点火系统

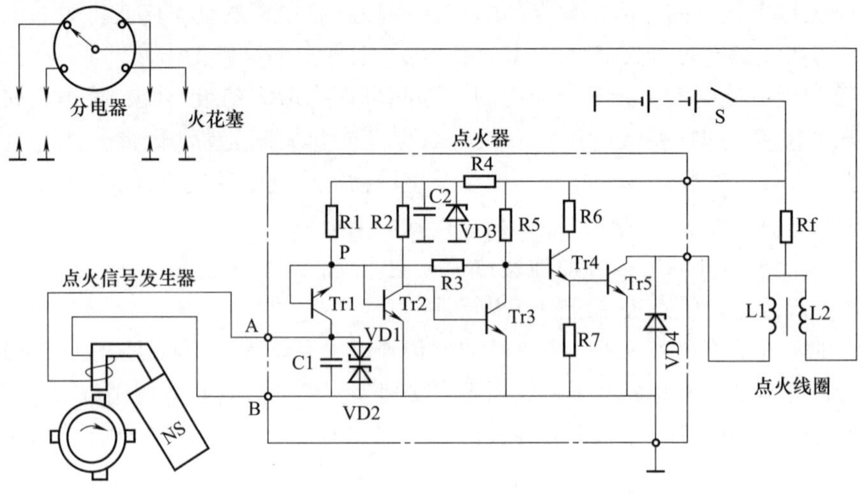

图 4-5　磁感应式无触点电子点火系统电路图

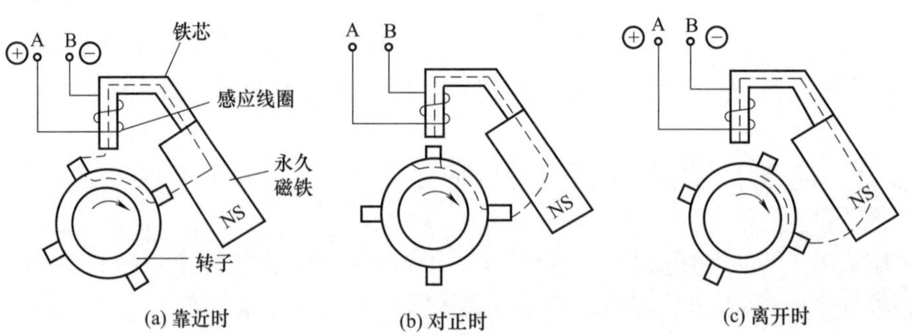

图 4-6　磁感应信号发生器工作原理

芯上。信号转子由分电器轴带动，其上的凸齿数与发动机气缸数相同。当信号转子转动时，其中某一凸齿靠近永久磁铁，磁阻减小，通过传感线圈的磁通增加；凸齿离开永久磁铁时，磁阻增大，通过传感线圈的磁通减少。穿过传感线圈的磁通发生变化，线圈中就会产生感应电动势，且感应电动势的大小与磁通变化率成正比。

磁感应式点火信号发生器的功用是产生信号电压，输出到点火控制器，通过点火控制器来控制点火系统的工作，其工作原理如图 4-6 所示。转子每转过一个凸齿，感应线圈中的感应电动势正好变化一个周期，即转子每转 90°产生 1 个交变信号，转子每转一周，便产生 4 个交变信号；该信号输出给点火控制器，通过点火控制器来控制点火系统的工作。

(2) 点火控制器

点火控制器又称为点火模块，由整形电路、放大电路和开关电路集合而成，其外形如图 4-7 所示。点火控制器起到开关的作用，控制点火系统初级电路的通断。

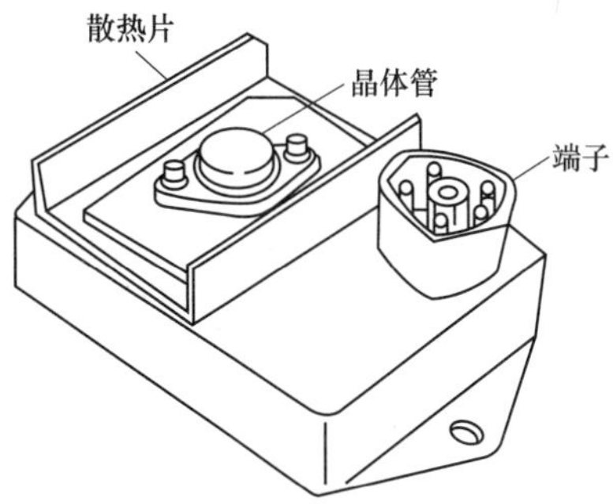

图 4-7　点火控制器

4.3.3　霍尔式电子点火系统

(1) 霍尔效应的特点

霍尔效应原理示意图如图 4-8 所示，把半导体材料薄片放在磁场中，并让磁场 B 与薄片平面垂直。当在薄片 a-b 两端通以电流 I_g 时（即电流方向与磁场方向垂直）时，在和电流方向垂直又和磁场垂直的方向上，即在 c-d 两端有电势差产生，这种现象称为霍尔效应，E_H 称为霍尔电势，其值可用下式表示，即

$$E_H = R_H I_g B/d$$

式中　R_H——霍尔系数；

I_g——电流；

B——磁感应强度（磁场方向）；

d——霍尔元件（基片）厚度。

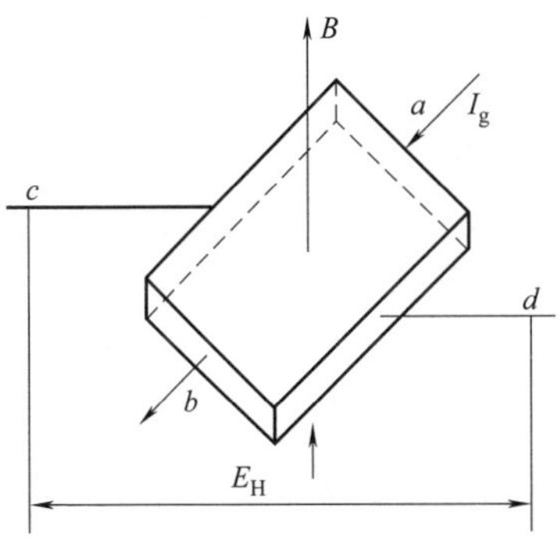

图 4-8　霍尔效应原理示意图

上述这种霍尔效应不仅在半导体材料上有，而在金属材料上也有，不过半导体材料的霍尔效应特别显著。因此，目前的霍尔元件都是用半导体材料制成的。

假设图 4-8 中，外磁场 B 的方向是周期性地交替改变着的，则 E_H 的极性也必然要作周期性的改变，于是便能获得一个与外界磁场极性同步的交变电压，也即由交变磁场转换成交变的电压。利用这种原理制成的霍尔传感器可以用来检测外界变化磁场或作无触点式控制的传感元件。

由于霍尔元件的上述特点，故用霍尔元件制成的传感器应用相当广泛。不仅应用于各种自动控制系统中，在现代新型的汽车电器上也大量应用。霍尔效应式无触点点火装置就是利用霍尔元件的这一特点来进行工作的。

(2) 霍尔传感器的组成与工作原理

霍尔传感器用来产生点火信号，控制点火系统工作。该传感器主要部件有霍尔元件、永久磁铁和一个能在霍尔元件与永久磁铁之间的空气隙里转动的信号转子上的金属叶片。

图 4-9 是霍尔式传感器工作原理示意图。如图 4-9（a）所示，霍尔元件有 4 个接线端，其中 A、B 分别为电流 I_g 的输出和输入端；C、D 分别为霍尔电压两输出端。

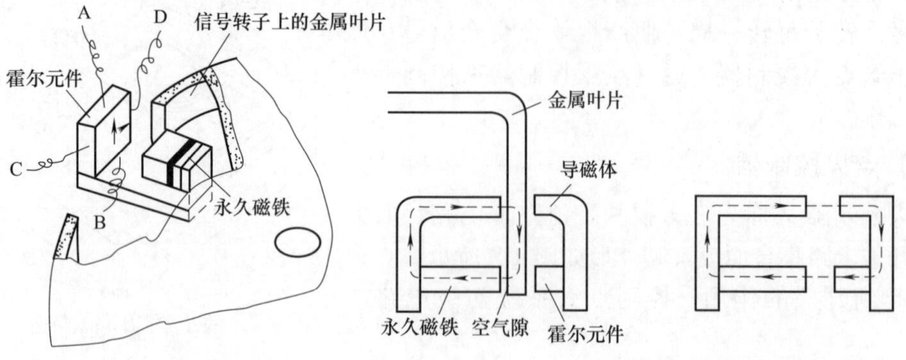

(a) 霍尔传感器结构　(b) 金属叶片进入空气隙　(c) 金属叶片离开空气隙

图 4-9　霍尔式传感器工作原理示意图

永久磁铁的磁力线可穿过空气隙垂直进入霍尔元件，如图 4-9（c）虚线所示；也可由叶片遮挡而不进入霍尔元件，如图 4-9（b）虚线所示。

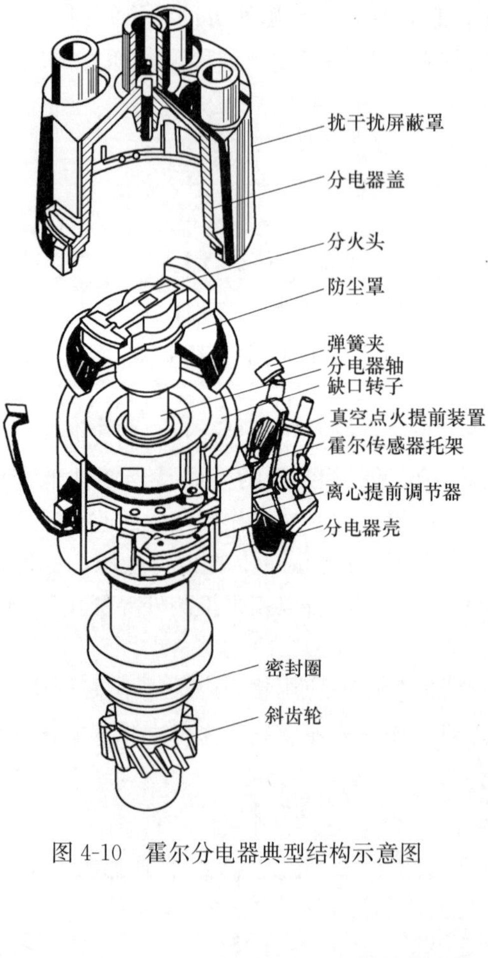

图 4-10　霍尔分电器典型结构示意图

霍尔传感器安装在分电器内，霍尔分电器典型结构示意图如图 4-10 所示（捷达、奥迪、红旗、桑塔纳等系列轿车上霍尔分电器），霍尔元件和永久磁铁组件安装在分电器的底板上，带缺口的转子安装在分电器轴上，其叶片与分火头制为一体，由分电器轴驱动，叶片数与发动机气缸数相等。发动机工作时，转子随分电器轴旋转，其边缘在霍尔元件与永久磁铁之间穿过。

① 霍尔元件磁力线被叶片遮挡。当金属叶片由发动机通过分电器轴带动旋转、且当金属叶片进入霍尔元件与永久磁铁之间的空气隙时，如图 4-9（b）所示，因原来垂直进入霍尔元件的磁力线被金属叶片所阻挡而旁路，故在霍尔元件的 C、D 输出端不能得到霍尔电压，即 $E_H=0$。

② 霍尔元件磁力线不被金属叶片遮挡。当金属叶片转离永久磁铁与霍尔元件之间的空气隙时，永久磁铁中的磁力线又垂直进入霍尔元件，霍尔元件受到磁场的作用而产生

了霍尔电压，即在其输出端 C、D 就有霍尔电压信号输出。利用该信号对电子点火器进行控制，就可以达到立即切断点火线圈初级绕组的电流，产生高压电火花之目的。霍尔电压信号是连续的脉冲信号，对于 4 缸发动机，金属叶片每转一周将产生出 4 个方波信号；6 缸发动机，产生出 6 个方波信号，以此类推。

(3) 霍尔式电子点火系统的组成与工作原理

霍尔式点火系统由分电器、霍尔点火信号发生器、点火控制器、高能点火线圈、高压线、火花塞等组成，如图 4-11 所示。

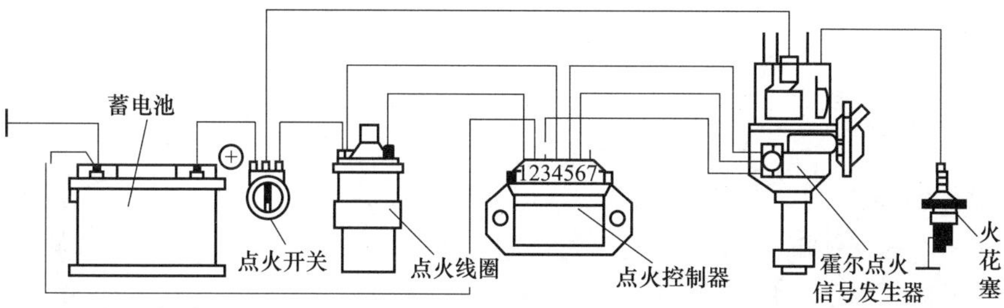

图 4-11 霍尔式点火系统的组成

霍尔点火信号发生器的结构如图 4-12 所示。发动机每完成一个工作循环，曲轴转两周，分电器轴及触发叶轮转一周，霍尔元件被交替地隔磁 4 次，因而随之产生 4 次霍尔电压。由于霍尔元件产生的霍尔电压为毫伏级，因此霍尔点火信号发生器输出的信号电压是把微弱的霍尔电压经放大、脉冲整形、变换后以矩形脉冲输出的电压。放大及转换信号由霍尔集成电路来完成。

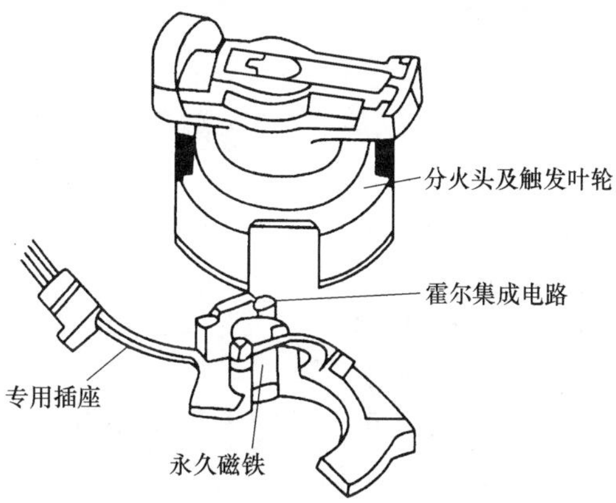

图 4-12 霍尔点火信号发生器的结构

4.3.4 光电式电子点火系统

光电式无触点电子点火系统是应用光电效应，借红外线光束进行触发的。该光电式点火系统的组成如图 4-13 所示。在配电器内除装有遮光盘和光触发器外，还有放大器。去掉传统配电器的电容器，用光电式提前机构代替原来的断电器及凸轮等部件，其他点火提前机构与传统的配电器相同，点火线圈也可沿用传统的结构。

光电式传感器主要由光源（发光二极管）、遮光盘和光接收器（光敏三极管）组成。光电传感器工作原理示意图如图 4-14 所示。

光电式传感器使用遮光盘阻断发光二极管射在光敏三极管上的光束来感应点火时间。发光二极管以接近红外线的频率发出不可见光束，经过半球形透镜聚焦，使在遮光点处的宽度最小，小到约 1.25mm。遮光盘为钢制，它装在配电器轴上。其上的遮光片数与气缸数相同，它的间隔距离与闭合周期相适应。它控制光束照射光敏三极管的时间。光敏三极管将光信号转变为电信号输入点火模块。而当遮光片没有遮住光束时，点火模块发出信号使点火线圈初级电路接通。当遮光盘上的遮光片遮住光束时，初级电流被切断，火花塞产生电火花。

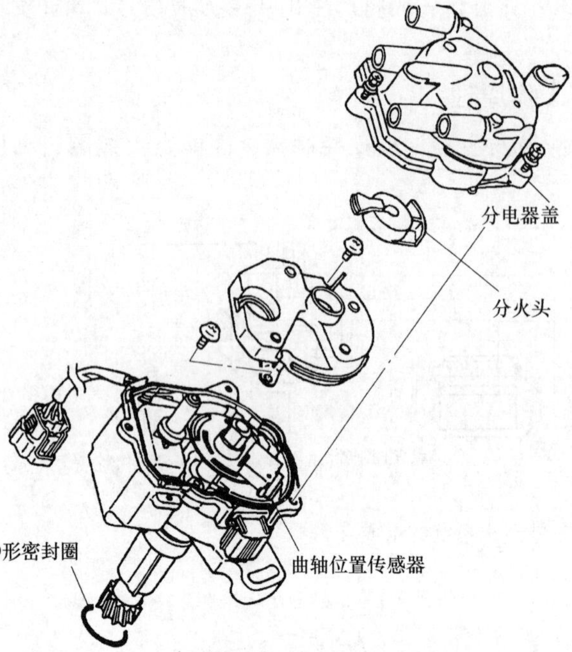

图 4-13 光电式无触点半导体点火系统的基本组成

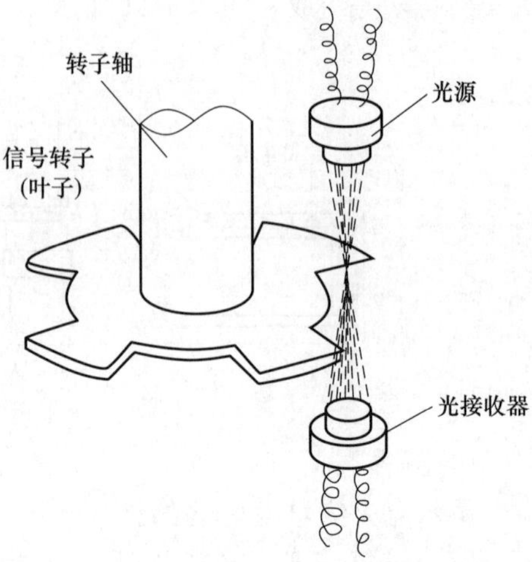

图 4-14 光电传感器工作原理示意图

光电式脉冲发生器没有时间上的滞后现象，它输出的信号方波清晰、明快，不受发动机转速的影响。

4.4 微机控制点火系统

4.4.1 微机控制点火系统的组成

微型计算机控制的半导体点火系统，不受机械调节装置的限制，在发动机任何工况下均可保证最佳点火时刻。该系统一般由传感器、微机控制器及点火控制器等组成，其原理框图如图 4-15 所示。

(1) 中央控制单元

中央控制单元（ECU）是控制系统的中枢，也称电脑。它除了可以实现对点火、空燃比、废弃再循环、怠速等多项参数的综合控制外，还具有自我诊断和保护功能。

(2) 发动机转速传感器

它是由铁芯、传感线圈和永久磁铁构成的磁脉冲式信号发生器，安装在飞轮的侧面，线圈的铁芯与飞轮的凸齿相对应。飞轮旋转时，在线圈中产生脉冲信号，输入控制器，用于计算发动机转速和点火时刻。

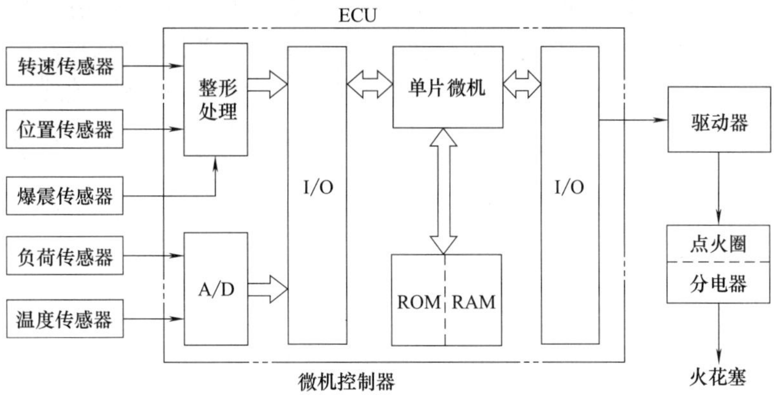

图 4-15 微机控制点火系统原理框图

(3) 点火基准传感器

该传感器的结构与发动机转速传感器相同，也安装在飞轮的侧面，与固定在飞轮上的一个圆柱销相对应，发动机曲轴每转一圈产生一个脉冲信号。在安装时应保证当第一缸（或第六缸）活塞到达上止点前62°产生信号，以此信号作为点火控制的基本信号。

(4) 霍尔传感器

该传感器安装在分电器内，转子上只有一个缺口，分电器轴每转一圈产生一个在活塞上止点前80°的信号，输入控制器，并使来自点火基准传感器的第二个信号（第六缸信号）被抵消，从而使同轴每转两转得到一个第一缸上止点前62°的信号。

(5) 爆震传感器

所谓爆震，简单讲就是当混合气尚处在压缩过程中，火花塞还没有跳火时，高压混合气就达到了自燃温度，并开始猛烈燃烧的不正常燃烧现象。爆震是一种异常燃烧现象，强烈的爆震能引起发动机损坏。

爆震现象大多是在提高压缩比的同时出现的，此外点火提前角过大或混合气燃烧过快也容易产生爆震。爆震传感器可以检测到这一信号，并转换为电信号，输入控制器，以便进行点火提前角的修正。

(6) 增压传感器

它是一个气压和电子组合的元件，通过胶管连接到发动机进气系统，发动机工作时产生一个与进气量有关的电压信号，输入控制器，也作为点火控制的依据。

(7) 冷却水温传感器

该传感器安装在发动机冷却水套上，测量冷却水的温度，输入控制器作为修正点火提前角的依据。

4.4.2 微机控制点火系统的工作原理

发动机运行时，ECU不断地采集发动机的转速、负荷、冷却水温度、进气温度等信号，并与微机内预先储存的最佳控制参数进行比较，确定出该工况下最佳点火提前角和初级电路的最佳导通时间，并以此向点火控制模块发出指令。

点火控制模块根据ECU的点火指令，控制点火线圈初级回路的导通与截止。当电路导通时，有电流从点火线圈中的初级线圈流过，点火线圈此时将点火能量以磁场的形式储存起来。当初级线圈中的电流被切断时，在其次级线圈中将产生15～30kV的感应电动势，经分电器送到工作气缸的火花塞，点火能量被瞬间释放，并迅速点燃气缸内的混合气，发动机完成做功过程。

此外，在带有爆震传感器的点火提前角闭环控制系统中，ECU还可根据爆震传感器的输入信号来判断发动机的爆震程度，并将点火提前角控制在爆震界限的范围内，使发动机能获得最佳燃烧。

4.4.3 有分电器微机控制点火系统

(1) 组成

有分电器计算机控制点火系统由低压电源、点火开关、微机控制单元（ECU)、点火线圈、分电器、火花塞、高压线和各种传感器等组成，如图4-16所示。

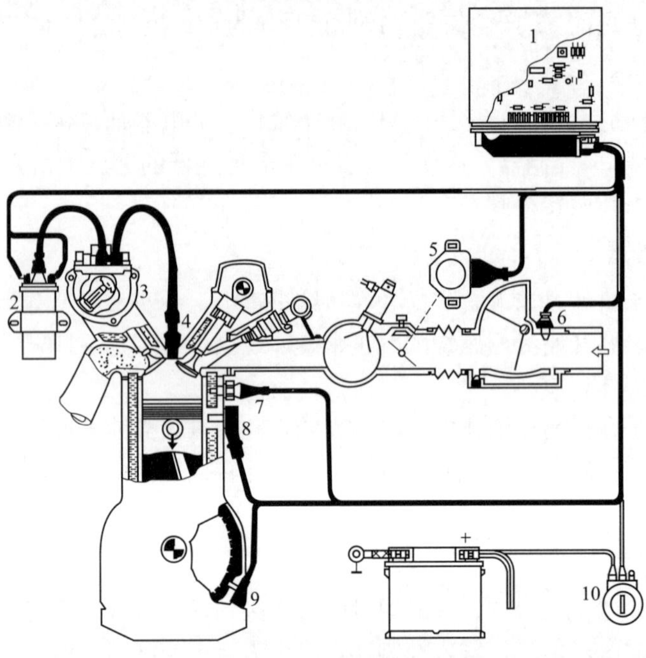

图4-16 有分电器的计算机控制点火系统

1—ECU；2—点火线圈；3—分电器；4—火花塞；5—节气门位置传感器；6—空气流量计及进气温度传感器；7—冷却液温度传感器；8—爆震传感器；9—曲轴转速及位置传感器；10—点火开关

微机控制单元，又称电子控制单元，俗称电脑，简称ECU。根据各传感器输入的信号，计算确定最佳点火提前角和初级电路导通角，并将点火控制信号输送给点火控制器，通过点火控制器控制点火线圈的工作。

传感器是将电信号或非电信号整理或转变为电信号的装置，为微机控制单元提供转速、节气门开度、负荷、冷却液温度、进气温度和流量、启动开关状态、蓄电池电压、废气中氧的含量等有关发动机运行工况和使用条件的各种信息。

点火控制器，又称点火模块，主要根据微机控制单元输出的点火控制信号控制点火线圈初级电路的通断。

分电器主要起分配高压电的功能，多数分电器还装有曲轴转速及位置传感器等。

(2) 工作原理

图 4-17 为一种有分电器计算机控制点火系统的原理图。点火信号发生器 8 和转速传感器 7 装于配电器壳内，点火线圈 5、点火控制器 6 组合为一体固定在分电器壳体上。

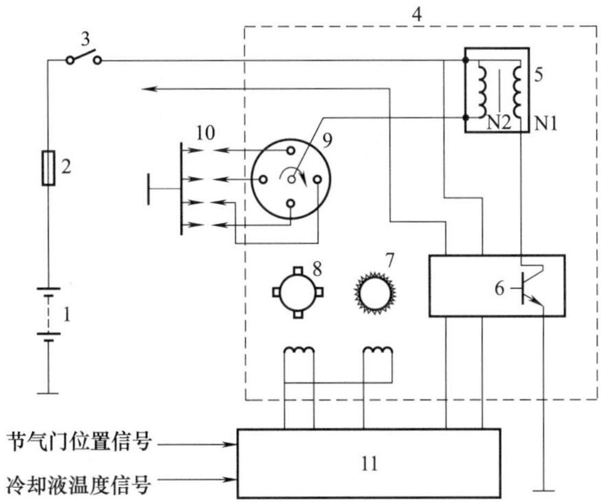

图 4-17　有分电器计算机控制点火系统原理图

1—电源；2—熔丝；3—点火开关；4—分电器；5—点火线圈；6—点火控制器；7—转速传感器；8—点火信号发生器；9—配电器；10—火花塞；11—微机控制单元（ECU）

工作原理如下：接通点火开关，电源电压加到点火控制器上，传感器开始将发动机的各种工况信息转换为电信号并传递给微机控制单元，微机控制单元将接收到的信号与只读存储器中储存的数据进行比较、计算后，输出点火信号至点火控制器，由点火控制器的大功率晶体管接通和切断点火线圈的初级电路。

当点火控制器的大功率晶体管导通时，初级电路接通，点火线圈的初级绕组通电、产生磁场。初级电路为：电源正极→点火开关→初级绕组 N1→点火控制器大功率晶体管集电极→发射极→搭铁→电源负极。

当点火控制器大功率晶体管截止时，初级电路被切断，点火线圈初级绕组电流迅速下降，点火线圈次级绕组中感应出高压电，并通过中央高压线、配电器、分缸高压线加到火花塞上，次级电路为：次级绕组 N2 正极→点火开关→蓄电池→搭铁→火花塞侧电极→火花塞中心电极→分缸高压线→配电器→中央高压线→次级绕组 N2 负极。

点火线圈次级绕组感应电压高于火花塞击穿电压时，火花塞电极间隙被击穿、产生电火花。

随着发动机旋转，初级电路交替接通、断开，点火线圈次级绕组产生的高压通过分电器的配电器依次分配给各缸火花塞，发动机一个工作循环内各缸火花塞按点火顺序轮流跳火一次。

断开点火开关，切断初级电路，发动机停止工作。

4.4.4　无分电器微机控制点火系统

(1) 组成

无分电器点火系统也叫直接点火系统，由低压电源、点火开关、微机控制单元 ECU、点火控制器、点火线圈、火花塞、高压线和各种传感器等组成，如图 4-18 所示。有的无分电器点火系还将点火线圈直接安装在火花塞上方，取消了高压线，如图 4-19 所示。

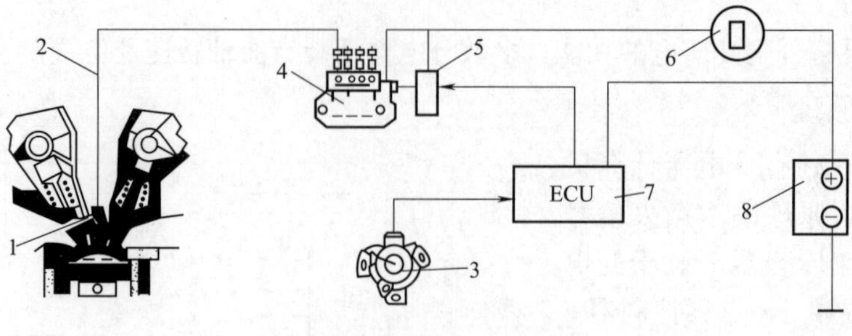

图 4-18　无分电器点火系统组成（一）

1—火花塞；2—高压线；3—传感器；4—点火线圈；5—点火控制器；6—点火开关；7—微机控制单元；8—蓄电池

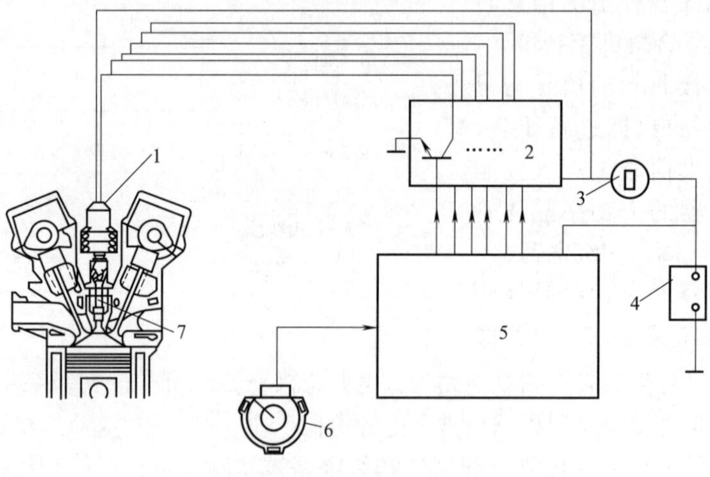

图 4-19　无分电器点火系统组成（二）

1—点火线圈；2—点火控制器；3—点火开关；4—蓄电池；5—微机控制单元；6—传感器；7—火花塞

无分电器点火系统与有分电器计算机控制点火系统相比，火花塞、高压线和主要传感器的结构和原理基本相同，主要差别在于取消了分电器总成、点火线圈数量或结构发生变化，高压配电方式由原来的机械式配电改为电子式配电。

无分电器微机控制点火系统分为两种：一种方式为每两缸共用一个点火线圈，两缸同时点火；另一种方式为每缸一个点火线圈，各缸独立进行控制。

(2) 工作原理

无分电器点火系统的组成框图如图 4-20 所示。其工作原理如下：接通点火开关，各种传感器开始将点火控制必需的信息传递给微机控制单元，微机控制单元将接收到的信息进行运算处理并与只读存储器中储存的数据进行比较后，确定需要点火气缸、点火提前角和初级电路导通角，输出点火控制信号至点火控制器，由点火控制器接通和切断相应气缸点火线圈初级电路，实现各缸点火控制。

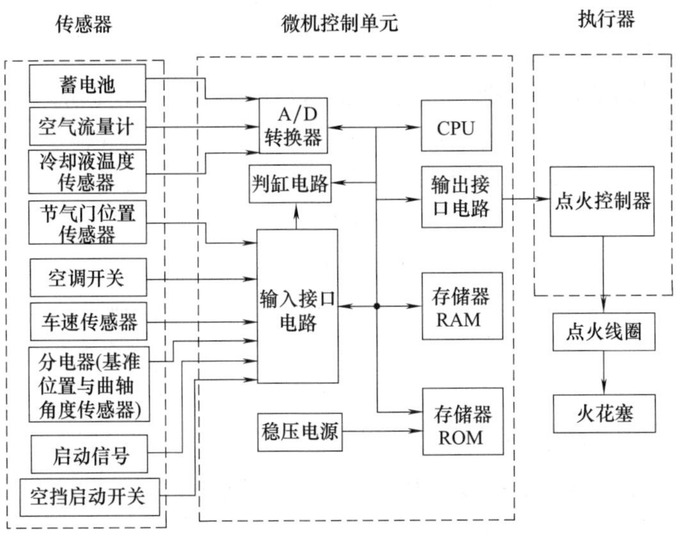

图 4-20　无分电器点火系统组成框图

4.5　点火系统的使用与维护

4.5.1　传统点火系统的使用与维护

(1) 点火正时

为了保证发动机气缸中的混合气在正确的时间被点燃，将分电器装在发动机上时，要人工调整初始点火提前角，这一工作通常称为“点火正时”。

传统点火系统的使用，主要是校准点火正时，是指分电器总成与发动机气缸活塞的相对位置达到正确配合，取得最佳点火的人为调整工作。其目的是保证发动机各气缸的混合气能按顺序并在合理的点火提前角下进行可靠点火，获得最好的动力性和经济性。

点火正时均以发动机第一缸为基准。点火正时的调整方法随发动机的不同略有差别，一般可按如下步骤进行。

① 检查断电器触点间隙，并将触点间隙调至规定范围，一般为 0.35～0.45mm。

② 找出第一缸压缩行程上止点的位置。

方法是拆下第一缸的火花塞，用手指或棉球堵住火花塞孔，摇转曲轴，当感到有较大的气体压力冲上来时，再慢慢转动曲轴，使正时记号对准。

③ 确定断电器触点刚打开时的位置。旋松分电器外壳上的夹紧螺钉，找出中央高压线，使其端头离开气缸体 3～4mm，接通点火开关，然后将分电器外壳沿凸轮轴旋转方向转动，使触点闭合。再反向转动外壳，到中央高压线端头和气缸体之间跳火时为止，此时即为触点刚打开的位置，然后旋紧分电器外壳夹板上的夹紧螺钉，扣上分电器盖，装回火花塞。

④ 按点火顺序插好高压线。第一缸的分缸高压线应插在正对分火头的旁电极的插座内，然后顺着分火头的旋转方向，按点火顺序插好其余各缸分缸高压线。

⑤ 启动发动机，检查点火正时。启动发动机，使水温上升到 70～80℃，在发动机怠速运转时突然加速。如转速不能随节气门的打开而立即增加，感到“发闷”，同时在排气管中出现“突突”声且冒黑烟，则为点火过迟；如发动机内出现金属敲击声（爆震现象），则为点火过早。点火过早时，应顺着分电器轴的旋转方向转动分电器壳体以推迟点火；点火过迟时，则应逆着分电器轴的旋转方向转动分电器壳体，使点火提前。

⑥ 在汽车行驶中进行检查。将发动机预热至 70～80℃，在平坦道路用直接挡（或最高挡）以中低速行驶，突然将加速踏板踩到底，如在车速迅速增大的同时，能听到轻微的敲缸声，且很快消失，表明点火时间正确；如听到有长时间明显的敲缸声，说明点火过早；如加速时发闷，且无敲缸声，说明点火过迟。点火正时不合适时，须停车进行调整。经反复试验，直至合适为止。

(2) 使用与维护注意事项

为保证发动机正常运转，汽车每行驶 6000～8000km，应进行二级维护。对于传统点火系统其维护内容如下。

① 各部接线必须正确可靠，否则将会因发动机启动时初级电流过小而启动困难，或在发动机工作时因初级电流过大而导致点火线圈过热烧毁、触点容易烧蚀。

② 应做好分电器盖内外的干燥和清洁工作。

③ 断电器底板一定要固定可靠。

④ 停车时，应及时将点火开关断开，以避免在发动机熄火时，断电器触点恰好处于闭合状态的情况下，点火线圈初级绕组因长时间通过较大的稳定电流而过热烧坏。

⑤ 断电器触点的故障概率很高，触点烧蚀、脏污、间隙不当等对点火系统的正常工作影响很大。因此，平时应注意常检查断电器触点状况及触点间隙，必要时，应对触点进行打磨、清洁，并对触点间隙进行检查和调整。

⑥ 点火线圈的附加电阻、高压线损坏后，不能用普通导线替代。

⑦ 火花塞积炭后应及时对火花塞进行清洁或更换火花塞；需要更换火花塞时，最好同时换下所有气缸的火花塞。

⑧ 检查高压导线绝缘情况及插接是否可靠。拉拔高压线时，应用手捏住防尘罩往上拉，不要抓住导线硬拔。

⑨ 如果点火线圈异常损坏，同时触点也很容易烧蚀，则在更换点火线圈和触点时，还应检查点火线圈的接线是否有错。

⑩ 如果点火线圈次级绕组经常烧坏，应注意检查火花塞电极间隙是否过大，高压导线有无松脱，配电器的分火头与旁电极是否有烧损。

(3) 维护要点及方法

① 汽车行驶 1000km 后的维护作业，主要是清洁、检查作业。

a. 检查初级电路的连接，并加以紧固。

b. 清除分电器壳体表面的灰尘和油污。

c. 用棉纱蘸汽油擦净火花塞表面油污。

② 汽车行驶 5000km 后的维护作业，主要进行清洁、检查、调整和润滑作业。

a. 清洁分电器壳体表面的油污。

b. 检查触点状态。若触点表面烧蚀不平，应予磨平；触点间隙应为 0.35～0.45mm；

若不符合要求，应予调整。

c. 润滑分电器总成。需要润滑的部位有分电器轴、凸轮工作面、活动触点臂销钉及凸轮与断电器小轴的连接处。

d. 清除点火线圈表面的油污。

e. 检查高压线的绝缘以及高压线端和分电器的座孔的接触情况。

f. 清洁和检查火花塞，有积炭时应予以清除，并校准间隙，检验密封性。

③ 汽车行驶 15000～17000km 后的维护作业。取下分电器总成，解体并进行检查和维护。

④ 汽车行驶 20000～25000km 后的维护作业。取下阻尼电阻，用欧姆表或电桥检测，其阻值应不超过 20000Ω，否则应予更换。

⑤ 入冬前的维护作业。汽车在进入冬季运行之前，应对点火系统进行一次换季保养，除进行上述各项有关内容以外，还应将火花塞电极间隙适当调小，并将点火时间适当提早一些。

4.5.2 电子点火系统的使用与维护

(1) 电子点火装置的安全使用

① 只有在点火开关关闭后才可拆除或安装点火系统线路，包括高压线路和测试仪线路。

② 如果用启动机发动发动机而发动机不运转时，应将来自分电器的高压线拆下，并将其接地。

③ 当快速充电机被用作辅助启动电源时，其电压不得超过 16.5V，使用时间不得超过 1min。

④ 必须关闭点火开关后，才能冲洗发动机，防止短路损坏电子点火装置。

⑤ 车辆被牵引时，必须将电子点火系统的插头拔掉。

⑥ 不得将防干扰电容器接到接线柱（一）上。

⑦ 不可用其他的分电转子代替 1kΩ 的分电器分电转子。

⑧ 在高压线上只能使用 1kΩ 的阻尼电阻和 1～5kΩ 的火花塞接头。

(2) 电子点火系统点火正时的确定

当发动机大修（或重新安装分电器）时，必须确定点火正时。下面以桑塔纳轿车为例来说明点火正时的步骤。

① 转动曲轴，将发动机第一缸活塞置于上止点位置，从离合器壳体的观察孔可以看到飞轮上的刻度标记与壳体上的指针对齐（图中箭头所指），如图 4-21 所示。确定第一缸活塞位于压缩上止点，正时标记的对准如图 4-21 所示。

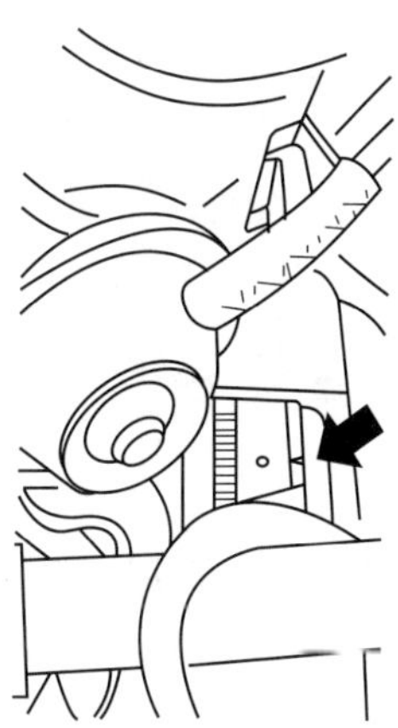

图 4-21　第一缸活塞上止点标记

② 转动凸轮轴，使凸轮轴正时齿轮的标记（图中箭头所指）与气缸盖罩底面平齐，如图 4-22 所示。

③ 检查并确保分火头位于分电器壳内第一缸的标记处，如图 4-23所示。如果不在第一缸的标记处，转动分电器直至对准，必要时可重新安装分电器。

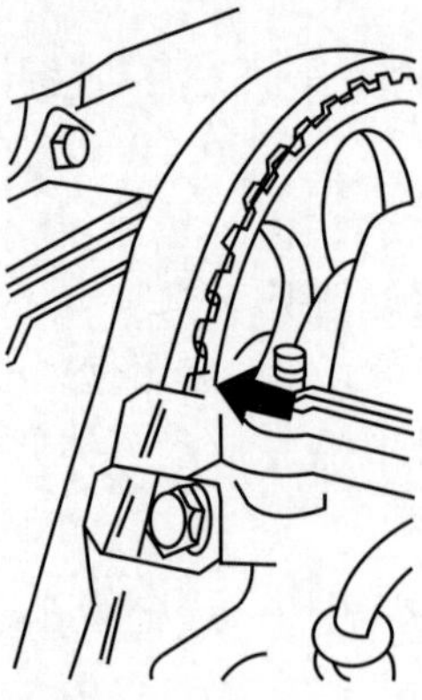

图 4-22 凸轮轴上正时齿轮的标记

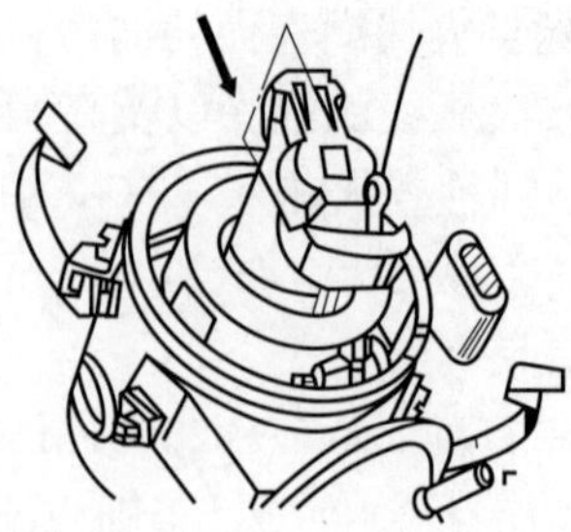

图 4-23 分火头对准第一缸位置

④ 将曲轴转两圈，检查凸轮轴和曲轴链轮标记是否仍然对齐，并按 1→3→4→2 顺序装好各缸的分高压线。

⑤ 启动发动机，并预热到正常工作温度，在怠速状态突然加速，判定点火时间；如果不符，则应进行调整。

⑥ 汽车运行中，应根据路试进一步调整点火正时。

(3) 电子点火系统点火正时的检测与调整

不同类型的正时灯，其检查方法也有所不同。使用正时灯检查点火正时的步骤如下。

① 启动发动机，预热至正常工作温度。

② 预热后，检查怠速是否在规定范围内。

③ 将正时灯的红色线和黑色线分别连接在蓄电池正极和负极上，信号线连接在缸高压线上，如图 4-24 所示。

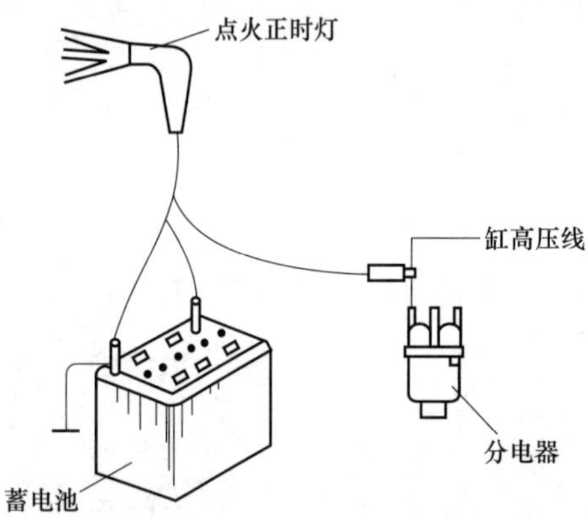

图 4-24 正时灯的连接方法

④ 使发动机在规定的转速运转，将正时灯对准规定的正时标记（如桑塔纳、奥迪等轿车对准飞轮）。若指针出现在正时标记的前方，表明点火过早；若出现在正时标记之后，则表明点火过迟。

⑤ 点火正时不正确时，应转动分电器的外壳进行调整。调整方法如下。

a. 松开分电器壳上的固定螺钉，旋转分电器直到正时标记成一条直线为止。

b. 旋紧固定螺钉，重新检查正时情况。

(4) 电子点火系统使用与维护注意事项

对于电子点火系统只要安装、使用得当，通常无须进行维护，但在使用过程中应注意以下事项。

① 安装时接线必须正确、牢固，尤其注意电源极性不可接错，否则，极易损坏点火电子组件。

② 电子点火装置必须有可靠的搭铁，尽量减小搭铁处的接触电阻，以确保电路稳定可靠地工作。

③ 点火信号线与高压线应分开，以免干扰点火电子组件的正常工作。

④ 洗车时，应尽量避免将水溅到点火电子组件和分电器上。

⑤ 发动机运转时，不可拆去蓄电池连接线，或用刮火的方法检查发电机的发电情况，以免产生瞬间过电压而损坏点火电子组件。

⑥ 电子点火系统中的点火线圈一般为专用高能点火线圈，不能用普通点火线圈代替。

⑦ 高压线必须连接可靠、牢固。由于电子点火系统中点火线圈次级电压一般较高，因此若连接不好，易使分电器盖和点火线圈绝缘击穿而损坏。

⑧ 当需摇转发动机而又不需要发动机启动时，应从分电器盖上拆下中央高压线，并将其搭铁，绝不允许点火线圈在开路状态下工作，否则极易损坏点火线圈和点火电子组件中的功率开关三极管。

⑨ 当需要拆、接电子点火装置连接导线时，或安装和拆卸检测仪器时，应先断开点火开关或断开蓄电池的搭铁线。

⑩ 点火电子组件应安装在干燥、通风良好的部位，并保持其表面的清洁，以利散热。

4.5.3 微机控制点火系统的维修方法

由于微机控制点火系统的许多部件，如点火线圈、点火控制器和火花塞，其结构原理与无触点电子点火系统的部件基本相同，因此，其检测方法也大致相同。但是，由于微机控制点火系统还配装有微型电子计算机和各种传感器，因此，相比之下其故障检修也就稍许复杂一些。

对微机控制点火系统故障的检查通常可采用以下几种方法。

① 利用系统自诊断功能诊断。使用中，微机控制点火系统一旦出现故障，微机便会自动记录发生的故障，并以故障代码的形式储存在存储器中。与此同时，仪表板上的发动机故障警告灯被点亮，提醒驾驶员注意。

进行故障自诊断时，微机会通过故障警告灯或其他显示方式输出故障代码。根据所读取的故障代码，在随车《维修手册》故障代码表中查找故障原因和可能产生故障的部位，去检查相应的元件或线路，一般即可很快将故障排除。

② 利用专用仪器诊断。目前，许多汽车生产厂家都为微机控制点火系统提供专门的检测仪器。如点火控制器测试仪、计算机系统测试仪等。这些仪器可检测出系统内各部位的电阻和电压，从而可判断出故障所在之处。

③ 利用常规方法进行检查。这种方法也是先将中央高压线拔出进行试火，看有无火花来确定点火系统是否正常。检查时为防止喷油器喷出燃油过多，每次测试不得超过 2s。如果火花正常，应重点检查点火器与发动机电子控制单元 ECU 间的 IGF 信号是否正常；如果火花不正常，应重点对点火系统中的各元件进行检查，其方法同无触点式点火系统。

4.6 点火系统常见故障及其排除方法

4.6.1 点火系统的常见故障的诊断与排除

一般说，发动机在运转中突然熄火，并发动不着的原因多为点火系统故障。点火系统故障表现为无火、缺火、火花弱和点火不正等。

(1) 发动机不能启动

接通点火开关，发动机不能启动，可能是电源供电不正常、点火正时不对或火花塞不良。其检修方法如下：

先按喇叭或开前照灯，若喇叭不响或前照灯黑暗，说明电源供电不正常。确知电源供电正常后，再判断故障是发生在高压电路还是发生在低压电路。打开发动机罩，拔出分电器中央高压线，使其距气缸体 4～6mm，接通点火开关，短时间接通启动机电路，察看火花情况。

① 火花强。表示低压电路和点火线圈良好，故障出在分电器和火花塞高压电路中。再从火花塞上端拆下高压线头，摇转曲轴或启动启动机对机体试火，如无火花，则可能是分火头、分电器及高压线漏电，应检查分火头、分电器及高压线是否漏电；如有火花，则可能是点火正时和火花塞不良，需检查点火正时和火花塞的工作情况。

② 火花弱或无火花。表明低压电路有短路、断路、点火电子组件故障或点火线圈、中央高压线有故障。可开、闭触点，观察电流表指针读数。若电流表指针不摆动，指示为零，表示低压电路有断路；若电流表指针指在 3～5A 不摆动或指示大电流，表示低压电路有搭铁故障；若电流表指针指在 3～5A 之间间歇摆动，则说明低压电路良好，故障发生在高压电路。

(2) 发动机能启动，但工作不正常，排气管冒黑烟，并伴有抖动现象

发动机如有一缸或几缸缺火就会运转不匀，排气管中排出黑烟并放炮。产生的原因多为高压分线漏电或脱落、分电器盖漏电、凸轮磨损不均、火花塞工作不良或不工作、高压分线插错等。检查时应先找出缺火的气缸，再排除缺火的原因。方法是启动发动机，用螺钉旋具将火花塞螺母逐个搭铁，并观察发动机的运转情况，若搭铁后，发动机转速无变化，则表明该缸不工作；若搭铁后，发动机转速明显降低，则表明该缸工作正常，然后根据情况进一步检查。

① 一个缸不工作，应取下该气缸的火花塞上的高压分线，使线端距火花塞接线柱 3～4mm，在发动机工作时，该间隙中如有连续的火花且发动机运转随之均匀，表明火花塞积炭；如无火花，表明高压分线或配电器盖有故障，应检修或更换。

② 两个缸不工作时，应检查点火顺序是否正确。

③ 如有几个气缸同时不工作，应拔下配电器盖中央高压线做跳火试验，如跳火正常，则表示高压电供应正常，故障在配电器盖、高压分线或火花塞上，应检修或更换；如跳火时断时续，表明断电器凸轮、电容器或点火线圈有故障，可先清洁断电齿轮，再检查电容器和点火线圈。

(3) 发动机不能高速运转

当发动机低、中速工作良好，但在高速时运转不稳定，消声器发出无节奏的“突突”声。其故障原因有：断电触点间隙过大；触点臂弹簧弹力过弱；火花塞间隙过大；电容器不良；点火线圈漏电等。

检修方法如下：先检查断电器的触点、触点弹簧和电容器；如果有问题，应进行修理或更换。若更换后，故障仍不能排除，则可能是点火线圈漏电，可将接线柱螺栓拆下，并加以清洁，用橡胶垫压入螺栓装上，即可排除漏电故障。

(4) 点火时间不正时

点火时间不正时表现为：蓄电池足电量工作，但发动机不易启动、行驶无力、加速发闷、排气管放炮且发动机过热。应检查点火是否过迟、分电器是否松动；摇转曲轴启动时反转，加速时爆震，应检查点火是否过早。若点火时间过迟，应调整点火正时。若点火正时正常，则可能是触点间隙过小，将其调整适当即可。若故障仍不能排除，则可能是分电器壳松动，拧紧即可。

4.6.2　电子点火系统的常见故障的诊断与排除

(1) 电子点火系统故障检查注意事项

① 在发动机启动和工作时，不要用手触摸点火线圈高压线和分电器等，以免受电击。

② 在检查点火系统电路故障时，不要用刮火的方式来检查电路的通断，否则容易损坏电子元器件。电路通断与否应该用万用表电阻挡来进行检查判断。

③ 进行高压试火时，应用绝缘的橡胶夹子夹住高压线来进行试验，直接用手接触高压线容易造成电击；也可将高压导线插入一只备用火花塞，然后将火花塞外壳搭铁，从火花塞电极间观察是否跳火。注意避免由于过电压而损坏电子点火控制器。

④ 在点火开关接通的情况下，不要做连接或切断线路的操作。

⑤ 在拆卸蓄电池时，必须确认点火开关和其他所有的用电设备都已关闭，才能进行拆卸。

⑥ 安装蓄电池时，一定要辨清正负极，千万不能接错，蓄电池极性与线夹的连接一定要牢固，否则容易损坏电子设备。

⑦ 在用干电池模拟点火信号检查电子点火控制时，测量动作要快，干电池连接的持续时间一般不要超过5s。

(2) 电子点火系统故障诊断与检修的基本方法

电子点火系统故障诊断与检修的基本方法有：替换判断法、经验判断法、点火示波器判断法三种。

① 替换判断法。当怀疑某点火元件有故障时，就以该备件替换，然后看其有无好转，从而判定故障所在。

② 经验判断法。由于通常不可能备有各种备件，因此常常依靠经验进行判断。在检查排除时必须注意以下几点。

a. 搭铁可靠，电源供电充足，连接良好。

b. 当使用其他电源作为辅助启动电源时，电源电压不得超过16V，且使用时间不得过长。

c. 更换点火元件，严禁混用，一定要更换同型号点火元件。

d. 谨慎操作，防止人为损坏传感器和集成电路。

③ 点火示波器判断法。它是一种专门用来检测点火系统状况的仪器，它能对点火系统的点火电压、火花持续时间及二次最大输出电压等进行绘图，然后与标准的曲线比较，迅速查找出故障。

(3) 磁感应式信号发生器故障的检测

磁感应式点火信号发生器发生故障时，会使输出的信号弱或无信号而不能触发电子点火器工作，造成整个点火系统不起作用。

磁感应式点火信号发生器的故障检测主要是气隙检查和测量传感线圈的电阻值。

① 检查、调整信号转子凸齿与线圈铁芯的间隙。可用塑料厚薄规进行测量，该间隙的标准值为 0.2～0.4mm。若不符合要求，可按图 4-25 所示松开螺钉 A、B，并以螺钉 A 为支点，移动螺钉 B 加以调整，当间隙符合规定的标准值后，再将螺钉 A、B 拧紧。

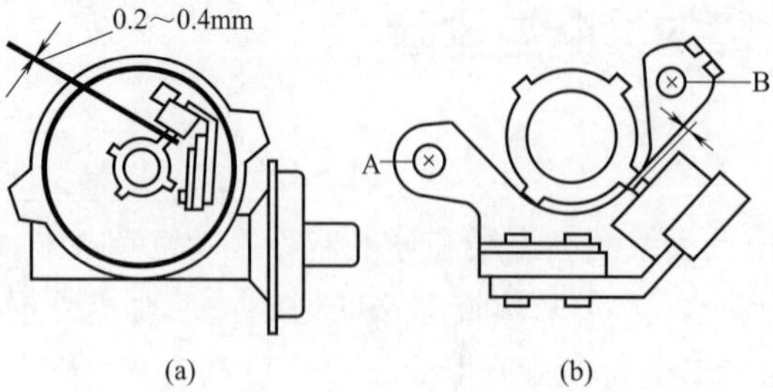

图 4-25 磁感应式点火信号发生器的间隙调整

② 检测传感线圈的电阻值。方法是先将分电器与线束之间的插接器拆开，然后用万用表欧姆挡测量与分电器相连接的两根导线之间的电阻值。若测得的电阻值为无穷大，则表明线圈断路；若测得的电阻值与标准值相比显得过小，则表明线圈匝间短路。出现故障时应予以排除或更换传感线圈。

(4) 霍尔效应式点火信号发生器故障的检测

霍尔效应式点火信号发生器的常见故障有内部集成块烧坏、线路断脱或接触不良等，造成点火信号发生器信号过弱或无信号输出。故障检修方法如下：

先关断点火开关，打开分电器盖，拔出分电器盖上的中央高压线并搭铁，将直流电压表的两触针接在插接器信号输出线“0”和接地线“－”接线柱上，如图 4-26 所示。然后按发动机转动方向转动发动机，同时观察电压表上的读数。当触发叶轮的叶片位于霍尔传感器的空气隙中时，其电压值为 9V 左右；当触发叶轮的叶片不在空气隙中时，其电压值为 0.4V 左右。在电源电压正常的情况下，如电压表读数与上述不符，则说明霍尔信号发生器出现了故障，应予更换。

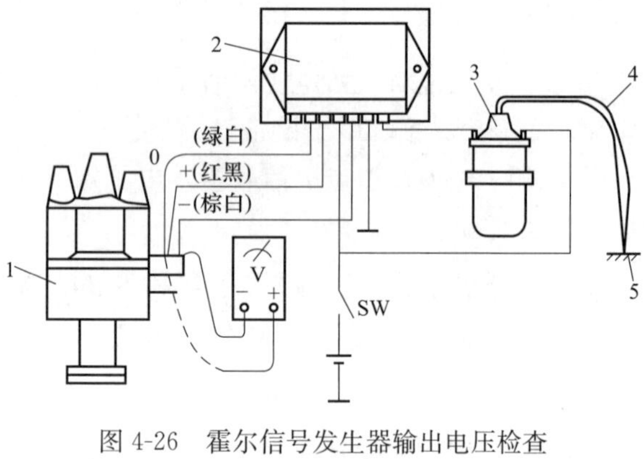

图 4-26 霍尔信号发生器输出电压检查

1—分电器；2—点火器；3—点火线圈；4—高压线；5—搭铁

(5) 光电式点火信号发生器故障的检测

光电式点火信号发生器的常见故障是发光元件或光敏元件玷污或损坏、内部电路断路或接触不良，这些故障使点火信号发生器信号过弱或无信号产生。其故障检修方法如下。

① 外观检查。打开分电器盖，检查发光元件、光敏元件表面是否脏污，线路连接是否良好。

② 检测信号电压。在分电器线路插接器的电源端子之间加 12V 的电压，然后慢慢转动分电器轴，用万用表的直流电压挡测插接器的信号输出端子电压。如果电压在 0～1V 之间摆动（不同的车型，电压摆动幅度可能不同），说明信号发生器良好，否则，需更换分电器。

(6) 电子点火系统故障的检修

电子点火系统故障的检修方法如下。

① 首先应检查点火系统的各连接导线有无松动、脱落等。

② 然后拔下高压线，连接备用火花塞，检查高压电是否正常。若在火花塞外有很强的蓝白色火花，则低压电路正常，故障在高压电路，否则低压电路有故障。

在电子点火系统中，其高、低压电路的组成与普通的点火系相比，差别仅在于低压增加了信号发生器和电子点火组件。在检查电子点火系统的故障时，若进行高压跳火检查，则要接备用火花塞进行，不得用高压线直接与机体间跳火。

4.6.3 微机控制点火系统的常见故障的诊断与排除

(1) 微机控制点火系统故障的诊断方法

由于微机控制点火系统的许多部件，如点火线圈、点火控制器和火花塞，其结构原理与无触点电子点火系统的部件基本相同，因此，其检测方法也大致相同。但是，由于微机控制点火系统还配装有电脑和各种传感器，因此，故障检修也就稍许复杂一些。其故障检修方法如下。

① 利用系统自诊断功能诊断。在使用中，微机控制点火系统一旦出现故障，微机便会自动记录发生的故障，并以故障代码的形式储存在存储器中。与此同时，仪表板上的发动机故障警告灯闪亮，提醒驾驶员注意。

② 利用专用仪器诊断。厂家都为微机控制点火系统提供专门的检测仪器。如点火控制测试仪、计算机系统测试仪等，这些仪器可检测出系统内各部位的电阻和电压。根据所读取的故障码，利用这些专用仪器查找故障原因和可能发生故障的部位，故障即可排除。

③ 利用常规方法进行诊断。先将中央高压线拔出进行试火，看有无火花来确定点火系统是否正常。检查时为防止喷油器喷出燃油过多，每次测试时间不得超过 2s。

a. 如火花正常，应重点检查点火器与发动机电子控制单元 ECU 间的 IGF 信号是否正常。

b. 如火花不正常，应重点对点火系统中的各元件进行检查。

(2) 曲轴位置传感器故障的检修

目前大多数曲轴位置传感器是采用磁电式，其故障检查方法如下。

① 用万用表测量曲轴位置传感器 G1、G2 和 Ne 感应线圈的电阻，其值应符合规定，否则应更换分电器。

② 检查气隙。打开分电器盖，取下分电器转子，用塞尺测量信号转子和感应线圈凸起部分的间隙，其值应符合规定值，否则应更换分电器外壳总成。

(3) 转速传感器故障的检修

大多数转速传感器是磁电式的，检修时主要应检查传感器线圈的电阻和输出电压。

将传感器线圈的插头拔下，发动机静止不动，用万用表电阻挡测量其电阻，其阻值应符合标准；再用万用表交流电压挡位测量输出电压，其值应符合规定，否则应更换转速传感器。

在检查的同时，可摆动传感器连接导线，看万用表指针有无随着晃动。如果有，则说明导线内部有断路或其他部位接触不良，应予以检查排除。

(4) 爆震传感器故障的检修

爆震传感器与ECU之间的连接方式如图4-27所示。用万用表检测爆震传感器的方法如下。

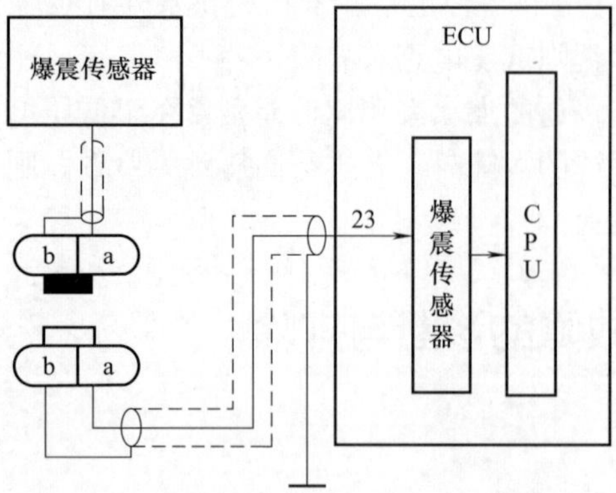

图4-27 爆震传感器与ECU之间的连接方式

① 切断点火开关，脱开爆震传感器接线圈，脱开ECU接线器。

② 用万用表测量ECU爆震传感器信号输入端b与爆震传感器输出端a之间的连线是否通。如果不通，应检查这段配线及接线器。

③ 如果检查上述线路无异常，再检查传感器b端与地间是否导通。如不通，说明接地不良。

④ 如果检查b端接地良好，可进一步脱开爆震传感器接线器，单独测量其a、b两端电阻应近于0Ω，否则，说明该传感器已损坏，应更换。

(5) 控制单元（ECU）故障的诊断方法

发动机微机控制系统中，控制单元ECU是系统的核心部件。当电控系统出现故障，有些可由故障代码直接显示，而有些故障须在检测相关电气部件和线束无故障时才能确认。

ECU故障的诊断方法主要包括故障自诊断和人工诊断法两种。

① 故障自诊断。控制单元ECU具有“故障自诊断”功能，也都具备对整个电控系统的故障诊断能力。诊断中，根据输出的故障代码，可方便地判断出ECU是否有故障。

② 人工诊断法。当电控系统某些装置出现故障时，先读取故障代码，再按照读取的故障代码病状关联表，利用专用仪器或数字式万用表，对有故障的电气装置或线束进行检查。人工诊断的步骤如下。

a. 检查ECU、电气元件的连接器、搭铁线连接与接触情况。

b. 检查传感器、执行器等电气元件的特性参数值，看是否在规定值之内。

c. 测量ECU连接器和电气元件连接器线束之间的电阻，检查是否有断路或接触不良。

d. 测量ECU连接器端子与车身（搭铁）之间的电阻，检查是否有短路搭铁故障。

以上各项检查若都正常，可初步诊断ECU有故障。

(6) 控制单元（ECU）故障的检测

当初步确定ECU有故障后，可按下述方法对ECU进一步检验。检验前，应备齐ECU连接器端子位置图和定义表、ECU连接器端子的标准电阻值和电压值以及相关技术资料。

① 检测ECU各端子间的电阻值。拆下ECU连接器，用万用表的欧姆挡测量各端子间的电阻。如测得电阻值和标准值不符，说明ECU相应部分有故障。

② 检测ECU各端子间的工作电压。将万用表选择在直流电压挡，并选择合适的量程，在蓄电池充足电的情况下接通点火开关或在发动机运转时，用万用表测量ECU各端子的工作电压或信号电压，其值应符合标准，否则，说明ECU相应部分有故障。

③ 换件对比检验。如初步诊断结果是ECU有故障，在条件允许时，可用此车型的ECU备件或同型号发动机的ECU进行换件试验，能更迅速准确地判定ECU是否损坏。如换件后工作正常，说明原ECU有故障。

4.7　汽车点火系统用点火线圈

4.7.1　点火线圈的类型与特点

点火线圈的作用是将低压直流电转变为高压电。点火线圈由初级绕组、次级绕组和铁芯组成。按磁路结构形式的不同，可分为开磁路点火线圈和闭磁路点火线圈。

（1）开磁路点火线圈

开磁路点火线圈又称普通点火线圈，根据低压接线柱的数目不同，点火线圈有二接线柱和三接线柱之分，其内部结构如图 4-28 所示。点火线圈的中心部分是一个用硅钢片叠成的铁芯，包在纸板套内。纸板套外绕有次级绕组，用直径为 0.06～0.10mm 的漆包线绕成，一般约为 20000 匝。在次级绕组外绕有初级绕组，用直径为 0.5～1.0mm 的高强度漆包线绕成，一般约为 300 匝。在绕组与外壳之间装有导磁钢套，用于加强磁通。外壳的底部有绝缘瓷杯，外壳内充满沥青或变压器油，用于绝缘与防潮。点火线圈的上部是胶木盖，中央突出的部分是高压线插孔，两侧接线柱为低压接线柱。

在初级点火电路中串联了附加电阻，其特性是温度高时，电阻增大，温度低时，电阻减小，可以自动调节初级电流，以改善点火性能。若附加电阻装在点火线圈外部，点火线圈有三个接线柱，其标记分别为“开关”“开关＋”和“开关－”，附加电阻连接在“开关”和“开关＋”两接线柱之间。若附加电阻为电阻线，点火线圈有两个接线柱，其标记分别为“＋”和“－”，电阻线与点火线圈“＋”和点火开关连接。

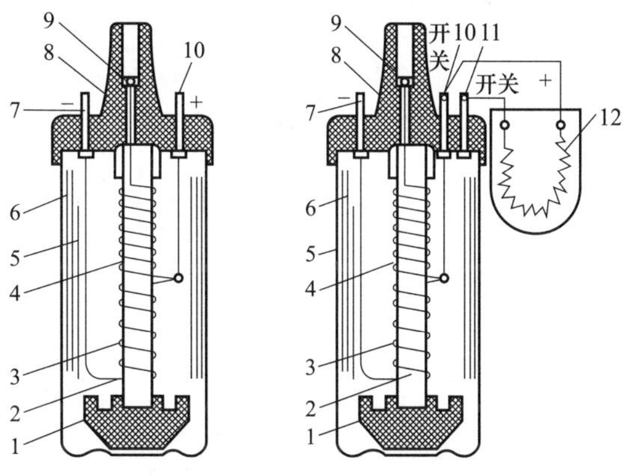

图 4-28　开磁路点火线圈的内部结构

1—磁杯；2—铁芯；3—初级绕组；4—次级绕组；5—钢片；6—外壳；7—“－”接线柱；8—胶木盖；9—高压接线柱；10—“＋”或“开关”接线柱；11—“＋”接线柱；12—附加电阻

开磁路点火线圈的磁路如图 4-29 所示。磁力线的上部和下部都是从空气中通过的，未形成闭合磁路。因此，这种点火线圈称为开磁路式点火线圈。开磁路式点火线圈漏磁较多，能量转换效率较低，体积较大，多用在传统点火系统和电子点火系统中，现已很少使用。

（2）闭磁路点火线圈

闭磁路点火线圈又称高能点火线圈，在“口”或“日”字形铁芯内绕有初级绕组和次级绕组，如图 4-30 所示。采用热固性树脂作为绝缘填充物，外壳用热熔性塑料注塑成形，绝缘性和密封性较好。

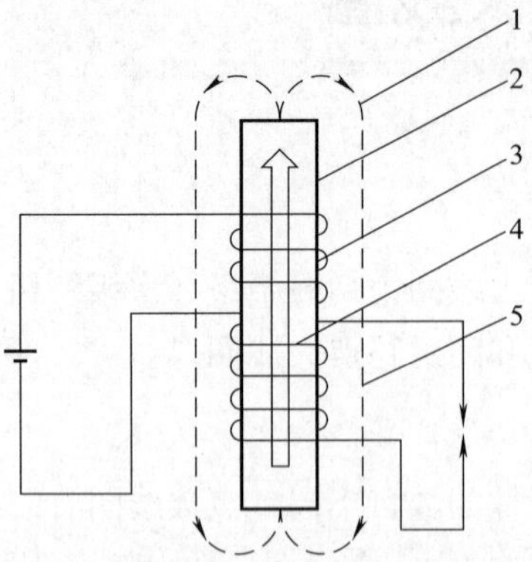

图 4-29 开磁路点火线圈的磁路

1—磁力线；2—铁芯；3—初级绕组；4—次级绕组；5—导磁钢套

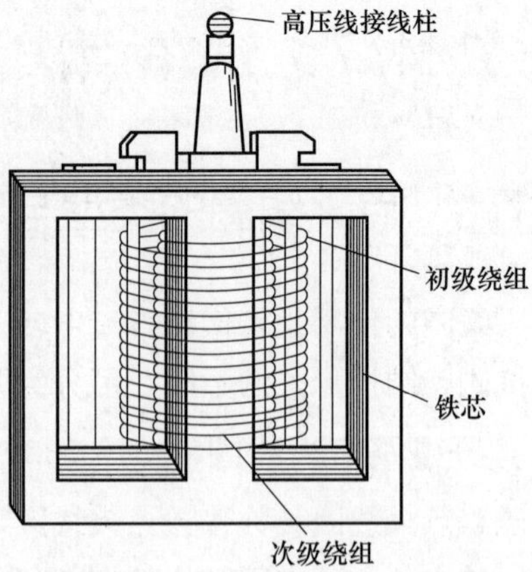

图 4-30 闭磁路点火线圈结构

闭磁路点火线圈的磁路如图 4-31 所示。磁力线可由铁芯构成闭合磁路。因此，这种点火线圈称为闭磁路点火线圈。因漏磁少、能量损失小、能量变换效率高、体积小，故在微机控制点火系统中广泛采用。

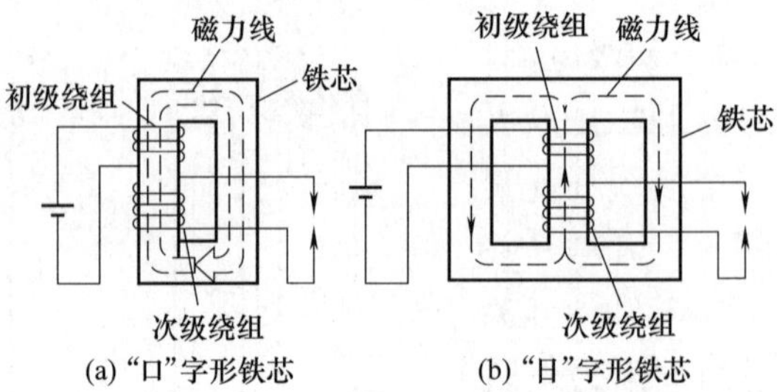

图 4-31 闭磁路点火线圈的磁路

4.7.2 点火线圈的使用与维护

① 点火线圈的外表面应保持清洁，内部应避免受潮，以保持其良好的绝缘性能。

② 点火线圈与高压线的连接应牢固可靠；若连接松动，则容易发生放电跳火现象，使连接部位烧损。

③ 点火线圈二次绕组的一端经高压线、火花塞帽与火花塞相连，在使用中要防止高压线、火花塞帽松脱。高压线或火花塞帽脱落，会使二次绕组产生的高压电因负载开路而升高到由工作能力决定的极限值，容易导致二次绕组击穿损坏。在检查点火系统的跳火性能时，高压放电跳火的距离一般不应超过 6mm。

④ 点火线圈一次绕组与外电路的连接应牢固可靠。在蓄电池点火系统中，对低压接线柱与外电路的连接通常有极性规定，即正极低压接线柱应直接或间接地与蓄电池正极相连，

负极低压接线柱与蓄电池负极相连。

⑤ 对于有触点式蓄电池点火系统，在汽油机停止运转时，应及时断开点火开关；在接通点火开关时，应及时启动汽油机，否则，当断电器触点恰好停留在闭合状态时，一次绕组将连续流过较大的电流，容易使点火线圈因温度过高而损坏。

⑥ 在部分磁电机点火系统中，点火线圈还与旋转飞轮进行电磁感应。因此点火线圈铁芯应与飞轮磁铁保持规定的间隙（气隙），否则会影响点火性能或引起机械事故。

4.7.3　点火线圈的测试

(1) 点火线圈故障检查的方法

① 直观检查。主要检查点火线圈的绝缘盖有无脏污、破裂，接线柱是否松动、锈蚀；若有脏污、锈蚀，须清洁后再做检查。若绝缘盖有破损，则应更换点火线圈。

② 用电流表检查。将蓄电池的两极与点火线圈两接线柱相接（电流表串接在蓄电池正极与一次绕组之间，如图 4-32 所示），正常时约有 6A 左右的电流通过线圈。若测得的电流很大，说明线圈匝间短路；若电流很小或无电流，说明线圈有断路或接触不良现象。

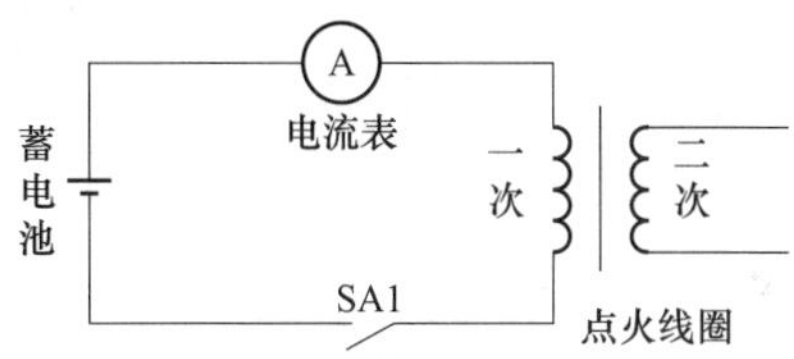

图 4-32　用电流表检查点火线圈示意图

③ 用交流试灯检查。将交流试灯的两触针分别接点火线圈的正、负两接线柱（见图 4-33），试灯应亮；如灯不亮，则为一次线圈开路。将交流试灯的一触针插入高压线插孔内；另一触针接低压接线柱。如试灯发出明亮的光，表明点火线圈已短路。

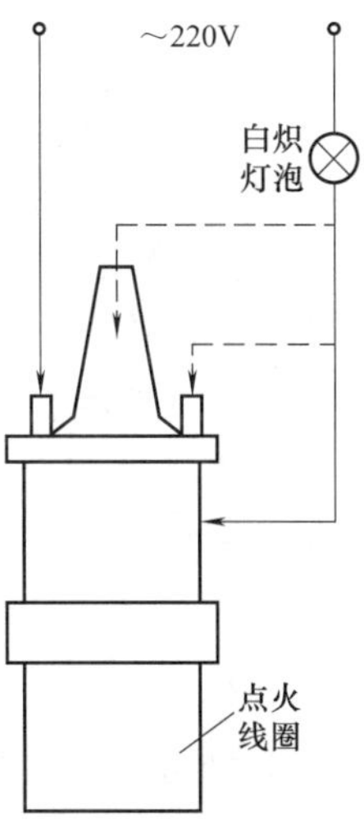

图 4-33　用交流试灯检查点火线圈

(2) 点火线圈电阻值的测试

点火线圈电阻值的高低直接关系到点火性能的好坏，如出现无火或火花弱，则应重点检查初级绕组、次级绕组的电阻值，用万用表电阻挡进行测量。如电阻值在生产厂商规定范围内则说明正常；如电阻值过低则说明内部短路；如电阻值过高则说明内部断路；如测量值和厂家规定不符则必须更换。

(3) 点火线圈绝缘性能的检查

检查点火线圈绝缘性能的方法有绝缘电阻表检查法、万用表检查法和交流试灯检测法三种。

① 绝缘电阻表检查法。将点火线圈放在温度为＋120℃电热烘箱中加温 2h 后，用 500V 绝缘电阻表测量点火线圈低压接线柱与外壳间的绝缘电阻，如测得的电阻值大于 200MΩ，确认点火线圈可正常工作一年以上；点火线圈的线圈接线柱（任何一个）与外壳之间的电阻，其值不小于 50MΩ。如测得电阻值小于 50MΩ 说明该点火线圈在使用中会出现断火现象；如测得的电阻值小于 5MΩ，应更换新件。

② 万用表检查法。其方法是将万用表置于“R×10kΩ”挡，两表笔分别接点火线圈一次线圈接线柱和外壳，正常情况下其绝缘电阻应为∞，否则应更换新件。

③ 交流试灯检测法。将试灯的一端直接接触点火线圈外壳，另一端通过 220V 交流电源

接其一次线圈接线柱。若试灯发亮，表明一次线圈与外壳连通（搭铁），绝缘性能不良，应更换新件。

（4）点火线圈跳火性能的测试

点火线圈跳火性能测试的方法与分电器跳火性能测试相似，但需装上标准分电器，接上被测点火线圈。把三针放电器间隙调整为 7mm，提高分电器转速，如果在 1800r/min 以下出现跳火不连续现象，则说明点火线圈性能不良。

4.7.4 点火线圈的常见故障诊断与排除

（1）点火线圈导线搭铁

点火线圈与外壳搭铁漏电，将导致发动机工作不良或不能工作。遇此情况，可将点火线圈用麻绳等绝缘绳带悬空，或在固定架与外壳间加绝缘垫作为应急措施。

（2）点火线圈过热

汽车行驶中若点火线圈过热，造成发动机工作不良时，可用湿布或湿毛巾将点火线圈包裹，加速冷却，以保证发动机正常工作。勿将湿布或湿毛巾接触接线柱，避免出现短路现象。如果点火线圈处散热不良温度过高，可考虑把点火线圈移装到散热通风较好的部位，使之加速散热。

（3）点火线圈连续烧坏

汽车行驶途中点火线圈连续烧坏的故障现象是：启动后发动机运转正常，行驶一段时间后，出现发动机运转失常，动力明显降低，随即发现点火线圈外壳烫手、沥青溢出、烧坏点火线圈。更换点火线圈后不久再次出现上述情况。

这种故障是在点火系统的工作电路温度升高后才出现的，应首先检查点火线路连接是否正确，若点火线路连接无误，说明火花塞有故障，因为火花塞的工作温度最高。发动机由冷车温度启动达到正常工作温度时，立即卸下火花塞测量它对地的绝缘电阻。若电阻小于 0.3MΩ，说明火花塞在高温状态下工作时产生严重漏电，造成点火线圈高压短路，引起点火线圈低压侧电流过大，温度骤然上升，熔化沥青，击穿绝缘层，从而烧坏点火线圈。

由于在行驶途中，驾驶员发现点火线圈被烧以后，更换时，发动机温度下降，火花塞瓷芯的绝缘电阻又恢复到正常状态，因此换好后，冷车启动正常。运行一段时间后温度升高又会烧坏点火线圈。更换一只火花塞，故障即可排除。

（4）某个缸火花塞无火或工作不良

如发现某个缸火花塞无火或工作不良，可拔下该缸高压分线，连接一个新的火花塞，在缸外距缸体 8mm 处跳火，如正常，说明故障在原装的火花塞。行驶中突然出现无火或火花弱，可用红外线测温仪或手摸来确定点火线圈或点火模块是否产生内部短路或断路故障。判断故障时，也可以重新启动，无论能否启动，都可以通过测点火线圈外壳的温度来进行判断。

① 点火线圈过热：点火线圈表面温度大于 95℃，说明点火线圈内部短路，必须更换。

② 点火线圈过冷：启动时点火线圈表面温度和环境温度相等，说明点火线圈内部断路，必须更换。

③ 点火模块过热：点火模块温度高于 100℃，说明点火模块内部短路，必须更换。

4.8 分电器

4.8.1 分电器的结构特点

(1) 传统点火系统分电器

传统点火系统分电器由断电器、配电器、电容器和点火提前调节机构等组成，如图4-34所示。

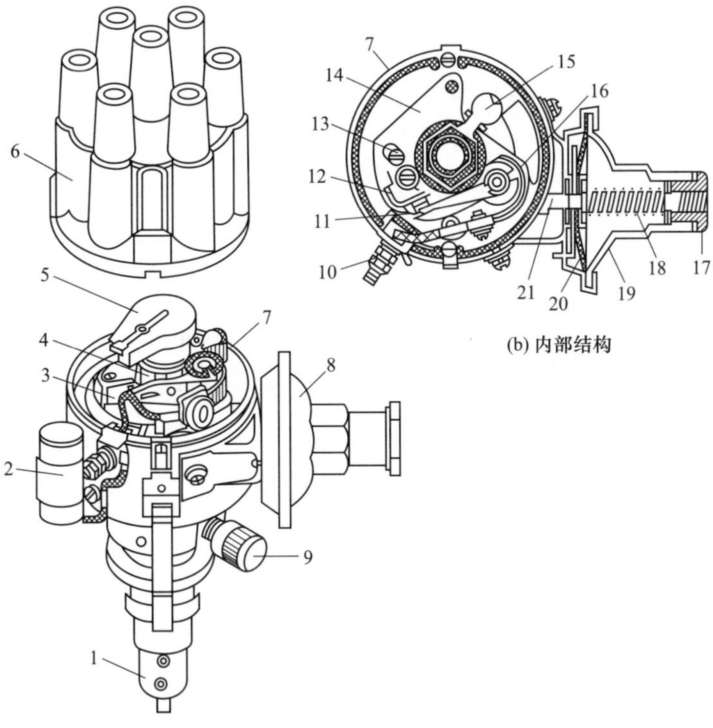

(a) 整体结构

(b) 内部结构

图 4-34 传统点火系统分电器结构

1—联轴器；2—电容器；3—触点及断电器底板总成；4—凸轮；5—分火头；6—分电器盖；7—分电器壳体；8—真空提前机构；9—油杯；10—接线柱；11—活动触点臂；12—固定触点与支架；13—偏心螺钉；14—活动底板；15—油毡及夹圈；16—触点臂弹簧片；17—螺母；18—弹簧；19—真空提前机构外壳；20—膜片；21—拉杆

断电器由一对触点和凸轮组成。凸轮与分电器轴为一体，凸轮旋转时，凸轮的凸角顶开触点，低压电路被切断，凸轮的凸角转过后，触点在弹簧的作用下闭合，低压电路又被接通。所以凸轮的凸角数应与发动机的气缸数相同。曲轴转两转，分电器凸轮转 转，各气缸点火一次。配电器按规定的点火次序分配高压电给各缸点火，它由分电器盖和分火头组成。分火头由分电器轴带动旋转，高压通过分火头传导给盖上的电极，经高压导线传送到火花塞。电容器作用是削弱断电器触点分开时的火花，并增强二次电压。

各组成部分的结构特点如下。

① 断电器。断电器由固定在断电器底板上的断电器触点和断电器凸轮组成。断电器的触点由钨制成，一触点固定；另一触点活动。固定触点搭铁，它固定在活动底板上，可借助转动偏心螺钉调整触点间隙。活动触点固定在触点臂的一端，臂的另一端有孔，套在销钉上。臂中部连有夹布胶木顶块，靠弹簧片压紧在凸轮上。触点臂经弹簧片和导线与壳体外面的绝缘接线柱连接。凸轮的凸角数和发动机的气缸数相同，凸轮与拨快由分电器轴驱动。

② 配电器。配电器的作用是将高压电按发动机各气缸的点火顺序配送至火花塞。配电器安装在断电器的上方，它由胶木制的分电器盖和分火头组成。分电器盖的中央有一高压线座孔（中央电极），其内装有带弹簧的炭柱，压在分火头的导电片上。分电器盖的四周均布有与发动机气缸数相等的旁电极，可通过高压分线与各缸火花塞相连。分火头装在分电器凸轮的顶端，和凸轮一起旋转，当断电器触点分开时，分火头上的导电片总是正对某一旁电极。发动机工作时，断电器触点分开的瞬间，来自点火线圈的高压电经中央电极的炭柱、分火头上的导电片，以火花形式跳到旁电极上，再经高压导线送往火花塞。

③ 电容器。电容器的结构如图 4-35 所示。电容器用固定夹和螺钉拧装在分电器壳体的外面。电容器中间的引线和与分电器壳体绝缘的接线柱连接，电容器的外壳为电容器的另一极，直接搭铁，从而将电容器和断电器触点并联。

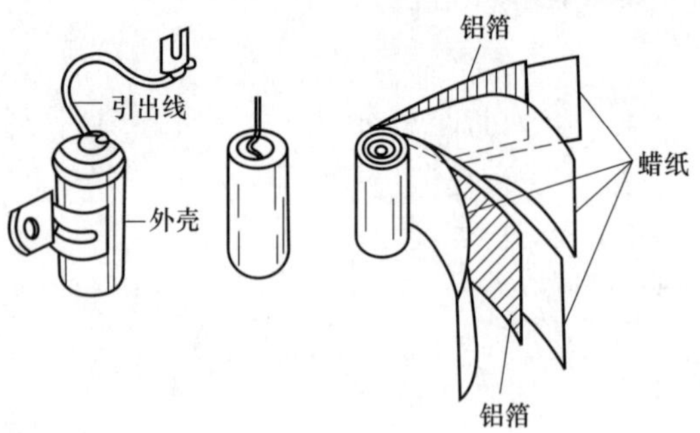

图 4-35 电容器

④ 点火提前调节机构。点火时刻对发动机的工作影响很大，应当在活塞达到上止点前点火，使气体压力在活塞位置相当于曲轴转到上止点后 10°～15°时达到最高值。

点火时，曲轴的曲拐位置与压缩行程结束，活塞在上止点时曲拐位置之间的夹角为点火提前角。最佳点火提前角最主要的影响因素是发动机转速和混合气的燃烧速度。当转速一定时，随着负荷的加大，点火提前角应适当减小；发动机负荷减小时，点火提前角应当加大。当负荷一定时，点火提前角应随转速提高适当增大。

在分电器中一般设有两套自动调节点火提前角的装置：一套能随发动机转速的变化而自动调节点火提前角的离心式点火提前角调节装置；另一套是按发动机负荷不同而自动调节点火提前角的真空式点火提前角调节装置。

(2) 电子点火无触点分电器

电子点火系统的无触点分电器与上述传统点火系统的分电器略有不同，在传统点火系统分电器安装断电器的部位装有点火信号发生器，取消了电容器，高压配电部分和点火提前机构与传统点火系统分电器完全相同。

4.8.2 分电器的使用、维护与调整

(1) 使用与维护

每行驶 12000km 后，应进行维护保养。其方法如下。

① 清洁分电器内外表面的油污，用蘸有汽油的干净布擦拭分火头和断电器底板等。

② 将油杯盖拧进 1/2 圈，润滑分电器轴。

③ 在凸轮油毡、断电臂、凸轮轴衬套等处滴入数滴机油（不要过多，以免机油扩散后沾污触点）。

④ 分电器白金触点应调整为 0.35～0.45mm，安装白金触点时应对正。

⑤ 触点烧蚀可用白金砂条或细砂纸磨光，并擦拭干净。

⑥ 检查上、下白金触点应无烧蚀，接触面积应大于 80%。若触点烧蚀严重有凹坑或接触面积小于 80%时，应打磨或更换。

(2) 装配与调整

① 分电器装配前应将各零件清洗干净。

② 润滑壳体衬套。将分电器轴连同离心块总成及垫片装入壳体中，轴与衬套间隙一般为 0.02～0.07mm。润滑凸轮及底板孔并装在轴上，调整分电器轴的纵向间隙，其间隙一般为 0.08～0.25mm。弹簧锁环及毡心装到分电器轴端凹孔内，并加机油数滴。

③ 安装断电器及固定盘总成，使凸轮顶住触点臂绝缘块。调节断电器触点间隙，其间隙一般为 0.35～0.45mm。调整方法是转动断电器固定触点，并使两触点同轴度误差不大于 0.1mm。

④ 分电器轴不应有径向间隙，检查的方法是转动凸轮及轴，使触点处于闭合状态，然后朝断电臂绝缘块方向推动凸轮及轴；如果触点打开，即表示有径向间隙。

⑤ 安装分电器轴尾端的齿轮（或联轴器），并用销钉或螺钉固定。安装电容器，将分火头安装在分电器轴端，并使断电器在打开位置。检查分火头的电极是否对准分电器盖的电极。安装真空调节器。

4.8.3　分电器跳火性能的测试

分电器跳火性能测试是检验分电器跳火的均匀性、点火提前调节器的点火提前角调节性能等。测试时将被测分电器安装在试验台上，并将触点间隙调整为规定值，选用良好的点火线圈，并按图 4-36 接线。

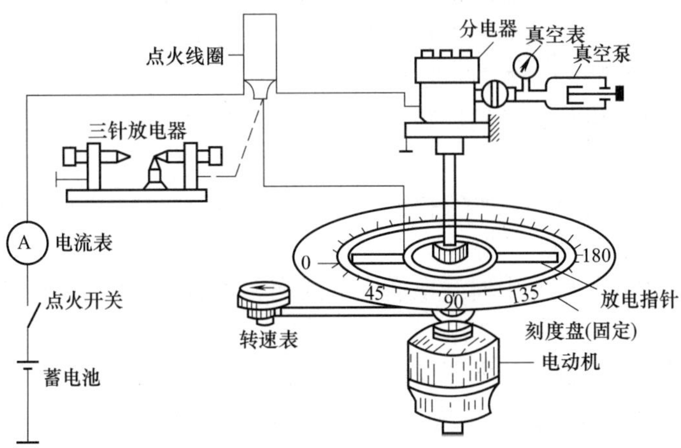

图 4-36　分电器跳火性能测试

(1) 分电器跳火能力的检验

将点火线圈高压引入三针放电器（见图 4-36），将三针放电器间隙调整至 7mm，逐渐提高分电器转速，测出放电指针处的跳火连续不间断的转速，与标准值比较。如果测得的分电器最高不断火的转速低于规定值，则说明分电器跳火能力不足。

(2) 分电器跳火均匀性检验

当分电器轴由电动机驱动，放电指针随分电器同步旋转，将点火线圈的高压引入放电指针后，放电指针与刻度盘之间就会跳火。调整电动机转速，使分电器在 50～100r/min 的转速下运转，观察跳火的间隔角度是否均匀。四缸发动机间隔角度应为 90°±1°；六缸发动机间隔角度应为 60°±1°。如果跳火的间隔角超出该范围，表明断电器凸轮磨损不均匀，或分电器轴与衬套磨损而使间隙过大，需修理或更换分电器。

(3) 离心点火提前调节器的检验

先将分电器转速稳定在 50～100r/min，调整刻度盘，将刻度盘上“0”刻度线段对准一个跳火火花，提高分电器转速，记录在规定转速时点火提前角的改变量，再与该型分电器的标准值进行比较，确定其性能好坏。如果测试的结果与标准不符，可通过扳动调节弹簧支架，调整弹簧拉力，或更换弹簧。

(4) 真空点火提前调节器的检验

将分电器转速稳定在 1000r/min，抽动真空泵，记录下在规定的真空度时点火提前角的改变量，与该型分电器的标准值进行比较，确定其性能好坏。如果测试的结果与标准不符，可在接头处增减垫片以改变膜片张力，使其符合要求。

4.8.4 分电器的检修

(1) 分电器的分解

① 拆下分电器盖，拔下分火头，取下防护罩。

② 取下凸轮轴顶端的毛毡，拆下分电器轴顶端的凸轮轴轴向限位螺钉，然后用一字形螺丝刀拆下分电器壳体上铝质椭圆孔盖，再用镊子伸入椭圆孔中将离心提前装置的弹簧从挂钩上拔下，以便在拆卸触发叶轮下面一个卡环时有足够的轴向间隙进行操作。

③ 向上拔起凸轮轴，先用拆装卡环用的专用工具将触发叶轮下面一个卡环拨开，并将其向下移出卡环槽，然后下压触发叶轮使其定位销露出。

④ 先取下触发叶轮定位销，然后转动并拔下触发叶轮，再用专用工具拆下触发叶轮下面一个卡环。

⑤ 用十字形螺丝刀拆下固定真空提前装置的两个螺钉（其中一个为分电器盖挂钩的固定螺钉)，取下真空提前装置。

⑥ 先用尖嘴钳拔出信号发生器线束插座上的塑料螺钉，再将信号发生器线束插座从分电器壳体的槽中拔出。

⑦ 先用十字形螺丝刀拆下分电器壳体上固定霍尔信号发生器底板的两个螺钉，然后取出信号发生器底板和信号发生器，再从分电器轴上取下凸轮轴。

⑧ 铣下分电器轴下端的横销，从分电器壳体内取出分电器轴和离心提前装置。

如需更换霍尔信号发生器，则在信号发生器底板和信号发生器拆下之后，先将信号发生器底板上的卡环拆下，然后取下信号发生器，再将新品装到底板上即可。

组装分电器时，可按分解时的相反程序进行。值得注意的是在安装凸轮轴时，应将离心提前装置的弹簧装好，并在毛毡和各个摩擦部位滴上几滴润滑油。

(2) 分电器的检修

① 检查分电器轴的弯曲度。分电器轴弯曲度的检查方法如图 4-37（a）所示。

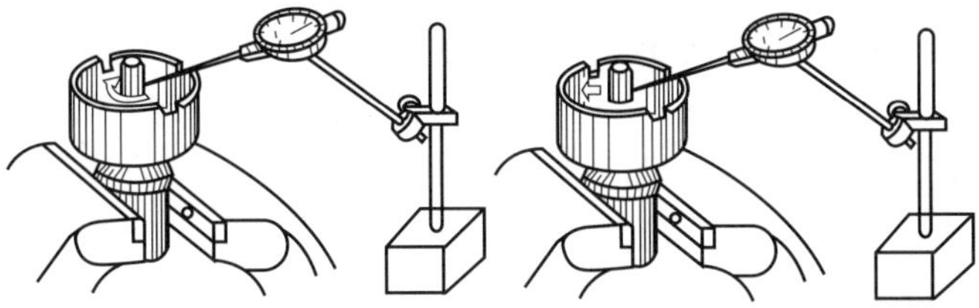

(a) 检查轴的弯曲度　(b) 检查轴与衬套的配合间隙

图 4-37　分电器轴的检查

② 检查分电器轴与轴承（铜衬套）的配合间隙。分电器轴与衬套的正常配合间隙为 0.02～0.04mm，最大不得超过 0.07mm。该配合间隙的检查方法如图 4-37（b）所示。

③ 检查断电器触点接触情况。将触点分开察看接触面是否有油污、烧蚀、凸凹不平及触点间能否全面接触。如触点有油污，可用干布稍蘸些汽油将其擦净；如触点有轻微烧蚀，可用细砂纸擦磨干净；如表面严重烧蚀、凸凹不平，应更换触点总成。两触点的中心线应重合，否则应用尖嘴钳校正。

④ 检查触点间隙。用塞尺检查触点间隙。

⑤ 检查触点臂弹簧的张力。触点闭合时，用弹簧秤的挂钩勾在活动触点的一端，沿着触点的轴向拉动弹簧秤。触点刚刚分开时的读数一般为 4.9～6.9N，否则应予以更换。

⑥ 分火头的检修。检查分火头有无烧蚀、裂纹，并通过检查分火头导电片的表面状态判断分电器盖中央插孔内的炭精柱是否过度磨损、弹簧张力是否过弱。

⑦ 分电器盖的检修。检查分电器盖有无破损、裂纹、烧蚀、炭迹与磨损等故障。

(3) 离心提前装置的检修

离心弹簧不得有锈蚀、变形或折断现象，否则应予更换新品。检修分电器时，离心块销孔与销配合处应加注几滴润滑油。检查离心提前装置技术状态的简易方法如图 4-38（a）所示。

(4) 真空提前装置的检修

主要检查其密封性。使用真空泵和真空表检查漏气量，当真空度为 33.2kPa 时，在 1min 内，真空度降低不得大于 3.32kPa。在无仪器时，可用嘴吸吮检查。简易方法如图 4-38（b）所示。用嘴吸吮真空管接头时，拉杆应能随之移动，否则应予更换新品。

(a) 检查离心提前装置　(b) 检查真空提前装置

图 4-38　检查点火提前装置

4.8.5 分电器的常见故障诊断与排除

(1) 分电器轴及轴套故障

汽车分电器轴及轴套故障的检修方法如下。

① 配合间隙检查。分电器轴与轴套的配合间隙一般为 0.02～0.04mm（进口车为 0.01～0.03mm）；超过 0.07mm（进口车为 0.05mm）时，必须进行检修。

检查时，用台虎钳夹住分电器壳，使千分表的触针垂直顶在轴上端，沿触针的轴线方向拉动分电器轴，轴与衬套间的间隙应符合标准。如测得触针摆差大于 0.14mm（进口车为 0.1mm），应修复已磨损的轴或更换衬套。

② 分电器轴磨损后的修理方法。分电器轴磨损以后通过镀硬铬或多孔铬加大直径，再磨至标准尺寸即可装用。若更换新轴，则新轴与衬套配合段必须淬硬（即淬火至一定的硬度）。

分电器轴的衬套磨损后，应配制新衬套。通常采用锡青铜棒料车制。衬套与分电器壳体之间的过盈量应在 0.025～0.05mm 之间。压入衬套后，应铰削内孔，以保证轴与轴套的配合间隙。

③ 轴弯曲度检查。用台虎钳夹住分电器壳，将千分表的触针垂直顶在分电器轴上，转动分电器，千分表的最大摆差不应大于 0.05mm，否则应予以校正或重换新件。

④ 轴向间隙检查。检查时，将分电器外壳固定好，用厚薄规测量联轴器或传动齿轮与分电器壳接触面的间隙，一般应为 0.15～0.5mm。如超出该标准，可通过在传动齿轮与外壳接触面间加垫片来加以调整，直至符合要求。

(2) 分电器盖破裂

如果分电器盖有裂纹，发动机工作时能在裂纹处看到高压火花跳火，并能听到“啪、啪”的响声。判断裂纹部位的方法如下：

拆下分电器盖，拆下火花塞上的高压线，一手拿分缸高压线，使其每个端头距缸体 3～4mm，接通点火开关，另一只手拨动触点臂，有高压火花跳过，说明高压总火线插孔与旁插孔窜电。

(3) 分电器盖漏电

先将高压总火线插在一个旁插孔内，两邻近的插孔插上分缸高压线，使分缸高压线的另一端距缸体 3～4mm。接通点火开关，拨动触点或用启动机带动发动机曲轴转动，看两根分线头上是否有火花跳过缸体；若有火花则说明旁插孔间窜电。分电器盖插孔间窜电或插孔向分电器外漏电时，可把窜电或漏电处刮净，然后用微火烘烤一会儿。如仍无效，可在窜电或漏电处钻孔进行急救。也可用蜡烛或从蓄电池上刮下点沥青熔化后涂在清洁过的裂缝上使其绝缘暂用。

(4) 分电器用电容器损坏

① 电容器严重损坏　电容器严重损坏、完全失去修复的可能时，可利用发电机和启动机及它们的护圈代替。其方法是：将发电机或启动机的护圈与壳体间垫几层纸，使护圈与壳体绝缘。然后取两根导线，一端接在发电机或启动机护圈的紧固螺栓上；另一端接在分电器的低压接线柱上，将两者并联起来，以增大容电量。电容器短路时，可将其拆开，检查蜡纸被击穿的部位，若靠近端部，可将击穿部位截去；若靠近中部，可在一端剪一小蜡纸垫在当中，然后仔细缠好装复使用。

② 电容器导线折断　汽车点火线圈上用的电容器，由两条铝片或锡片制成的薄带，两面都用蜡纸夹住卷成圆柱状，装在筒形外壳中。两片金属片由蜡纸绝缘，金属片分别用软导线引出，一根导线接外壳；另一根（即引线）通出外面。

如果电容器引线从根部折断，在没有焊修工具时，可用一根针或细钉子从原根部穿入，接好线使用。也可先将电容器外壳开口处剥开，取下绝缘垫圈，然后将导线外绝缘垫圈孔穿入缠绕一个疙瘩并用小锤砸平，以免脱出，再将绝缘垫圈装复压紧，即可使用。

③ 电容器短路　如果电容器绝缘蜡纸被击穿，从而造成电容器内部短路时，可拆开电容器，剪除被击穿部位铝箔或绝缘蜡纸，再缠好装复。如被击穿部位在内端，可将击穿部位的铝箔和绝缘蜡纸剪除，然后重新缠绕（铝箔的两端错开）。缠绕接近完毕时，在两层铝箔上各接一根导线，缠好后用胶布包好，一根导线搭铁；另一根导线接分电器低压接线柱。缠绕时，方便起见，可用硬纸板或圆棍等做芯轴。

(5) 真空点火提前调节器膜片损坏

真空调节器膜片损坏而有漏气时，其检修方法如下。

① 拆下真空室螺母和压弹簧，将錾子夹在台虎钳上，使调节器的卷边口对着錾刃，用小锤轻轻锤击调节器的外圆，一边转动调节器，一边锤击，逐渐敲开卷边，直到能取出膜片。

② 拆除已损坏的膜片，用双层黄蜡布修剪成原膜片式样，并铆上拉杆。

③ 为使真空调节器密封，在蜡布的两层间和周围涂上绝缘漆或胶水，然后装复，用小锤敲回原卷边，直到用嘴吸气检查不再漏气为止。在安装膜片时，要注意使接杆正好能套在断电器活动底板的轴上。

④ 最后装复回压弹簧和螺母。

4.9 火花塞

4.9.1 火花塞的结构特点

火花塞的作用是在高压作用下产生电火花，点燃混合气。火花塞的工作条件十分恶劣，它受到高温、高压及燃烧产物腐蚀的作用。因此，火花塞必须具有足够的强度、良好的绝缘性和耐腐蚀性，能够承受温度的剧烈变化，要有合适的热特性。

(1) 火花塞的结构

火花塞主要由接触点、瓷绝缘体、中心电极、侧电极和壳体组成，其结构如图 4-39 所示。在钢制壳体的内部固定有高氧化铝陶瓷绝缘体，在绝缘体中心孔的上部有金属杆，杆的上端有接线螺母，用来接高压线，下部装有中心电极。金属杆与中心电极之间用导电玻璃密封，铜制内垫圈起密封和导热作用。钢制外壳的上部有便于拆装的六角平面，下部有螺纹，以便旋装在发动机气缸盖内，外壳下端固定有弯曲的侧电极。火花塞间隙（中心电极和侧电极的间隙）多为 0.6～0.7mm，电子点火其间隙可增大至 1.0～1.2mm。

(2) 火花塞的热特性

火花塞的热特性是指火花塞的温度特性。如果火花塞在工作中温度低于 450℃，火花塞易产生积炭。此温度为火花塞的自洁温度。如果火花塞在工作中温度高于 950℃，会发生早

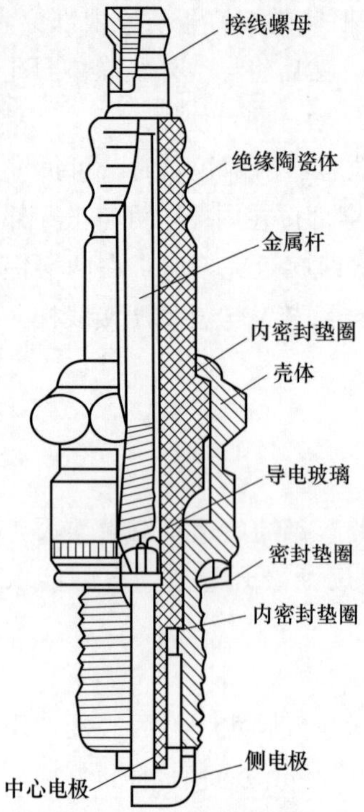

图 4-39 火花塞的结构

燃，此温度为早燃温度。火花塞裙部在工作中适当的温度范围为 450～950℃。

火花塞的工作温度受发动机功率、转速、压缩比和结构的影响。火花塞的热特性取决于火花塞裙部（陶瓷绝缘体暴露在燃烧室内的部分）的长度，如图 4-40 所示。在相同的工作条件下，由于裙部长的火花塞受热面积大、传热路径长、散热困难，因而工作温度高，称为热型火花塞，如图 4-40（a）所示。由于裙部短的火花塞受热面积小、传热路径短、散热容易，因而工作温度低，称为冷型火花塞，如图 4-40（b）所示。

火花塞的热特性通常用热值表示，用阿拉伯数字表示热值的高低，一般数值越大，表示火花塞越冷。我国以火花塞绝缘体裙部的长度来标定火花塞的热特性，用热值 3～9 来表示。对于高压缩比、高转速、大功率的发动机，应选用冷型火花塞；对于低压缩比、低转速、小功率的发动机，应选用热型火花塞。制造厂已为具体型号的发动机匹配了相应热值的火花塞。如果在使用中需要更换热火花塞，应选用厂家规定型号的火花塞。

(3) 火花塞的类型

常用火花塞的类型如图 4-41 所示。

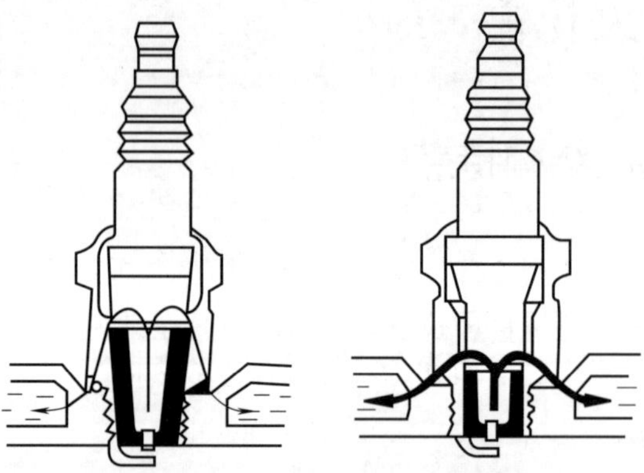

(a) 热型火花塞　(b) 冷型火花塞

图 4-40 不同热特性火花塞

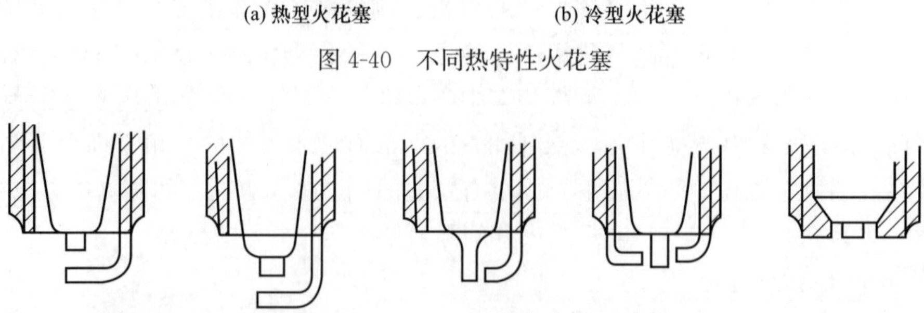

(a) 标准型　(b) 突出型　(c) 细电极型　(d) 多极型　(e) 沿面跳火型

图 4-41 常用火花塞类型

4.9.2 火花塞的选用与维护

(1) 检查维护火花塞的方法

汽车每行驶 10000～15000km，应该对火花塞进行一次清洁调整或更换，具体方法如下。

① 拆卸火花塞前，要清除火花塞孔处的杂物和灰尘。如果火花塞孔处有灰尘和杂物，可用嘴吹去灰尘和杂物；如果不易吹掉，可用抹布和螺丝刀清除。

② 拆卸火花塞上的高压分线。在拆下高压分线时，应做好各缸的记号，避免装复时点火顺序错乱。拆卸高压分线时，不要抓住电线猛拉，应该抓住高压分线末端的防尘套扭转着卸下电线。

注意，用火花塞套筒逐一卸下各缸的火花塞时，火花塞套筒要确实套牢火花塞，否则，会损坏火花塞的绝缘瓷体。可用一只手扶住火花塞套筒，另一只手转动手柄，卸下的火花塞应按顺序排好。

③ 拆下火花塞后，用干净布块堵住火花塞孔，避免杂物掉进气缸里。

④ 逐一清洁、检查火花塞。若火花塞的电极呈现灰白色，而且没有积炭，则表明该火花塞工作正常、燃烧良好；如果有电极严重烧蚀或积炭很多等异常现象，则表明该缸工作不良或火花塞故障。清洁火花塞，去除火花塞瓷体污迹，去除电极上的积炭。清除积炭时，最好使用火花塞清洁器（也可用钢锯条刮除），不能用火焰烧烤。

⑤ 就车检查火花塞性能。将火花塞放置在缸体上，使火花塞能与缸体连通，用从点火线圈出来的中央高压线触到火花塞的接线柱上（不要有间隙），打开点火开关使高压电跳火，让高压电通过火花塞。如果从火花塞间隙处跳火，说明火花塞良好，否则须更换该火花塞。如果火花塞瓷体有损坏、破裂，应更换。

(2) 检查维护火花塞的注意事项

① 拔下火花塞高压分线接头时，用力方向与火花塞轴线平行，不可用力摇晃火花塞绝缘体，否则会破坏火花塞密封性。

② 在发动机冷却后方可拆卸火花塞，当旋松要拆卸的火花塞时，用一根细软管吹净火花塞周围的污物，以防火花塞旋出后污物落入燃烧室内。

③ 火花塞孔周围、火花塞电极和密封必须保持清洁、干燥、无油污，否则会漏电、漏气。

④ 安装火花塞时，先对准螺孔用手轻轻拧入，拧到约螺纹全长的 1/2 后，再用加力杠杆紧固。若拧动不畅，应退出火花塞，查明原因后再装，不可盲目加力紧固，否则会损伤缸盖螺孔，对于铝合金缸盖更要小心。

⑤ 按要求力矩拧紧火花塞，过松会造成漏气，过紧会使密封垫失去弹性，同样会造成漏气。锥座形火花塞由于不用密封垫，因此更须按照规定力矩紧固。

⑥ 选用的火花塞应与车型要求相符，否则会造成点火不良等。

⑦ 更换火花塞时，应尽量使用具有特级金属电极（如铂和铱等）的优质火花塞，原因是耐用、性能好、寿命长。

⑧ 安装火花塞时，应在螺纹处涂抹防锈剂（或安装螺纹上预涂嵌覆层的火花塞），以便在下次更换火花塞时，只需用力旋松一圈便可轻松拆下。

(3) 火花塞的更换

在更换新火花塞时，应注意将新、旧火花塞外部螺纹的长度比较一下。若新火花塞的螺纹太短，会使火花塞间隙位于缸盖凹陷处，电弧将难于甚至不能点燃混合气；若过长，过多暴露的火花塞底部会过热，造成早燃，而凸进燃烧室的螺纹会积炭，火花塞末端甚至可能碰撞活塞顶。某些型号的火花塞有密封圈，有的则没有。如果拧下的旧火花塞有密封圈，那么新更换上的火花塞也应装密封圈。

确定火花塞螺纹的长度后，还需检查其内部瓷芯的长度是否适当。瓷芯长的为热型火花塞；瓷芯短的为冷型火花塞。如果使用中发现火花塞经常积炭、断火，则表示过冷，应换用热型火花塞；若发现有炽热点火现象，则表示过热，应换用冷型火花塞。

(4) 火花塞电极间隙的调整

火花塞的电极间隙因车型车种的不同而异，可以从汽车使用手册中查到。火花塞的电极间隙一般可按 0.7～0.9mm 调整。火花塞间隙不当，可用一个尖嘴钳夹住旁电极根部，用另一个尖嘴钳弯折旁电极端部来调整。不允许直接敲打旁电极调整，否则会使旁电极受到损伤，若安装后掉落到气缸内，会划伤气缸壁。若火花塞偏曲或电极烧蚀成圆形，则须更换新的火花塞。

火花塞的正常间隙通常为：

① 传统点火（即机械触点式点火）系统：0.6～0.8mm。

② 电子点火系统：0.9～1.2mm。

火花塞间隙调理好之后，侧电极与中央电板应略成直角，如过度偏曲或电极烧蚀圆形，则该火花塞不能再使用，应更换新品。

4.9.3 火花塞的测试

(1) 跳火试验

跳火试验是在火花塞清洗试验器上进行的。先把要检验的火花塞插入清洗孔中喷砂处理，以清除火花塞上的积炭；再将火花塞用压缩空气吹净，并将火花塞电极间隙调整至规定值；然后将火花塞拧入试验孔中。接通电源，从跳火试验观察窗口察看火花塞跳火情况。慢慢调高箱内充气压力，使点火条件恶化，直到火花塞开始出现断火为止，读取压力表的读数。若此读数低于该型火花塞规定压力的 80%，则该火花塞不能继续使用。

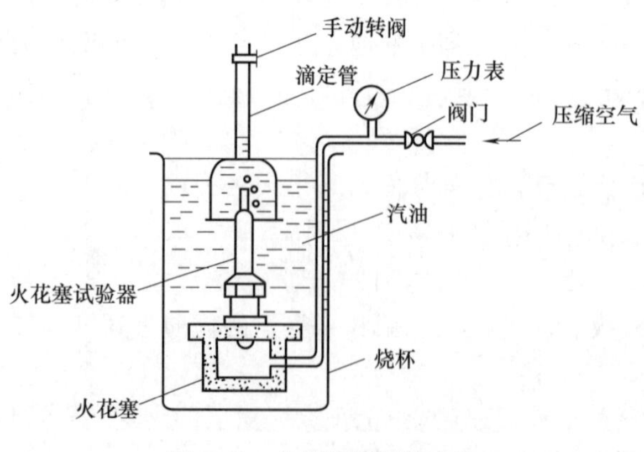

图 4-42 火花塞密封性试验

(2) 密封性试验

火花塞密封性试验如图 4-42 所示，在火花塞试验器中施加 1.5MPa 压力的压缩空气，通过滴定管下方的集气漏斗收集到的气体多少来判断密封性的好坏。如果在 1min 内收集到的气体体积超过 1L，则该火花塞就不能再使用了。

4.9.4　火花塞的检修

(1) 检查火花塞的技术状态

火花塞的技术状态正常时，绝缘体裙部呈褐色或棕褐色，电极只有轻微的损耗。导致火花塞积炭或油污的原因如下。

① 火花塞的型号选择不当。

② 混合气过浓或混合气中润滑油过多。

③ 发动机启动频繁或经常长时间启动。

④ 发动机长时间低速运转。

⑤ 曲轴箱润滑油过多。

⑥ 活塞环磨损过多。

⑦ 点火时间过迟。

火花塞轻度积炭时，可用铜丝刷清洁；积炭严重时，先将火花塞在丙酮或煤油中浸泡，待积炭软化后，再用铜丝刷清洗，不可用刮刀、砂纸清除积炭。

(2) 检查火花塞的绝缘电阻值

现代汽车普遍采用电阻型火花塞，其绝缘电阻值为3～15kΩ。检查方法是将万用表拨到R×1kΩ挡，两只表笔分别连接中心电极和高压线插头进行测量。如阻值为无穷大，说明已断路，应予更换火花塞；如阻值过小，则不能抑制无线电干扰信号，亦应更换火花塞。

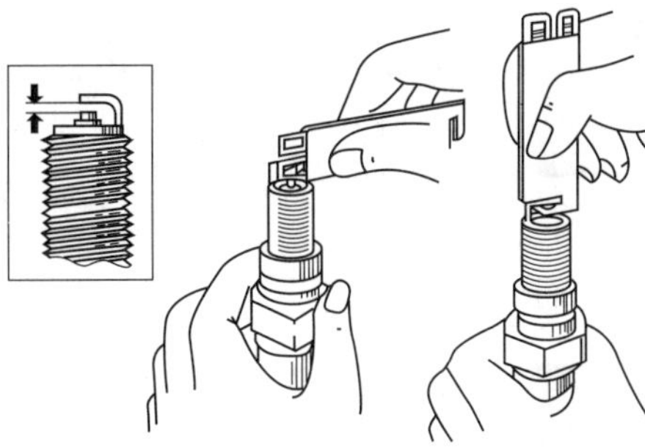

图4-43　火花塞间隙的调整

(3) 检查调整电极间隙

用专用量规或厚薄规检查，若间隙值不符合规定，应用专用工具扳动侧电极来调整，方法如图4-43所示。

4.9.5　火花塞的常见故障诊断与排除

(1) 快速判断火花塞故障的方法

① 短路法。在发动机怠速或低速运转时，用螺丝刀将火花塞短路，也就是将火花塞上部的接线螺母直接与气缸体连通，如果发动机的声音和抖动等无变化，则说明被短路的火花塞有故障。

② 感觉温度法。让发动机运转10min左右，熄火后用手逐一摸火花塞的瓷芯，感觉温度较低的火花塞有故障。

③ 试火法。也称为吊火法，当怀疑某一缸火花塞工作不正常时，可将该缸火花塞接线柱上的高压线拆下来，让高压线的尾端与接线柱保持4mm左右的间隙；使高压电同时击穿高压线尾端与接线柱间隙和火花塞电极的间隙；若发动机工作状况有所好转，则说明该缸的火花塞有故障。

④ 使用周期法。进口汽车一般行驶（1.6～2.0）万千米为火花塞的使用周期，达到使

用寿命后应更换。根据使用周期可判断火花塞是否应更换。

⑤ 直观检查法。直接观察火花塞有无裂纹、破损、电极严重变形等，若有则说明火花塞性能变差，应更换。

(2) 火花塞故障诊断及排除

① 火花塞绝缘部分呈浅棕色，这种情况说明发动机工作正常。

② 火花塞电极处沉积黑色烟灰状物较多，这种情况表示发动机点火时机过早或可燃混合气稀、汽油辛烷值低、气缸过热等。

③ 火花塞电极附近有积炭和机油沉淀物，这种情况可能是由气缸、活塞过度磨损，气门、气门导管磨损，气门油封失效等造成的。若汽车需要继续行驶，当火花塞电极上有油状物沉积时，可临时改用较热型火花塞。要及时查明原因，如气缸压力符合要求，需检查空气滤清器、曲轴箱通风装置是否堵塞，混合气是否过浓，发动机润滑油是否过多等。

④ 火花塞电极有少许积炭但无机油沉积物。这种情况产生的原因可能是火花塞使用时间较长或电极间隙调整不当（一般的火花塞使用期为1.6万千米左右）、发动机长时间怠速或低负荷运转、发动机润滑不符合要求等。

⑤ 火花塞电极变圆且绝缘体有损伤疤痕、裂纹。这种情况说明发动机有爆燃，可能点火时机过早，气缸体过热，汽油辛烷值过低，气缸盖、火花塞等处松动漏气等。

⑥ 火花塞电极绝缘部分呈白色且有褐色斑点。这种现象可能是由发动机早燃引起的，也可能是混合气过稀、进气道漏气，造成火花塞受热不均匀等。

⑦ 火花塞电极绝缘烧熔。其原因可能是长时间点火过早或燃烧室内积炭过多，气门间隙不足、冷却系统工作不良等。

⑧ 火花塞的火花弱。将火花塞间隙适当调小，如电火花略有好转，说明点火线圈有故障或点火系统器件性能差。也可能是火花塞质量低或装配不当，清洁火花塞方法不当，造成火花塞电极的绝缘材料损坏等。

第 5 章

汽车照明、灯光信号及电喇叭系统

5.1 汽车照明与信号系统概述

汽车照明与信号系统是汽车安全行驶的必备系统之一。它主要包括：外部照明灯具、内部照明灯具、外部信号灯具、内部信号灯具、警报器、电喇叭和蜂鸣器等。

汽车灯具按照功能功用划分，主要有两个种类：汽车照明灯和汽车信号灯。

汽车照明灯按照其安装的位置及功用来划分，包括：前照灯、雾灯、牌照灯、仪表灯、顶灯、工作灯。

汽车灯光信号灯又包括：转向信号灯、危险报警灯、示宽灯、尾灯、制动灯、倒车灯。

5.1.1 汽车照明系统的基本组成及要求

(1) 现代汽车对照明的要求

为使汽车能在夜间和能见度低的情况下安全行驶，现代汽车对照明的基本要求如下。

① 汽车行驶时的道路照明，用以确保汽车能在夜间使用和行车安全。现代汽车车速较高，要求汽车的照明设备能提供车前 100m 以上明亮均匀的道路照明，并且不对迎面来车驾驶员造成眩目。

② 汽车倒车时的场地照明，能让驾驶员在夜间倒车时看清车后情况，顺利地完成倒车。

③ 牌照灯照明，在夜间行车时，能让其他行驶车辆驾驶员和行人看清车牌号，以便于安全管理。

④ 雾天行车的特殊照明，用以确保雾天行车的安全。

⑤ 车内照明，向驾驶员观察仪表、操纵车辆和乘员上下车等提供照明。

(2) 现代汽车照明系统的基本组成

① 外部照明。外部照明又称为外照灯，主要有前照灯、雾灯、牌照灯、倒车灯等。

a. 前照灯。汽车前照灯又称前大灯，装于汽车前部的两侧，用于夜间或光线较暗情况下行驶时照亮前方的道路。常见有两灯制和四灯制。国家标准规定汽车前照灯必须具备远光和近光两种照明方式，并通过变光开关转换。

前照灯灯光光色为白色，灯泡功率远光灯为 45～60W，近光灯为 25～55W。要求前照灯应能保证提供车前 100m 以上路面明亮、均匀的照明，并且不应对迎面来车的驾驶员造成眩目。随着车速的不断提高，汽车上的前照灯的照明距离可达到 200～300m。

b. 雾灯。汽车雾灯又称防雾灯。雾灯安装于汽车的前部和后部。安装在车头的雾灯称为前雾灯，安装在车尾的雾灯称为后雾灯。雾灯用于雾天、暴雨、下雪或沙尘弥漫等情况下行车时照明道路和为迎面来车及后面来车提供信号。通常雾灯光色为黄色，黄色光波较长，具有良好的透雾性能。

前雾灯安装在前照灯附近，一般比前照灯的位置稍低，因为雾天能见度低，驾驶员视线受到限制，灯泡功率一般为 35W。后雾灯采用单只时，应安装在车辆纵向平面的左侧，与制动灯间的距离应大于 100mm，以警示尾随车辆保持安全距离，灯泡功率一般为 21W。

c. 牌照灯。牌照灯用于照亮车辆牌照，要求夜间在车后 20m 处能看清牌照号码。牌照灯装在汽车尾部牌照的上方或左右两侧，灯光光色为白色，灯泡功率为 8～10W。

d. 倒车灯。倒车灯位于汽车尾部，用于夜间汽车倒车时照明后方，通常能照亮车后 10m 的距离。倒车灯也兼倒车信号灯。

② 内部照明。内部照明包括顶灯、仪表灯、工作灯、指示灯、行李厢灯、车门灯等。

a. 顶灯。汽车顶灯安装在驾驶室或车厢内顶部（有些客车在车门顶部也设置了顶灯），为驾驶室或车厢内的照明灯具。灯光颜色一般为白色。

b. 仪表灯。仪表照明灯装在组合仪表板上，用来照明仪表指针及刻度板。其数量根据仪表布置情况而定，一般采用表壳式或罩壳式灯具。仪表照明灯一般与示位灯、牌照灯并联。有些汽车仪表照明灯发光强度可调节。

c. 工作灯。工作灯是车辆维修时可以移动使用的一种随车低压照明工具，配备一定长度的导线，电源来自发电机或蓄电池。常常带有挂钩或夹钳，插头有点烟器式和两柱插头式两种。

现代汽车为了检修发动机方便，在发动机舱内装有工作灯，在灯座处有一个开关，使用十分方便。

d. 行李厢灯。行李厢灯装于轿车或客车行李厢内，当开启行李厢盖时，灯自动发亮，照亮行李厢内空间。一般功率为 5W。

e. 阅读灯。阅读灯装于乘员席前部或顶部，聚光时乘员看书不会给驾驶员造成眩目，照明范围较小，有的还有光轴方向调节机构。

f. 踏步灯。踏步灯一般安装在汽车的上下车台阶的左右两侧，作用是照明车门的踏步处，方便乘客上下车，灯光颜色一般为白色。

5.1.2 汽车信号系统的基本组成及要求

(1) 汽车信号系统的作用

汽车信号系统的作用是产生特定的声响和灯光信号，向其他车辆的驾驶员和行人发出警告，以引起注意，确保汽车的行驶安全。

(2) 汽车声响信号装置的基本组成及要求

声响信号装置有气喇叭、电喇叭和倒车蜂鸣器等。电喇叭的作用是警告行人和其他车辆。倒车警告装置由倒车蜂鸣器和倒车灯组成，其作用是当汽车倒车时，发出灯光和音响信号，警告车后行人和车辆。

气喇叭是利用气流使金属膜片振动发声，在一些装备气压制动的汽车上装用。气喇叭的音量高，在城市市区禁止使用。虽然在一些城市市区禁止使用电喇叭，但是电喇叭是所有汽车都必须配备的信号装置，并要求电喇叭的声音清脆悦耳，其音量不得超过 105dB。

(3) 信号灯的基本组成及要求

① 外部信号灯。汽车外部信号灯包括示宽灯、转向信号灯、制动灯、尾灯、警告灯等。

a. 示宽灯。示宽灯又称示廓灯，一般都安装在车前和车尾的两侧的边缘。某些大型汽车的中部、驾驶室外侧还增设了一对示宽灯，用来表示该车的存在和车体宽度。要求在前方距车 100m 以外能看清楚示宽灯灯光信号，在其他各个方向，能看清示宽灯灯光的距离不应小于 30m。前示宽灯也称为小灯、示位灯，灯光一般为白色或琥珀色。后示宽灯也称为尾灯、行车灯，灯光多为红色。侧位灯光多为琥珀色。

b. 转向信号灯。转向信号灯装于汽车前、后、左、右四角，用于汽车转弯时发出明暗交替的闪光信号，使前后车辆、行人、交警知其行驶方向。前转向信号灯的灯光颜色为橙色，后转向信号灯的灯光颜色为红色或橙色。有的汽车车侧中间装有侧转向灯。灯泡功率一般为 20W。汽车转向信号灯的指示距离，要求前、后转向信号灯白天距 100m 以外可见，侧转向信号灯白天距 30m 以外可见。转向信号灯的闪光频率应控制在 50～110 次/min 范围内（一般取 60～95 次/min）。

c. 制动灯。制动灯又称刹车灯。制动灯用于指示车辆的制动或减速信号。制动灯安装在车尾两侧，两制动灯应与汽车的纵轴线对称并在同一高度上，制动灯灯光的颜色为红光，应保证白天距车尾 100m 以外能确认灯光信号。目前有的轿车后窗内加装了高位制动灯。

d. 危险警示灯。危险警示灯又称危险警告灯或危险报警信号灯。危险报警信号灯用于车辆遇到紧急危险情况（如发生交通事故或道路堵塞被迫停在车道上）时，点亮前后左右转向灯以发出警告信号。汽车危险警告信号由左右转向灯同时闪烁表示，对危险警示灯的要求与对转向信号灯的要求相同。

e. 驻车灯。驻车灯装于车头和车尾两侧，要求从车前和车后 150m 以外能确认灯光信号。一般车前灯光为白色，车后灯光为红色。夜间驻车时，将驻车灯接通以标志车辆形位。此时仪表指示灯、牌照灯并不亮，电池耗电量比示宽灯小。

② 内部信号灯。汽车内部信号灯包括门灯、指示灯等。

a. 指示灯。指示灯用以指示有关照明、灯光信号、工作系统的技术状况，且对异常情况发出报警灯光信号。

指示灯通常安装在仪表板上，报警及指示灯常见的有机油压力报警灯、水温过高报警灯、充电指示灯、转向指示灯、远光指示灯等。报警灯一般为红色、黄色；指示灯一般为绿色或蓝色。

b. 门灯。门灯装于轿车外张式车门内侧底部，开启车门时，门灯发亮，以告示后来行人、车辆注意避让。一般功率为 5W。

5.2 汽车前照灯

5.2.1 前照灯的照明要求

前照灯是汽车上最主要的照明灯具。前照灯的照明效果直接影响夜间行车驾驶的操作和交通安全。因此世界各国交通管理部门一般都以法律形式规定了汽车前照灯的照明标准，以确保夜间行车的安全。基本要求如下。

① 前照灯应保证车前有明亮而均匀的照明，使驾驶员能看清车前 100m 以内路面上的任何障碍物。随着高速公路的建成，汽车行驶速度的提高，要求汽车前照灯的照明距离也相应增长，现代有些汽车的前照灯照明距离已达到 200～250m。

② 应具有防止眩目的装置，确保夜间两车迎面相遇时，不使对方驾驶员因产生眩目而造成事故。

为了满足第一个要求，根据光路的可逆性原理，在前照灯的设计制造上，装置了反射镜、配光镜和灯泡组成的光学系统。

为了满足第二个要求，对前照灯的使用做了必要的规章制约，同时对灯泡结构作了合理的设计。

5.2.2 前照灯基本结构

前照灯主要由光源（灯泡）、反射镜、配光镜三部分组成，如图 5-1 所示。

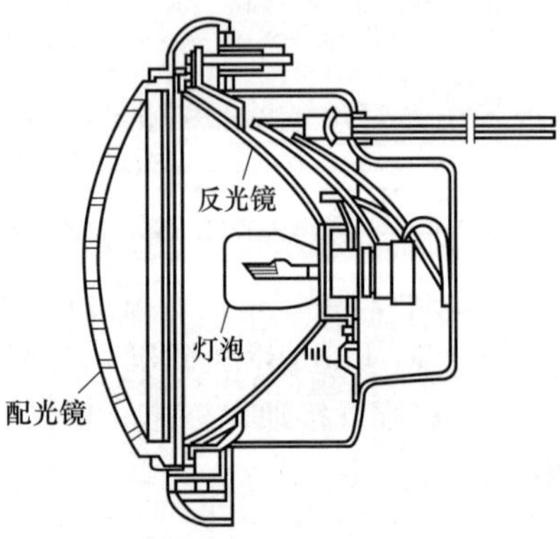

图 5-1 前照灯的基本结构

(1) 灯泡

目前，汽车前照灯所用的灯泡有普通白炽灯泡、卤素灯泡和高压放电氙气灯泡，如图 5-2 所示。额定电压有 12V、24V 和 20kV（高压灯泡）三种。除 20kV 的高压灯泡以外，其他两种灯泡的灯丝由功率大的远光灯丝和功率小的近光灯丝组成，由钨丝制作成螺旋状，以缩小灯丝的尺寸，有利于光束的聚合。

① 白炽灯泡。白炽灯泡（又称充气灯泡）的结构如图 5-2（a）所示。白炽灯泡是从玻璃泡抽出空气，再充以约 86%氩气和约 14%氮气的混合惰性气体制成的，可以减少钨的蒸发，延长灯泡的使用寿命。灯丝由钨丝制成，发光强。

② 卤素灯泡。卤素灯泡（又称卤钨灯泡）是在惰性气体中加入了一定量的卤族元素，其结构如图 5-2（b）所示。目前灯泡使用的卤族元素一般为碘和溴，称为碘钨灯泡或溴钨灯泡。它既能解决因钨蒸发而逐渐使灯泡变黑的问题，又能提高亮度。卤素灯泡比白炽灯泡使用寿命长、亮度大。

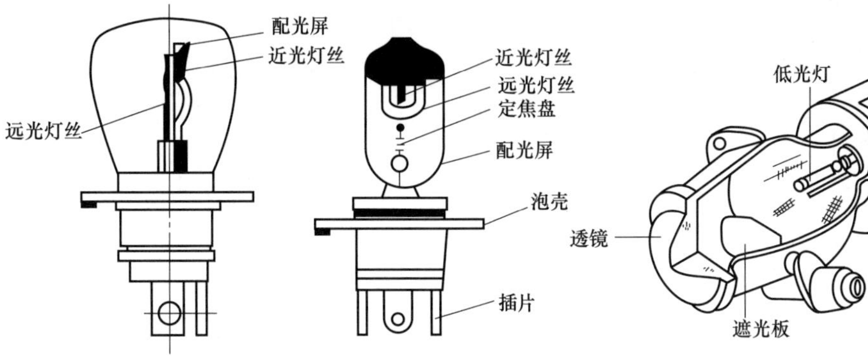

(a) 白炽灯泡　(b) 卤素灯泡　(c) 高压放电氙灯

图 5-2　前照灯灯泡

③ 氙灯。氙灯由弧光灯组件、电子控制器和升压器组成。灯泡内有装在石英管内的两个电极，充有氙气及微量金属，亮度是目前卤素灯泡的 3 倍左右，寿命是卤素灯泡的 5 倍，灯泡功率为 35W，可节能 40%，可以完全满足汽车夜间高速行驶的需要。

(2) 反射镜

反射镜又称反光镜，其作用是将灯泡发出的散射光反射成平行光束，达到照射距离远且明亮的目的。它一般由 0.6～0.8mm 的薄钢板、玻璃、塑料压制而成，如图 5-3 所示。反射镜的表面形状呈旋转抛物面，其内表面多采用镀银、镀铬或镀铝，然后抛光。因为镀铝的反射系数可以达到 94%以上，机械强度也较好，所以目前一般采用真空镀铝。

由于灯泡发出的光亮度有限，因此若无反射镜，则只能照明车前数米的距离。将灯丝置于反射镜的焦点上，灯丝大部分光线经反射成为平行光束射出，其距离可达 150m 或更远，且使亮度增强，而其他光线直接向前散射，其中向侧方和下方散射的光线可照明车前 10m 左右，如图 5-4 所示。

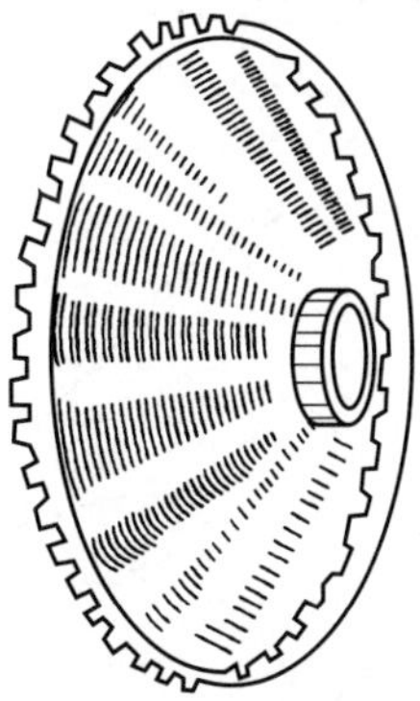

图 5-3　反射镜

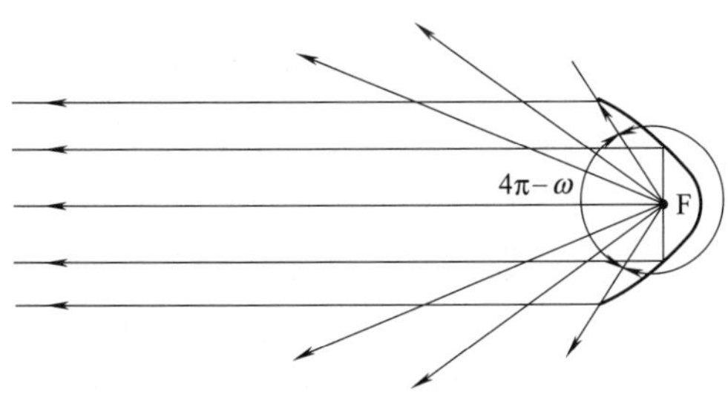

图 5-4　聚光作用

(3) 配光镜

配光镜的作用是将反射镜反射出的平行光束进行折射，使车前路面和路线都有良好而均匀的照明，配光镜又称散射玻璃，它是由透明玻璃压制而成的棱镜和透镜的组合体，如图 5-5 (a) 所示。其几何形状比较复杂，外形一般为圆形和矩形，工作原理如图 5-5 (b)、(c) 所示。

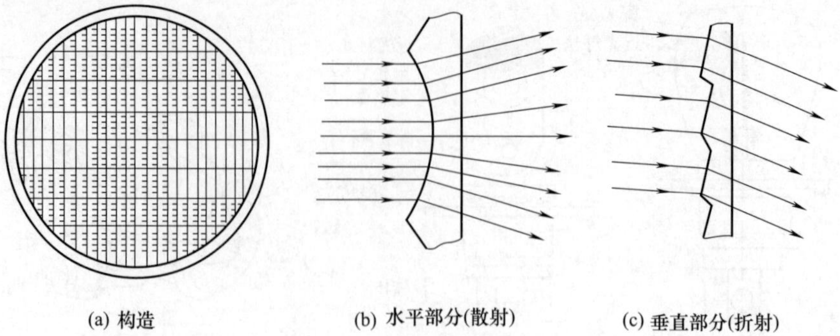

图 5-5 配光镜的结构与作用

5.2.3 前照灯的防眩目措施

夜间会车时，前照灯发出的强光束会使迎面来的汽车驾驶员眩目，很容易发生交通事故。所以必须采取有效的防眩目措施。

(1) 采用双丝灯泡

远光灯丝位于反射镜的焦点上，功率为 45～60W；近光灯丝位于反射镜焦点的上方或前方，功率为 20～50W。在夜间行车，当对面无来车时，使用远光灯，可照亮车前方 100m 以外的路面；当对面来车时，使用近光灯，由于光线较弱，经反射后的大部分射向车前的下方，因此可避免使对方驾驶员眩目，如图 5-6 所示。我国交通法规定，夜间会车时，须在距对面来车 150m 以外互相关闭远光，使用近光。

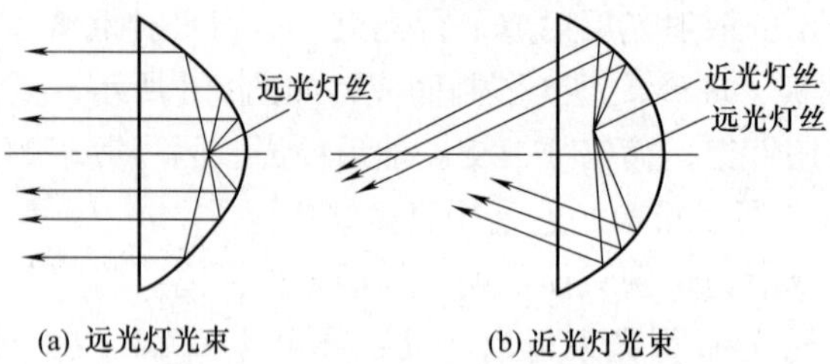

图 5-6 普通双丝灯泡的工作情况

(2) 采用带遮光罩的双丝灯泡

在双丝灯泡中，近光灯丝射向反射镜下部的光线经反射后，会射向斜上方，仍会使对方的驾驶员轻微眩目。为了克服上述缺陷，在近光灯丝的下方装有遮光罩（又称配光屏）。当使用近光灯时，遮光罩能将近光灯丝射向反射镜下部的光线遮挡住，无法反射，可提高防眩目效果，目前已广泛使用，如图 5-7 所示。

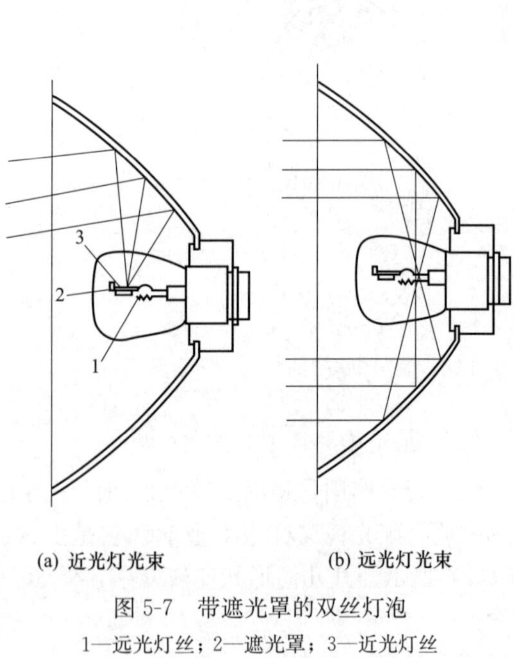

图 5-7 带遮光罩的双丝灯泡

1—远光灯丝；2—遮光罩；3—近光灯丝

(3) 采用合理的配光光形

前照灯近光配光光形如图 5-8 所示。近光灯丝位于反射镜焦点的上方或前方，并向右倾斜，近光光形分布基本对称（稍偏右），称为对称形配光，如图 5-8（a）所示。若前照灯安装时，将遮光罩偏转一定的角度，使其近光的光形分布不对称，形成一条明显的明暗截止线，称为E形非对称形配光，防眩目效果较好，目前绝大部分前照灯都采用这种配光光形，如图5-8（b）所示。目前国外又发展了一种更优良的光形，由于明暗截止线呈Z形，故称Z形配光，如图5-8（c）所示。它不仅可以防止驾驶者眩目，还可以防止迎面而来的行人和非机动车者眩目，进一步保证了汽车行驶的安全。

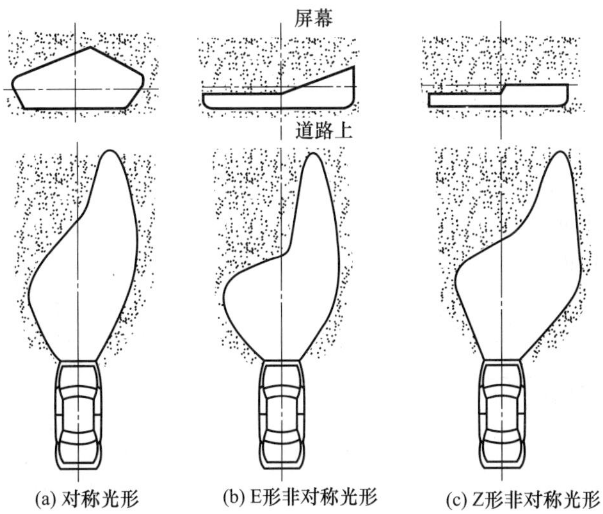

图5-8 前照灯配光光形

5.2.4 前照灯的类型

按照安装的车灯数目不同，前照灯可分为两灯制和四灯制。两灯制前照灯均采用双丝灯泡，为远近双光束灯。四灯制前照灯装于外侧的一对使用双丝灯泡，为双光束灯；装于内侧的一对为远光单光束灯。

前照灯的分类方法较多，通常按前照灯光学组件的结构不同，可分为可拆式前照灯、半封闭式前照灯和封闭式前照灯。

(1) 可拆式前照灯

可拆式前照灯由于反射镜和配光镜分别安装而构成组件，因此气密性差。反射镜因易受湿气和尘埃污染而降低反射能力，严重降低照明效果，目前已很少采用。

(2) 半封闭式前照灯

半封闭式前照灯的结构如图5-9所示，其配光镜靠卷曲反射镜边缘上的牙齿而紧固在反射镜上，两者之间垫有橡皮密封圈，灯泡只能从反射镜后端装入。当需要更换损坏的配光镜时，应撬开反射镜外缘的牙齿，装上新的配光镜后，再将牙齿复原。由于这种灯具减少了对光学组件的影响因素，维修方便，因此得到广泛应用。

(3) 封闭式前照灯

封闭式前照灯（又叫真空灯），其反射镜和配光镜用玻璃制成一体，形成灯泡，如图5-10所示，里面充以惰性气体。灯丝焊在反射镜底座上，反射镜的反射面经真空镀铝。由于

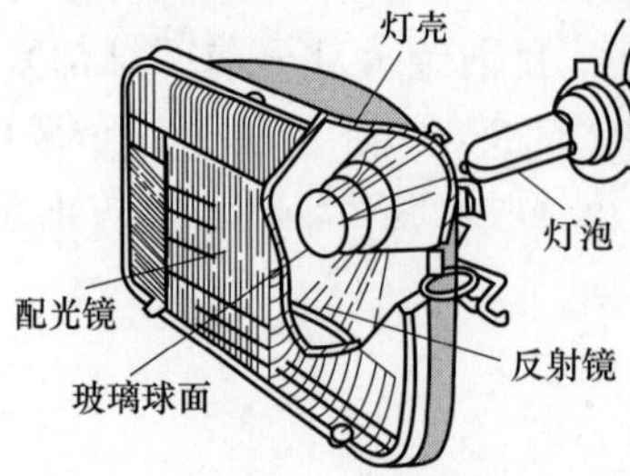

(a) 结构

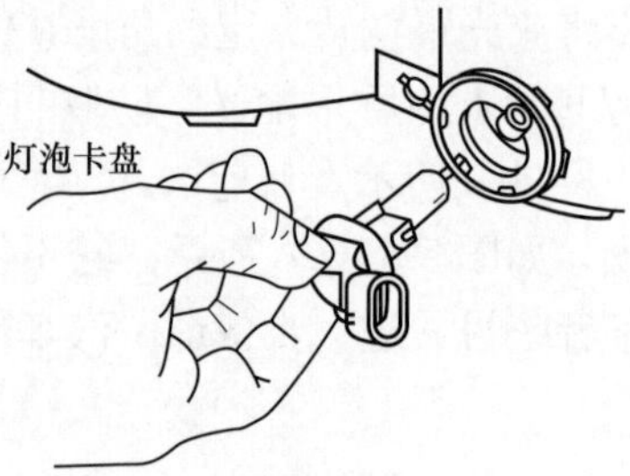
(b) 灯泡更换

图 5-9 半封闭式前照灯的结构与灯泡更换

封闭式前照灯完全避免反射镜被污染以及遭受大气的影响，因此其反射效率高、照明效果好、使用寿命长，得到了很快的普及。但当灯丝烧断后，需要更换整个总成，成本高。因此限制了它的使用范围。

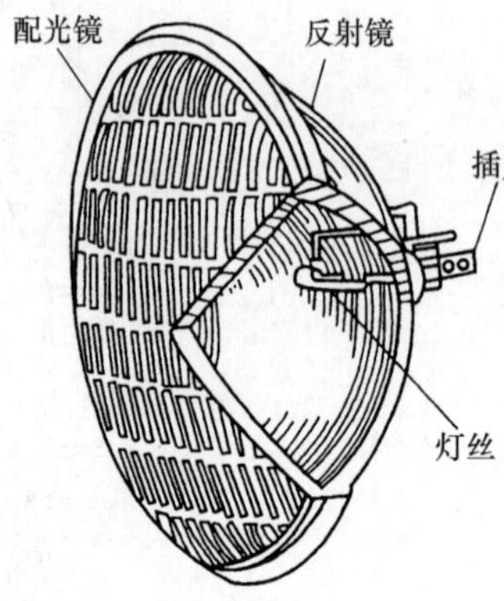

图 5-10 封闭式前照灯

5.2.5 新型前照灯

(1) LED 车灯

日间行车灯应在车辆发动机启动后自动开启。天黑后，驾驶员需手动开启常规照明车灯，而日间行车灯随之自动熄灭。日间行车灯可让其他“道路使用者”更容易看清汽车，而且与现行近光车头灯相比能耗更低。日间行车灯只配备在少数好车上，成为好车的象征。安装在车身前部的汽车 LED 日行灯，是使车辆在白天行驶时更容易被人认出来的灯具。它的功效不是使驾驶员能看清路面，而是让别人知道有车辆开过来了。因此这种灯具不是照明灯，而是一种信号灯。固然，加装了汽车日行灯可使汽车看起来更酷、更炫，但 LED 日行灯的最大功效，不在于美观，而在于提高车辆的被辨识性。在国外行车开启头灯，可减少车辆意外。总之，日行灯的目的是确保交通安全。

(2) 高亮度弧光灯

高亮度弧光式前照灯由弧光灯组件、电子控制器和升压器三大部分组成，如图 5-11 所示。在石英管内有两个电极，管内充有氙气及微量金属（或金属卤化物），其发出的光色成分和日光灯非常相似，亮度是目前卤钨灯泡的 2.5 倍，寿命是卤钨灯泡的 5 倍，灯泡的功率为 35W，可节能 40%。

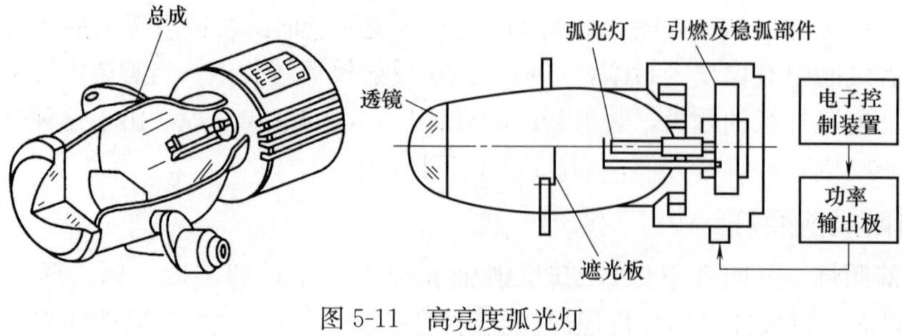

图 5-11 高亮度弧光灯

（3）投射式前照灯

以往的电光源前照灯，由于其结构特征被称之为反射型前照灯。1984 年联邦德国海拉车灯公司推出新一代前照灯——投影型前照灯（也称 DE 灯），并从 1990 年起投入批量生产。投影式前照灯如图 5-12 所示，它要求精确的装配，可获得准确而清晰的明暗截止线。投射式前照灯的反射镜近似于椭圆形状。它具有两个焦点，第一焦点处放置灯泡；第二焦点是由光线形成的。凸形配光镜聚成第二焦点，再通过配光镜将聚集的光投射到前方，投射式前照灯所采用的灯泡为卤钨灯泡。第二焦点附近设有遮光板，可遮挡上半部分光，形成明暗分明的配光。由于它的这种配光特性，因此也可用于雾灯。

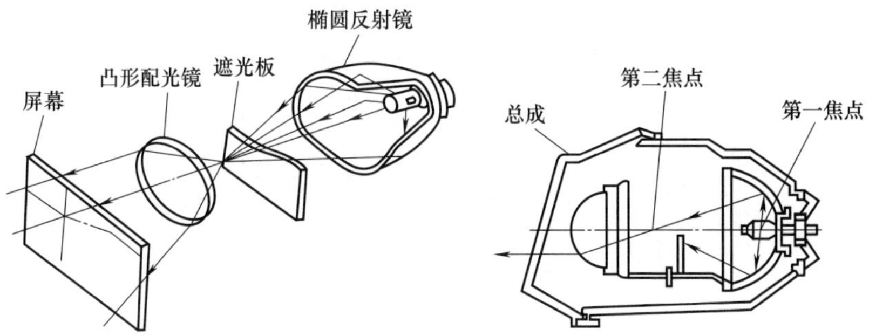

图 5-12　投射式前照灯

（4）HID 氙气灯

HID 氙气灯是一种含有氙气的新型前照灯，它是一种高压气体放电灯。氙气灯打破了爱迪生发明的钨丝发光原理，它用包裹在石英管内的高压氙气替代传统的钨丝，提供更高色温、更聚集的照明。

HID 氙气灯的原理是在抗紫外线水晶石英玻璃管内，以多种化学气体填充，其中大部分为优质的氙气与碘化物等惰性气体，通过启动器和电子镇流器，将车上 12V 的直流电压瞬间增至 23000V 以上，击穿氙气从而导致氙气在两个电极之间形成电弧并发光，这就是所谓的气体放电。此类灯泡因没有改变原车灯泡的外形尺寸，所以不会产生聚焦不准的问题。这样的灯泡不仅聚光效果非常好，而且色温数值在 4300K 以上，色泽柔和、灯光白亮，最适合汽车升级照明。HID 氙气灯工作时所需的电流量仅为 3.5A，亮度是传统卤素灯泡的 3 倍，使用寿命比传统卤素灯泡长 10 倍。氙气灯已广泛应用于汽车照明领域。

5.2.6　前照灯的控制

（1）前照灯的控制部件

前照灯的控制部件包括灯光开关、变光开关、前照灯继电器等。

① 灯光开关　灯光开关的形式有拉钮式、旋转式和组合式等。但现代汽车上应用较多的是采用组合开关，即将前照灯、小灯（前位灯、尾灯、仪表灯、牌照灯）、转向信号灯及变光等开关组成一体，如图 5-13 所示。组合开关安装在转向盘左下方的转向柱上。组合开关操纵杆端部旋钮有三个位置，转动旋钮，可依次接通小灯和前照灯。

② 变光开关　变光开关的作用是变换前照灯的近光和远光。变光开关串接在前照灯电路中。将组合开关操纵杆端部旋钮置于前照灯位置，拨动操纵杆可使前照灯变光（近光与远光变换）。

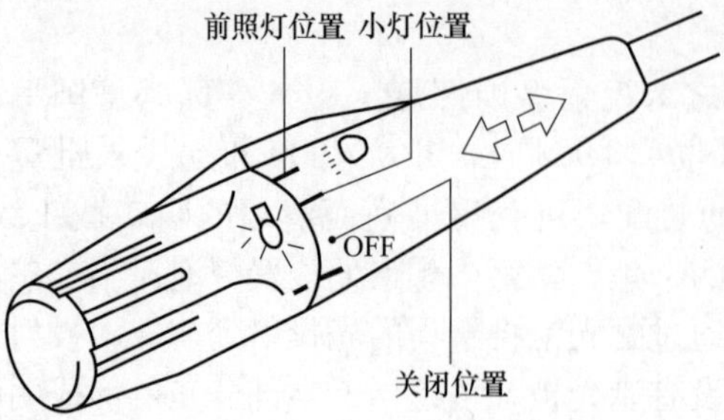

图 5-13 组合开关操纵杆

③ 前照灯继电器 前照灯工作电流较大，特别是四灯制前照灯。若用灯光开关直接控制前照灯，灯光开关易烧坏。因此，在前照灯电路中设有前照灯继电器。前照灯继电器 SW 端子接灯光开关，E 端子搭铁，B 端子接电源，L 端子接变光开关，如图 5-14 所示。当接通灯光开关（前照灯位置）后，继电器线圈通电，触点闭合，通过变光开关向前照灯供电。

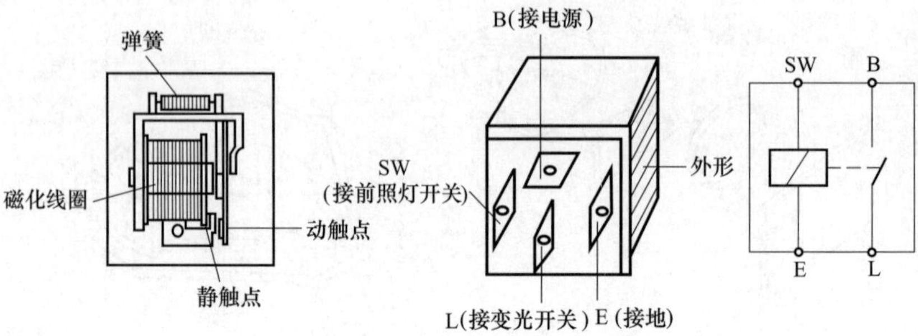

图 5-14 前照灯继电器

(2) 前照灯工作情况

灯光开关一般有 OFF（关闭）挡、Park（小灯）挡和 Head（前照灯）挡三个挡位，如图 5-15 所示。小灯挡控制小灯、牌照灯和仪表灯；大灯挡控制远光灯和近光灯。大部分车的灯光开关上的两个相线接线柱与蓄电池正极直接相连，灯光电路不受点火开关控制，即点火开关在 OFF 挡时，灯光开关也能开、闭照明电路。

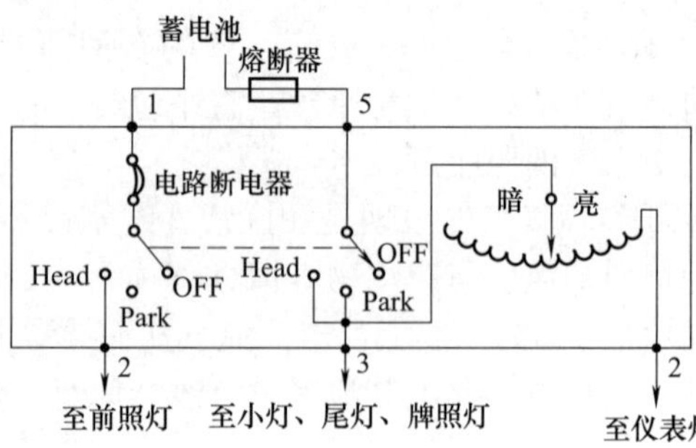

图 5-15 灯光开关原理图

① 前照灯近光工作情况如图 5-16 所示。将灯光开关置于 Head 挡（前照灯挡），变光开关置于 LO 挡（近光挡），前照灯近光电路接通，其回路：蓄电池正极→电路断电器→灯光开关 Head 挡→变光开关 LO 挡→前照灯左、右近光灯丝→搭铁→蓄电池负极，前照灯近光亮。

② 前照灯远光工作情况如图 5-17 所示。将灯光开关置于 Head 挡（前照灯挡），变光开关置于 HI 挡（远光挡），前照灯远光电路接通，其回路：蓄电池正极→电路断电器→灯光开关 Head 挡→变光开关 HI 挡→前照灯左、右远光灯丝→搭铁→蓄电池负极，前照灯远光亮。

5.2.7 前照灯的使用与维护

(1) 前照灯的正确使用

新车出厂前，前照灯的光束都已调整好，不必重新调整。但若用户由于更换灯泡等原

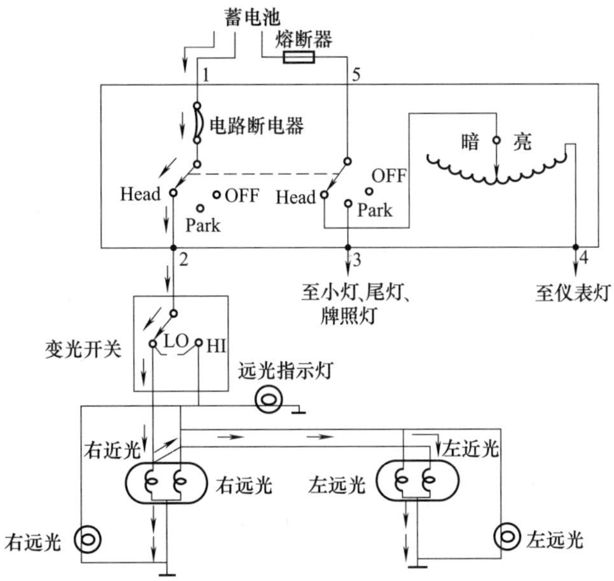

图 5-16　前照灯近光工作示意图

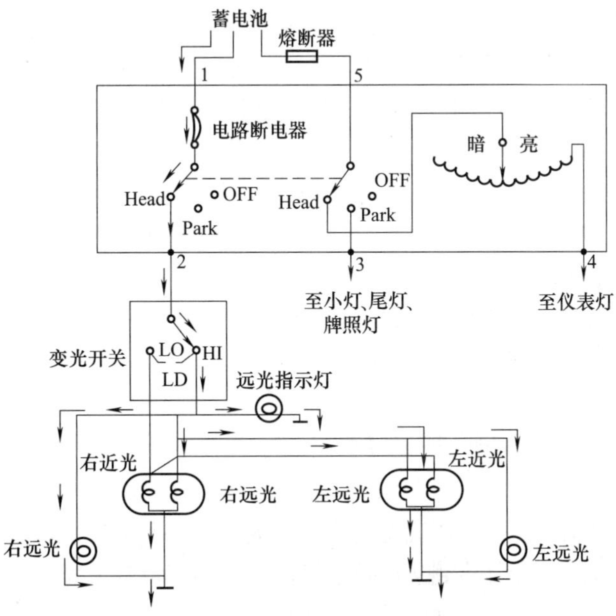

图 5-17　前照灯远光工作示意图

因，移动了灯体的安装位置，则需按规定调整。前照灯应安装牢靠、接线良好（尤其注意真空灯的搭铁极性）。灯泡有保护装置，而且不得因车辆振动脱损，失去作用或改变光射方向。灯光开关应安装牢固，开关自如，也不得因车辆振动而自行开关。开关位置应适当，便于驾驶员操作。使用时应注意以下几点。

① 应注意前照灯的密封，防止水及灰尘进入，以免污染反射镜。

② 前照灯的光学组件要配套，不要随意更换不同功率的灯泡。

③ 前照灯安装要牢固。

(2) 前照灯的维护

① 前照灯的清洁。清洗前照灯的配光玻璃表面灰尘，并用抹布擦干。

② 前照灯外观的检查。

a. 检查前照灯的配光玻璃是否破裂。如果有破裂，则更换前照灯。

b. 检查前照灯安装是否牢固。如果有松动，则予以紧固。

③ 前照灯工作情况的检查。检查两侧前照灯的远光或近光是否同时点亮，远光、近光变换是否正常。如果前照灯工作异常，则予以检修。

④ 维护时注意前照灯不得倾斜，发现灯泡烧蚀应及时予以更换。

5.2.8 前照灯的更换

更换汽车灯泡时，通常应注意以下几方面的问题。

① 先检查电源。在更换汽车灯泡之前，应先用电压表或试灯检查一下灯座上是否有电压，然后查看搭铁连接是否良好。如检查无异常，则就说明灯泡可能确已损坏，应重换新件。

如果检查插接器上没有电压或电压偏低，则应先检查开关和蓄电池，再检查线路是否有开路或漏电之处，直至检查出故障为止。

② 常烧坏灯泡要查充电系统。如果汽车上的灯泡经常出现烧坏现象，则应先检查充电系统。过高的交流发电机输出电压会导致灯丝过热而早期烧断，从而使灯泡的寿命缩短。

③ 安装灯泡应注意的问题。在安装汽车新灯泡时，切勿让灯泡玻璃表面沾染上润滑脂以及皮肤上的油脂或手上的汗渍等污物，否则，不仅会影响灯泡的亮度，而且会缩短灯泡的使用寿命（尤其是前照灯灯泡更应注意）。因此，不要用手指接触灯泡，只能用手拿灯泡的基座。

④ 注意插接件、灯座等是否接触不良。汽车灯泡的线束插接器引脚经长期使用以后被空气中的水汽等氧化、腐蚀，致使灯泡不亮或时亮时灭，是汽车灯光故障中较常见的现象。当用电压表、欧姆表或试灯检测电路时，首先就应从最容易出故障的部位入手，如灯泡插接件、灯座等；然后逐步深入地排除其他故障。

5.2.9 前照灯的检测与调整

目前，前照灯光束调整标准各国略有差异。因此，调整时应参照该车说明书和技术手册进行。前照灯的检测可以采用屏幕检测法或仪器检测法，屏幕检测法操作不便、精确度低。因此汽车检测站多用仪器检测法，即发展的趋势是采用仪器检测法，如无仪器则采用屏幕检测法。

(1) 屏幕检测法

用屏幕检测调整前照灯的方法如下：将汽车停在平坦路面上，按规定充足轮胎气压，并擦净前透镜。在离前照灯 S 处挂一个幕布（或利用白墙壁），在屏幕上画出两条水平线，一条离地 H，另一条比它低 D，再画一条汽车的垂直中心线，在它两侧距中心线 $A/2$ 处再画两条垂直线，与离地 H 处的线相交点即为前照灯的中心点，与较低线相交点即为光点中心，A 为两灯中心距，如图 5-18 所示。图中 A、D、H、S 应参照车型规定标准数据。

启动发动机（转速为 2000r/min），打开前照灯。调整时，先遮住右侧的前照灯；然后调整左侧的前照灯，使其射出的光束中心对准屏幕上的前照灯光点中心；再以同样的方法调

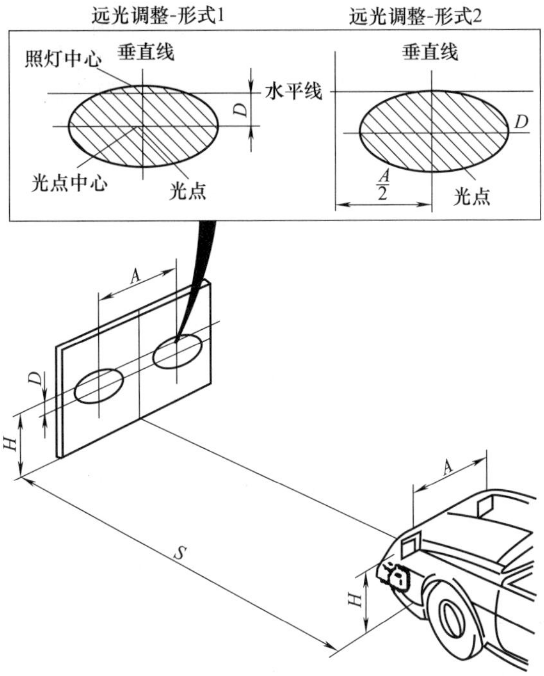

图 5-18　屏幕调整前照灯

（图中 H 为前照灯高度；A 为两前照灯中心距；S 为汽车与屏幕距离。A、D、H、S 应参照车型规定标准的数据）

整右侧前照灯。前照灯手动调整位置如图 5-19 所示，调整时，按需要转动灯座上面的左右及上下调整螺钉（或旋钮），使光轴方向符合标准。

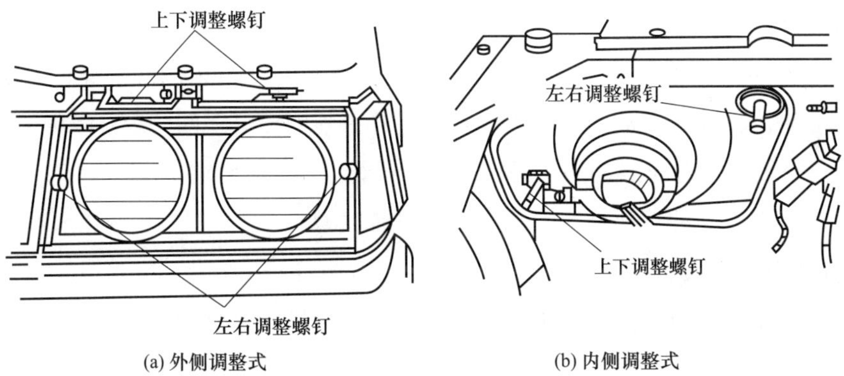

图 5-19　前照灯手动调整位置

（2）检验仪检测法

检验仪检测法可以检测前照灯的光束照射位置与发光强度或照度。它有聚光式、屏幕式、投影式、自动追踪光轴式四种。FD-2 型投影式前照灯检验仪可以测得光轴的偏移量和发光强度，如图5-20所示。

5.2.10　前照灯的常见故障的诊断与排除

汽车前照灯的故障不外乎灯光不亮、灯光发红。究其原因，大多数是由灯丝烧断、电路断路或搭铁、灯座接触不良、开关损坏或失控所致。前照灯常见故障的诊断与排除方法如下。

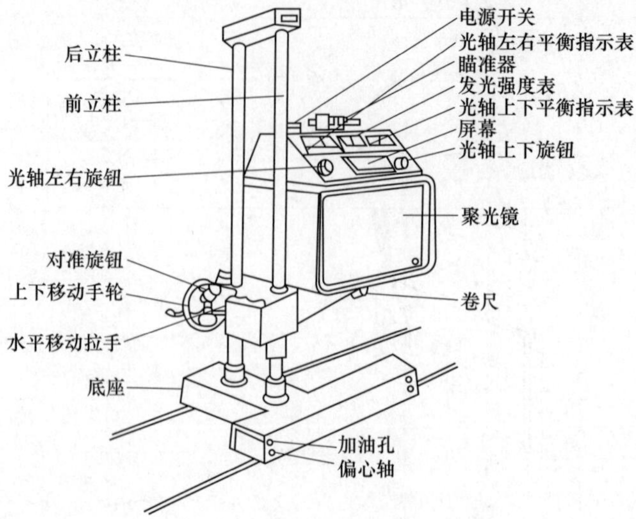

图 5-20　FD-2 型投影式前照灯检验仪

(1) 前照灯远光和近光均不亮

接通车灯总开关后，若前照灯远光和近光均不亮，首先应检查车灯总开关接线柱的线头、变光开关接线柱的线头以及搭铁线是否松脱断路。若接触良好，先用试火法测试车灯总开关和变光开关电源接线柱上是否有电；若有电，再用螺钉旋具先后短接车灯总开关电源与前照灯接线柱，变光开关与远近光接线柱；若灯亮，说明车灯总开关或变光开关有故障，否则可能是灯泡灯丝烧断或相应的线路有故障。

(2) 前照灯远光或近光不亮

应首先检查变光开关。可用螺钉旋具将变光开关的电源与不亮的近光或远光接线柱短路；若灯亮，则为变光开关故障，否则就是变光开关与前照灯之间的线路故障。

(3) 一只前照灯远光或近光不亮

一般是前照灯灯泡的灯丝烧断或相应的线路有故障。

(4) 前照灯的亮度不够

前照灯亮度不够，应在发动机中速以上运转时，测量发电机的输出电压。如果正常，应检查前照灯灯座搭铁处是否良好；若接触不好，应除锈，并拧紧前照灯与车架之间的搭铁线。此外，导线过细、反射镜有尘垢、灯泡发黑、灯泡功率过小等也可导致灯光暗淡。

(5) 一灯发红

打开两个前照灯，若其中一个灯光发红而不亮，则是由该灯搭铁不良造成的。

(6) 熔断丝熔断

打开前照灯，若车灯总开关的熔断丝熔断，说明车灯总开关、变光开关或线路有搭铁短路故障。如果只在接通近光或远光时才熔断，则为该近光或远光的线路有搭铁短路故障。

(7) 灯泡频繁烧坏

灯泡频繁烧坏一般是由电压调节器损坏，使发电机输出电压过高造成的。此外，灯座与导线连接松动，也有可能造成灯泡频繁烧坏。

5.3 汽车转向信号灯

5.3.1 转向信号灯作用与转向信号装置的组成

(1) 转向信号灯的作用

在汽车起步、转弯、变更车道或路边停车时，需要接通转向信号灯以表示汽车的行驶趋向，提醒周围车辆和行人注意。当接通危险警示信号开关时，所有转向信号灯同时闪烁，表示车辆遇到紧急情况，请求其他车辆避让。根据国家标准规定，危险警示灯操纵装置不得受点火开关控制。

转向信号灯的作用是指示汽车的行驶趋向。当汽车转弯时，发出明暗交替的闪光信号，以表明汽车向左或向右转向行驶，一般为橙色。在灯轴线右偏 5°至左偏 5°的视角范围内，无论白天黑夜，能见距离不小于 35m；在灯轴线右偏 30°至左偏 30°的视角范围内，无论白天黑夜，能见距离不小于 10m。转向灯的闪光频率在 50～110 次/min，一般取 60～95 次/min，通常制成双丝灯泡。

(2) 转向信号装置的组成

转向信号装置一般由转向灯、转向灯开关、危险警告灯开关、闪光器等组成，如图5-21所示。转向灯的闪烁是由闪光器控制的。

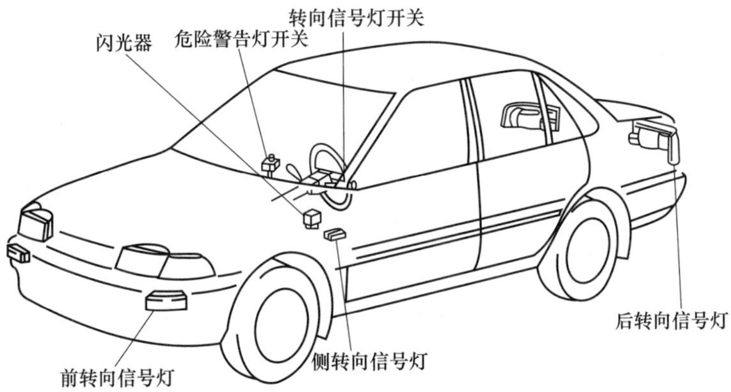

图 5-21 转向信号装置组成

转向信号灯开关与危险警告灯开关的操作如图 5-22 所示。转向信号灯开关与前照灯开关组合在一起，构成组合开关。拨动转向信号灯开关，可接通转向灯电路，左或右转向灯闪烁，如图 5-22（a）所示。标有红色“△”的按钮为危险警告灯开关，当按下危险警告灯开关时，左右转向灯同时闪烁，如图 5-22（b）所示。

5.3.2 闪光器的分类与特点

在转向或危险警示信号系统中，用于控制信号灯闪光的装置称为闪光器。闪光器串联在

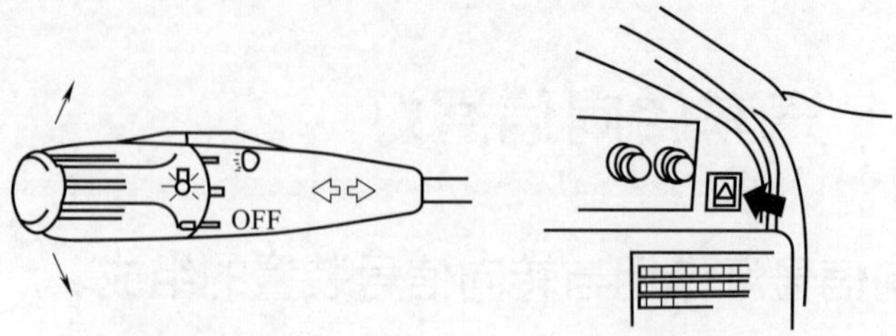

(a) 转向信号灯开关　　(b) 危险警告灯开关

图 5-22　转向信号灯开关与危险警告灯开关操作

转向信号灯和转向指示灯电路中，转向时，使转向信号灯和转向指示灯发出明暗交替的闪烁信号；还可以作故障显示和危险警示信号。当转向信号灯发生故障时，仪表板上监视灯的状态发生变化，使驾驶员及时发现。闪光器的种类繁多，目前汽车用闪光器常用的结构形式有翼片式、电容式、电子式（又称晶体管式）等。带继电器的晶体管式闪光器结构简单、体积小、闪光频率稳定、监控作用明显、工作时伴有响声，故被广泛使用。

(1) 翼片式闪光器

翼片式闪光器是利用电流的热效应，以热胀条的热胀冷缩为动力，使翼片产生突变动作，接通和断开触点，使转向信号灯闪烁。根据热胀条受热情况的不同，翼片式闪光器分直热式和旁热式两种，其原理与转向灯电路，如图 5-23 所示。

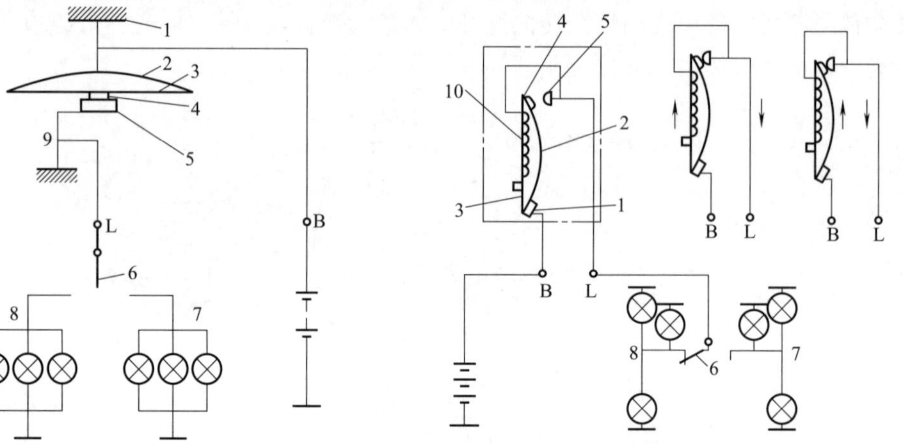

(a) 直热式闪光器　　(b) 旁热式闪光器

图 5-23　翼片式闪光器

1,9—支架；2—翼片；3—热胀条；4—动触点；5—静触点；6—转向灯开关；7—右转向灯；8—左转向灯；10—电热丝

直热式闪光器电路如图 5-23（a）所示，当汽车转弯时，接通转向灯开关 6，电流从蓄电池正极→接线柱 B→支架 1→翼片 2→热胀条 3→动触点 4→静触点 5→支架 9→接线柱 L→转向灯开关 6→转向信号灯→搭铁→蓄电池负极，构成回路，此时转向灯点亮。同时热胀条通电发热，受热伸长，翼片 2 绷直，触点断开，切断电路，转向灯熄灭。电路断开后，热胀条 3 冷却收缩，又拉紧翼片，使动触点 4 与静触点 5 再次接触，转向灯再次点亮。如此反复，转向灯明暗交替，以一定的频率闪烁，标示车辆的行驶方向。

旁热式闪光器电路如图 5-23（b）所示，当汽车转弯时，接通转向灯开关 6，电流从蓄电池正极→接线柱 B→支架 1→电热丝 10→静触点 5→接线柱 L→转向灯开关 6→转向信号灯→搭铁→蓄电池负极，构成回路。此时电热丝 10 串入电路，电流小，转向灯暗。经过一段时间后，热胀条 3 受热伸长，触点闭合，此时电流经过弹性翼片 2 的触点构成回路，电流增大，转向灯亮。触点闭合，电热丝 10 被短路，使热胀条 3 冷却收缩，又拉紧弹性翼片 2，使触点分开，转向灯又暗。如此反复，转向灯就明暗交替，以一定的频率闪烁，标示车辆的行驶方向。

(2) 电容式闪光器

电容式闪光器的结构如图 5-24 所示，它由一只大容量电解电容器和双线圈继电器组成。

工作原理：接通转向灯开关（左或右）后，串联线圈经触点、转向信号灯构成回路，且电流较大。产生较强磁场，吸动衔铁，使触点张开。此过程中，串联线圈通电时间极短，转向信号灯不亮。触点张开后，电容器经串联线圈、并联线圈、转向灯开关、转向灯及转向指示灯构成充电回路。由于充电电流很小，故此时转向灯与转向指示灯不亮。触点在串、并联线圈的合成磁场（方向相同）作用下，仍保持张开状态。电容器充足电后，并联线圈电流消失，铁芯吸力减小，触点在复位弹簧作用下闭合，转向灯与转向指示灯亮；同时，电容器经并联线圈及触点放电，由于串联线圈与并联线圈磁场方向相反，因此铁芯吸力极小，触点保持闭合状态。当电容器放电结束后，并联线圈电流消失，在串联线圈磁场作用下，触点再次张开，转向灯与转向指示灯变暗，电容器再次充电。如此周而复始，转向灯与转向指示灯不停地以此频率闪烁。

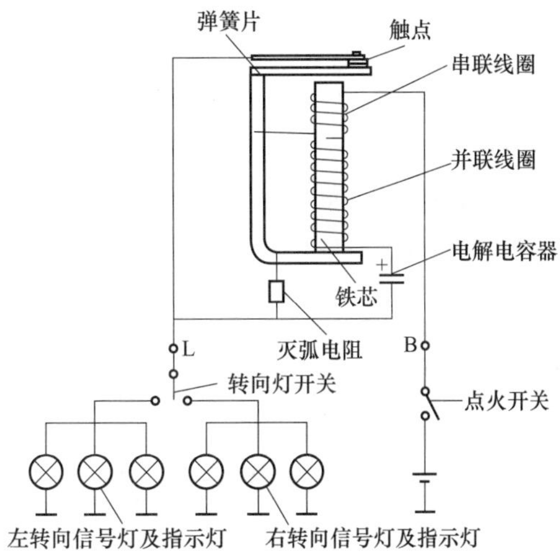

图 5-24　电容式闪光器

电容式闪光器具有监控功能，当一侧转向灯有一只或一只以上转向灯泡烧断或接触不良时，闪光器就使该侧转向灯接通时只亮不闪，以示该侧转向灯电路异常。

(3) 电子闪光器

电子闪光器（又称晶体管闪光器）通常由多谐振荡器、功率放大器和继电器三大部分组成。电子闪光器工作可靠、使用寿命长，目前广泛应用。电子闪光器分有触点式和无触点式两种。

① 有触点式电子闪光器　有触点式电子闪光器又称为带继电器触点式晶体管闪光器。带继电器的晶体管闪光器的工作原理如图 5-25 所示，它主要由三极管开关电路和小型继电器组成。

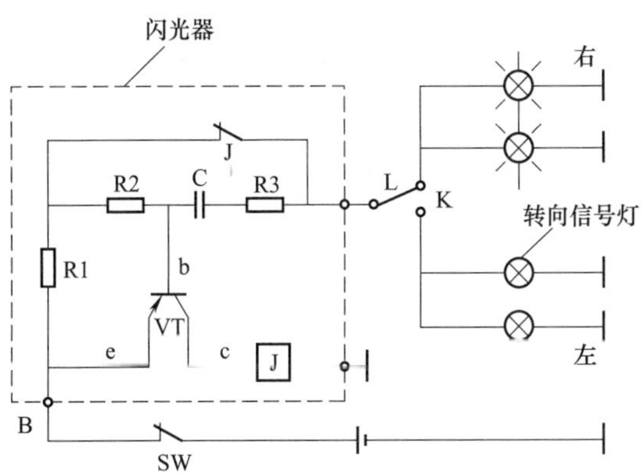

图 5-25　带继电器的晶体管闪光器

接通转向灯开关，电流由蓄电池正

极→电源开关 SW→接线柱 B→电阻 R1→继电器的常闭触点 J→接线柱 L→转向灯开关 K→右转向信号灯→搭铁→蓄电池负极，形成回路，右转向信号灯亮。当电流通过电阻 R1 时，在电阻 R1 上产生电压降，三极管 VT 因正向偏压而导通，集电极电流通过继电器线圈 J，使继电器的常闭触点立即打开，右转向信号灯随之熄灭。

三极管导通的同时，其基极电流向电容器 C 充电。电流由蓄电池正极→电源开关 SW→接线柱 B→三极管的发射极 e→基极 b→电容器 C→电阻 R3→接线柱 L→转向灯开关 K→转向灯→搭铁→蓄电池负极，形成回路。随着电容器电荷的积累，充电电流逐渐减小，三极管的集电极电流也随之减小，当电流减小，线圈中产生的电磁力不足以维持衔铁的吸合而释放时，继电器触点重又闭合，转向灯再次发亮。这时电容器 C 通过电阻 R2、继电器触点 J、电阻 R3 放电。放电电流在 R2 上产生的电压降为三极管提供反向偏压，加速三极管的截止。当放电电流接近零时，R1 上的电压降为三极管 VT 提供正向偏压使其导通。这样，电容器不断地充电和放电，三极管也就不断地导通与截止，控制继电器触点反复地打开、闭合，使转向信号灯闪烁。闪光器的闪光频率一般控制在 60～110 次/min。

② 无触点式电子闪光器　无触点式电子闪光器又称为全晶体管式（无触点）闪光器，即把有触点电子闪光器中的继电器去掉，利用电容器的充放电延时特性来代替继电器，其电路如图 5-26 所示。

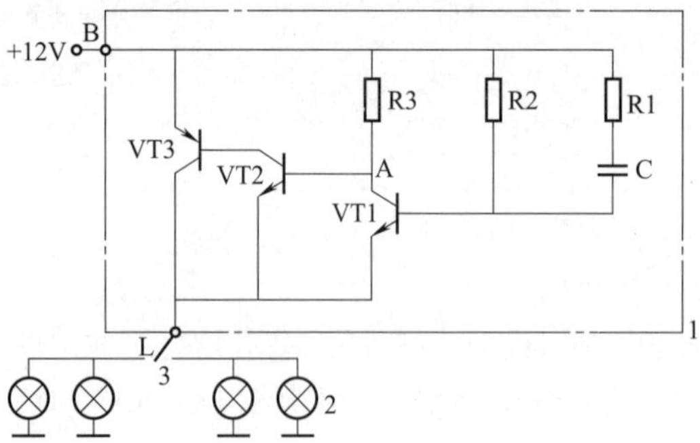

图 5-26　无触点闪光器工作示意图

1—闪光器；2—转向信号灯；3—转向灯开关

其工作原理如下：接通左（或右）转向信号灯开关，晶体管 VT1 通过电阻 R2 提供的正向偏压而导通，由 VT2 和 VT3 组成的复合管则处于截止状态。电流从＋12V→接线柱 B→电阻 R2→晶体管 VT1→接线柱 L→左（或右）转向信号灯→搭铁，由于 VT1 的导通电流很小，故转向信号灯较暗。与此同时，电源通过 R1 向电容器 C 充电，随着电容 C 两端电压升高，充电电流减小，晶体管 VT1 的基极电流减小使 VT1 由导通变成截止。这时 A 点电位升高，当其电位达到 1.4V 时，VT2 和 VT3 导通，电流直接通过晶体管 VT3 流入转向信号灯，由于电流较大，故左（或右）转向信号灯变亮。此时，电容器 C 经电阻 R1 和 R2 放电，使晶体管 VT1 仍保持截止，转向信号灯继续发亮。随着电容器 C 放电电流的减小，VT1 基极电位又逐渐升高，当高于其正向导通电压时，VT1 又导通，VT2 和 VT3 又截止，左（或右）转向信号灯熄灭。随着电容器的充电放电，晶体管 VT3 不断地导通、截止，如此循环，使转向信号灯不断闪烁。

5.3.3 汽车转向信号灯的使用与维护

(1) 转向信号灯的使用

使用转向灯时机的早晚也是一个应该引起初学者高度重视的问题。汽车在转弯时，开转向灯一定要有所提前，车速越快提前量应越大，以便使其他车辆、行人有足够的反应、避让时间。绝对禁止那种开转向灯和打方向同时操作，或不开转向灯就直接转向的做法，以免前、后车辆躲闪不及发生事故。

汽车在完成转弯之后要及时关闭转向灯，特别是初学者，在驾驶程序上还没有形成完整的操作组合，容易出现操作遗漏。目前绝大部分机动车的转向灯开关，都能与方向盘联动，具有自动回转关闭功能。但是，一些没有此项功能或该功能故障，以及由于转向角度过小而无法联动关闭时，还是要以手动及时关闭转向灯，避免引起其他车辆、行人的误解而发生事故。

(2) 转向信号灯的维护

① 信号灯的清洁。清洗信号灯（组合车灯）的玻璃表面灰尘，并用抹布擦干。

② 信号的外观的检查。

a. 检查信号灯（组合车灯）玻璃是否破裂。如果玻璃破裂，则更换信号灯（组合车灯）。

b. 检查信号灯（组合车灯）安装是否牢固。如果安装有松动，则予以紧固。

③ 信号灯工作情况的检查。检查信号的工作是否正常；如果工作不正常，则予以检修。

5.3.4 汽车转向信号灯的故障排除

转向灯电路常见故障原因与排除方法见表5-1。

表5-1 转向灯电路常见故障原因与排除方法

序号	故障现象	原因	排除方法
1	左右灯都不亮	转向灯灯丝断线	更换灯泡
		转向信号灯电路熔断器的熔丝熔断	更换熔丝
		蓄电池和开关之间有断线，接触不良	更换或修理配线，修理接触部分
		转向信号灯开关不良	更换开关
		闪光器不良	更换
2	左右灯一侧不亮	闪光器不良	更换
3	左、右转向信号灯的亮灭次数不一样，或其中一个不工作（非闪光器的故障）	指示灯或信号灯断线	更换灯泡
		其中一个使用了非标准瓦数的灯泡	更换成标准瓦数的灯泡
		灯泡接地不良	维修或更换
		转向信号灯开关和转向信号灯之间有断线、接触不良	修理配线或更换，修理接触部位
4	当刮水器和加热器等工作时，亮灭特别慢或不工作（非闪光器的故障）	蓄电池容量不足	给蓄电池充电
		蓄电池到闪光灯装置之间的电压值太大	配线即将断线，检查接触不良部位并修理
5	有时工作有时不工作，装置受到振动才工作	闪光灯电路的配线即将断线	修理或更换配线
		闪光器不良	更换
6	转向信号灯电路的熔断器的熔丝熔断，更换熔丝后再次熔断	闪光灯电路的配线和底盘短路	修理短路处
		灯泡或灯座短路	修理或更换灯座灯泡
		转向信号灯开关短路	更换开关
		闪光器不良	更换
7	转向灯不闪	电源→闪光器→转向灯开关的电源线路开路	逐段检查并接好导线
		闪光器损坏	修理或更换
		转向灯开关损坏	检修或更换
8	接通转向灯开关时，闪光器立即烧坏	转向灯开关至某一转向灯间的电路中有短路、搭铁处	找出短路、搭铁处，使其绝缘良好

5.4 制动与倒车信号装置

5.4.1 制动信号装置

制动信号装置主要由制动信号灯和制动信号灯开关组成。制动信号灯由制动开关控制，安装在汽车的尾部；当汽车制动时，红色信号灯亮，向尾随其后的车辆发出制动信号。制动信号灯开关常见的有气压式、液压式和机械式三种。

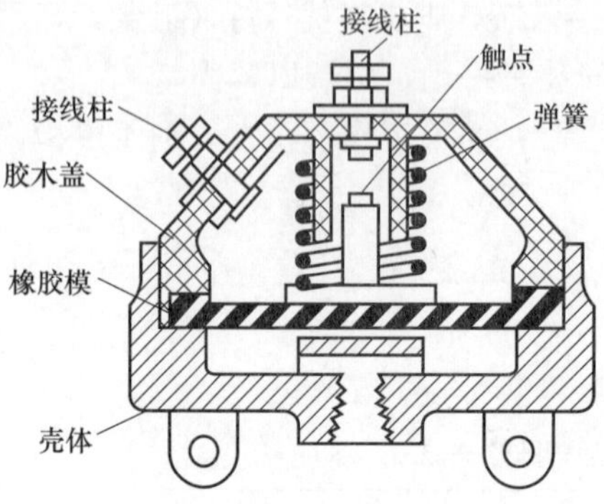

图 5-27 气压式制动信号灯开关

(1) 气压式制动信号灯开关

气压式制动信号灯开关通常安装在制动系统的气压管路上。制动时，制动压缩空气推动橡胶膜片向上弯曲，使触点闭合，接通制动信号灯电路，如图 5-27 所示。

(2) 液压式制动信号灯开关

液压式制动信号灯开关安装在液压制动主缸的前端或制动管路中。当踩下制动踏板时，制动系统压力增大，膜片向上弯曲，动触片接通接线柱，制动灯通电发亮；反之，制动灯电路被切断而熄灭，如图 5-28 所示。

(3) 机械式制动信号灯开关

机械式制动信号灯开关装在制动踏板的后面。当踏下制动踏板时，开关闭合，制动信号灯亮。反之，制动信号灯熄灭，如图 5-29 所示。

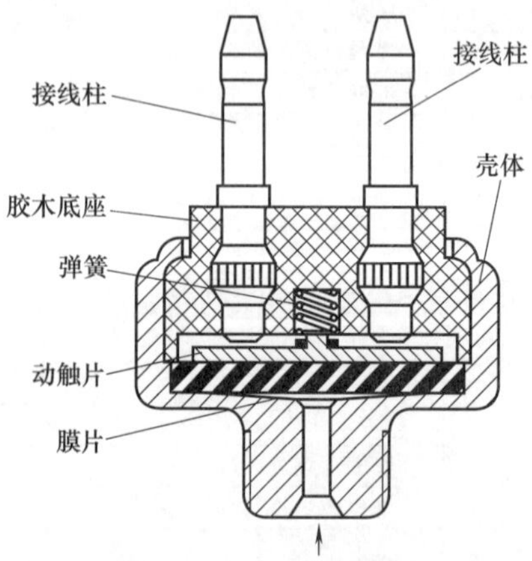

图 5-28 液压式制动信号灯开关

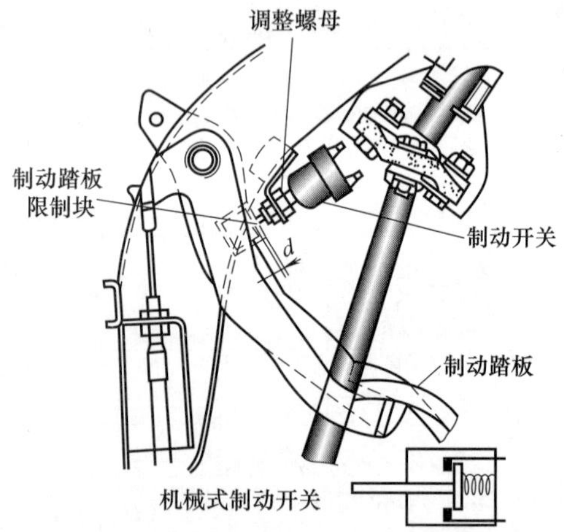

图 5-29 机械式制动信号灯开关

5.4.2 制动信号灯电路

制动信号灯电路一般不受点火开关控制，直接由电源、熔断器到制动信号灯开关。制动信号灯电路根据尾灯的组合形式有以下几种情况。

(1) 采用三灯的组合式尾灯

在这种组合式尾灯中，采用单丝灯泡，每个灯泡只有一个功能；随着功能的增加，尾灯灯泡的数量还要增加。如图 5-30 所示。

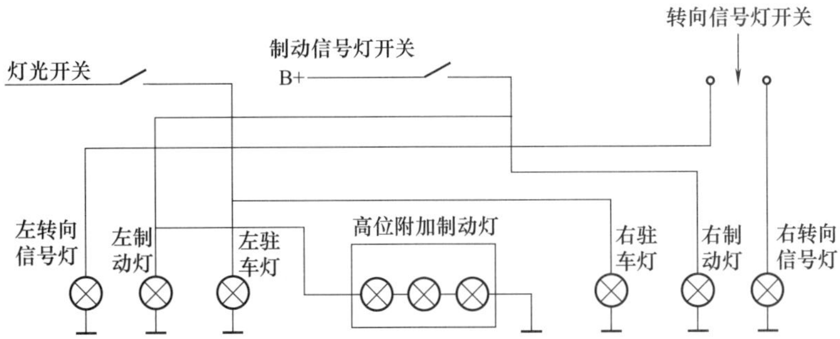

图 5-30　三灯组合式尾灯

(2) 采用双丝灯的尾灯

在双丝灯泡中，大功率的灯丝既用于制动信号灯，又用于转向信号灯，如美国福特汽车公司所采用的双丝灯尾灯的电路如图 5-31 所示。

当转向灯开关不工作时，转向灯开关内的所有电刷都处于中间位置，踏下制动踏板，制动信号灯开关闭合，电流经制动信号灯开关→转向灯开关→转向灯开关内的两个电刷 A、D→两个尾灯的大功率灯丝，这时两个尾灯内的大功率灯丝的信号是制动信号。

当打转向信号时，例如，转向灯开关在左转向挡时，所有电刷都打到左侧，电流经闪光器→转向灯开关→转向灯开关内的两个电刷 B、C→左前转向信号灯和左后尾灯（大功率灯丝），这时左侧尾灯大功率灯丝的信号是转向信号。

若在打左转向信号的同时，踏下制动踏板，则只有右侧尾灯内的大功率灯丝起制动信号作用。

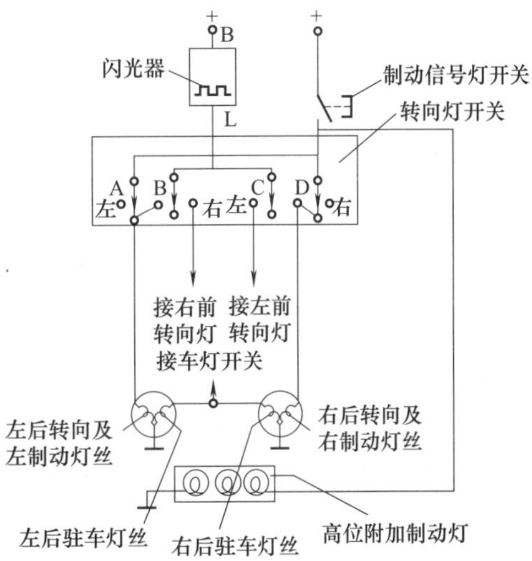

图 5-31　双丝灯尾灯

5.4.3　倒车信号装置

(1) 概述

倒车信号装置包括倒车灯和倒车报警器。汽车倒车时，为了警示车后的行人和其他车辆注意避让，在汽车的后部装有倒车灯和倒车蜂鸣器（或倒车语音报警器），它们均由装在变速器上的倒挡开关控制。当变速杆挂入倒挡时，在拨叉轴的作用下，倒挡开关接通倒车报警

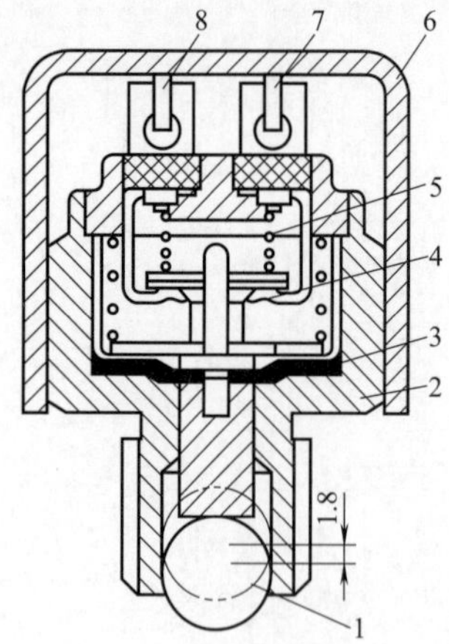

图 5-32 倒车灯开关结构图
1—钢球；2—壳体；3—膜片；4—触点；
5—弹簧；6—保护罩；7，8—导线

器和倒车灯电路，从而发出声光倒车信号。

汽车的倒车灯一般装于汽车尾部，为白色，左右各一只，近年生产的车辆一般仅安装一只。其作用是照亮车后路面并警告车后行人和车辆，表示该车正在倒车。倒车信号线路较为简单，一般由倒车灯开关、倒车灯和保险（熔断器）组成。

（2）倒车灯开关

倒车信号装置由倒车灯开关控制。倒车灯开关的结构如图 5-32 所示。车辆未挂入倒挡时，钢球 1 处于被顶起位置，当车辆挂入倒挡时，钢球 1 被松开，在弹簧 5 的作用下触点 4 闭合，将倒车信号接通。

（3）倒车信号电路

倒车警报信号电路如图 5-33 所示，其工作原理如下：倒车时，倒车信号开关触点接通倒车信号灯电路，倒车信号灯亮。与此同时，倒车蜂鸣器利用电容的充电和放电，使线圈 N1 和 N2 的磁场时而相加，时而相减，使触点 4 时开时闭，从而控制电磁振动式蜂鸣器间歇发声，以警告行人和其他车辆的驾驶员注意。

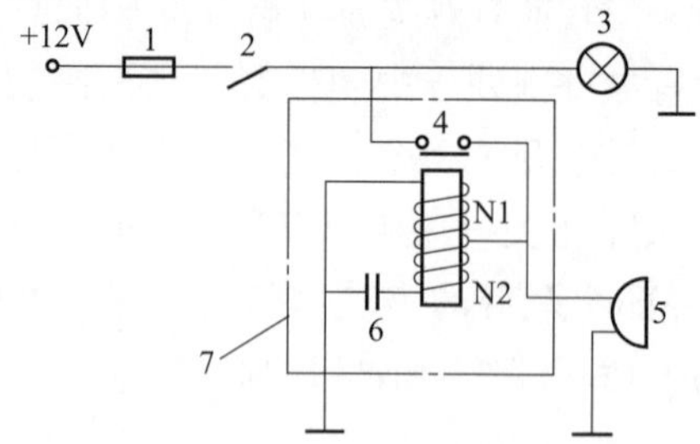

图 5-33 倒车警报信号电路
1—熔断丝；2—倒车信号灯开关；
3—倒车信号灯；4—继电器触点；
5—蜂鸣器；6—电容器；
7—倒车信号间歇发生控制器

（4）倒车语音报警器

随着集成电路技术的发展，目前已经能将语音信号压缩存储于集成电路中，制成倒车语音报警器。在汽车倒车时，能重复发出“请注意，倒车！”等声音，以此提醒车后行人避开车辆而确保安全倒车。倒车语音报警器的典型电路如图 5-34 所示。IC1 是功率放大集成电路，稳压管 VD 用于稳定语音集成块 IC1 的工作电压。为防止电源电压接反，在电源的输入端使用了由 4 个二极管组成的桥式整流电路，这样无论它怎样接入 12V 电源，均可保证电子电路可正常工作。

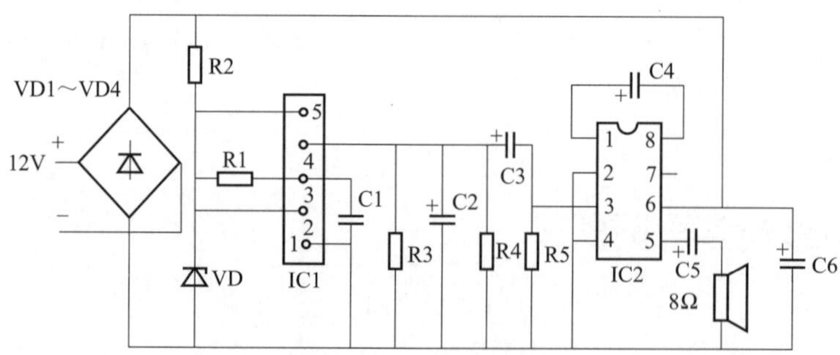

图 5-34 倒车语音报警器的典型电路

当汽车挂入倒挡时，倒车开关接通了倒挡报警电路，电源便由桥式整流电路输入语音倒车报警器，语音集成电路 IC1 的输出端便输出一定幅度的语音电压信号。此语音电压信号经

C2、C3、R3、R4、R5 组成的阻容电路消除杂音，改善音质，并耦合到集成电路 IC2 的输入端，经 IC2 功率放大后，通过喇叭输出，即可发出清晰的"请注意，倒车!"等声音。

(5) 倒车雷达

倒车雷达，又称泊车辅助系统，或倒车电脑警示系统，能以声音或更为直观的显示告知驾驶人周围障碍物的情况，解除了驾驶人泊车和启动车辆时前后左右探视所引起的困扰，并帮助驾驶人扫除了视野死角和视线模糊的缺陷，提高了驾驶的安全性。

通常的倒车雷达主要由三部分组成：感应器（探头）、主机、显示设备。其基本原理如图 5-35 所示。感应器就是发出和接收超声波信号的机构，先将得到的信号传输到主机里面的电脑进行分析，再通过显示设备显示出来。

将探头装在汽车的后保险杠上，根据不同价格和品牌，探头有二、三、四、六只不等，有的高档进口车甚至要装八只，分别管前后左右。探头以 45°辐射，上下左右搜寻目标，能探索到那些低于保险杠而驾驶人从后窗难以看见的障碍物，并发出警告。如花坛、蹲在车后玩耍的小孩等。倒车雷达显示器装在驾驶台上，它不停地提醒驾驶人车距后面物体还有多少距离，到危险距离时，蜂鸣器就开始鸣叫，让驾驶人停车。

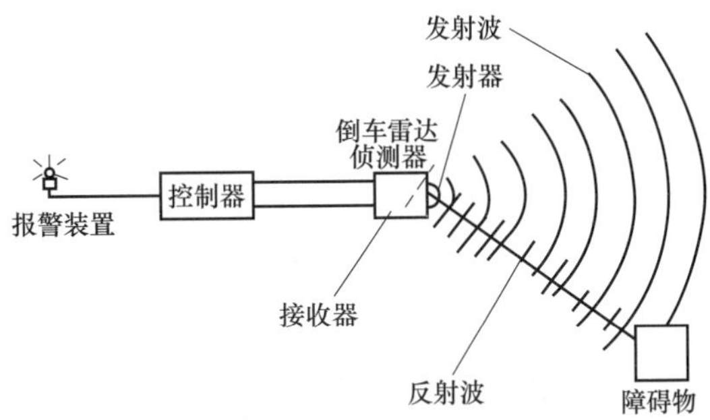

图 5-35　倒车雷达基本原理图

按探头分，倒车雷达有粘贴式、钻孔式和悬挂式三种。粘贴式探头后有层胶，可直接粘贴在后保险杠上；钻孔式探头，是在保险杠上打一个洞，然后把探头嵌进去；悬挂式探头主要用于货车。从显示器分，有数字显示、颜色显示和蜂鸣三种。数字式显示器安装在驾驶台上，距离直接用数字表示，精确到 0.01m，让驾驶人一目了然。它会提醒驾驶人：1.5～0.8m 为安全区；0.8～0.3m 为适当区；0.3～0.1m 为危险区。在安全区，可正常倒泊；在适当区，要减速倒泊；在危险区，要停止倒泊。

5.4.4　制动、倒车装置的故障排除

(1) 倒车灯不工作故障诊断与分析

① 故障现象。倒车时倒车灯不亮。

② 故障原因。主要包括：倒车灯灯泡损坏；倒车灯开关损坏；线路有断路。

③ 故障诊断与排除。检查熔断器是否熔断。若熔断，串接一只试灯找出搭铁处，排除故障。若未熔断，可拔下倒车灯开关上所接的两根接线并短接，如短接后倒车灯亮，说明倒车灯开关损坏，应更换新的开关；若短接后倒车灯仍不亮，检查灯泡是否损坏、搭铁是否良好；如有一只倒车灯不亮，则可能是该只灯泡损坏。

(2) 踩制动踏板后制动灯不亮

故障原因：制动灯灯泡损坏；制动开关损坏；线路故障。

排除方法如下。

① 检查线路，若熔断器烧断，则应查找短路之处。

② 若熔断器未烧断，可短接制动开关的两根接线。若制动灯亮，说明制动开关损坏，应检修或更换。

③ 若短接开关接线后制动灯仍然不亮，检查灯泡是否烧坏或灯座接触是否不良、搭铁是否良好等。

④ 若有一只制动灯不亮，应先检查灯泡是否烧坏。

(3) 倒车雷达故障排除

倒车雷达常见故障的现象、故障原因及排除方法见表 5-2。

表 5-2　倒车雷达常见故障的现象、故障原因及排除方法

故障现象	故障原因	故障诊断	排除方法
尚未进入倒车挡，即发生长鸣现象	电源线与非倒车挡电源并接	确认电源是否与倒车挡电源并接	将电源线与倒车挡电源并接
进入倒车挡时，无声音产生(倒车灯有亮灯)	①蜂鸣器插头未插或损坏 ②控制主机损坏未接入电源 ③控制主机损坏	①确认蜂鸣器插头是否有12V电压 ②确认主机是否有12V电压 ③确认主机是否损坏	①将蜂鸣器插头确实插入 ②将插头确实插入控制主机中 ③更换主机
进入倒车挡时，为两短音	①检测器未与车上线路连接 ②有一组检测器损坏	①确认是否确实插入 ②使用新检测器测试(用代替的方式)	①将检测器拔起重新插入 ②先更换其中一个检测器，确认是否仍为两短音；若是，则更换另一个
进入倒车挡时，虽车后有障碍物，但无声音发生	①检测器损坏 ②超过检测范围 ③控制主机损坏 ④障碍物反射面积小	①确认检测器是否损坏 ②确认障碍物是否在检测范围 ③换一个新控制主机，确认是否正常 ④反射面积是否大于 $25cm^2$	①更换新检测器 ②使用卷尺测量待测物距离 ③更换控制主机 ④要有足够的反射面积
进入倒车挡时，虽车后无障碍物，但蜂鸣器长鸣	①检测器上沾有泥、水等异物 ②检测器损坏	①确认检测器上是否有异物 ②用另两组新的检测器，确定插入，确认是否正常	①将检测器擦拭干净，确定插入主机中，确认是否正常 ②更换检测器
进入倒车时，虽车后无障碍物，但蜂鸣器间歇鸣叫	①检测器未安装在指定位置 ②检测器检测到凹凸不平地面	①确认位置正确与否 ②确认地面是否凹凸不平	①调整检测器角度及位置 ②移动车辆至平整地面确认
在某些特定情况下系统总是工作不正常，其他情况正常	检测器受到其他声波的干扰	此情况下系统是否正常	清除干扰源

5.5 灯光系统的使用与维修

5.5.1 灯光系统的使用方法

汽车上的灯光系统都是由专门的灯光开关进行控制的。现代汽车的灯光开关一般都设置

在转向柱上或者仪表台上，通过旋转方式进行选择。以丰田花冠轿车为实验车，介绍灯光系统的使用方法。

① 插入车钥匙，接通点火开关，仪表上应亮起一些仪表指示灯。

② 旋转灯光开关，至 1 挡，检查示宽灯、牌照灯、尾灯、仪表板灯是否点亮。

③ 旋转灯光开关，至 2 挡，检查前照灯（近光）是否点亮。

④ 将灯光开关上下拨动，使变光开关动作，检查远、近光的切换是否正常，仪表板上的远光指示灯是否点亮。

⑤ 旋转灯光开关，接通雾灯开关，检查前雾灯是否点亮。

⑥ 按下仪表台上的后雾灯开关，检查后雾灯是否点亮。

⑦ 打开发动机舱盖，找到与上述灯光系统有关的熔丝和继电器。

5.5.2 灯光系统的维护与保养

根据发光原理的不同，大灯灯泡可以分为真空灯、卤素灯和氙气灯等几种类型。真空灯和卤素灯价格便宜，使用普遍，不过寿命较短，一般为几百个小时。氙气灯使用寿命可以达到 2500～3000h，而且照明效果更好，但是价格较高。当然不论是哪种类型的灯泡，其基本保养常识都是差不多的。

一般来说汽车灯泡的保修期限是在 6 个月或 10000km 左右，在此建议车主在每次开车外出前，都检查一遍车灯，以免出现意外。另外，车辆每次在做保养时，检查车灯的正常运行是必保养项目。

① 与定期保养时需要更换机油机滤一样，大灯灯泡也需要定期更换。一般来说，每行驶 50000km 或者 2 年左右，大灯灯泡的亮度就会减弱，此时最好进行一下检测，如果确实有亮度不足的情况，那么建议更换灯泡，推荐左右两边同时更换，以免出现两侧亮度不一样的情况。

② 手动调整车灯照明。如果有需要，车主可以根据汽车使用手册中的提示，用螺丝刀来适当调整车灯光束的高度。

③ 检查车灯防尘罩是否有开裂；若车灯防尘罩开裂，就容易在行车时导致雨水进入车灯，在灯罩内形成水雾。

④ 要注意勤检查夜行示宽灯、雾灯、制动灯等工作是否正常；如果有变黑的灯泡，应及时更换。

⑤ 启动时，先启动车辆，后启动车灯；熄火时，先关闭车灯，然后熄火，能更好地保护汽车电池。

⑥ 更换灯泡时，佩戴更换灯泡的专业手套，避免灯泡接触油脂，导致灯泡工作时散热不均匀，影响使用寿命。

5.5.3 汽车灯光电路故障的诊断及排除方法

灯光电路常见故障及其排除方法见表 5-3。

表 5-3 灯光电路常见故障及其排除方法

序号	故障现象	故障原因及诊断方法	故障排除方法
1	所有的车灯都不亮	①电源线路断或搭铁 ②熔断器断开或熔断 ③灯开关触点接触不良或不闭合或灯开关损坏	找出故障处并排除
2	灯开关接通时熔断器立即跳闸，或熔断器的熔丝立即熔断	电路中有短路、搭铁	找出短路、搭铁处并加以绝缘
3	灯泡经常烧坏	电压调节器调整不当或失调，使发电机输出电压过高	重新调整电压调节器的输出电压
4	前照灯灯光暗淡	电源电压过低(蓄电池存电不足或发电机有故障)	对蓄电池充电或检修发电机
		配光镜或反光镜上积有尘埃	拆开前照灯进行清洁
		电线接头松动或锈蚀，使电阻增大	拧紧接头，清除锈蚀
5	前照灯变光时远光灯或近光灯有一个不亮	灯丝烧断	更换灯泡
		接线板或插接器到灯泡的导线开路	检修线路并接牢
		灯泡与灯座之间接触不良	清除污垢、锈蚀，使其接触良好
6	接通前照灯远光或近光时，右侧前照灯正常明亮，而左侧前照灯明显发暗	左前照灯搭铁不良	检修左前照灯搭铁部位
		左前照灯配光镜或反光镜上积有灰尘	拆开左前照灯进行清除
		左前照灯灯泡玻璃表面发黑	更换左前照灯灯泡
		导线接头松动或锈蚀，使线路电阻增大	拧紧导线接头，清除锈蚀
7	左、右小灯均不亮	车灯开关到小灯间导线断路	检查并接好导线
		小灯灯丝烧断	更换小灯灯泡
8	小灯一只亮，另一只不亮	小灯接线板或插接器到小灯间的导线断路	检查并重新接好导线
		小灯灯丝烧断	更换不亮的小灯灯泡
		小灯搭铁不良	使小灯搭铁良好
9	后(尾)灯不亮	线路中有开路处	检查并接好导线
		后(尾)灯灯丝烧断	更换后(尾)灯灯泡
		后(尾)灯搭铁不良	使后(尾)灯搭铁好
10	制动灯不亮	线路中有开路处	检查并重新接好导线
		制动灯开关失灵或损坏	修理或更换
		制动灯灯丝烧断	更换灯泡
		制动灯搭铁不良	使制动灯搭铁良好

5.6 汽车电喇叭系统

5.6.1 汽车喇叭的分类

目前汽车上所装用的喇叭多为电喇叭，主要用于警告行人和其他车辆，以引起注意，保证行车安全。

喇叭按发音动力有气喇叭和电喇叭之分；按外形有螺旋形、筒形、盆形之分（如图5-36所示）；按声频有高音和低音之分；按接线方式有单线制和双线制之分。

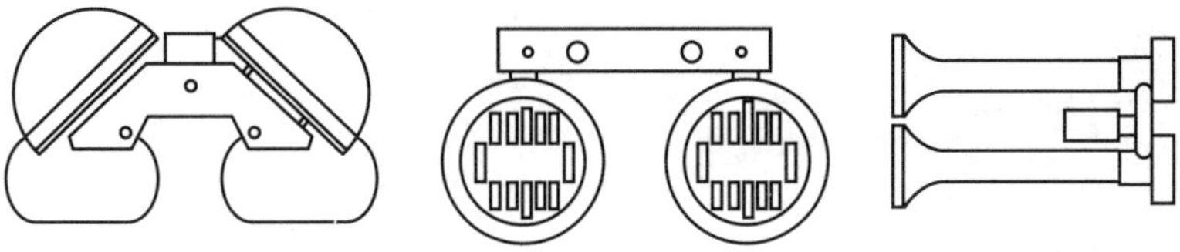

(a) 螺旋形　(b) 盆形　(c) 筒形

图 5-36 三类喇叭

气喇叭利用气流使金属膜片振动产生音响，外形一般为筒形，多用在具有空气制动装置的重型载重汽车上。

电喇叭利用电磁力使金属膜片振动产生音响，其声音悦耳，广泛应用于各种类型的汽车上。

电喇叭按有无触点可分为普通电喇叭和电子电喇叭。普通电喇叭主要是靠触点的闭合和断开，控制电磁线圈激励膜片振动而产生音响的；电子电喇叭中无触点，它是利用晶体管电路激励膜片振动产生音响的。

在中小型汽车上，由于安装的位置限制，因此多采用螺旋形和盆形电喇叭。盆形电喇叭具有体积小、重量轻、指向好、噪声小等优点。

5.6.2 常用电喇叭的基本结构与工作原理

(1) 筒形、螺旋形电喇叭

筒形、螺旋形电喇叭的结构如图5-37所示，其主要机件由山形铁芯、线圈、衔铁、膜片、共鸣板、扬声筒、触点以及电容器等组成。膜片和共鸣板接中心杆与衔铁、调整螺母、锁紧螺母连成一体。线圈的通断使得膜片不断振动，从而发出一定音调的声波，由扬声筒加强后传出。

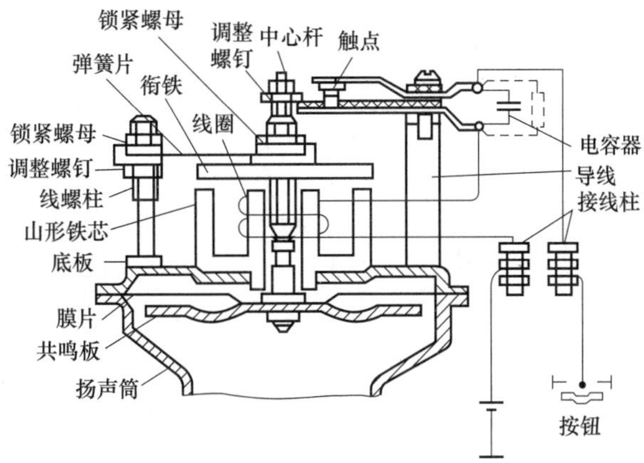

图 5-37 筒形、螺旋形电喇叭

当按下按钮时，电流由蓄电池正极→线圈→触点→按钮→搭铁→蓄电池负极。当电流流过线圈时，产生电磁吸力，吸下衔铁，中心杆上的调整螺母压下活动触点臂，使触点分开而切断电路。此时线圈电流中断，电磁吸力消失，在弹簧片和膜片的弹力作用下，衔铁又返回原位，触点闭合，电路重新接通。此后，上述过程反复进行，膜片不断振动，从而发出一定音调的声波，经扬声筒加强后传出，共鸣板与膜片刚性连接，在振动时发出配音，使声音更加悦耳。

为了减少触点火花，保护触点，在触点间并联了一个电容器（或消弧电阻）。

(2) 盆形普通电喇叭

盆形普通电喇叭的结构如图5-38所示。盆形电喇叭工作原理与筒形、螺旋形电喇叭相同，都是通过控制线圈的开闭使得膜片振动引起共鸣板共鸣来发出声音的。

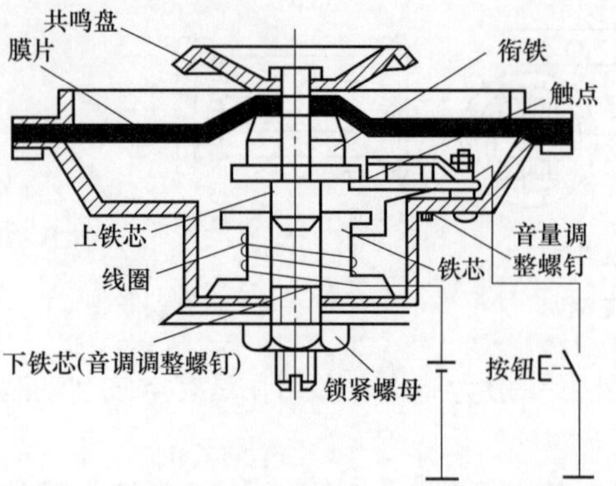

图 5-38 盆形普通电喇叭结构与工作电路

盆形电喇叭由线圈、铁芯、触点、膜片和共鸣盘（共鸣板）等组成。按下喇叭按钮时，电流从蓄电池正极→线圈→触点→喇叭按钮→搭铁→蓄电池负极，电流流经线圈时产生电磁力，上铁芯被吸下，上铁芯与下铁芯（音调调整螺钉）碰撞；上铁芯下移，使触点断开，线圈断电，电磁力消失，膜片带动上铁芯复位；上铁芯复位后，触点闭合，线圈通电，线圈产生电磁力，上铁芯又被吸下，上铁芯反复上下动作。下铁芯与上铁芯碰撞产生较低的基本频率，激励与膜片一体的共鸣盘产生共鸣，从而发出比基本振频强且分布比较集中的谐音。通过调整螺钉来调整电喇叭的音调和音量。盆形普通电喇叭有触点，触点易烧蚀。

(3) 电子电喇叭

有触点电磁振动式电喇叭由于触点易烧蚀、氧化，影响电喇叭的工作可靠性，故障率高，因此，无触点电喇叭（电子电喇叭）应运而生。

电子电喇叭利用晶体管控制电路来激励膜片振动产生声响。电子电喇叭主要由多谐振荡电路和功率放大电路组成，其电路如图 5-39 所示。

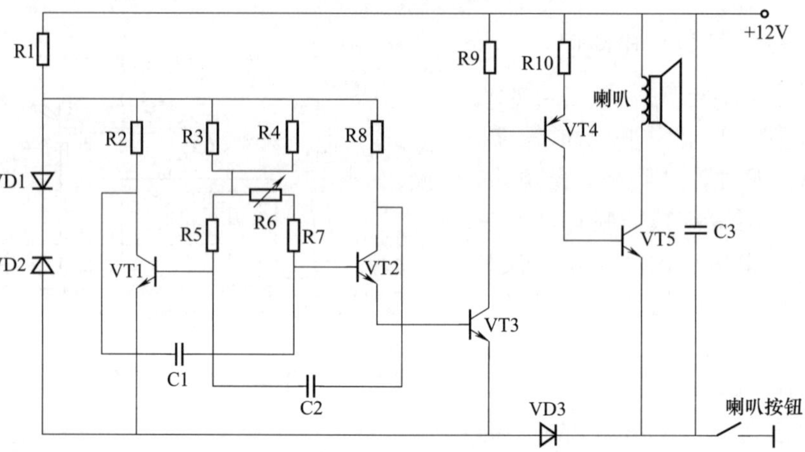

图 5-39 电子电喇叭电路图

工作原理如下：由 VT1、VT2、VT3 和 C1、C2 及 R1～R9 组成多谐振荡电路。当按下喇叭按钮时，电路即通电，VT1 和 VT2 都有导通的可能。由于 VT1 和 VT2 的电路参数总有微小差异，因此两个晶体管的导通程度不可能完全一致。假设在电路接通瞬间 VT1 先导通，VT1 的集电极电位首先下降，于是，多谐振荡电路通过 C1、C2 正反馈电路形成正反馈过程，使 VT1 迅速饱和导通，而 VT2 则迅速截止，电路进入暂时稳态。此时，C1 充电使 VT2 的基极电位升高，当达到 VT2 的导通电压时，VT2 开始导通，多谐振荡电路又形成正反馈过程，使 VT2 迅速导通，而 VT1 则迅速截止，电路进入新的暂时稳态。这时，C2 的充电又使 VT1 的基极电位升高，使 VT1 又导通，电路又产生一个正反馈过程，使 VT1 迅速饱和导通，而 VT2、VT3 则迅速截止。如此周而复始，形成振荡。此振荡电流信号经 VT4、VT5 的直流放大，控制喇叭线圈电流的通断，从而使喇叭发出声响。

电路中，电容 C3 是喇叭的电源滤波电容，以防其他电路瞬变电压的干扰。VD2、R1 为多谐振荡的稳压电路，使振荡频率稳定。VD1 用作温度补偿，VD3 起电源反接保护作用。R6 可用于调节喇叭的音量。

5.6.3　喇叭继电器

为了得到更加悦耳的声音，在汽车上常装有两个不同音调（高、低音）的喇叭。其中高音喇叭膜片厚、扬声筒短，低音喇叭则相反。有时甚至用三个（高、中、低）不同音调的喇叭。装单只喇叭时喇叭电流是直接由按钮控制的，按钮大多装在转向盘的中心。当汽车装用双喇叭时，因为消耗电流较大（一般为 15～20A），所以用按钮直接控制时，按钮容易烧坏。为了避免这个缺点，采用喇叭继电器，其构造和接线方法如图 5-40 所示。

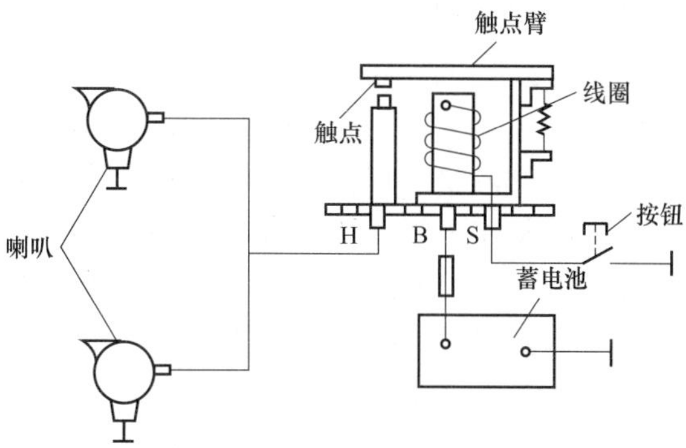

图 5-40　喇叭继电器构造和接线方法

当按下按钮时，蓄电池电流便流经线圈，因为线圈电阻很大，所以通过线圈及按钮的电流很小。线圈通电后，产生电磁吸力，使触点闭合接通喇叭电路。因为大电流不经过按钮，所以保护了按钮。当松开按钮时，线圈中电流中断，磁力消失，触点打开，切断电路，喇叭停止发音。

5.6.4　电喇叭的使用

① 单线制电喇叭与双线制电喇叭的接线方法不同（双线制电喇叭按钮控制电喇叭的搭铁）。装两只或以上的电喇叭，为延长按钮的使用寿命，应安装喇叭继电器。

② 电喇叭一般安装在汽车保险杠附近。其固定方法对其发音影响很大，安装时应有适当的避振结构和正确的安装位置。通常电喇叭先固定在避振片上（一般用 0.5～ 0.8mm 厚的弹簧钢片制成）。然后由避振片或避振结构与车身相接，不可直接作刚性连接。安装时不可随意改变原装电喇叭避振片；安装盆形电喇叭时，避振片应垂直向下。

③ 电喇叭安装时扬声筒应向车辆的前方，并稍向下倾斜，以防雨水或洗车水进入其内而影响发音效果。

④ 发电机输出电压应调整适当，过高或过低都会对电喇叭造成不良的影响。

⑤ 使用电喇叭的时间不应过长，一般连续发音不超过 10s。

5.6.5　电喇叭的检测与调整

（1）电喇叭的检测

汽车喇叭声级的检测标准为城市用机动车喇叭噪声级，在距车前 2m、离地面高 1.2m

处应为 90～115dB。汽车喇叭声级的测点位置如图 5-41 所示，检测时应注意不被偶然的其他声源峰值所干扰，测量次数定在 2 次以上，并监听喇叭声音是否悦耳。

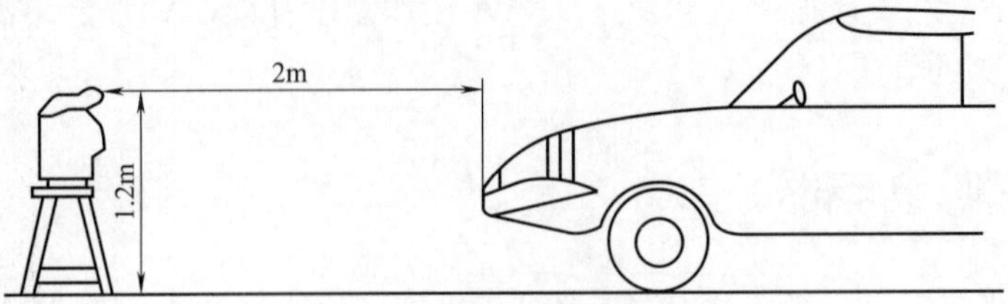

图 5-41 声级计的检测部位

(2) 电喇叭的调整

电动气喇叭一般制成不可调式。螺旋形、盆形电喇叭调整一般有铁芯气隙调整和触点预压力调整两项，前者调整喇叭的音调；后者调整喇叭的音量。

① 音调的调整。音调的高低取决于膜片振动的频率，改变铁芯间隙可以改变膜片的振动频率，从而改变音调，有的在制造时已经调好，工作中不用调整。松开锁紧螺母旋转铁芯，间隙减小时音调提高，间隙增大时音调降低，铁芯气隙值（一般为 0.7～1.5mm）视喇叭的高、低音及规格型号而定，如 DL34G 为 0.7～0.9mm；DL34D 为 0.9～1.05mm。

筒形、螺旋形电喇叭铁芯气隙的调整部位和调整方法如图 5-42 所示。对图 5-42（a）所示的电喇叭，只需先松开锁紧螺母，然后转动衔铁，即可改变衔铁与铁芯气隙；对图 5-42（b）所示的电喇叭，只需松开上、下调节螺母，即可使铁芯上升或下降，即改变铁芯气隙；对图 5-42（c）所示的电喇叭，可先松开锁紧螺母，转动衔铁加以调整，然后松开调节螺母，使弹簧片与衔铁平行后紧固。调整时，应使衔铁与铁芯间的气隙均匀，否则会产生杂音。

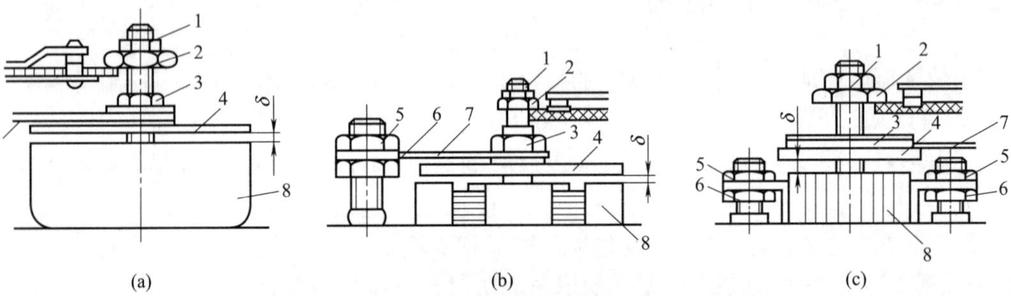

图 5-42 筒形、螺旋形电喇叭铁芯气隙的调整

1,3—锁紧螺母；2,5,6—调整螺母；4—衔铁；7—弹簧片；8—铁芯

盆形电喇叭铁芯气隙的调整如图 5-43 所示，调整时应先松开锁紧螺母，然后旋转音调调整螺栓（铁芯）进行调整。

② 音量的调整。音量的大小与通过线圈的电流大小有关，通过的工作电流大，喇叭发出的音量也就大。线圈通过的电流大小可以通过改变喇叭触点的接触压力来调整（压力增大，通过线圈的电流增大，喇叭的音量增大，反之音量减小）。盆形电喇叭可通过调整螺钉来调整触点压力，进而实现音量的调整。

触点压力是否正常，可通过检查喇叭工作电流与额定电流是否相符来判断。如工作电流等于额定电流，则说明触点压力正常；如工作电流大于或小于额定电流，则说明触点压力过大或过小，应予以调整。对于图 5-42 所示的筒形、螺旋形电喇叭，应先松开锁紧螺母，然后转动调节螺母（逆时针方向转动时，触点压力增大，音量增大）进行调整；对图 5-43 所示的盆形电喇叭，可旋转音量调节螺钉（逆时针方向转动时，音量增大）进行调整。调整时不可过急，一般每次转动调节螺母不多于 1/10 圈。

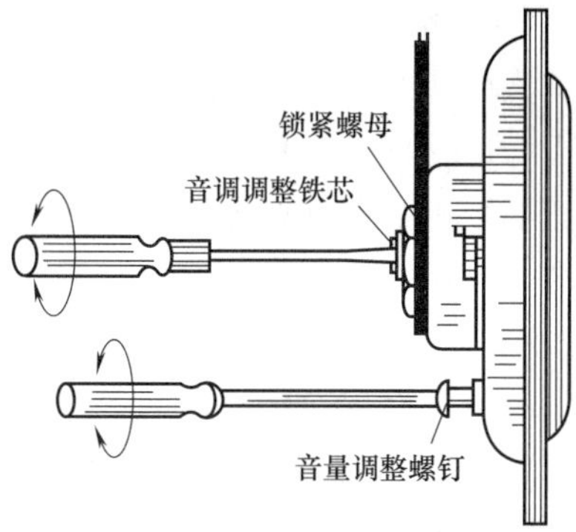

图 5-43 盆形电喇叭铁芯气隙的调整

电喇叭音量和音调调整并不是完全独立的，两者实际上是相互关联的。因此两者需反复调试才会获得最佳效果。汽车喇叭声级在距车前 2m、离地面 1.2m 处测量时，其值应为 90～115dB。

5.6.6 电喇叭系统故障的检修方法

(1) 喇叭不响

故障现象：按下按钮，喇叭不响。

故障诊断：

① 检查火线是否有电，拆下喇叭继电器的“电源”接线柱上的导线进行划火。若无火，说明火线断路，应检查蓄电池→熔断丝→喇叭继电器“电源”接线柱之间线路有无断路。

② 若火线有电，则将喇叭继电器的“电源”与“喇叭”两个接线柱短接；若喇叭响，说明喇叭继电器或喇叭按钮有故障，否则，说明喇叭本身或连接线有故障。

③ 按下喇叭按钮，倾听继电器内有无响声，若有“嗒嗒”声，但喇叭不响，说明触点氧化或烧蚀。若无“嗒嗒”声，再将继电器按钮接线柱搭铁，若喇叭响，说明按钮或连接线有故障；若喇叭不响，但能听到继电器中有“嗒嗒”声，为触点接触不良；听不到“嗒嗒”声，搭铁时无火花，为线圈断路；火花强烈，为线圈短路。

④ 按下喇叭按钮，若喇叭只发出“嗒”的一声就不响了，则故障在喇叭内部。同时观察喇叭触点是否能断开。若不能断开应重新调整；若能断开，则应先检查触点间隙以及电容器或灭弧电阻是否短路。

⑤ 若按下喇叭按钮，喇叭不响，检查电路发现熔断丝熔断，肯定是线路中有搭铁之处，可分段检查。

(2) 喇叭响声不正常

故障现象：当按下喇叭按钮时，喇叭声响沙哑、发闷、刺耳。

故障诊断：首先检查蓄电池存电是否充足。接通前照灯开关，如果灯光暗弱，或者在发动机启动前喇叭声音沙哑，但发动机启动并加速到中速以上运转时，喇叭声音恢复正常，则是蓄电池亏电所致。若蓄电池技术状况正常或发动机中速以上运转时，喇叭声音仍沙哑，则应检查安装情况；若有松动应紧固；若无松动，应检查各部紧固情况，必要时检查喇叭膜片和调整音量与音调。若膜片破裂，更换时应使用同型号喇叭的膜片。

(3) 喇叭长鸣

故障现象：在行车中，喇叭突然响个不停或喇叭按钮松开后，喇叭依然鸣叫。

故障诊断：遇到这种情况，应迅速将接在继电器“电池”接线柱上的火线头拆下悬空，使喇叭停响。拆除继电器“按钮”接线柱上的接头，然后用前面拆下的电池接线柱上的火线碰划“电池”接线柱。若喇叭响，可能是继电器触点烧蚀、弹簧弹力过弱或继电器“喇叭”“电池”接线柱短路。若喇叭不响，可能是继电器“按钮”接线柱至按钮之间的连线破损搭铁、线头搭铁或按钮复位弹簧折断或弹簧弹力过小等。

(4) 一只喇叭不响（喇叭响声过小）

故障现象：按下喇叭按钮，只有高音或低音喇叭鸣叫。

故障诊断：首先用万用表、试灯或对调两个喇叭连接线，检查导线有无断路。若导线良好，应检查喇叭的调整是否变动，喇叭线圈是否断开，喇叭搭铁是否良好等。

(5) 电喇叭音量小

故障原因：电喇叭触点烧蚀，电喇叭搭铁不良。

排除方法：电喇叭触点烧蚀，更换电喇叭；搭铁不良，进行处理。对于螺旋形电喇叭，使用中不要进水，安装时注意方向，开口朝下。

第6章

汽车仪表与报警系统

6.1 汽车仪表与报警系统概述

6.1.1 汽车仪表与报警系统的作用与分类

(1) 汽车仪表与报警系统的作用

汽车仪表与报警系统包括汽车仪表系统和汽车报警系统两大部分。

汽车仪表系统是汽车运行状况以及发动机运转状况的动态反映，是汽车与驾驶人进行信息交流的界面，为驾驶人提供必要的汽车运行信息。汽车仪表是为驾驶员提供汽车运行重要信息的装置，用来指示汽车运行与发动机运转状况，让驾驶员随时了解汽车各系统的工作状态，以便及时发现问题、采取措施、避免事故，保证车辆正常运行，同时也是维修人员发现和排除故障的重要工具。仪表盘装在驾驶室转向盘的前方台板上，仪表盘上装有各种指示仪表和报警装置。

仪表系统是驾驶员了解汽车工作状况的窗口。因此要求仪表结构简单、工作可靠、显示数据清晰准确、数据受电压波动和环境温度变化的影响小。此外，仪表要有较好的抗振、耐冲击性能。

汽车报警系统是预防车辆事故、保证行车安全的重要装置，是汽车与驾驶人进行信息交流的界面，为驾驶人提供必要的汽车运行信息。同时汽车仪表和报警系统又是维修人员发现和排除汽车故障的重要依据。

(2) 汽车仪表的分类

汽车仪表板上仪表主要包括：发动机转速表、车速表、里程表、燃油表、冷却系统表等常见仪表。

汽车仪表按工作原理分类如下。

① 机械式仪表。就是基于机械作用力而工作的仪表。

② 电气式仪表。就是基于电测原理，通过各类传感器将被测的非电量变换成电信号

（模拟量）加以测量的仪表。

③ 模拟电路电子式仪表。其工作原理与电气式仪表基本相同，只不过是用电子器件（分立元件和集成电路）取代原来的电气元器件，现在均采用各种专用集成电路。

④ 数字式仪表。就是由 ECU 采集传感器的信号，将模拟量转换为数字量，经分析处理后控制显示装置的仪表。

随着汽车新技术的发展日新月异，传统的汽车仪表为驾驶人提供的信息已经远远不能满足要求。随着电子技术的飞速发展，电子数字显示及图像显示的仪表以多功能、高灵敏度、高精度、读数直观、显示模式的自由化等优点不断应用在新型汽车上。

⑤ 汽车仪表板按安装方式分类如下。

a. 组合式仪表。就是将各仪表组合安装在一起。

b. 分装式仪表。就是将各仪表单独安装。

(3) 常用汽车仪表的用途

目前，汽车上都广泛使用组合式仪表。仪表一般包括发动机转速表、车速表、里程表、燃油表、水温表、机油压力表等。

① 转速表。用来测量和显示发动机的曲轴转速。

② 车速表。用来测量和显示汽车的行驶速度。

③ 里程表。用来测量和显示汽车行驶的里程。

④ 冷却液温度表。用来测量和显示发动机冷却液的温度。

⑤ 燃油表。用来测量和显示汽车燃油箱内的燃油量。

⑥ 机油压力表。用来测量和显示发动机主油道内的机油压力。

⑦ 电流表。用来测量和显示蓄电池充、放电电流值，同时监视电源系统的工作情况。

⑧ 电压表。不但能用来测量和显示发电机和蓄电池的端电压，还能用来监控发电机和调节器的工作情况，以及蓄电池的技术状况。

6.1.2 汽车仪表的安装方式

汽车仪表的安装方式主要有以下特点。

① 以总成方式安装。汽车电气仪表均集中安装在驾驶室转向盘前方的仪表板上，一般采用仪表板总成安装方式，分垂直安装式和倾斜安装方式两类。所谓总成安装方式，就是将各种仪表及仪表照明灯、报警信号等合装在一个表壳内，共用一块表面玻璃密封。

② 与各种警告灯和监视灯组合在一起。现代汽车的仪表盘上，除了安装了一些基本的仪表以外（例如水温表、机油压力表、燃油表、车速里程表），还将各种警告灯和监视灯也集成在仪表盘内，由此就形成了组合式仪表盘。这也是现代客车、轿车上使用较多的一种新型组合仪表。

③ 组合仪表上开关和仪表字母说明。由于组合仪表上的可用空间有限，因此对各种开关和仪表名称的说明大都采用缩写字母来表示。

④ 组合仪表上警告灯和监视灯符号说明。现代汽车上使用了很多警告装置，但使用最多的是警告灯和监视灯。

除了国产汽车上采用这些警告装置外，日本、欧美等国的汽车上也采用这种装置，其表示方法基本相同。

6.2 常用汽车仪表的基本结构与工作原理

6.2.1 机油压力表的基本结构与工作原理

机油压力表用来检测和显示发动机主油道内机油压力的大小，以防因缺机油而造成拉缸、烧瓦等重大故障发生。它由装在仪表盘上的机油压力指示表和装在发动机主油道中的机油压力传感器两部分组成。

机油压力指示表可分为电热式、电磁式和弹簧式三种。机油压力传感器可分为双金属片式和可变电阻式两种。常用的是电热式机油压力指示表配双金属片式机油压力传感器，电磁式机油压力指示表配可变电阻式机油压力传感器，电热式机油压力指示表配可变电阻式机油压力传感器。其中应用最为广泛的是电热式机油压力表。

下面以电热式机油压力表与电热式（双金属片式）机油压力传感器为例加以介绍。

(1) 电热式机油压力表的结构

电热式机油压力表又称双金属片式机油压力表，其结构与工作原理如图 6-1 所示。双金属片式机油压力表内有特殊形状的双金属片，双金属片上绕有加热线圈，两线端分别与两接线柱连接。它一端固定在调节齿扇上；另一端与指针相连。

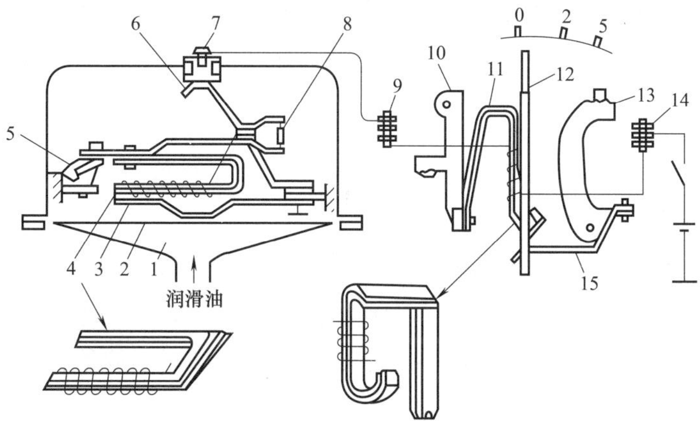

图 6-1　双金属片式机油压力表的结构

1—油腔；2—膜片；3,15—弹簧片；4—传感器双金属片；5—调节齿轮；6—接触片；7—传感器接线柱；8—校正电阻；9,14—指示表接线柱；10,13—调节齿扇；11—指示表双金属片；12—指针

传感器为圆形，内装有可感受机油压力的膜片，膜片的上部顶着弓形弹簧片。弹簧片的一端与外壳固定搭铁；另一端焊接的触点与双金属片触点接触。双金属片上绕有加热线圈，加热线圈通过接触片与外接线柱连接，电阻与加热线圈并联。膜片下方油腔与发动机主油道相通，机油压力可直接作用在膜片上。

(2) 电热式机油压力表的工作原理

接通点火开关时，电流经蓄电池正极→点火开关→接线柱→表内双金属片上的加热线圈→接线柱→传感器内接触片→传感器内双金属片的触点→弹簧片→搭铁→蓄电池负极，构成回路。电流流过表内和传感器内双金属片上的加热线圈，使双金属片受热变形（双金属片是用两种膨胀系数不同的金属压制而成的，受热时，膨胀系数大的一面向膨胀系数小的一面弯曲）。当电路中有电流通过时，绕在双金属片上的线圈产生热量，造成传感器双金属片受热弯曲，使触点断开，切断电路；而指示表双金属片受热弯曲，使指针偏转，指示机油压力的大小。

当机油压力很低时，膜片几乎没有变形，作用在传感器内触点上的压力甚小。当电流流过而温度略有上升时，传感器双金属片 4 就受热弯曲，使触点分开，切断电路并停止产生热量。一段时间后，双金属片冷却伸直，触点又闭合，电路又被接通。因此触点闭合时间短，而打开时间长，通过指示仪表电热线圈的平均电流值小，使指示表双金属片 11 因温度较低而弯曲度小，指针偏转角度很小，即指示出较低的油压。

当机油压力升高时，膜片向上拱曲增大，加在传感器内触点上的压力增大。传感器双金属片 4 需要在较高温度下，即其上电热线圈通过较大电流、较长时间后，才能弯曲，使触点分开，而触点分开后稍加冷却就会很快闭合。因此触点打开时间短，而闭合时间长，通过指示仪表电热线圈的平均电流值大，使指示表双金属片 11 因温度较高而弯曲度大，指针偏转角度增大，即指示出较高的油压。

6.2.2 冷却液温度表的基本结构与工作原理

冷却液温度表的作用是检测和显示发动机水套中冷却液的工作温度，以防发动机过热。

冷却液温度指示表分为电热式、电磁式和动磁式三种。冷却液温度传感器可分为双金属片式和热敏电阻式两种。常用的是电热式冷却液温度指示表配双金属片式温度传感器、电热式冷却液温度指示表配热敏电阻式温度传感器和电磁式冷却液温度指示表配热敏电阻式温度传感器。

由于双金属片式冷却液温度表的结构和原理与双金属片式机油压力表基本相同，因此下面主要介绍电磁式冷却液温度表。

(1) 电磁式冷却液温度表的结构

图 6-2 所示为电磁式冷却液温度表与热敏电阻传感器的结构。线圈 1 与线圈 2 并联，但是线圈 1 直接搭铁，线圈 2 通过热敏电阻后搭铁。传感器中装有负温度系数热敏电阻，其阻值会随水温升高而减小。

(2) 电磁式冷却液温度表的工作原理

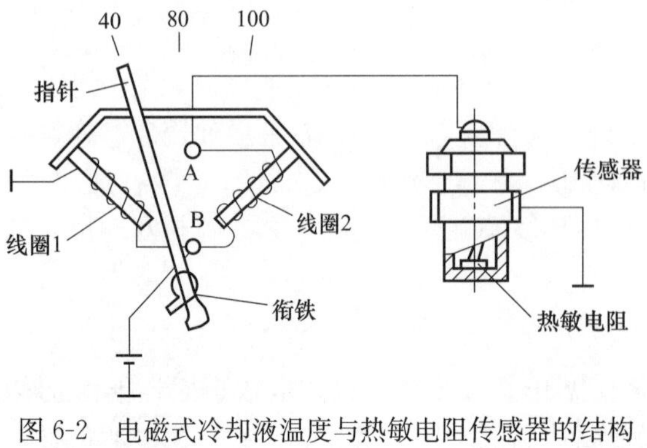

图 6-2 电磁式冷却液温度与热敏电阻传感器的结构

当点火开关置于 ON 时，左、右两个线圈通电，各形成一个磁场，同时作用于软铁转子（衔铁），转子便在合成磁场的作用下转动，使指针指在某一刻度上。

当冷却液温度较低时，传感器热敏电阻阻值增大，线圈 2 中电流变小，合成磁场使指针逆时针转动，指针指在低温处；当冷却液温度升高时，传感器热敏电阻阻值减小，线圈 2 中电流增大，合成磁场使指针顺时针旋转，使指针指向高温处。

6.2.3 燃油表的基本结构与工作原理

燃油表（油量表）用来测量和显示油箱内油量的多少。它由装在仪表盘上的燃油指示表和装在燃油箱内的传感器组成。燃油指示表有电磁式、动磁式和电热式三种，其中电热式燃油表的结构与原理和电热式机油压力表基本相同。传感器均为可变电阻式。

(1) 电磁式燃油表

① 电磁式燃油表的结构　图 6-3 所示为电磁式燃油表与可变电阻式传感器的结构。装在燃油箱内的浮筒传感器由电阻、滑片、浮子组成。燃油指示表由两个绕在铁芯上的线圈、转子、指针、分流电阻等组成。

② 电磁式燃油表的工作原理　当接通点火开关时，电流由蓄电池正极→点火开关→燃油表接线柱→左线圈→接线柱→右线圈→搭铁→蓄电池负极，构成回路。同时电流由接线柱→传感器接线柱→可变电阻→滑片→搭铁→蓄电池负极，构成回路。左右线圈形成合成磁场，转子就在合成磁场的作用下转动，使指针指在某一刻度上。

当油箱无油时，浮子下沉，可变电阻上的滑片移至最右端，可变电阻和右线圈被短路，左线圈的电流达到最大值，产生的电磁力最强，吸引转子使指针指示在“0”位上。

当油量增加时，浮子上浮，带动滑片沿可变电阻滑动。可变电阻部分接入电路，左线圈电流相应减小，而右线圈中电流增大。转子在合成磁场的作用下向右偏转，带动指针指示油箱中的燃油量。如果油箱半满，指针指在“1/2”位。油箱全满时，指针指在“1”位。

(2) 电热式燃油表

① 电热式燃油表的结构　电热式燃油表又称为双金属片燃油表，它的传感器与电磁式燃油表相同，结构如图 6-4 所示。

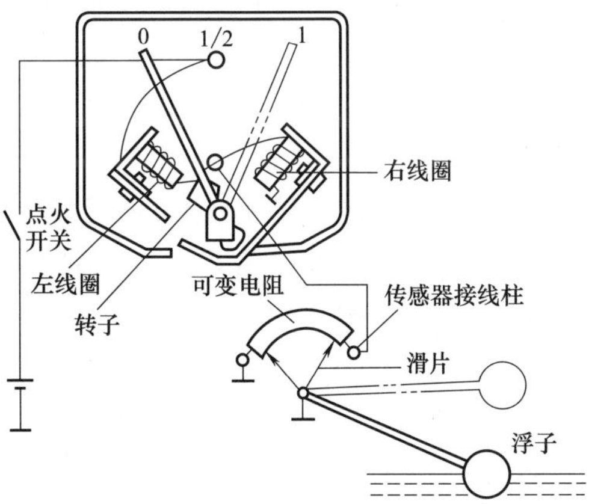

图 6-3　电磁式燃油表与可变电阻式传感器的结构

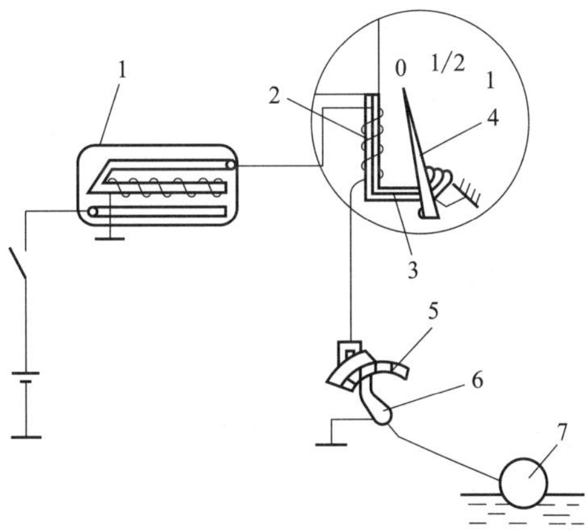

图 6-4　电热式燃油表结构

1—稳压器；2—加热线圈；3—双金属片；4—指针；5—可变电阻；6—滑片；7—浮子

② 电热式燃油表的工作原理　当油箱无油时，传感器浮子 7 在最低位置，将可变电阻 5 全部接入电路，因为加热线圈中的电流最小，所以双金属片 3 没有变形，指针 4 指示“0”

的位置；当油箱中的油量增加时，传感器浮子上浮，带动滑片 6 移动，可变电阻的阻值减小，加热线圈中的电流增大，双金属片 3 受热变形，带动指针 4 向右转动。

由于流经加热线圈中的电流除与可变电阻的阻值有关外，还与电源电压有关，因此该电路中需配有稳压器。

6.2.4 发动机转速表的基本结构与工作原理

发动机转速表用来测量和显示发动机曲轴的转速，有电磁式和电子式两种。电子式转速表由于结构简单、指示精确和安装方便，因此被广泛应用。

(1) 电磁式发动机转速表

电磁式发动机转速表工作电路由电磁式发动机转速表和电磁式传感器组成，如图 6-5 所示。

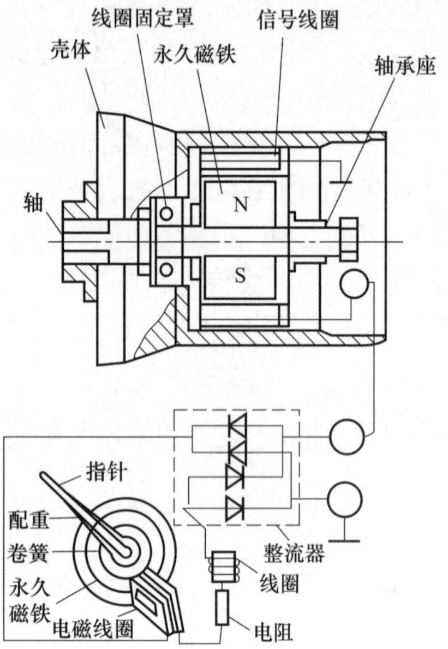

图 6-5 电磁式发动机转速表工作电路

当发动机运转时，电磁式传感器产生交流电，其电压随发动机转速变化，通过整流器转变为直流电，并将直流电压输送至电磁式发动机转速表，电磁线圈被磁化，电磁线圈与永久磁铁相互作用，电磁线圈偏转一定角度，从而带动指针指示相应转速。当发动机转速升高，电磁式传感器输出的电压变大，电磁线圈偏转的角度也变大，指针指示较高转速。

(2) 电子式发动机转速表

电子式发动机转速表获取转速信号的方式一般有三种：从点火系获取脉冲电压信号、从发动机的转速传感器获取转速信号、从发电机获取转速信号。汽油发动机电子式转速表都是用点火系统的脉冲电压信号。图 6-6 所示为电子式发动机转速表电路原理图，转速信号来自于点火系统的初级电路。工作原理如下：

当点火控制器使初级电路导通时，三极管 VT 处于截止状态，电容 C2 被充电。其充电电路为：蓄电池正极→R3→C2→VD2→蓄电池负极，构成回路。

当点火控制器使初级电路截止时，三极管 VT 的基极得正电位而导通，此时 C2 便通过导通的三极管 VT、电流表 A 和 VD1 构成放电回路，从而驱动电流表。

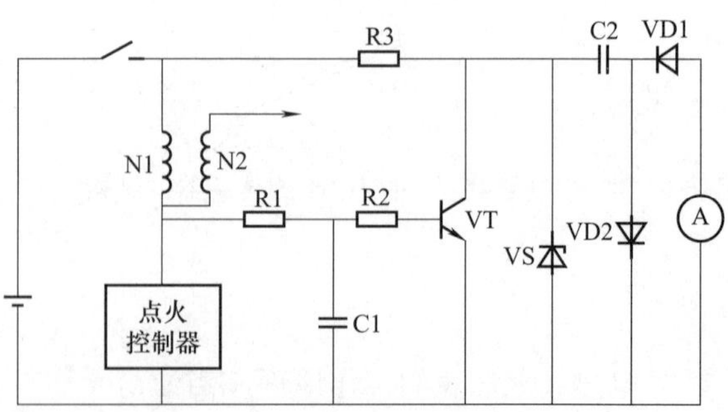

图 6-6 电子式发动机转速表电路原理图

当发动机工作时，初级电路不断地导通、截止，其导通、截止的次数与发动机转速成正比。所以当初级电路不断地导通、截止时，对电容 C2 不断地进行充放电，其放电电流平均值与发动机转速成正比，于是将电流平均值标定成发动机转速即可。

6.2.5　车速里程表的基本结构与工作原理

车速里程表用来显示汽车行驶速度和累计行驶里程。车速里程表由车速表和里程表两部分组成。车速里程表有电磁式和电子式两种形式。

(1) 电磁式车速里程表

电磁式（又称感应式）车速里程表包括电磁式车速表和机械式里程表，如图 6-7 所示。电磁式仪表没有电路连接，它是由变速器输出轴上的一套蜗轮蜗杆以及挠性软轴来驱动的。车速表由永久磁铁、带有轴及指针的铝碗、罩壳和紧固在车速里程外壳上的刻度盘等组成。

车速表的罩壳固定，杯形铝碗位于罩壳与永久磁铁之间，且有一定间隙；铝碗与指针连接，受卷簧作用，铝碗静止时，指针指在“0”处；永久磁铁由软轴驱动，而软轴通过安装在变速器输出轴上的蜗轮蜗杆机构带动。汽车行驶时，变速器输出轴上的蜗轮蜗杆机构通过软轴带动永久磁铁旋转，铝碗感应出涡流，产生电磁转矩，使铝碗克服卷簧的弹力沿永久磁铁旋转方向转动一定角度，从而带动指针偏转。涡流的强度与车速成正比，车速越高，铝碗产生的电磁转矩越大，指针偏转的幅度也越大，即指示的车速越高。

里程表由蜗轮蜗杆机构和数字轮组成。里程表也由软轴驱动，汽车行驶时，软轴带动蜗轮蜗杆机构驱动数字轮，累计汽车行驶里程。

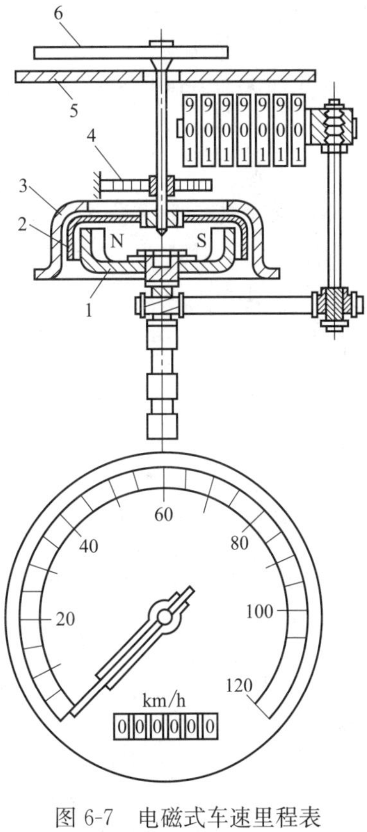

图 6-7　电磁式车速里程表

1—永久磁铁；2—铝碗；3—罩壳；4—盘形弹簧；5—刻度盘；6—指针

(2) 电子式车速里程表

电子式车速里程表由车速传感器、电子电路、车速表和步进电动机驱动式里程表组成，如图 6-8 所示。

车速传感器由一个舌簧开关和一个有八对磁极的转子组成，如图 6-9 所示。车速传感器的转子由变速器输出轴带动，汽车行驶时，转子每转一周，舌簧开关的触点闭合八次，产生八个脉冲信号，车速越高，信号频率越高，其信号频率正比于车速。

车速传感器的信号经电子电路处理后，输出恒流电流，驱动车速表指针偏转，指示相应车速。

里程表由一个步进电动机和六位数字的十进制齿轮计数器组成。车速传感器的信号先经电子电路处理，再经功率放大器放大，然后驱动步进电动机，由步进电动机带动计数器累计里程。

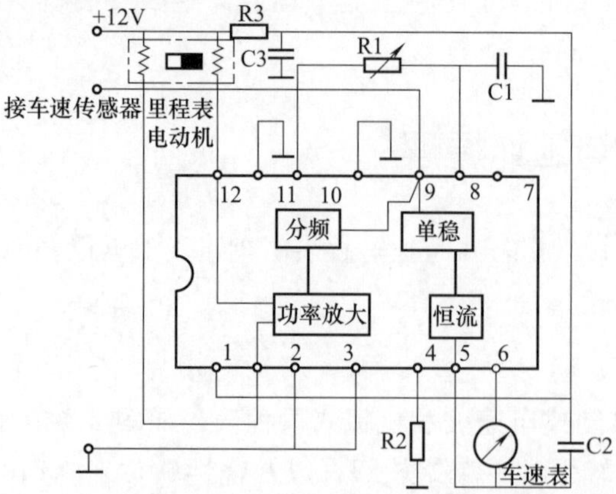

图 6-8　电子式车速里程表电路

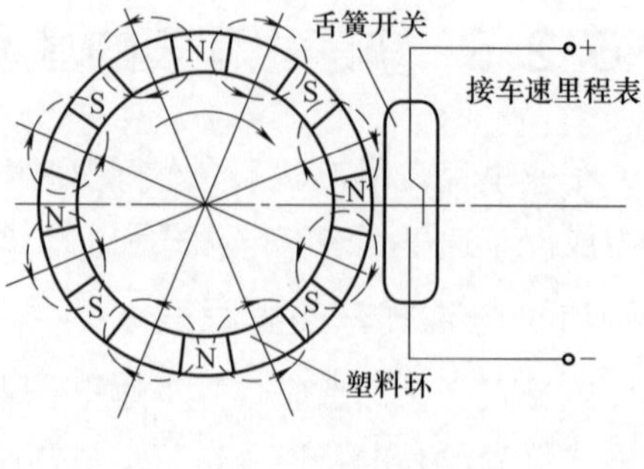

图 6-9　车速传感器

6.3 汽车仪表稳压器

双金属片式冷却液温度表和燃油表配用可变电阻式传感器时，应在电路中串入仪表稳压器，其作用是当电源电压变化时稳定仪表平均电压，避免仪表的指示误差。常见仪表稳压器有电热式和电子式两类。

(1) 电热式仪表稳压器

电热式仪表稳压器的结构如图 6-10 所示。它由双金属片、一对常闭触点、电热线圈、座板和外壳等组成。电热线圈一端搭铁；另一端焊在双金属片上。双金属片的一端用铆钉固定；另一端铆有活动触点。固定触点铆在调节片上，调节片的一端也用铆钉固定并与电源接线相连。两触点之间的压力可通过调整螺钉调整。

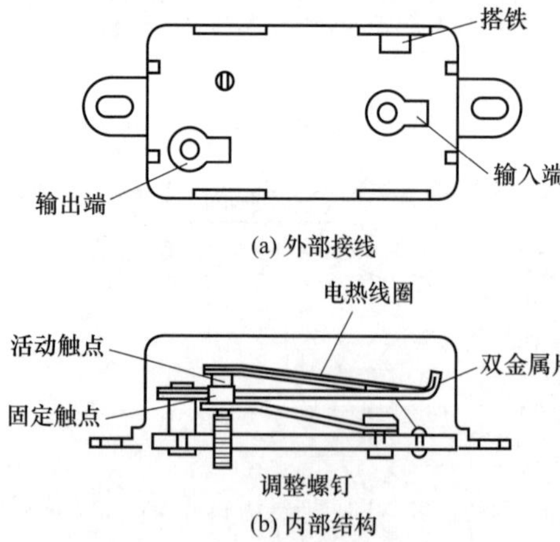

图 6-10　电热式仪表稳压器的结构

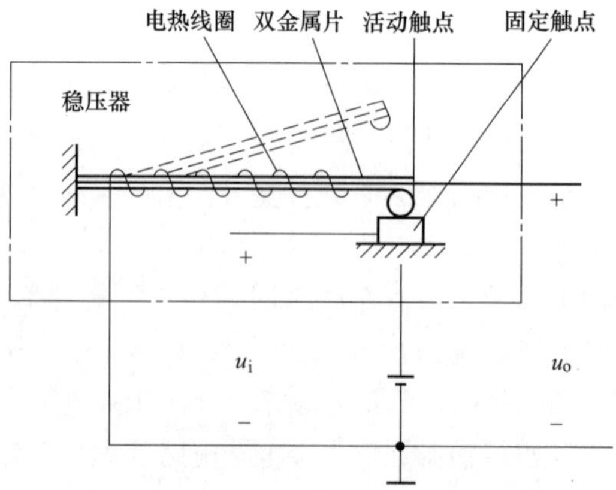

图 6-11　电热式仪表稳压器的原理电路

电热式仪表稳压器的原理电路如图 6-11 所示。接通点火开关，稳压器通电，此时输出电压等于输入电压。同时，电流通过加热线圈，双金属片被加热变形，向上拱曲，使触点断开后，输出电压为 0。这时，双金属片因不再加热而逐渐冷却复位，触点又闭合。如此反复，触点不断开闭，使稳压器输出一脉冲电压，其电压波形如图 6-12 的 AB 段所示。

当输入电压偏高时，电热线圈中的电流增大，产生热量大，使触点在较短的时间里断开，断开的触点又需较长时间冷却才能重新闭合，于是触点闭合时间短，断开时间长，输出脉冲虽高但窄，见图 6-12 中的 CD 段，从而将偏高的电源电压降低为某一输出电压平均值，即使其平均值（输出电压）基本上不增加。若输入电压偏低，则电热线圈中的电流减小，产生热量少，双金属片热变形慢，使触点断开时间短而闭合时间长，输出脉冲虽低但宽，见图 6-12 中的 EF 段，从而将偏低的电源电压提高到某一输出电压平均值，即使其平均值（输出电压）基本上不减小。

电热式仪表稳压器在使用中应注意以下两点。

① 安装仪表稳压器时，两接线柱的接线不得接错。

② 凡使用仪表稳压器的燃油表及冷却液温度表，不允许直接与电源相接，否则会烧坏仪表。

(2) 电子式仪表稳压器

采用三端集成稳压器可简化仪表结构、降低仪表成本、提高稳压精度、延长仪表寿命。

桑塔纳、奥迪轿车仪表板采用了专用的三端式电子稳压器，其结构如图 6-13 所示。图中 A 脚为输出脚，脚为搭铁，E 为电源输入端。该稳压器的输出电压为 9.5～10.5V。

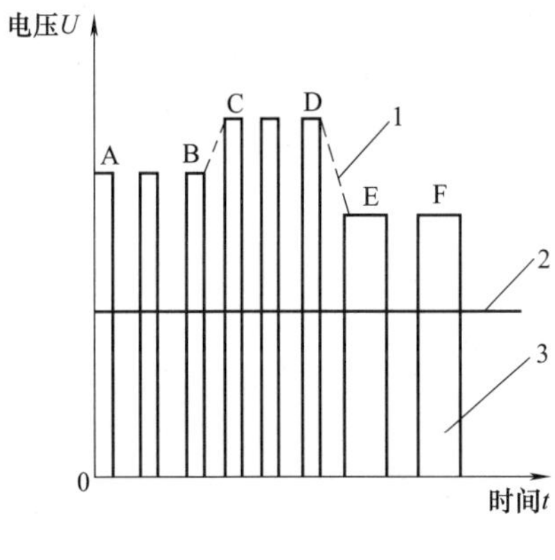

图 6-12　电源稳压器的电压波形

1—电源电压的变动波形；2—经稳压后的恒定脉冲电压平均值；3—稳压器工作时的脉冲电压波形

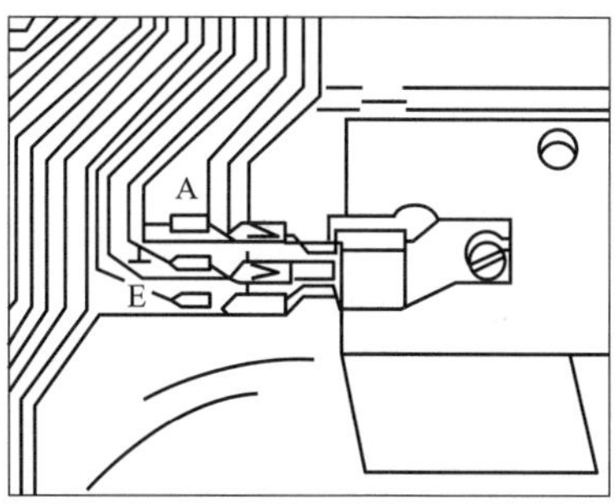

图 6-13　电子式仪表稳压器的结构

6.4　汽车电子仪表

6.4.1　汽车仪表电子化的优点

随着电气设备的不断增加，汽车电气系统变得越来越复杂。汽车电子显示装置因具有如下优点而将逐步取代常规的指针式仪表。

① 电子显示装置能提供大量、复杂的信息，适应汽车排气净化、节能、安全性和舒适性的要求。

② 能满足小型、轻量化的要求，使有限的驾驶室空间布局合理。

③ 显示图形设计造型美观实用。

④ 精度高、可靠性好。

⑤ 具有一表多用的功能，用一组显示器进行分时显示，并可同时显示几个信息，使组合仪表简单化。

6.4.2 常用电子显示器件

常用的电子显示器件大致分为两大类，即发光型和非发光型。发光型的显示器件有发光二极管（LED）、真空荧光管（VFD）、阴极射线管（CRT）、等离子显示器件（PDP）和电子发光显示器件（ELD）等；非发光型的有液晶显示器件（LCD）和电致变色显示器件（ECD）等。

(1) 发光二极管（LED）

发光二极管发出的颜色有红、绿、黄、橙，可单独使用，也可用来组成数字。在使用中，常把它焊接到印制电路板上，以形成数字显示或带色光杆显示。图 6-14 所示为用七只发光二极管组成的数码显示装置。有些仪表则用发光二极管所组成的光点矩阵型显示器。LED（发光二极管显示）较适合作汽车指示等数字符号段或点数不太多的光杆图形显示。

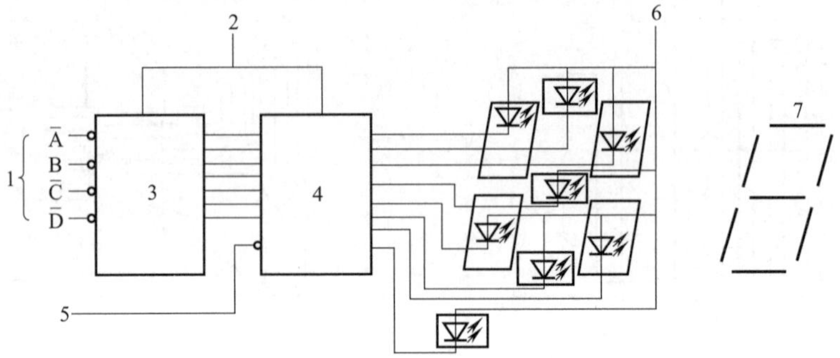

图 6-14 发光二极管数码显示

1—输入；2—逻辑电路；3—译码器；4—恒流源；5—小数点；6—电源；7—“8”字形

(2) 真空荧光管（VFD）

真空荧光管实际上是一种低压真空管，它由玻璃、金属等材料构成。真空荧光显示是一种主动显示，其发光原理与电视机中的显像管相似。真空荧光管的结构和工作原理如图6-15所示。图示为汽车用的数字式车速表的真空荧光显示屏，显示三位数字。其阳极为 20 个字形笔画小段，上面涂有荧光物质，各与一个接线柱相接，且笔画内部相互连接；其阴极为灯丝，在灯丝与笔画小段（阳极）之间插入栅格，其构造与一般电子管相似。整个装置密封在一个被抽空了的玻璃罩内。当阳极（字形）接至电源“+”极，而阴极（灯丝）与电源“−”极相接时，便获得一定的电源电压，其灯丝作为阴极发射电子（在电场力的作用下），栅格便控制着电子流加热并加速，使其射向阳极（字形）。由于玻璃管（罩）内抽成真空，前面装有平板玻璃并配有滤色镜，故能使通过栅格轰击阳极（字形）的电子激发出亮光来，从而显示出所要看到的内容。

VFD（真空荧光显示）具有色彩鲜艳、可见度高、立体感强等特点，是最早引入汽车仪表中的发光型显示器件。但由于做成大型的、多功能 VFD，成本较高，故目前大多由一些单功能小型的 VFD 组成汽车电子式仪表盘。VFD 的缺点如下。

① 其发光的荧光粉接近于白色，使显示段与非显示段之间的对比度降低。

② 由于 VFD 是一种真空管，为保持一定的强度，必须采用一定厚度的玻璃外壳，故体积和质量较大。

③ 驱动电路与显示器件难以一体化，实现大容量显示的难度较大。

作为汽车用显示器件，必须克服它的某些缺点，设法组成多功能复合型显示装置。目前国外已经试制成功大型的 VFD，它能构成显示汽车车速、发动机转速等信息的彩色显示器。

(3) 液晶显示器件（LCD）

液晶是一种有机化合物，它由长杆形分子构成。在一定范围内，它既具有普通液体的流动性质，也具有晶体的某些特征。

液晶显示器件（LCD）是一种新型的非发光型平板显示器件，其结构如图 6-16 所示。它有两块厚约 1mm 的玻璃基板，基板上涂有透明的导电材料，以形成电极图形，先在两基板间注入一层 0.5～2mm 厚的液晶，再在笔画基极的外表面分别贴上前偏振片和后偏振片，并将整个显示极完全密封，以防潮气和氧气侵入，这便构成透射式 LCD。若在后玻璃基板的后面再加上反射镜，便组成反射-远射式 LCD。

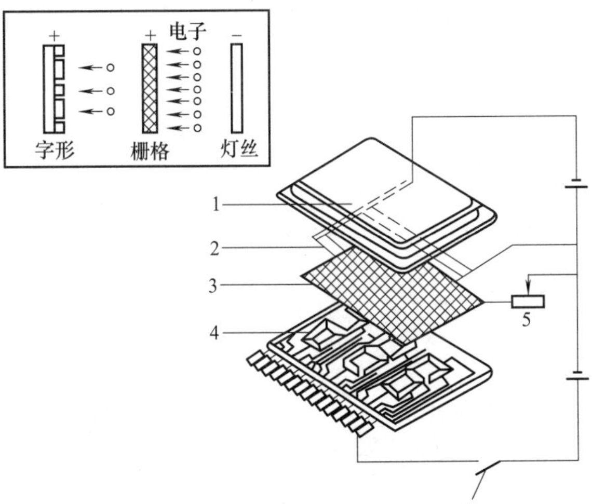

图 6-15　真空荧光管的结构和工作原理

1—前玻璃罩；2—灯丝；3—控制栅格；4—笔画小段；5—电位器；6—微机控制电子开关

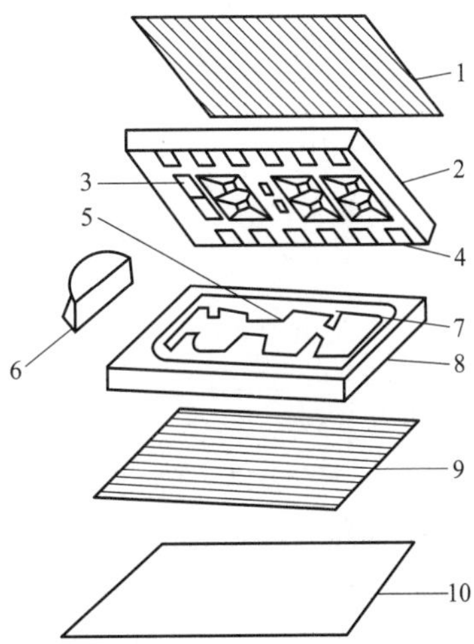

图 6-16　液晶显示器件结构

1—前偏振片；2—前玻璃板；3—笔画电极；4—接线端；5—背板；6—端部密封件；7—密封面；8—玻璃背板；9—后偏振片；10—反射镜

由于 LCD 为非发光型显示，因此夜间显示必须采用照明光源，这便削弱了它所具有的低功耗的优点；其次 LCD 的低温响应特性较差；另外 LCD 的显示图形不够华丽明显，这也是所有非发光型显示器件的缺陷。

但是，液晶显示的优点很多。其电极图形设计的自由度极高，设计成任意显示图形的工艺都很简单，这是作为汽车显示器件的一个很重要的优点，而且其工作电压低，一般为 3V 左右，功耗小（$1\mu W/cm^2$），且能很好地与 CMOS 电路相匹配。因此 LCD 常被制作为汽车电子钟和彩色光杆式仪表板，在汽车上得到应用。

(4) 阴极射线管（CRT）

阴极射线管（CRT）也称为显像管或电子束管，它是一种特殊的真空管。其结构与原理与家用及办公用电脑彩色显示器相同。

CRT 具有全彩色显示、图像显示的灵活性大、分辨率和对比度高等特点，且具有 50～100℃的工作温度范围，有微秒级以下的响应速度，是目前显示图像质量最高的一种显示器件。但是，作为汽车仪表盘显示用器件体积太大，即便扁平型的 CRT 作为汽车用，也存在一些缺点。随着现代汽车向高度信息化显示的方向发展，CRT 已进一步小型化，一些大汽车公司已推出了彩色阴极射线管（CRT）的汽车信息中心。

6.4.3 汽车电子仪表的特点

汽车电子仪表比通常的机械式模拟仪表更精确，模拟仪表显示的是传感器检测值的平均值，而电子仪表刷新速度较快，显示的是即时值。汽车电子仪表采用的数字显示仪表通常都能提供英制单位或米制单位值的显示，并能一表多用，驾驶员可通过按钮选择仪表显示的内容。大多数汽车电子仪表都有自诊断功能，每当接通点火开关时，电子仪表板便进行一次自检，也有的仪表板采用诊断仪或通过按钮进行自检。自检时，通常整个仪表板发亮，同时各显示器都发亮。自检完成时，所有仪表均显示出当前的检测值。如有故障，便以亮警告灯或给出故障码提醒驾驶员。

6.5 组合式仪表

汽车仪表按其结构形式可分为独立式仪表和组合式仪表两种。独立式仪表的指示表都有各自的壳体，然后各自安装在仪表板上；组合式仪表的指示表都封装在一个壳体内。组合式仪表可分为机械组合式和电子组合式两种类型。

6.5.1 机械组合式仪表

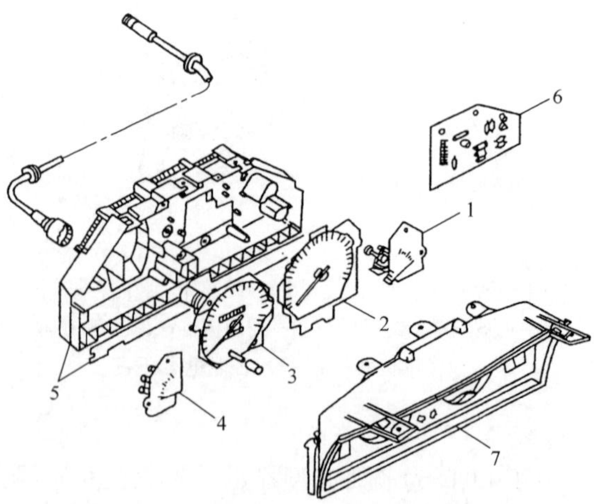

图 6-17 机械组合式仪表系统的组成

1—水温表；2—发动机转速表；3—车速里程表；4—燃油表；5—仪表壳体；6—仪表电路板；7—组合仪表前盖（仪表板）

机械组合式仪表将各个仪表集中安装在一个仪表壳体内，通常用一个仪表电路板将各指示表与其传感器连接，各个仪表均由其传感器控制独立工作。机械组合式仪表的组成如图 6-17 所示。相比于独立式仪表，机械组合式仪表具有结构紧凑、美观、便于观察等特点，因而已被现代汽车广泛采用。

组合式仪表的指示灯系统也是通过仪表电路板连接。图 6-18 所示为一种机械组合式仪表各仪表及指示灯的布置。

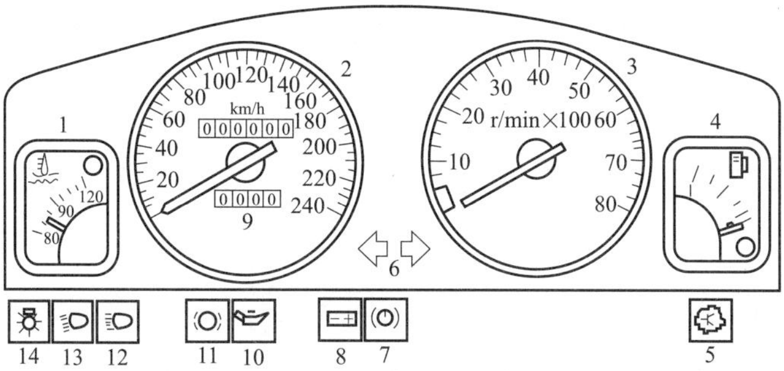

图 6-18　机械组合式仪表各仪表及指示灯的布置

1—水温表；2—车速里程表；3—发动机转速表；4—燃油表；5—发动机故障警告灯；6—转向指示灯；7—驻车制动/制动液面警告灯；8—充电指示灯；9—日里程表；10—机油压力报警灯；11—前制动摩擦片磨损指示灯；12—远光指示灯；13—近光指示灯；14—车灯开关指示灯

6.5.2　电子组合式仪表

电子组合式仪表（又称数字式组合仪表）由各种传感器、微计算机、显示器三大部分组成。一般都具有自诊断功能。若仪表发生故障，则其故障代码会存放在组合仪表的 RAM 存储器里，用专用仪器调码后，可以读出故障内容。

电子组合式仪表通过控制器将各仪表和传感器连接在一起，其基本组成形式如图 6-19 所示。

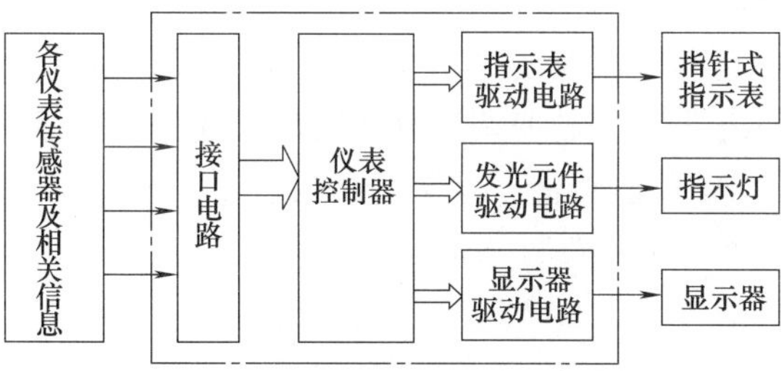

图 6-19　电子组合式仪表组成框图

汽车电子仪表的显示器有不同的结构形式，主要有发光二极管数码显示方式、真空荧光屏显示方式和液晶显示方式。不同类型的显示器采用的驱动电路也不同。显示器不仅可直接显示数字，还可显示字母、符号、图形等，使仪表的显示更加灵活、醒目。电子组合式仪表具有显示的精度高、工作可靠性强、一表多用、可显示更多的信息等优点。

图 6-20 所示为一种数字式组合仪表，仪表有车速里程表、发动机转速表、机油压力表、电压表、冷却液温度表、燃油表等。组合仪表不可分解，只有普通灯泡的指示灯可以单独更换。

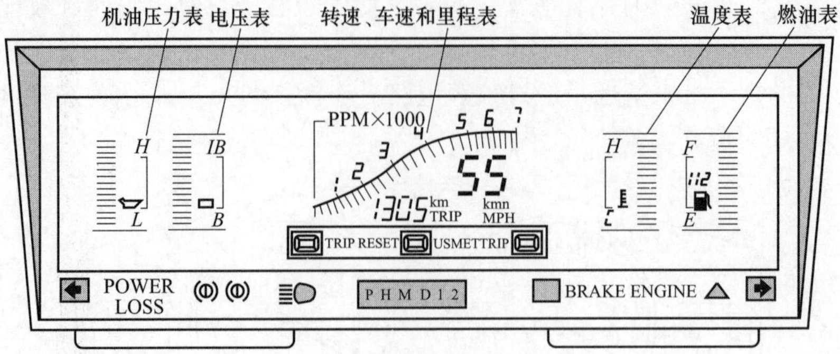

图 6-20 数字式组合仪表

6.6 汽车仪表的检测与调整

6.6.1 机油压力表的检测与调整

(1) 检测指示表与传感器的电阻值

用万用表检测指示表内的线圈和传感器的电阻值，其值应该符合原制造厂的规定，否则应更换，并做好记录。

(2) 油压表与传感器的检测

检测方法如图 6-21 所示，接通开关 5，摇转手柄改变油压，当被测油压表 4 的压力与标准油压表 2 的压力对应相同时，则证明被测油压表与传感器工作正常，否则应予以调整或更换。

(3) 油压表与传感器的调整

电磁式、动圈式油压表可通过改变左右线圈的轴向位置或夹角来调整；双金属片式油压表可通过拨动表中的齿扇来调整。若要调整双金属片式油压表传感器，可在传感器之间串入电流表。若油压为“0”时，传感器输出电流过大或过小，则应烫开被试传感器的调整熔孔 10，拨动调整齿扇 5（见图 6-22）进行调整。

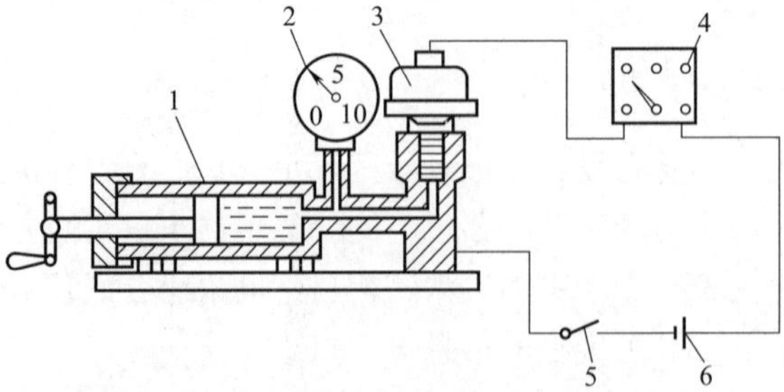

图 6-21 油压表与传感器的检测方法

1—手摇油压机；2—标准油压表；3—被测传感器；4—被测油压表；5—开关；6—蓄电池

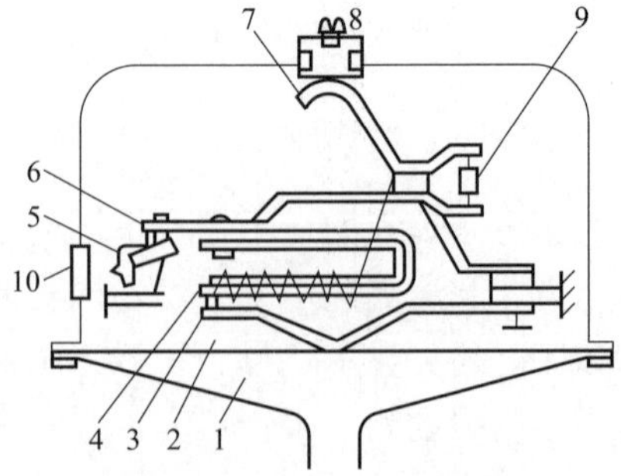

图 6-22 油压传感器

1—油腔；2—膜片；3—弹簧片；4—双金属片；5—调整齿扇；6—接触片；7—接线柱；8—校正电阻；9—电阻；10—熔孔

若油压过高时，输出电流较规定值偏低，则应更换传感器的校正电阻 8（一般在 30～360Ω 范围内进行调整）。如在任何压力下，输出电流均超过规定值，且调整齿扇无效时，应更换传感器。

(4) 油压指示表的检测

检测油压指示表时，将被测的油压指示表串联在油压指示表的检测电路中，如图 6-23 所示。闭合开关，调整可变电阻，当毫安表分别指在规定值时，指示表应指在相应的位置上，误差不应超出 20%。

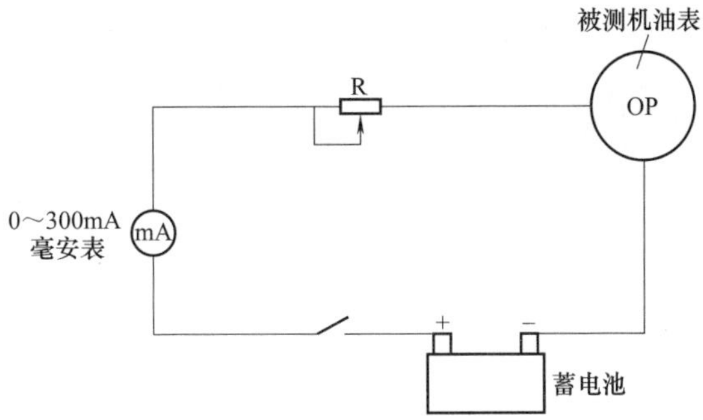

图 6-23 油压指示表检测电路

6.6.2 冷却液温度表的检测与调整

(1) 冷却液温度指示表和传感器电阻的检测

冷却液温度指示表和传感器电阻的检测方法与油压表相同，冷却液温度指示表电阻值为 17.5Ω；传感器电阻值为 8.5～9Ω。

如果电阻值小于标准电阻值，说明电热线圈有匝间短路故障。如果电阻值大于标准电阻值，说明线圈与连接部件接触不良。如果万用表指针不动，说明线圈电路断路，应换用新品。

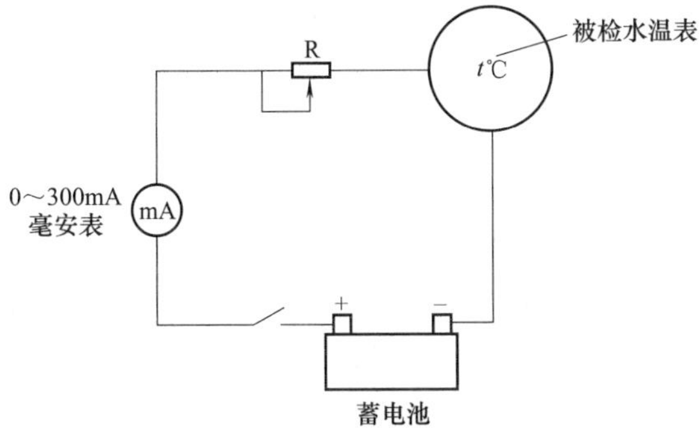

图 6-24 冷却液温度指示表的调整

(2) 冷却液温度指示表的检测与调整

对于双金属片式冷却液温度表，可将被测试指示表串接在如图 6-24 所示的电路中。接通开关，调节可变电阻 R，当毫安表指示 80mA、160mA、240mA 时，冷却液温度表指针偏摆度读数应为 100℃、80℃、40℃。若指示值与规定电流不符，应予以调整。若指针在“100℃”时不准，可拨动左调整齿扇进行调整。若指针在“40℃”时不准，可拨动右调整齿扇进行调整，使其与标准值相符，各中间点可不必调整。

6.6.3 燃油表的检测与调整

(1) 燃油表的检验

燃油表和传感器都可使用图 6-25 所示的仪器和连接电路进行检查。如果检测燃油指示表，传感器必须是标准的燃油传感器；如果检测燃油传感器，指示表就必须是标准的燃油指示表。

在检验时，接通控制开关，将浮子臂分别摆到 31°和 89°位置进行检验，指示表的指针应相应地指在“0”和“1”位置。如果误差不超过 10%，指示表或传感器就可继续使用，

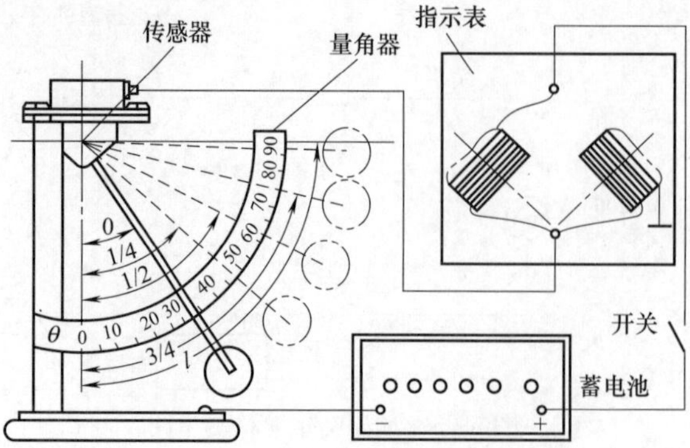

图 6-25 燃油表及传感器检测电路

否则应当进行调整或换用新品。

在没有量角器的情况下，可用手扳动燃油传感器浮子进行检测。方法是将浮子放在最低位置（相当于31°位置）和抬高到水平位置（相当于89°位置）时，燃油指示表指针应相应地指在“0”和“1”位置。这种方法虽不如仪器检测准确，但操作简便。

(2) 燃油表的调整

当燃油传感器良好，燃油指示表的指针不能摆到“0”位置时，可上下移动左线圈的位置进行调整。当左线圈距离指针转子远些时，磁力便减弱，转子被右线圈吸引过去的角度便增大；当左线圈距离指针转子近些时，转子被右线圈吸过去的角度便减小。与此同时，弯曲右线圈的导磁磁轭，改变其磁路磁阻的大小，也可调整指针的摆角。

(3) 燃油传感器的调整

调整燃油传感器时，先把铜套固定螺钉拧松，然后移动铜套和滑片，滑片应与电阻接触良好，并注意检查电阻是否烧坏，搭铁是否良好，有无短路、断路等。浮子杆上下摆动应灵活，否则应予修理或换用新品。

6.6.4 仪表稳压器的检测

一般的汽车仪表稳压器为电热式，为仪表的供电方式是反复交替通断。

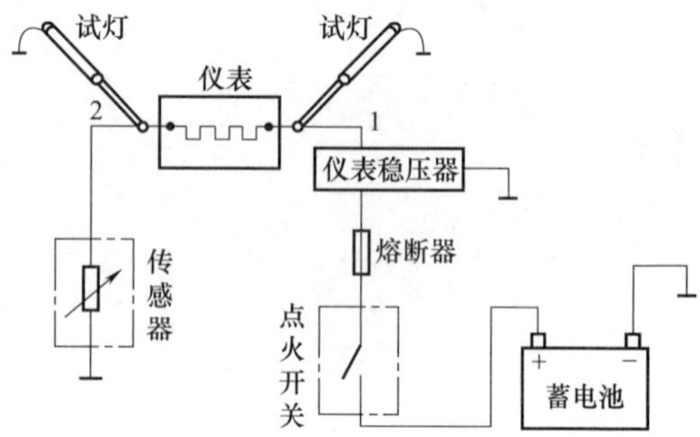

图 6-26 用试灯检测仪表稳压器故障的方法示意图

用试灯检测仪表稳压器故障的方法示意图如图 6-26 所示。当用试灯检测仪表稳压器时，可先用试灯检测仪表的电源 2 处，试灯应明暗闪烁。如果试灯不亮，重新连接传感器引线并检查仪表稳压器输出端 1 上的电压。如果此点有电压（试灯应闪烁），则应检查仪表及其相关线路。如果没有电压，则应检查熔断器是否熔断，仪表稳压器本身是否损坏，与仪表稳压器相连的引线是否有断裂处。

如果试灯在图 6-26 的 2 处可亮，且明暗闪烁也正常，则应检查传感器本身及其连接线路是否有故障。

6.7 汽车仪表的维修

6.7.1 汽车仪表的维护

常用汽车的电气仪表主要有电流表、燃油表、水温表及机油压力表等。

① 保持各仪表外表面的洁净，防止灰尘和油污进入仪表内部，注意观察仪表动作是否正常。

② 清楚各仪表指示状态与发动机相关工作状况的关系，以便根据仪表指示状态，判断发动机的工作状况，查找故障。

③ 发动机启动时，必须检查各仪表的工作情况，若发现异常应及时处理。汽车行驶中也应注意观察各仪表的动态，以便了解发动机等相关系统的工作情况。

④ 一般情况下，仪表互换型号必须与原来的相同；若代换则必须保证其性能参数相同或相近，以免损坏仪表。

⑤ 电热式和电磁式仪表的传感器性能结构有很大的差别。电热式和电磁式仪表及其传感器应配套使用，不得互换、交叉使用。例如，电热式燃油表的可变电阻式传感器，其电阻值随油箱平面升高而减小，而电磁式燃油表的可变电阻式传感器的电阻值变化则相反；电热式机油压力表传感器的可变电阻值随油压升高而减小，而电磁式机油压力表的可变电阻值变化也正好相反。

⑥ 水温表传感器必须搭铁良好，传感器的导线不得搭铁、短路，以免损坏水温表。

⑦ 安装机油压力传感器时，应使“T”记号朝上，否则会降低机油压力表指示的准确性。

⑧ 电磁式燃油表的下接线柱应接传感器，上接线柱则接点火开关，否则，指针始终指向 0 端。

⑨ 燃油箱内浮子的移动应灵活；油箱及燃油表传感器接地应可靠，若搭铁不良，指针会始终指向 0 端。

⑩ 带电测试燃油表系统时，不得将传感器取出靠近油箱，以防因其可变电阻滑动引起接触处产生火花而使油箱起火。

⑪ 仪表电路中装有稳压器时，其外壳应可靠搭铁。当稳压器损坏时应及时更换，不可无仪表稳压器将电源直接供给仪表板，否则不仅会使指示失准，还可能损坏仪表。

⑫ 电流表正、负极性不可接反。

⑬ 电流表接线前应将垫圈、螺母、螺栓等接触面用砂纸打磨干净，安装螺母时，最好涂一点干净机油，既可防锈又便于拆装。平面绝缘垫圈应完好，且绝缘垫圈与弹簧垫圈之间应装一只平垫片并接牢，以免因接触不良而使线头发热，甚至烧坏仪表和线束。

⑭ 定期检测电气仪表，若无检测标定仪器，可与标准的完好仪表进行对比，电流表的示值误差应小于±20%。机油压力表在油压为 0.2MPa 时误差应小于±10%；油压为 0.5MPa 时应小于±20%。

6.7.2 汽车仪表故障部位的判断方法

在汽车电气仪表不能正常工作或读数不准时，经常采用模拟试验法检查。即通过模拟汽车运行过程中的工作条件，确认故障原因及部位。例如：

① 在发动机运转过程中，机油压力表指针总是指向较低值，为确认传感器是否失效，可将其从发动机上拆下，用一根无尖头的铁钉压向传感器膜片，以模拟发动机油主油道内的压力。

如果机油压力表指针向高处偏转，则说明传感器没有失效，应检查发动机的机油油路是否存在故障。

② 在汽车发动机工作时，如电磁式水温表读数不准时，可将其热敏电阻式水温传感器从发动机上拆下来，放入盛有水的试杯内，并用火加热。同时，在试杯内插入温度计，将万用表的 2 个表笔分别与传感器的接线柱和外壳相连，读出不同水温时的电阻值，然后将这一组数据与标准值进行比较，即可确认该传感器的好坏。

如果实测值与标准值相差较多，则说明所测的水温传感器已经失效，应重换新件。

③ 对汽车发动机燃油表的浮子式传感器进行检测时，可以将该传感器的浮子由高位向低位移动，以模拟油箱内的高、低变化。同时用万用表测出传感器浮子在最高、中间、最低等位置时的电阻，并将这一组数据与标准值进行对比，如数据相差较大，则说明所测传感器已经损坏。

6.7.3 机油压力表的检修与故障排除

(1) 机油压力表的检查

① 机油压力表有无短路、断路的检查。检测机油压力表两接线端子之间的电阻，其阻值约 35Ω。如果电阻过小，则指示表内部加热线圈或附加电阻存在短路；如果电阻为无穷大，则表示加热线圈或附加电阻存在断路。均需更换机油压力表。

② 机油压力表是否搭铁的检查。检测机油压力表接线端子与壳体之间的电阻，应为不导通。如果导通，则说明机油压力表有搭铁故障，需更换机油压力表。

③ 机油压力传感器的检查。检测传感器接线端子与壳体之间的电阻，其阻值为 8～12Ω。如果阻值过小，则表示传感器加热线圈短路；如果阻值过大，则说明传感器加热线圈断路、触点接触不良。均需更换机油压力传感器。

(2) 机油压力表指针不正常的检修

当发动机在各种转速下运转时，机油压力表指针均不移动，或接通启动开关后，发动机未发动，机油压力表就开始摆动。

检修方法如下。

① 润滑油路堵塞。拆下机油压力传感器，用一根平头的小铁棍，插进传感器孔内顶压膜片，并打开启动开关。若机油压力表指针移动正常，说明润滑油路堵塞，传感器处无油压，应清洗发动机润滑油道。

② 机油压力传感器损坏。启动发动机，将机油压力传感器接线柱搭铁。若机油压力表指针是好的，故障在机油压力传感器。应更换机油压力传感器。

③ 线路断路。用金属导线，将机油压力表的电源接线柱与缸体划碰。若无火花，说明电源线路有断路；若有火花，说明故障在机油压力表或以后的导线断路，应找出线路断路点，并铰接。

④ 机油压力表损坏。用螺丝刀将机油压力表上与机油压力传感器连接的接线柱与机体搭铁，若指针移动正常，说明机油压力表至传感器的连接线路断路；若指针仍不转动，说明机油压力表损坏，应更换机油压力表。

(3) 机油压力报警指示灯不亮

① 故障现象：发动机无论工作与否，机油压力报警指示灯都不亮。

② 故障原因：仪表的印制电路板损坏；油压报警指示灯损坏；线路故障或油压检查控制器故障。

③ 排除方法：拔下 0.03MPa 低压油压开关的黄色导线，并使其搭铁，如果指示灯闪亮则说明低压油压开关已损坏，应更换新件；如果黄色导线搭铁后，油压指示灯仍不闪亮，则应拆下仪表板，从油压检查控制器上的插座处直接引一根导线，如果此时油压指示灯闪亮，则故障可能在中间的连接导线上，可用万用表检查；若指示灯仍不亮，则应检查仪表板上的印制电路板、稳压二极管、油压指示灯等是否良好；若发光二极管检查良好，则故障在油压控制器上，必要时应予以更换。

6.7.4 冷却液温度表常见故障分析与排除

(1) 冷却液温度表指针不动

① 故障现象：发动机工作时，冷却液温度表指针不动，反映不出发动机冷却液的温度。

② 故障原因：稳压器工作不正常；冷却液温度表自身故障（如双金属片发热线圈断路或脱落）；冷却液温度表传感器故障（如热敏电阻失效）；线路有断路。

③ 故障诊断：将冷却液温度表传感器的接线插头拔下，使该导线直接搭铁，打开点火开关，观察冷却液温度表的指针情况，如指针开始移动，则说明故障在传感器；如表针仍无指示，则说明故障在仪表自身、稳压器或线路有断路。如果冷却液温度表与燃油表同时出现故障，则稳压器或线路出现故障的可能性较大，应首先检查稳压器工作是否正常。在排除稳压器和线路故障之后即可断定故障发生在仪表自身。

(2) 冷却液温度报警灯常亮

① 故障现象：汽车在行驶过程中，发动机无论冷态还是热态，冷却液报警灯均常亮。

② 故障原因：冷却液温度报警开关故障；线路有搭铁处；储液罐中冷却液液面过低（带冷却液液位监测）；冷却液液位开关故障。

③ 故障诊断：首先检查发动机冷却液温度是否真的过高，储液罐液面是否过低。如果这些都正常但仍然报警，可拔下储液罐液位开关插头，如果报警灯熄灭，说明故障在液位开关。若仍然亮，可接好液位开关插头，拔下冷却液温度报警开关插头。如果报警灯熄灭，说明故障在冷却液温度报警开关；若仍然亮，则说明线路有搭铁处。

6.7.5 燃油表常见故障分析及排除

(1) 燃油表的常见故障

燃油表的故障主要表现为接通点火开关，燃油表指针无反应；指示不正确或停留在某一刻度。

(2) 故障原因

燃油表的常见故障的原因主要有以下几种。

① 因燃油表故障而无指示功能。

② 燃油表传感器故障、滑线电阻滑臂脱落或电阻断线或接触不良。

③ 仪表板稳压器故障、电压不稳或无供电电压。

④ 燃油表电路导线断线或接触不良。

(3) 排除方法

断开点火开关，用万用表检查燃油传感器至中央线路板之间、中央线路板至仪表盘之间的导线是否断路或搭铁；若线路良好，说明故障在仪表稳压器、指示表或传感器。接通点火开关，检测仪表稳压器端子“A”与接地端之间的电压，正常电压值应为 9.5～10.5V。如果电压高于 10.5V 或者无输出电压，说明稳压器有问题，应更换稳压器；如输出电压正常，则故障发生在燃油指示表或传感器。用外接电阻代替传感器电阻来检测判别。若指示表指示正确，说明传感器有故障，否则说明燃油指示表有故障，应检修或更换。检修传感器：打开行李厢，拔下燃油表传感器插头，测量传感器的阻值，燃油量不同，电阻值也不同，变化值在 30～300Ω，阻值过小说明有短路，阻值过大则说明有断路，从而判断传感器是否正常。

若燃油表指示不正确，指针跳跃或停留在某一刻度上，一般原因是传感器内部滑片与变阻器部分接触不良，变阻器氧化、锈蚀，应拆下清洁或更换新件。

6.7.6 车速里程表故障的检修

(1) 检修方法

① 使用车速里程表检测仪在车上检查车速里程表指示误差、针摆和异常噪声，检查里程表是否工作正常。

② 对比法检验。用可调速的电动机同时驱动标准表和被检表，在改变电动机转速的情况下，观察两表的指示值，其值应基本相同。

经过检测、检验，不合要求的车速表，对于磁感应式，可拆开表壳拨动盘形弹簧下面的调整柄校准或更换新表；对于电子式车速表，则须更换传感器、控制电路或车速表。

(2) 常见故障及其排除方法

车速里程表的常见故障有车速表指针不动、车速表指针跳动、里程表计数轮不转等。当出现这些故障时，可按如下方法进行检修。

① 车速表指针不动。指针不动的主要原因是软轴连接松脱、表内有卡滞现象或软轴扭断等。应拆开仪表进行修理。

② 车速表指针跳动。指针跳动的主要原因是磁铁轴承磨损导致磁铁旋转时窜动而碰撞感应罩。因此需要更换轴承。

③ 里程表计数轮不转。计数轮不转的主要原因是软轴连接处松脱、表内有卡滞现象或软轴扭断等。如果仅有部分计数轮不转，则其原因是计数轮之间的进位拨销折断或传动齿轮损坏，需要更换新品。

6.8 汽车电子组合式仪表的维修

6.8.1 汽车电子组合式仪表的检查与维护

① 电子仪表装置较精密，维修技术要求也较高，应按照使用维修手册的有关要求保养，

不可随意拆卸，必要时要到专业维修站检修。

② 电子仪表显示板和母板（逻辑电路板）不仅容易损坏，而且价格较贵，检查时应注意保护和谨慎拆装。

③ 不得随意对仪表板加电。应使用高阻表检测电压、电阻等。防止因检测仪表（如欧姆表）使用不当而造成电子电路的损坏。

④ 拆卸电子仪表板时，须按拆装顺序进行，不可用力敲打。拆卸仪表板总成前先切断电源，并注意静电对电路和元件的影响。

⑤ 新的电子仪表元件应放置在镀镍的包装袋里，需要时再从袋中取出，取出时注意不要碰触各部接头。拆装时只能用手拿仪表板的侧边，不能碰及显示窗和显示屏的表面。

⑥ 在检查电子式车速/里程表的电路芯片时，必须用原有的塑料盒，以免因静电而损坏。如不慎碰及电路芯片接头，会使仪表的读数被清除，此时只有将仪表送往专门修理单位进行重新编程后才能使用。

⑦ 检查电子仪表板时，必须注意静电防护。从仪表板上拆卸下来的电子部件应放在具有搭铁装置的导电垫板上，维修人员不能穿着合成纤维面料的工作服等。

6.8.2 汽车电子组合式仪表的检修

① 拆卸仪表板总成。首先断开蓄电池接地线，将仪表板总成断电。取下转向柱上的电喇叭按钮和组合开关，松开仪表板固定螺钉，向前推出装饰板，拉出仪表板，断开各插口和连接器，取出仪表板。

② 检查仪表板稳压器。断开连接仪表板的所有插头，连接蓄电池。检查电压，电压表读数应接近蓄电池电压值。

③ 检修仪表本身的故障。仪表板各指示器和警报器的故障，多数是由连接导线插接器接触不良或导线断线引起的，少数是由仪表本身或传感器损坏引起的。对于仪表本身的故障，应更换损坏的仪表；对于较严重的故障，可以更换仪表板总成。指示灯、报警灯和照明灯的故障，多是由灯泡损坏引起的，应检查灯泡、熔丝、相关电路元件和插接器的导线有无损坏；若有损坏，应更换灯泡、熔丝和修好电路。

④ 传感器的检测。对各种电阻式传感器的检查，通常是采用测量其电阻的方法来判断它的好坏，即把所测得的电阻值与其规定的标准电阻值相比较，判断传感器有无故障。若所测的电阻值小于规定值，说明传感器内部短路；若其电阻值很大，则说明传感器内部断路或接触不良，应更换传感器。

⑤ 针状连接器的检测。采用电子仪表的汽车，往往要用很多连接器把电线束连接到仪表板上。这些连接器一般都采用不同颜色，以便辨认它属于哪一部分的连接。为保证其连接牢固、可靠，连接器上设有闭锁装置。在进行检测时，要注意防止连接器的闭锁装置、针状插头以及插座等受损、毁坏。特别是将测试设备与其导线连接时，最好使用备用的连接器插头，以防因连接器针状插头磨损、松动等而造成接触不良。

⑥ 个别仪表的故障检查。个别仪表发生故障，首先应检查导线的连接情况，包括各连接器接触情况，线束是否破损、搭铁、短路和断路等；然后用检测设备分别对该仪表及其传感器进行测试，以判明故障。

⑦ 显示屏上部分笔画、线段故障。电子组合仪表上的显示屏部分笔画、线段出现故障，

应将仪表板上的显示器调整到静态显示状态，仔细观察是否还有别的故障。如果仅有1～2个笔画或线段不发亮或不显示，则说明逻辑性电路板通过多路传输的脉冲信号正确，可能只是显示装置的部分线段工作不正常。遇此情况应进一步检查，属于接触不良的应加以紧固，确保其电路畅通；若是电子显示器件本身问题，通常只能更换显示器件或显示电路板。

6.9 汽车报警系统

现代汽车为了指示汽车各系统的工作状况，引起车外行人及车辆或驾驶员的注意，保证行车安全，防止事故发生，都设置有报警系统，包括灯光和声音两种。当制动系统气压过低、机油压力过低、冷却水温度过高、制动液液面高度不足、发电机不充电、油箱燃油过少以及电子控制系统如安全气囊、ABS、发动机控制系统等发生故障时，汽车的报警装置将及时点亮安装在组合仪表上相应的指示灯发出报警信号，提醒驾驶员注意或停车检修。

6.9.1 报警灯

报警灯安装在仪表上，灯泡功率一般为1～4W，灯光颜色为红色或黄色，光源多数为发光二极管。在灯泡前设有滤光片，滤光片上通常标有标准图形符号，以显示其功能，其含义如图6-27所示。

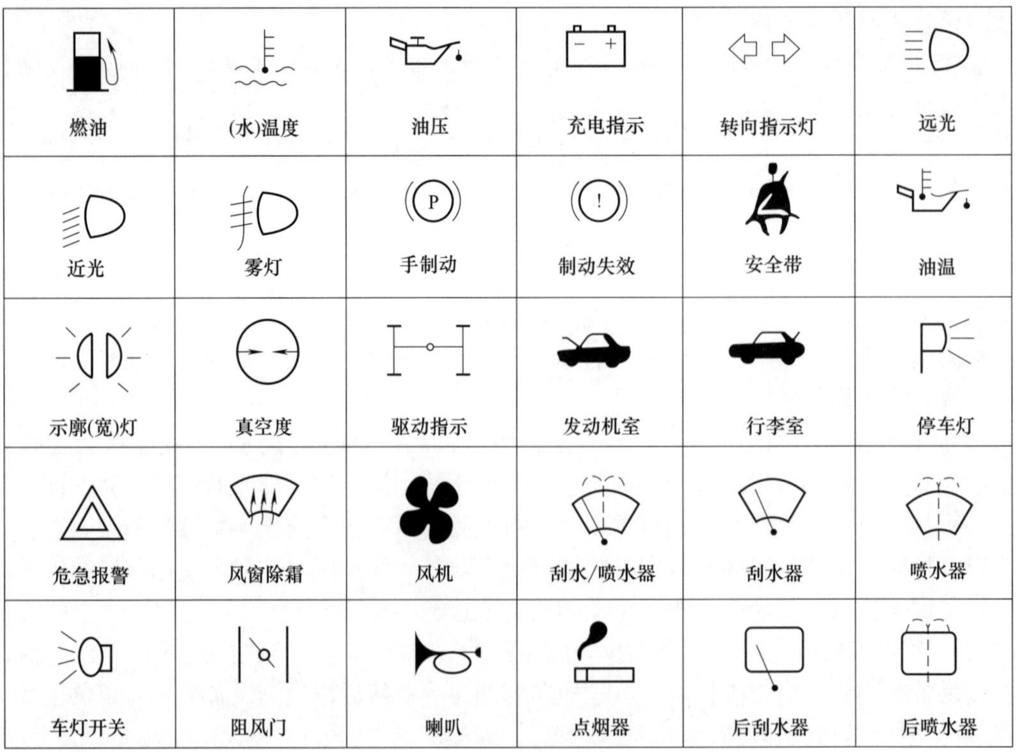

图6-27 常用报警灯图形符号及其含义

6.9.2 常用报警装置

(1) 制动系统低压报警装置

在采用气制动的汽车上，一旦制动气压低于最小允许值，制动系统将不能正常工作而危及安全。所以此种汽车需装备制动系统低压报警装置（制动气压不足报警灯），当气压过低时，报警灯随即点亮，以引起驾驶员注意。

制动气压不足报警灯电路由低气压报警传感器和报警灯组成。低气压报警传感器（开关）装在制动系统储气筒或制动阀压缩空气输入管道中，红色报警灯装在仪表板上。制动系统低气压报警电路如图 6-28（a）所示；低气压报警传感器的结构如图 6-28（b）所示。

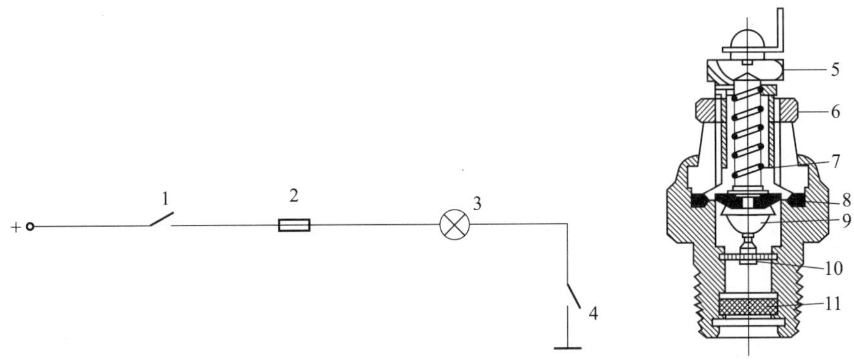

(a) 线路　　(b) 结构

图 6-28 低气压报警装置

1—点火开关；2—熔丝；3—低气压报警灯；4—低气压报警开关；5—调整螺钉；6—锁紧螺母；7—复位弹簧；8—膜片；9—动触点；10—静触点；11—滤清器

低气压报警传感器内的触点由弹簧力使其保持闭合状态，在制动气压正常的情况下，气压推动膜片上移而使触点断开，气压过低报警灯不亮。

当电源接通后，制动系统气压下降到 0.34～0.37MPa 时，由于作用在膜片上的压力减小，因此在复位弹簧的作用下触点闭合，电路接通，报警灯亮。当气压升高到 0.40MPa 以上时，由于膜片所受推力增大，因此压缩复位弹簧使触点断开，电路切断，报警灯熄灭。

(2) 机油压力过低报警装置

机油压力过低报警装置用于润滑系统压力过低报警。其电路由仪表板上的红色报警灯和安装在发动机润滑主油道上的压力开关组成。采用薄膜式压力开关的机油压力过低报警灯电路如图 6-29 所示。

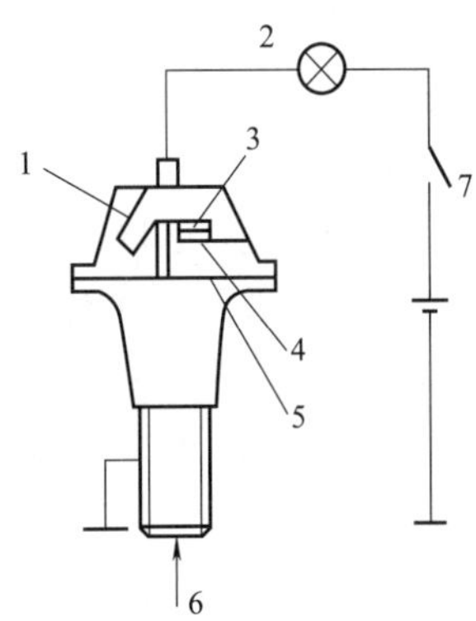

图 6-29 机油压力过低报警灯电路

1—弹簧片；2—指示灯；3—动触点；4—静触点；5—薄膜；6—润滑主油道油压；7—点火开关

压力开关的弹簧片使动触点保持在闭合状态，当接通点火开关但未启动时，仪表板上的机油压力过低报警灯亮起。发动机启动后，发动机润滑主油道压力上升至正常值时，机油压力推动薄膜向上移动，通过推杆将动触点顶起，使动、静触点断开，报警灯熄灭。发动机工作时若出现机油压力过低的情况，触点就会在弹簧力的作用下闭合，使机油压力过低报警灯亮起，以示警告。

(3) 燃油量不足报警装置

燃油量不足报警装置的作用是当油箱内燃油减少到规定值以下时，仪表板上的燃油量报警灯点亮，提醒驾驶员注意。热敏电阻式燃油量报警装置如图 6-30 所示。它由热敏电阻式传感器和报警灯组成。当燃油多时，具有负温度特性的热敏电阻浸泡在燃油中，散热快，其温度较低，电阻值大。所以电路中电流很小，报警灯不亮。当燃油减少到规定值以下时，热敏电阻露出油面，散热慢，温度升高，电阻值减小，电路中电流增大，报警灯亮起，指示燃油箱油量已不足。

(4) 冷却液温度过高报警装置

冷却液温度过高报警装置的作用是当发动机冷却液的温度达到或超过规定温度时，驾驶室仪表板上的冷却液温度报警灯就点亮报警，提醒驾驶员及时停车检查和冷却。

冷却液温度过高报警电路由仪表板上的温度报警灯和安装于发动机缸体冷却水道处的温度传感器（温度开关）组成。采用双金属片式温度传感器的冷却液温度过高报警电路如图 6-31 所示。

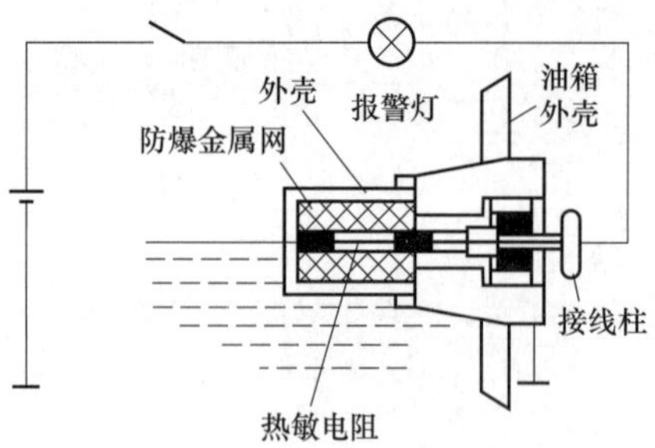

图 6-30 热敏电阻式燃油量报警装置

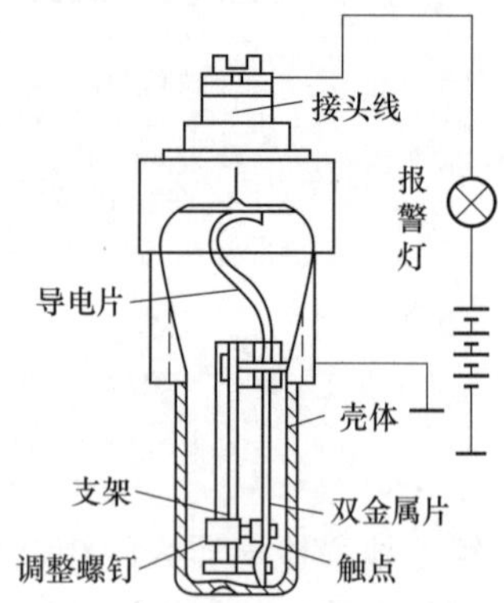

图 6-31 冷却液温度过高报警电路

冷却液温度低或正常时，温度传感器内的双金属片不弯曲或弯曲较小，触点处于断开状态，报警灯不亮。当冷却液温度升高达到规定的极限温度时，双金属片受热变形，使两触点相接触，接通冷却液温度过高报警电路，报警灯点亮，以示警告；当冷却液温度下降后，双金属片变形量减小，两触点又断开，报警灯熄灭。

(5) 制动液面不足报警装置

制动液面不足报警装置的作用是当制动液面过低时，报警灯发出报警信号，防止因制动效能下降而出现事故。制动液面不足报警装置由传感器和报警灯组成。传感器安装在制动液储液罐内，其结构如图 6-32 所示。

传感器的主要部件是带永久磁铁的浮子和舌簧开关。外壳内装有舌簧开关，舌簧开关的两个接线柱分别与报警灯、电源相连接，在浮子上安装有永久磁铁。

在制动液面正常时，浮子的位置较高，此时永久磁铁高于舌簧开关的位置，舌簧开关处于断开状态，报警灯电路断开，报警灯不亮。当浮子随着液面下降到规定值以下时，永久磁铁就接近了舌簧开关，使舌簧开关吸合，接通报警灯电路，报警灯发光报警。

(6) 制动信号灯线路故障报警装置

制动信号灯线路故障报警装置电路如图 6-33 所示。它由电磁线圈与舌簧开关构成的控制器、仪表盘上的报警灯两部分组成。

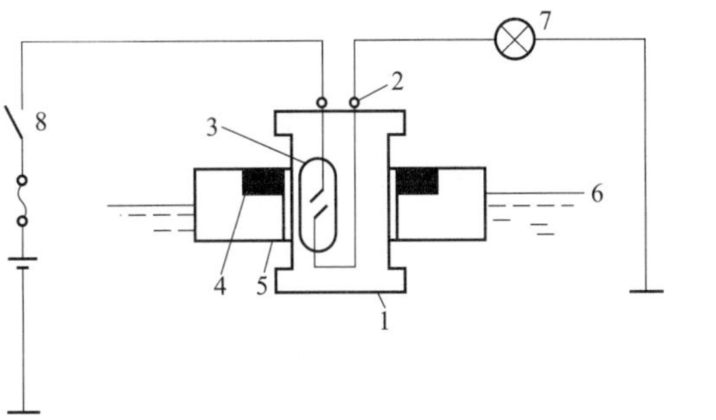

图 6-32 制动液面报警装置的结构

1—舌簧开关外壳；2—接线柱；3—舌簧开关；4—永久磁铁；5—浮子；6—制动液面；7—报警灯；8—点火开关

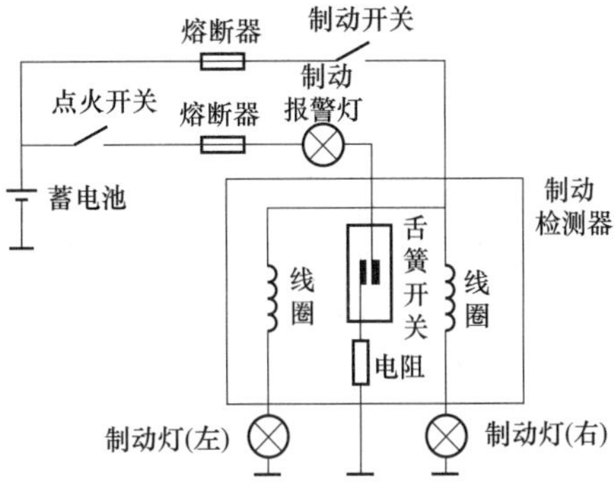

图 6-33 制动信号灯线路故障报警灯控制电路

在正常情况下，汽车制动时，踩下制动踏板，制动灯开关接通，电流分别经左、右两个电磁线圈，使左、右制动信号灯亮。此时两线圈所产生的磁场相互抵消，舌簧开关的触点继续处于常开状态，制动灯线路故障报警灯不亮。当左、右两个制动信号灯有一个灯泡损坏或线路有断路故障时，则有故障一侧的电磁线圈将不产生磁场，而另一侧的电磁线圈产生磁场，舌簧开关中的触点将闭合，制动灯线路故障报警灯亮，提醒驾驶员制动线路有故障。

(7) 空气滤清器堵塞报警装置

空气滤清器堵塞报警装置的作用是当空气滤清器滤芯发生堵塞时，报警灯点亮，以示警告。该报警装置由负压开关传感器和报警指示灯组成。负压开关传感器的结构如图 6-34 所示。

负压传感器上、下气室中的气压不相等时，产生压力差使膜片移动，与膜片相连的磁铁随之移动，在磁铁的作用下，舌簧开关吸合或断开使电路接通或切断。

将负压传感器的 A 孔或 B 孔用连通管分别与空气滤清器滤芯的内、外侧相连通，如图 6-35 所示。当滤芯未发生堵塞时，传感器上、下气室间的压差小，膜片即磁铁的移动量小，舌簧开关处于断开状态；当滤芯发生堵塞时，传感器上、下气室间的压差增大，膜片及磁铁的移动量增大，磁铁使舌簧开关磁化而闭合，接通报警灯电路，使其发光报警。

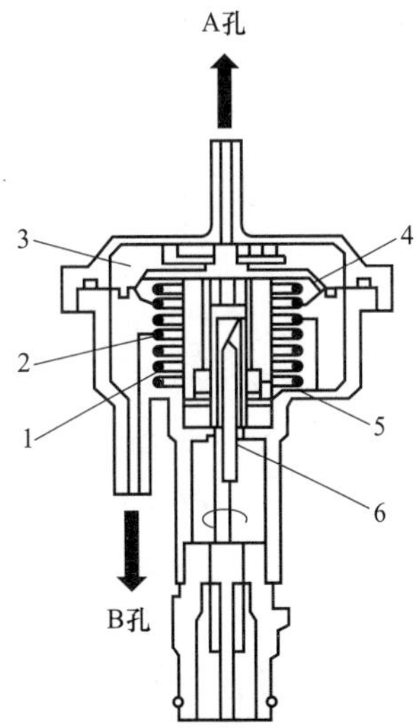

图 6-34 负压开关传感器的结构

1—弹簧；2—下气室；3—上气室；4—膜片；5—磁铁；6—舌簧开关

(8) 驻车制动未松警告装置

驻车制动器未松警告装置用于提醒驾驶员驻车制动器仍处于制动位置。驻车制动器未松警告灯电路由仪表板上的警告灯和安装在驻车制动操作杆处的机械控制开关组成。一些汽车的驻车制动器未松警告灯还用于制动液面过低报警或制动液压过低报警，警告灯由两个或三个并联的开关控制。兼有驻车制动器未松警告和双制动管路失效报警功能的控制电路如图 6-36 所示。

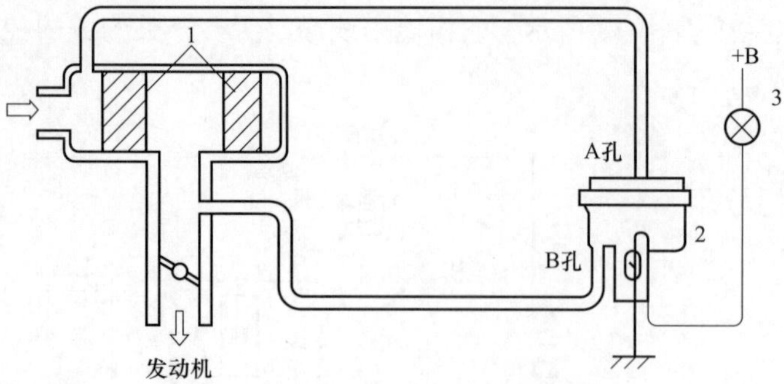

图 6-35　空气滤清器滤芯报警装置示意图

1—滤芯；2—负压传感器；3—报警灯

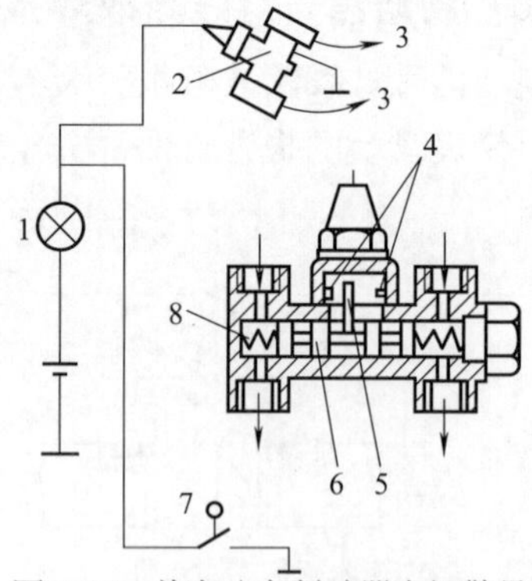

图 6-36　兼有驻车制动器未松警号及双制动管路失效报警装置

1—警告灯；2—差压开关；3—制动管路；4—固定触点；5—活动触点；6—活塞；7—驻车制动开关；8—平衡弹簧

当驻车制动器处于制动位置时，驻车制动开关处于闭合位置。若接通点火开关，则警告灯亮，用以提醒驾驶员在挂挡起步前，松开驻车制动器。当松开驻车制动器后，指示灯即熄灭。

差压开关连接双制动管路，当两制动管路制动均正常时，差压开关中的活塞处于由平衡弹簧控制的中间位置，警告灯不亮。如果任一管路失效而压力下降，其压差大于一定值时，活塞便会向一侧移动而使触点闭合，警告灯亮起，以示警告。

(9) 制动摩擦片磨损报警装置

制动摩擦片磨损报警装置的作用是当制动摩擦片磨损到使用极限厚度时，报警灯点亮，提醒驾驶员制动摩擦片磨损已到使用极限。两种不同形式的制动摩擦片磨损报警电路如图 6-37所示。

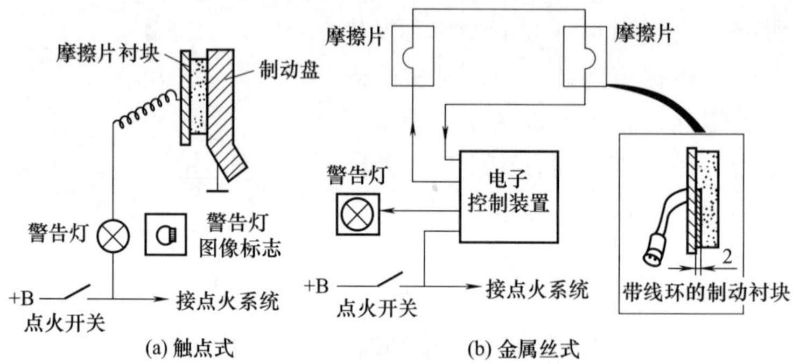

图 6-37　制动摩擦片磨损报警电路

一种是将一个绝缘的金属触点埋在摩擦片内部。当摩擦片磨损至使用极限厚度时，金属触点就会与制动盘（或制动鼓）接触而使报警灯与搭铁接通，仪表板上的警告灯便会亮起，以示警告，如图 6-37（a）所示。

另一种是将一段导线埋设在摩擦片内部，该导线与电子控制装置相连。当接通点火开关后，电子控制装置便向摩擦片内埋设的导线通电数秒钟进行检查，如果摩擦片已磨损到使用极限厚度而将埋设的导线磨断，电子控制装置则会使报警灯亮起，如图 6-37（b）所示。

6.9.3 声音报警装置

(1) 倒车开关与倒车蜂鸣器

汽车倒车时，为警告车后的行人和车辆驾驶员，在汽车的尾部常装有倒车灯、倒车蜂鸣器或语音倒车报警装置。它们都由装在变速器盖上的倒车开关自动控制。

(2) 安全带报警系统

当接通点火开关而没有扣紧座椅安全带时，座椅安全带报警系统蜂鸣器发出报警声响并点亮报警灯约 8s。其原理如图 6-38 所示。

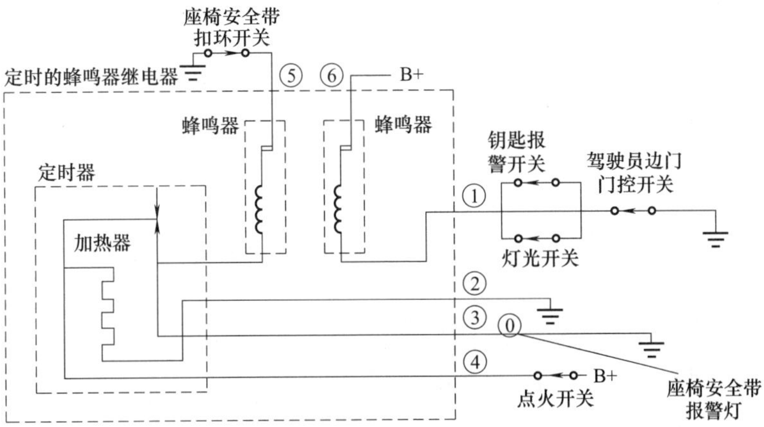

图 6-38 座椅安全带报警系统及前照灯未关及点火钥匙未拔报警系统

座椅安全带扣环开关是个一端搭铁的常闭式开关。当座椅安全带被扣紧时，开关才张开，蓄电池电压随点火钥匙置于点火位置时加至定时器，若安全带未扣紧，电路便通过常闭开关搭铁，接通蜂鸣器及报警灯电路。如果在安全带扣好的状态下接通点火开关，来自蓄电池的电流便通过加热器使得双金属带发热，达到一定程度后，使触点张开从而切断电路。

(3) 前照灯未关及点火钥匙未拔报警系统

该装置是当驾驶员离开车辆打开车门而忘记关闭前照灯时，蜂鸣器或发音器便发出鸣叫提示。如图 6-38 所示。

驾驶员门控开关为一端搭铁的常闭式开关。只有车门关闭时，开关才断开。若前照灯开关在前照灯或停车挡，蓄电池电压经蜂鸣器和灯光开关加至驾驶员门控开关。此时若驾驶员打开车门，蜂鸣器电路即被接通，发出鸣叫，直到前照灯关闭或驾驶员边门关闭为止。

(4) 防撞系统报警

为提高行车安全，保护车辆及乘坐人员，有些汽车装备了防撞系统。该系统按识别元件的不同，有红外线防撞系统、超声波防撞系统、激光防撞系统等。它们均采用单片机控制技术，能够自动检测并跟踪被测车辆与障碍物的距离，一旦该距离达到安全设置的极限距离，便发出报警声音，并自动刹车，使车辆减速行驶甚至停车。

6.9.4 报警系统常见故障的诊断与排除

(1) 检修汽车仪表及报警灯故障应注意的问题

检修仪表及报警灯故障通常应注意以下几方面的问题。

① 注意区分传感器报警开关。区分清楚要检测的传感器报警开关，不要与其他用途的传感器相混淆。

② 用替换法检查灯泡。报警灯的灯泡通过外观通常难以确定其灯丝的好坏。当怀疑灯泡有问题时，可先用一只好的灯泡换上，这样可以提高检修效率。

(2) 汽车仪表板报警灯故障分析与排除

汽车仪表板报警灯用来对油压过低、冷却液温度过高、充电系统故障或制动器故障发出警告。它们不属于仪表用传感器，报警灯用的传感器大多为简单的开关，开关的类型既可以是常开式又可以是常闭式，取决于所监测电路的特点。

① 所有的报警灯都不正常。所有报警灯同时失效是不可能的。如果所有的灯工作都不正常，应先检查熔断丝，再检查最末的公共接点处的电压。如果没有电压，则可沿该电路朝蓄电池方向查找；如果在公共点处有电压，按照同样的方法对各个灯的分支电路进行检查。

② 一个报警灯失效。检测一个失效的报警灯时，把点火开关转拨至“RUN”挡，自检电路应点亮报警灯。如果在自检期间灯不亮，则拆开传感器（开关）引线，用跨接线把传感器报警开关引线搭铁。报警灯应随着点火开关转到“RUN”挡而点亮。如果报警灯点亮，则更换传感器报警开关；如果报警灯不亮，可能是灯泡烧坏或导线损坏。此时可用试灯验证传感器的插接器引线端是否有电压；如果有电压，则多为报警灯泡损坏。

③ 报警灯始终点亮。如果报警灯始终点亮，则断开到传感器报警开关的引线，点火开关在“RUN”挡时灯应熄灭。如果报警灯仍然点亮，则说明传感器报警灯开关到灯泡之间的导线有搭铁之处。如果报警灯可以熄灭，则可能是传感器报警开关损坏，应重新换新件。

(3) 汽车仪表中机油报警灯闪亮的原因

在汽车发动机系统中，只有正常的机油压力才能保证将机油输送到发动机的所有摩擦副表面，过高或过低都会影响发动机正常工作，甚至造成发动机零部件的损伤。因此，当仪表的机油报警灯闪亮时，应立即停车查找原因，以防因故障的进一步扩大而导致更大的损坏。只有将故障排除后方可继续使用。导致机油报警灯闪亮的原因主要有以下几方面。

① 机油选用不当。如果机油用错或牌号选用不当，发动机运转时会因机油黏度太低而加大泄漏量，从而使油压降低而报警。

② 机油油量不足。如果机油油量不足，就会使机油泵的泵油量减少或因进空气而泵不上油，致使机油压力下降。

③ 间隙过大。当机油泵零部件损坏或因磨损、装配等问题出现间隙过大时，将会出现机油泵不出油或出油不足等现象。

④ 堵塞、漏油。机油管路中有漏油、堵塞现象，机油滤清器、吸油盘堵塞均会使机油压力降低而报警。

⑤ 回油阀损坏或失灵。若主油道回油阀弹簧疲劳软化或调整不当，阀座与钢珠的配合面磨损或被脏物卡住而关闭不严时，回油量便明显地增加，主油道的油压也随之下降。

⑥ 轴承配合间隙不当。曲轴与大、小轴承之间的配合间隙不当，过紧会使机油压力升高；过松会使机油压力降低。

⑦ 发动机温度过高。当发动机温度过高时，就容易使机油变稀，从配合间隙中大量流失而导致油压下降。

第7章 辅助电气系统

7.1 汽车风窗刮水、清洁设备

7.1.1 电动刮水器与风窗玻璃洗涤器的作用

(1) 电动刮水器的作用

刮水器（又称雨刷器或雨刮器）是安装在风窗上的重要附件。它的作用是扫除风窗玻璃上妨碍视线的雨雪和尘土。因此，它对于行车安全具有重要的作用。刮水器按其驱动方式可分为真空式、气动式和电动式等。现代汽车一般采用电动刮水器，其优点是结构简单、控制方便。

电动刮水器，普遍具有高速、低速及间歇三个工作挡位，除了变速之外，还有自动回位的功能。间歇刮水：每隔约 4s 刮一次，用于蒙蒙细雨中。低速刮水：用于中、小雨雪天气。高速刮水：用于大雨、大雪天气。

(2) 风窗玻璃洗涤器的作用

汽车在灰尘较多的环境中行驶时，会造成一些灰尘飘落在风窗上影响驾驶员的视线。为此汽车刮水系统中增设了洗涤装置，在需要时向风窗表面喷洒专用洗涤液或水，在刮水片配合工作下，保持风窗表面清洁。

风窗玻璃洗涤器用于清洁汽车前后风窗玻璃的尘土和污物，以使驾驶员有良好的视野，避免在刮水器工作时加速风窗玻璃及刮水器的磨损。风窗玻璃洗涤器与刮水器配合进行工作。

7.1.2 电动刮水器与风窗玻璃洗涤器的基本结构

(1) 电动刮水器的结构

电动刮水器主要由电动机、减速机构、自动往复机构、刮水器开关和传动机构及刮片等组成，如图 7-1 所示。电动机轴端的蜗杆驱动蜗轮，蜗轮带动摇臂旋转，摇臂使拉杆往复运动，从而带动刮水片左右摆动。

刮水器的电动机由磁场、电枢、电刷等组成。按磁场结构来分，电动机有励磁式和永磁式两种，永磁式电动刮水器具有体积小、重量轻、机构简单等特点，被广泛地应用在汽车上。永磁式电动刮水器如图 7-2 所示。

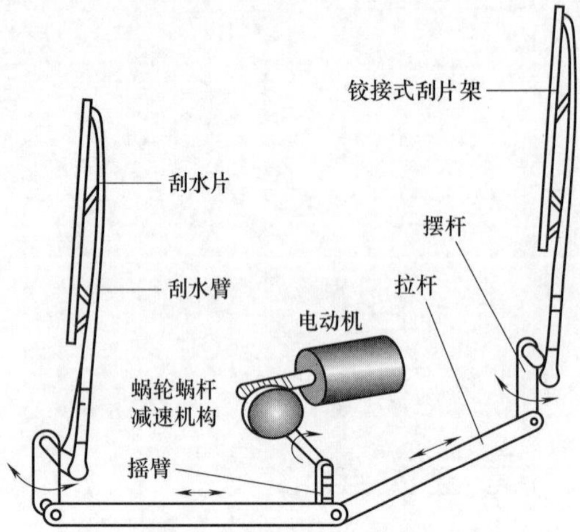

图 7-1　电动刮水器的组成

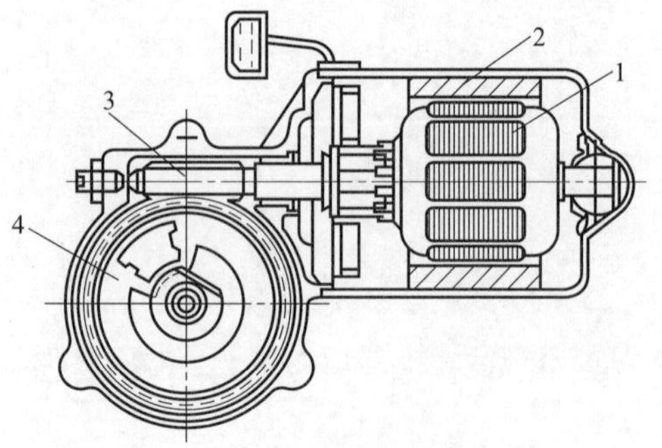

图 7-2　永磁式电动刮水器

1—电枢；2—永久磁铁；3—蜗杆；4—蜗轮

(2) 电动洗涤器的结构

汽车电动洗涤器（汽车风窗玻璃洗涤器）由洗涤液泵、储液缸（储液罐）、洗涤液喷嘴、三通接头和连接软管等组成，如图 7-3 所示。洗涤泵通常由微型永磁电动机和离心泵组成。

① 储液罐　储液罐由塑料制成，容量为 1.2L。洗涤器一般由水或水与适量的添加剂组成，添加剂有利于清洁或降低冰点。

② 洗涤液泵　洗涤液泵由一只小型永磁直流电动机和离心泵组成。洗涤液泵安装于储液罐上。其输出压力一般为 68.6kPa，消耗电流不大于 3.6A。

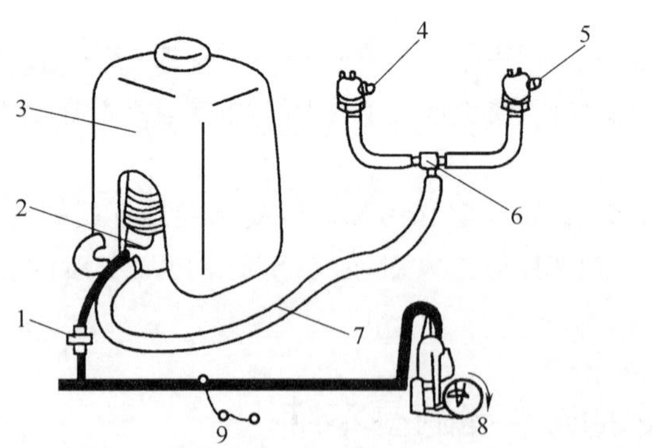

图 7-3　风窗玻璃洗涤器

1—洗涤器线路插接器；2—洗涤液泵；3—储液缸；4,5—喷嘴；6—三通接头；7—软管；8—刮水器控制盒；9—熔断器

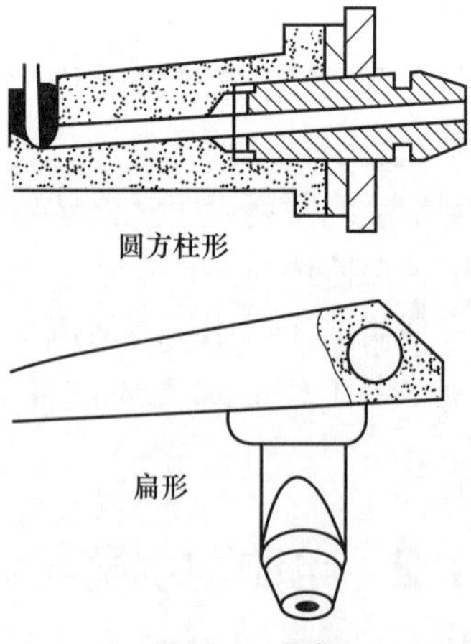

图 7-4　喷嘴

③ 喷嘴 汽车洗涤喷嘴分圆形、方形、扁形三种。洗涤器的喷嘴有装一个的或两个的，喷射方向可以调节。单孔喷嘴布置在左右驱动轴附近，双孔喷嘴布置于车身中心线上。喷嘴直径一般为0.8～1.0mm，喷嘴的喷头是一个球体，如图7-4所示，使用时用大头针插入内孔，稍稍用力即可调整其朝向，洗涤液喷射到目标面积。喷嘴堵塞时，可用细钢丝加以疏通。

④ 洗涤液 常用的洗涤液是硬度不超过205×10^{-6}的清水。为了刮洗油、蜡等物，可在水中添加少量的去垢剂和防锈剂。强效洗涤液的去垢效果虽好，但会促使风窗密封条和刮片胶条变质，还会引起车身喷漆变色以及储液罐、喷嘴等塑料件的开裂。所以对洗涤液的选用必须十分慎重。

7.1.3 电动刮水器与风窗玻璃洗涤器的工作原理

雨刮器总成含有电动机、减速器、四连杆机构、刮水臂心轴、刮水片总成等。

当司机按下雨刮器的开关时，电动机启动，电动机的转速经过蜗轮蜗杆的减速增扭作用驱动摆臂，摆臂带动四连杆机构，四连杆机构带动安装在前围板上的转轴左右摆动，最后由转轴带动雨刮片刮扫挡风玻璃。

目前，汽车的雨刮臂有两个，电机一般是一个，称为“单机双臂”；也有每个雨刮器带一只电机，称为“单机单臂”。

有些雨刮臂还附带胶水管，水管接至洗涤器上，按一下开关会有水注喷向前挡风玻璃。在一些中高级轿车上，不但前后挡风玻璃有雨刮器，就是前大灯也有一支小小的雨刮片，用以清除前灯玻璃上的尘埃。

司机关闭雨刮器时，雨刮臂往往不停在适当的位置，阻碍司机的视线。为解决这一问题，雨刮器设有一个回位开关，它控制雨刮器电机，只有当雨刮臂停在挡风玻璃下的适当位置时，电机才会停止运转。

现今的雨刮器已经普遍采用快挡、慢挡和间歇控制挡。其中间歇控制挡一般是利用电机的回位开关触点与电阻电容的充放电功能使雨刮器按照一定周期刮扫，即每动作一次停止2～12s，对司机的干扰更少。

有些车辆的雨刮器还装有电子调速器，该调速器附带感应功能，能根据雨量的大小自动调节雨臂的摆动速度，雨大刮水臂转得快，雨小刮水臂转得慢，雨停刮水臂也停。

雨刮器是重要的安全件，它必须能有效地清除雨水、雪和污垢；能在高温（零上80℃）和低温下（零下30℃）工作；能抗酸、碱、盐等有害物质腐蚀；使用寿命达到15万次刮刷循环（乘用车）。

雨刮器的动力源来自电动机，它是整个雨刮器系统的核心。雨刮器电动机的质量要求是相当高的。它采用直流永磁电动机，安装在前挡风玻璃上的雨刮器电动机一般与蜗轮蜗杆机械部分做成一体。

刮片胶条通过弹簧条压向玻璃表面，它的唇口必须与玻璃角度配合一致，方能达到所要求的性能。

一般情况下在汽车组合开关手柄上有雨刮器控制旋钮，设有低速、高速、间歇3个挡位。手柄顶端是洗涤器按键开关，按下开关有洗涤水喷出，配合雨刮器洗涤挡风玻璃。

7.1.4 电动刮水器与风窗玻璃洗涤器的使用

(1) 刮水器和风窗洗涤开关的结构与功用

刮水器和风窗洗涤开关布置在转向盘右下方，如图 7-5 所示。

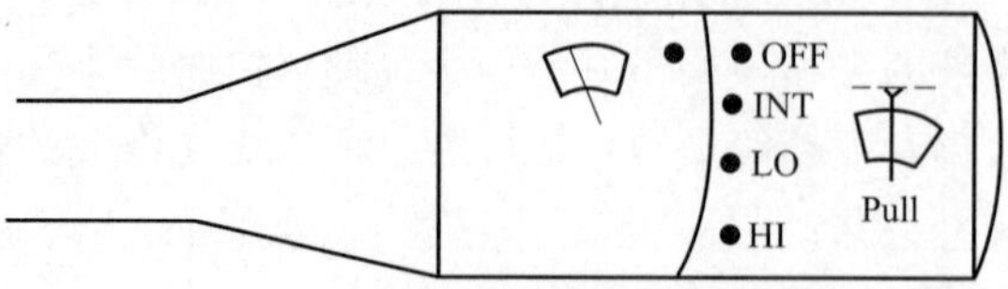

图 7-5 刮水器和风窗洗涤开关

① 风窗刮水器开关。刮水器开关为旋钮式开关，有“OFF”“LO”及“HI”三个位置。旋钮处于“OFF”位置时，刮水器电路断开，刮水器不工作；旋钮处于“LO”位置时，刮水器电动机电路接通，刮水器低速运转，刮水片慢刮；旋钮处于“HI”位置时，刮水器电路高速挡接通，刮水片作快速刮扫运动。

② 风窗洗涤器开关。将洗涤器开关操纵杆向上抬时，洗涤器电动机通电、洗涤器喷嘴向风窗玻璃喷出洗涤液，以利于风窗玻璃的清洗。

(2) 刮水器开关和洗涤开关的使用注意事项

① 当车窗洗涤液停止喷出时，应释放开关杆，使洗涤电动机断电，否则在无车窗洗涤液的状态下操纵开关杆，洗涤电动机将会受损伤。

② 用刮水器刷除风窗玻璃上的灰尘会损伤风窗玻璃与刮水器的橡胶刮水片。因此，在使用刮水器前，应以洗涤液喷湿风窗玻璃。

(3) 电动刮水器的使用注意事项

刮水器等使用不当，会使雨刮片提前报废或刮不干净。无论是何种类的雨刮片，在使用过程中应注意以下几点。

① 一定要在有雨水的情况下使用。顾名思义，雨刮片是清理前挡风玻璃上的雨水的。没有雨水就用不到，决不可以无水干刮。由于无水而增加摩擦阻力，会造成橡胶刮片和雨刮电机的损坏。

② 即使有雨水，如果雨量不大到足以启动雨刮片时也不应刮。也一定要等到玻璃表面有足够的雨水。这里说的“足够”是不至于阻挡驾驶员视线的。

③ 用雨刮片来除去挡风玻璃表面的灰尘是不提倡的。即使想这么做，也一定要同时喷玻璃水，绝不可以无水干刮。

④ 如果挡风玻璃上有坚固的东西，如鸽子等鸟类的干涸粪便，切不可直接用雨刮硬刮，请先手动清理鸟粪。这些硬质的东西极易造成雨刮片的薄片局部受伤，导致雨刮刮不干净雨水。

⑤ 冬季使用时，应先用冰铲清理挡风玻璃表面的冰碴，以免加重雨刮的负担。

(4) 电动洗涤器的使用注意事项

电动洗涤器使用注意事项如下。

① 电动洗涤器是短时间工作的电气设备，连续工作时间不宜过长。

② 使用挡风玻璃洗涤器时，应使刮水器同时工作。先开动洗涤器，后开动刮水器。

③ 洗涤液应保持清洁，以免堵塞喷嘴。

④ 要经常检查和补充洗涤液。

⑤ 电动式洗涤器的电源不可接反。

7.1.5 电动刮水器与风窗玻璃洗涤器的检查与调整

(1) 刮水片停止位置的检查与调整

使刮水器电动机回到停止位置，将刮水片装到挡风玻璃上，校正后拧紧紧固螺母。调整停止位置时应保证图 7-6 中的 a 和 b 满足下列要求：

a＝(15±5)mm；b＝(35±5)mm。图 7-6 中所给尺寸为刮水片与挡风玻璃下边缘处压力舱附加板之间的距离。

启动瞬时刮水功能。如果需要，再次调整刮水片并拧紧紧固螺母，紧固螺母的拧紧扭矩为 16N・m。

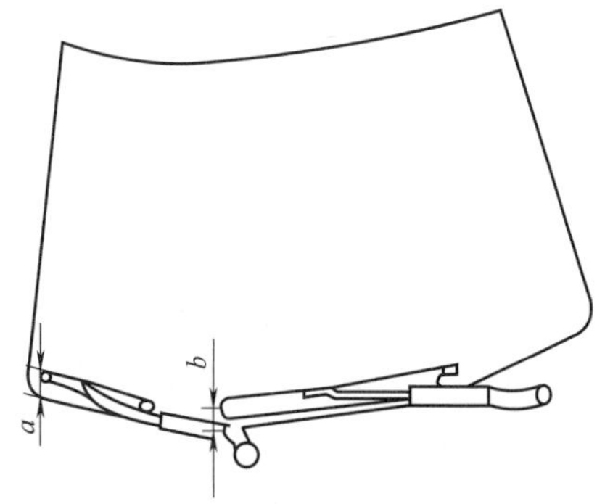

图 7-6 刮水片停止位置调整

(2) 刮水片的检查和更换

① 检查刮水片外观有无异样；若有应更换。

② 检查刮水片表面是否附有油污；若有应用专用洗涤液清洗。

③ 检查刮水片橡胶是否出现老化；若有应及时更换。

④ 检查刮水片的工作状况。打开刮水器，工作几个循环后，关闭刮水器。如果风窗玻璃出现刮不均匀或不干净的现象，应更换刮水片。

⑤ 定期检查刮水臂的紧固螺母的松紧度。

(3) 喷嘴的检查与调整

用记号笔在风窗玻璃上做上四点标记（标记应可擦掉）。如图 7-7 所示为上海大众帕萨特汽车的调整尺寸：a＝(400±50)mm；b＝(190±50)mm；c＝(420±50)mm。

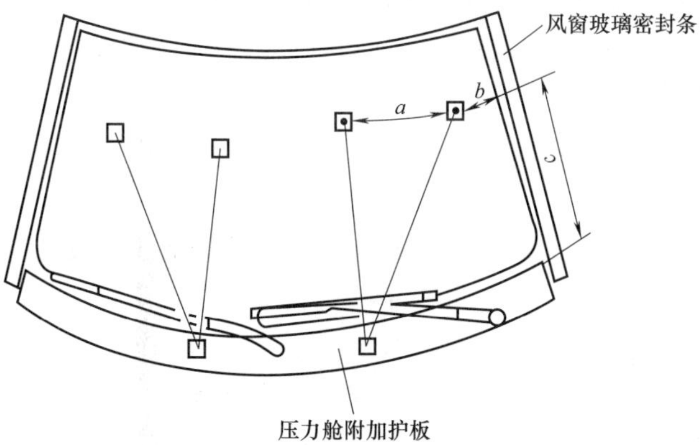

图 7-7 上海大众帕萨特汽车调整喷嘴

调整后用专用工具检测喷嘴标记的位置。注意调整尺寸是从风窗玻璃封条的边缘和下边缘处压力舱附加护板测量的。调整尺寸按车行驶时给出的超前值，在汽车静止时喷嘴喷射略有不同。不同车型的调整尺寸略有不同。

7.1.6 电动刮水器与电动洗涤器常见故障的诊断与排除

在对风窗刮水器系统的故障进行检修之前，需要确定是电气故障还是机械故障。要确定这一点，最简单的方法就是从电动机上拆下连接刮水片的机械臂，接通刮水器系统，观察电动机的运行。如果电动机工作正常，则说明是机械问题，否则说明电气系统有故障。

(1) 刮水器各挡都不工作

① 故障现象　打开刮水器开关后，刮水器不工作。

② 故障原因　熔断器烧断；刮水电动机或刮水器开关有故障；机械传动部分故障；配线或接地故障。

③ 排除方法　首先检查熔断器是否熔断，插接件是否松脱，线路有无断路；然后检查开关是否正常；最后检查电动机及机械传动部分。

(2) 刮水器挡位工作不全

① 故障现象　打开刮水器开关后，刮水器个别挡位（低速、高速或间歇挡）不工作，其余正常。

② 故障原因　刮水电动机或开关有故障；间歇继电器有故障；线路断路或插接件松脱。

③ 排除方法　若高速或低速不工作，先检查该挡位的线路、开关是否正常，后检查电动机。如果刮水系统只是在间歇挡位工作不正常，首先应检查间歇继电器的搭铁是否良好。如果搭铁正常，利用欧姆表检查继电器到刮水器开关之间的电路；如果连接线路也是良好的，则应更换间歇继电器。

(3) 刮水器不回位

① 故障现象　开关断开或间歇工作时，雨刷不能停止在风窗底部。

② 故障原因　调速器件与配线束连接不紧；电动机上的摇臂松动；电动机轴损坏；电动机和仪表板开关之间的连接不正常；转向柱上的开关损坏。

③ 排除方法　首先检查电动机上的摇臂是否松动、配线束连接是否紧固。造成刮水器不能复位的故障可能是复位开关的原因，也可能是刮水器开关内接触片变形所致。应更换复位开关或刮水器开关。

(4) 洗涤器不工作

① 故障现象　电动机不运转，或电动机运转但不能抽液或抽液不够。

② 故障原因　电动机接线错误；熔断器烧断；配线束搭铁不良；清洗器开关损坏。

③ 排除方法

a. 电动机不运转时，应检查熔断器是否烧断，若熔断器烧断，应更换；若熔断器未烧断，应检查洗涤器开关和点火开关，并检查配线束搭铁是否可靠。

b. 电动机运转，但不能抽液或抽液不够时，应检查储液罐液面；检查洗涤器软管有无裂口、弯折；检查软管中有无堵塞；检查喷口有无脏污或结冰。如果以上均正常，则应更换挡风玻璃洗涤泵总成。

(5) 刮水器动作缓慢

大多数导致刮水器动作慢的电路故障是由接触电阻大引起的。如果故障表现为所有的速度挡都慢，应检查电源到刮水器开关之间的电路，主要是中间继电器、熔断器和刮水器开关连接线端子插接是否牢固可靠。

7.1.7　风窗除霜装置的组成、原理与故障排除

(1) 风窗除霜装置的作用

在较冷的季节，有雨、雪或雾的天气，空气中的水分会在冷的风窗玻璃上凝结成细小的水滴甚至结冰，从而影响驾驶员的视线。为了防止水蒸气在风窗玻璃上凝结，设置风窗除霜装置，需要时可以对风窗玻璃加热。

(2) 风窗除霜装置的组成与工作原理

在装有空调或暖风装置的汽车上，可以通过风道向前面及侧面风窗玻璃吹热风以加热玻璃防止水分凝结。对后风窗玻璃的除霜，常常是利用电热丝加热实现的。如图 7-8 所示，在风窗玻璃内表面均匀间隔地镀有数条很窄的导电膜，形成电热丝，在需要时接通电路，即可对风窗进行加热。这种后窗除霜装置耗电量为 50～100W，在乘用车上广泛应用。

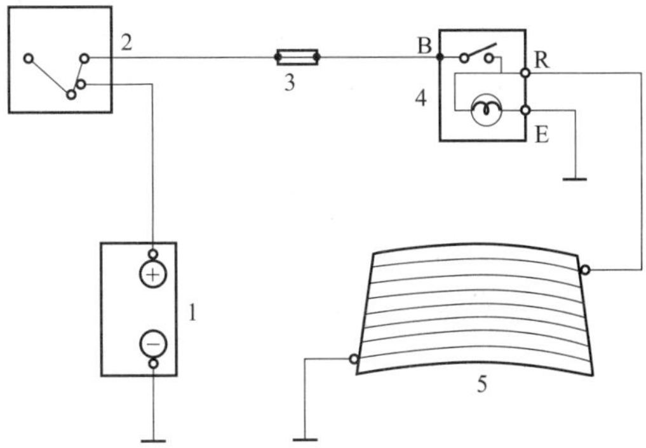

图 7-8　后窗除霜装置

1—蓄电池；2—点火开关；3—熔断丝；4—除霜器开关及指示灯；5—除霜器（电热丝）

(3) 风窗除霜装置的常见故障诊断与排除

风窗除霜装置常见故障是不工作。

① 故障原因　配线或搭铁故障；熔断器、控制线路断路；电热丝或开关损坏。

② 排除方法　首先检查熔断器是否正常；然后将开关闭合，检查电热丝火线端电压是否正常，如果电压为零，应检查开关和电源线路，否则检查电热丝是否断路；若电热丝损坏，应进行修复。

若电热丝断路，可用润滑脂清理加热丝端部，并用蜡和硅脱膜剂清理电热丝断头，再用专用修理剂进行修补，将断点处连接起来，保持适当时间后即可使用。

7.2　启动预热装置

在寒冷地区和严寒季节启动发动机时，由于机油黏度增高，启动阻力矩增大，同时燃料汽化性能变坏，蓄电池的工作性能降低，发动机启动困难。为了使车辆在低温下可靠地启动，多数柴油机和少数汽油机上设有低温启动预热装置，加热进入气缸的空气（或可燃混合气）温度，进气预热的类型有分缸预热和集中预热两种。柴油机一般采用分缸预热，安装在各气缸内或进气歧管上，汽油机一般采用集中预热，安装在发动机的进气管下方。

汽车预热器消除了冬季停车后启动难的烦恼，即使在－30℃的严寒，也能达到随意启动、随时出行的目的。当汽车达到启动的温度条件时，它会自动停止升温加热，电源指示灯会自动熄灭，能使您的爱车随时伴您出行。

7.2.1 电热塞

电热塞有内装式和外露式两种。内装式电热塞的结构如图 7-9 所示。螺旋形电热丝用铁镍铝合金制成，其一端焊接于中心螺杆上，另一端焊接在用耐高温不锈钢制成的发热体钢套的底部，中心螺杆与外壳之间有瓷质绝缘体。高铝水泥胶合剂将中心螺杆固定于绝缘体上。外壳上端翻边，将绝缘体、发热体钢套、密封垫圈和外壳相互压紧。在发热体钢套内填充具有绝缘性能、导热好、耐高温的氧化铝填充剂。

每个缸配有一个电热塞，一般安装在气缸盖处。在启动发动机以前，接通电热塞电路，电阻丝很快将发热体缸套烧红，使燃烧室内空气被加热，以利发动机启动。

7.2.2 进气预热器

(1) 进气预热器的结构

集中预热采用进气预热器，常见的有 PTC 电热式和电热丝网式两种。

进气预热器构造如图 7-10 所示。空心阀体 2 由热胀系数较大的金属材料制成，其一端与油管接头 5 相连；另一端通过内螺纹与阀芯 3 相连。在进气预热器不工作时，阀芯 3 的锥形端将进油管的进油孔堵塞。阀体 2 的外侧绕有外壳绝缘的电热丝 1。

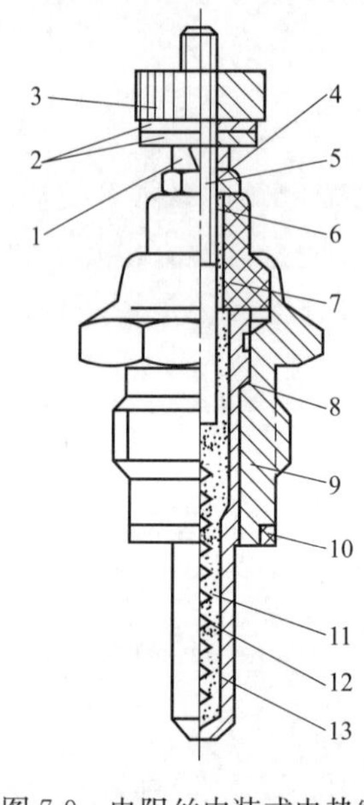

图 7-9　电阻丝内装式电热塞

1—弹簧垫圈；2—压紧垫圈；3—压紧螺母；4—固定螺母；5—中心螺杆；6—胶合剂；7—绝缘体；8—垫圈；9—外壳；10—密封垫圈；11—填充剂；12—电阻丝；13—发热体钢套

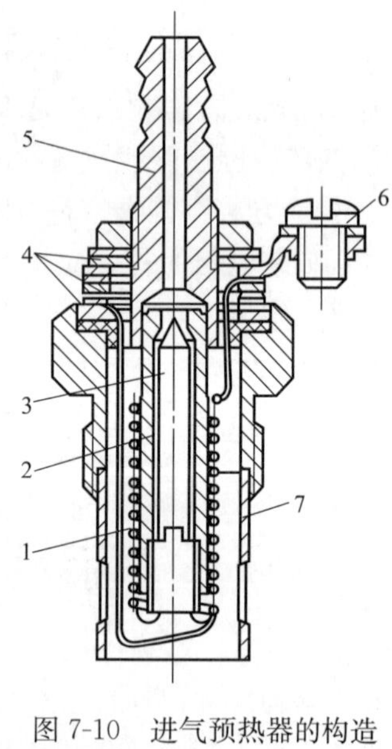

图 7-10　进气预热器的构造

1—外壳绝缘的电热丝；2—阀体；3—阀芯；4—绝缘垫圈；5—油管接头；6—预热开关接线螺钉；7—稳焰罩

(2) 进气预热器的工作原理

启动发动机时，预热器开关接通后，电热丝通电发热并加热阀体，阀体受热伸长带动阀芯下移，其锥形端离开进油孔。燃油流入阀体内腔受热而汽化，从阀体的内腔喷出，并被炽热的电热丝点燃生成火焰喷入进气管道，使进气得到预热。切断预热开关时，电热丝断电，阀体温度降低而收缩，阀芯上移，其锥形端堵住进油孔，火焰熄灭，停止预热。

7.2.3 进气预热器的控制电路

(1) 手动操纵的进气预热控制电路

由驾驶员手动操纵的进气预热控制电路如图 7-11 所示。

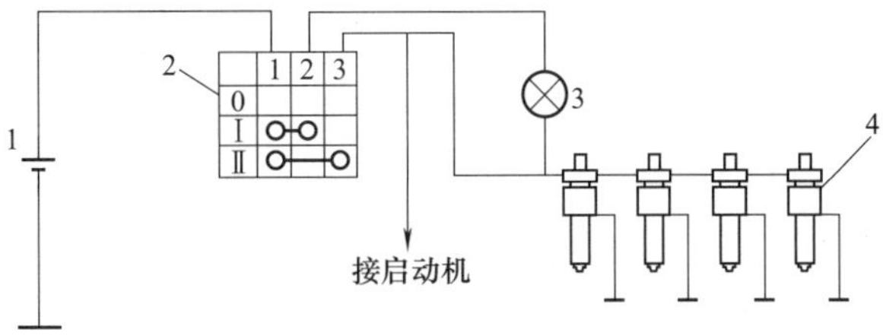

图 7-11 手动操纵的进气预热控制电路

1—蓄电池；2—启动/预热开关；3—预热指示灯；4—预热器

当气温低时，驾驶员将开关拨至Ⅰ挡（预热挡），各进气预热器通电产生热量，加热周围的空气。与预热器串联的指示灯这时也亮起，指示进气预热装置在通电状态。一般的预热时间约为 30s，预热后，驾驶员将开关置于Ⅱ挡（启动挡），同时接通进气预热器和启动电路。发动机启动后，立刻使开关回至“0”位，使启动机和预热器迅速断电停止工作。

(2) 自动定时控制的进气预热控制电路

一种具有温度自动控制和预热定时功能的进气预热控制电路如图 7-12 所示。

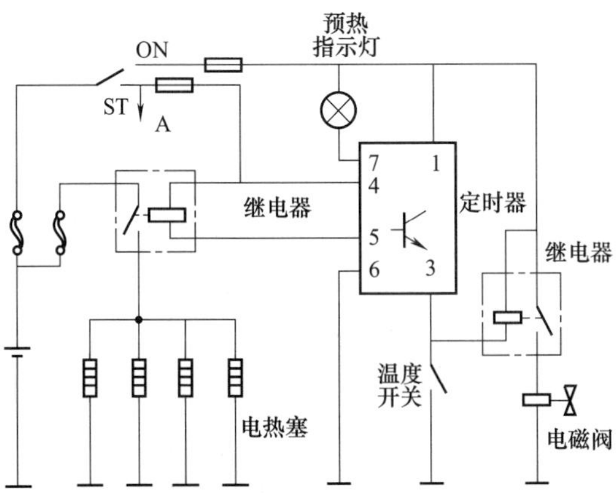

图 7-12 进气预热控制电路

发动机冷却液温度低于 0℃时，温度开关处于闭合状态。驾驶员接通开关（ON），电流由蓄电池正极→熔丝→点火开关ON→继电器线圈→冷却液温度传感器→搭铁→蓄电池负极。继电器触点闭合，电磁阀通电动作，切断溢流回路，提高喷油压力，使喷油提前进行。同时，定时器使电热塞继电器线圈通电，并接通预热指示灯搭铁回路，电热塞继电器触点闭合，电流由蓄电池正极→熔丝→电热塞继电器触点→电热塞→搭铁→蓄电池负极。电热塞通电发热，同时仪表上的预热指示灯点亮，以示预热器处于预热工作状态。当预热指示灯熄灭时（约 3.5s 以后），表示可以启动，驾驶员将开关拨至 ST 挡，接通启动电路。这时，预热塞继续通电加热进气，使发动机顺利启动。在开关拨至 ST 挡 18s 后，定时器可使预热塞电路自动断电，停止加热进气。

发动机冷却液温度高于 0℃时，温度开关处于断开状态。驾驶员接通开关（ON 挡或 ST 挡）时，预热定时器不会使预热塞继电器线圈通电，预热塞不会工作。这时，预热指示灯会亮起约 0.3s 后熄灭。

7.2.4 启动预热装置的使用与故障排除

(1) 电热塞的使用

安装于各缸的电热塞并联与电源相接。启动发动机之前首先接通电热塞的电路，电热丝通电后迅速将发热体钢套加热到红热状态，使气缸内的空气温度升高，从而可以提高压缩终了时混合气的温度。电热塞通电的时间一般不超过 1min。发动机启动后，应立即将电热塞断电。若启动失败，应停歇 1min，再将电热塞通电，进行第二次启动，否则将降低电热塞的使用寿命。

(2) 启动预热装置常见故障诊断与排除

① 按下预热开关，预热指示灯不亮　正常情况下，按下预热开关，指示灯应点亮。造成指示灯不亮的原因有：导线搭铁造成预热熔丝烧断；熔断器、控制器导线插接头松脱或接触不良；预热开关指示灯损坏；预热控制器损坏或导线接错。

② 预热时间超过 6min 时指示灯不闪烁　预热时间超过 6min 时，指示灯应当闪烁，蜂鸣器轰鸣。如果指示灯不闪烁，故障原因可能是预热控制器内部电路故障，此时应更换预热控制器。

③ 易熔线烧断　易熔线是为了防止预热器正极导线搭铁烧坏导线而设置的。造成易熔线烧断的原因有：正极导线擦伤破裂；预热继电器接线柱搭铁。排除方法：可采用分段法排除故障，当打开电源总开关时易熔线烧断，说明蓄电池至预热继电器接线柱的一段线路有搭铁故障；当打开预热器开关时易熔线烧断，说明预热继电器另一接线柱至预热器正极接线柱的一段线路中有搭铁故障。

④ 预热器不加热　主要原因有：易熔线烧断；预热控制器至预热继电器的导线插头脱落或导线断路；预热继电器触点不闭合；预热器损坏或预热器负极断路；蓄电池电量严重不足。排除方法：用试灯检查预热控制器至预热继电器的绿、白色导线，正常情况下试灯应亮。若试灯不亮，说明故障在预热控制电路上，应检查导线各插头是否插接正确、牢靠，导线是否断路，并视情况予以排除；若试灯亮，说明故障在预热电路，可用试灯分别检查预热继电器两接线柱，若试灯都不亮，说明易熔线烧断或正极导线断路，应排除搭铁故障，更换易熔线；若一个试灯亮，另一个不亮，说明预热继电器触点不吸合，则应更换预热继电器。若预热导线接线柱上的试灯亮，说明预热器损坏。在确定预热器损坏时，应检查预热器负极导线是否漏装或断路。

7.3 电动车窗

电动车窗也叫自动车窗，是指以电为动力使车窗玻璃自动升降的车窗。电动车窗是由驾驶员或乘员操纵开关接通车窗升降电动机的电路，电动机产生动力，通过一系列的机械传动，车窗玻璃按要求进行升降。其优点是操作简便，有利于行车安全。

目前，轿车普遍装有电动车窗。它可以使驾驶员更加集中精力驾车，方便驾驶员及乘客的操纵。电动车窗系统装有两套控制开关，一套装在驾驶人侧门扶手上，为总开关，驾驶人可利用控制开关使全部车窗玻璃自动升降；另一套装在每个车窗中部扶手上，可由乘员进行操作。

7.3.1 电动车窗的组成

电动车窗主要由车窗、车窗升降器、电动机、继电器、开关等组成。

① 电动机。电动机是用来为车窗的升降提供动力的装置。车窗升降电动机采用双向转动的电动机。它有永磁型和双绕组型两种。永磁型电动机是外搭铁，双绕组型电动机则是各绕组搭铁。这两种电动机都通过改变电流方向来改变转向，以实现车窗的升或降。

② 车窗玻璃升降器。车窗玻璃升降器常见的有钢丝滚筒式和交叉传动臂式，如图 7-13和图 7-14 所示。还有齿扇式和齿条式电动车窗升降器，如图 7-15 所示。齿扇式升降器如图7-15（a）所示。齿扇上连有螺旋弹簧，当车窗下降时，螺旋弹簧收缩，吸收能量；当车窗上升时，螺旋弹簧伸展，释放能量，以减轻电动机的负荷。于是无论车窗是上升还是下降，电动机的负荷基本相同。当电动机转动时，通过蜗轮蜗杆减速并改变旋转方向，齿扇转动，带着车窗进行升降。

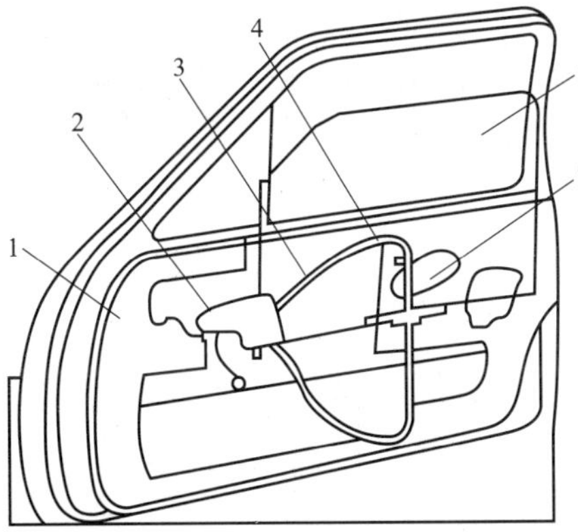

图 7-13 钢丝滚筒式电动车窗玻璃升降器

1—盖板；2—永磁电动机及减速器；3—导向套；4—钢丝绳；5—玻璃

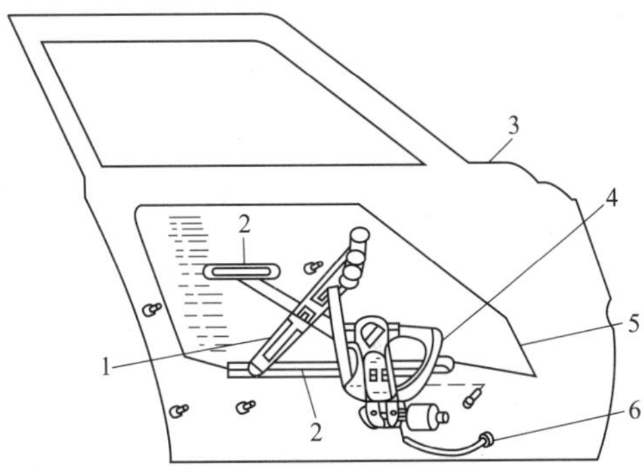

图 7-14 交叉传动臂式电动车窗玻璃升降器

1—调整杆；2—支架与导轨；3—车门；4—驱动齿扇；5—车窗玻璃；6—电动机及插座

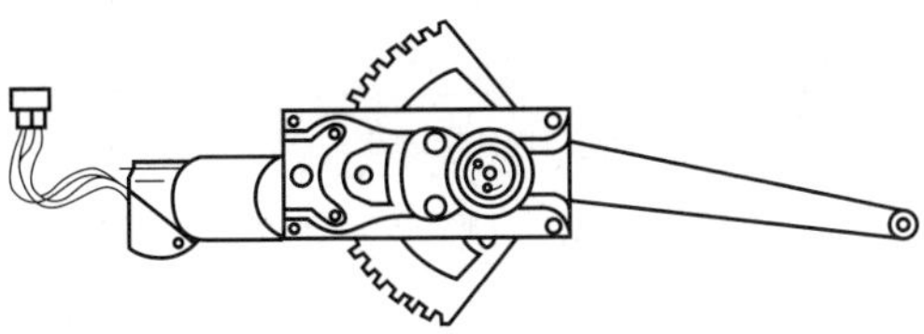

(a) 齿扇式

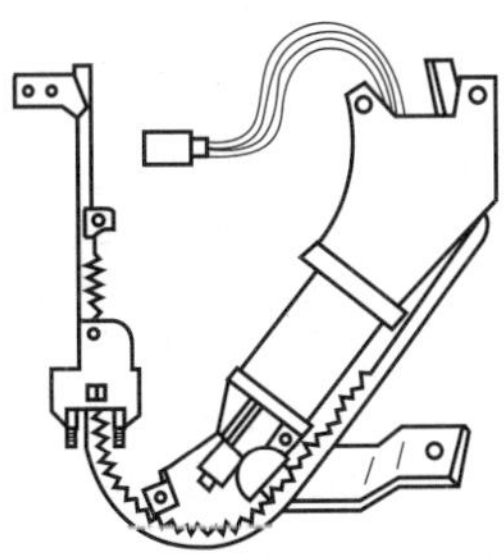

(b) 齿条式

图 7-15 车窗升降器

齿条式升降器的结构如图 7-15（b）所示。车窗升降器采用柔性齿条和小齿轮。当电动机转动时，通过蜗轮蜗杆减速机构将动力传给小齿轮，小齿轮又使齿条移动，齿条通过拉绳带着车窗进行升降。

③ 控制开关。一般电动车窗系统都装有两套开关。一套装在仪表板或驾驶员侧车门扶手上，为主开关，它由驾驶员控制每个车窗的升降；另一套装在每一个乘客门上，为分开关，可由乘客进行操纵。一般在主开关上还安装有断路开关，如果它断开，分开关就不起作用。

为了防止电路过载，电路或电动机内装有一个或多个热敏断路开关，用以控制电流。当车窗完全关闭或由于结冰等原因车窗玻璃不能自如运动时，即使操作开关没有断开，热敏开关也会自动断路。有的车上还专门装有一个延迟开关，在点火开关断开后约 10min 内，或在车门打开以前，仍有电源提供，使驾驶员和乘客能有时间关闭车窗。

7.3.2 电动车窗的工作原理

图 7-16 所示为电动车窗的控制电路。当点火开关转至点火挡时，电动车窗主继电器工作，触点闭合，给电动车窗电路提供了电源，此时，电源指示灯点亮。如将主开关上的窗锁开关闭合，所有车窗都可随时进入工作状态，乘员车窗的指示灯点亮。

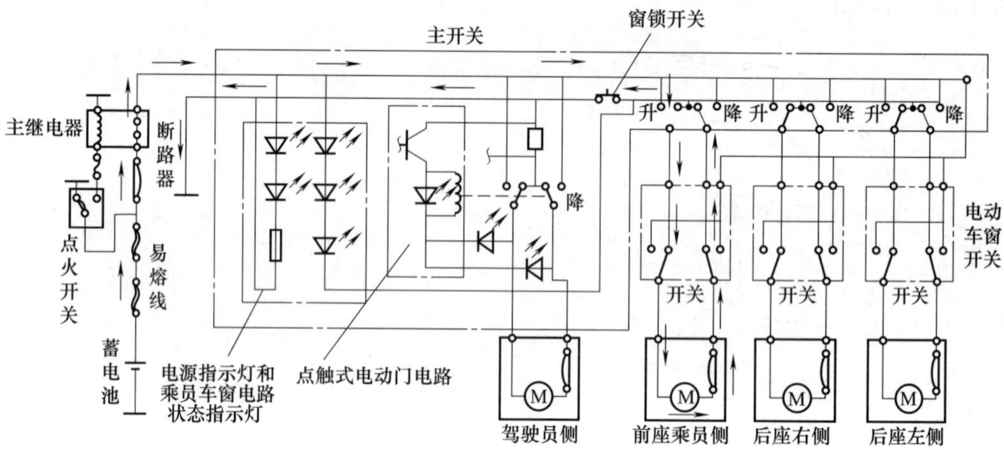

图 7-16 电动车窗的控制电路

(1) 驾驶员侧的车窗升降

若主开关上的窗锁开关断开，则只有驾驶员侧的车窗具备工作条件。另外，驾驶员侧的车窗开关由点触式电路控制。车窗在下降过程中，如果要使其停在某一位置，只要再点触一下开关即可。当驾驶员侧的车窗需要下降时，可按下主开关上的下降按钮。与此同时，触点式开关的电路也同时接通，下降指示灯点亮，继电器线圈因通电而产生吸力，保持开关处于下降工作状态，直至下降到极限位置。在下降过程中，如果要使车窗停在某一位置，驾驶员可再点触一下开关，则继电器线圈断路，车窗下降停止。

(2) 前右侧车窗升降

所有乘员侧车窗的升降均有两种方式，即驾驶员操纵和乘员操纵。

① 驾驶员操纵。当驾驶员按下主开关相应的前乘员车窗上升开关时，该电路中的电动机通电而工作，使车窗上升。当需要车窗下降时，驾驶员按下主开关上的下降开关，因为是

永磁双向电动机，所以电动机的电流方向相反，电动机通电反转使车窗下降。

② 乘员操纵。乘员接通前乘员车窗上升开关时，该电路中的电动机通电而工作，使车窗上升。当需要车窗下降时，乘员按下开关上的下降开关，其电动机的电流方向相反，电动机通电反转使车窗下降。

其他后座乘员左右车窗的升降操纵与前乘员侧的操纵方法相同，不再赘述。

7.3.3 电动车窗常见故障的检修

电动车窗常见故障有：所有车窗玻璃均不能升降、某车窗玻璃不能升降或只能一个方向运动等。在检修电动车窗故障前，应在不同方向轻轻摇动车窗玻璃，检查车窗玻璃是否移动阻力过大。如果各个方向都能稍微移动，则表明车窗玻璃没有卡住，能正常升降，这样有利于进一步检查。

(1) 所有车窗玻璃均不能升降

① 主要故障原因：熔断器断路；连接导线断路；有关继电器、开关损坏；电动机损坏；搭铁点锈蚀、松动。

② 诊断步骤：检查熔断器是否断路；若熔断器良好，则应将点火开关接通，检查有关继电器和开关火线接线柱上的电压是否正常，若电压为零，应检查电源线路；若电压正常，则应检查搭铁线是否良好。若搭铁不良，应清洁、紧固搭铁线；若搭铁良好，则应对继电器、开关和电动机进行检测。

(2) 某车窗玻璃不能升降或只能一个方向运动

① 主要故障原因：该车窗按钮开关损坏；该车窗电动机损坏；连接导线断路或短路。

② 诊断步骤：如果车窗玻璃不能升降，首先检查安全开关是否工作，该车窗的按键开关工作是否正常，再通电检查该车窗的电动机正反转是否运转稳定。若有故障，应检修或更换新件；若正常，则应检修连接导线。如果车窗只能一个方向运动，一般是按键开关故障或部分线路断路或接错所致，可以先检查线路连接是否正常，再检查开关。

7.4 电动天窗

汽车的电动天窗通常称为太阳车顶或电动车顶，这是汽车移动车顶的一种，驾驶员可以用汽车天窗采光、通风。汽车天窗能够提升汽车内部环境的舒适性和个性。天窗的特别结构，能使浑浊的空气迅速被排出车外；新鲜的空气从天窗进入车厢，没有摇下侧窗换气产生的风噪；辅助调节温度，减少空调使用时间，节省油耗；车厢内光线明亮，亲近自然。因此，汽车天窗被现代汽车广泛使用。

汽车天窗按开闭能量来源的不同可分为手动式和电动式。手动天窗结构比较简单，价格也较便宜，且便于安装；电动天窗档次较高，价格较贵，安装时由于要布线，故安装难度较大。但由于电动天窗操作方便、功能强大，故深受大众喜爱。

小轿车多采用电动天窗，电动天窗靠电动机的动力将天窗打开或关闭。一般大型客车和大型货车多是靠人力将天窗打开或关闭的，大客车的天窗有向上平升、斜升和关闭三种状态。大货车的天窗只有斜开和关闭两种状态。

7.4.1 电动天窗的构成

电动天窗主要由天窗组件、滑动机构、驱动机构和控制系统等组成，电动天窗的外形如图 7-17 所示；电动天窗的结构如图7-18 所示。

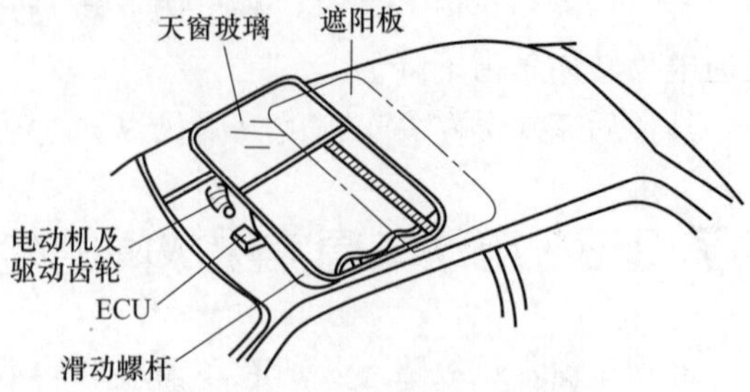

图 7-17 电动天窗的外形图

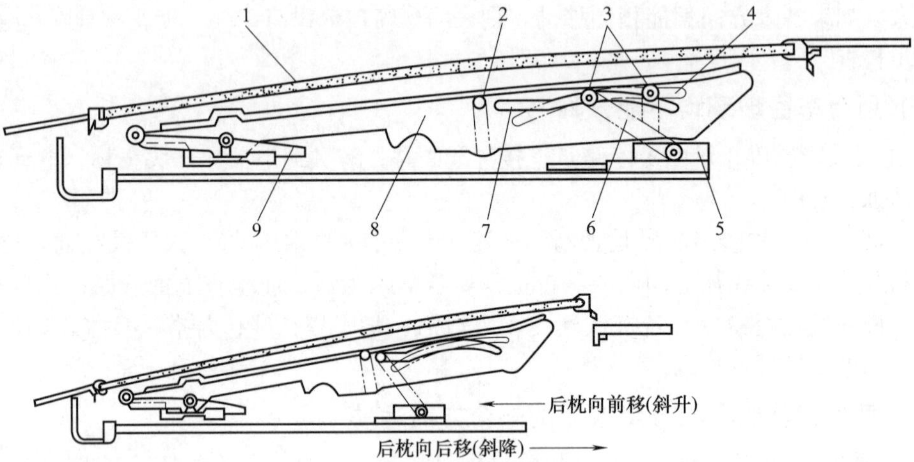

图 7-18 电动天窗结构

1—天窗玻璃；2—导向块；3—导向销；4，7—导向槽；5—后枕座；6—连杆；8—托架；9—前枕座

① 天窗组件。包括天窗框架、天窗玻璃、遮阳板、导流槽、排水槽等。

② 滑动机构。由导向块、导向销、连杆、托架和前、后枕座等组成。

③ 驱动机构。由双向电动机、传动机构和滑动螺杆等组成。

④ 控制系统。主要包括天窗开关、电控单元、继电器等。其作用是接收开关输入的信息，确定继电器的动作，控制天窗的开闭。

电动天窗的开关由控制开关和限位开关组成。控制开关包括滑动开关和斜升开关两种。这种开关使天窗驱动机构的电动机实现正反转，使天窗实现不同状态的工作。电动天窗的限位开关如图 7-19 所示，限位开关主要用来检测天窗所处的位置。限位开关是靠凸轮转动来实现断开和闭合的，凸轮安装在驱动机构的动力输出端。当电动机将动力输出时，通过驱动齿轮和滑动螺杆减速后带动凸轮转动，于是凸轮周缘的突起部位顶动限位开关使其开闭，以实现对天窗的自动控制。

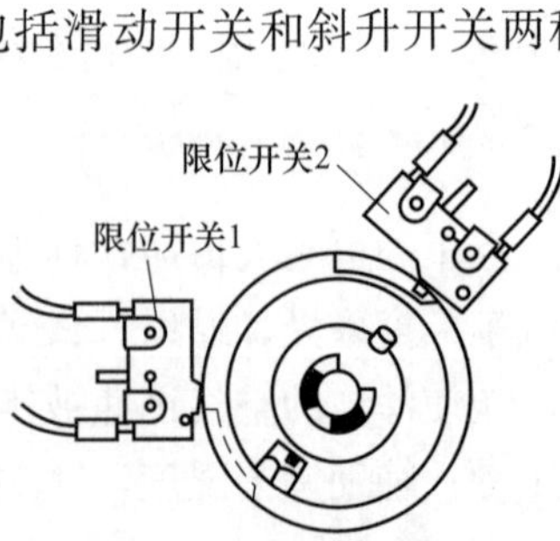

图 7-19 电动天窗的限位开关

7.4.2 电动天窗的控制电路

电动天窗的控制电路如图 7-20 所示。

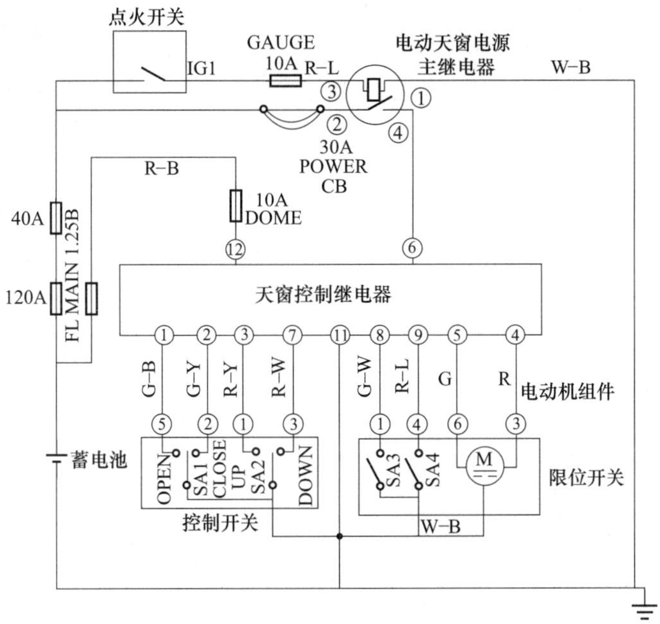

图 7-20 电动天窗的控制电路

(1) 天窗的打开

按下天窗控制开关 SA1 至 OPEN 侧，这时将天窗控制继电器①端子接地，天窗控制继电器⑤、⑥、④、⑪端子接通，电流经蓄电池正极→120A 熔断器→40A 熔断器→POWER CB 30A 熔断器→电动天窗电源主继电器②、④端子间的闭合触点→天窗控制继电器⑥、⑤端子→电动机组件⑥端子→天窗电动机 M→电动机组件③端子→天窗控制继电器④、⑪端子→接地→蓄电池负极，构成回路。电动天窗电动机 M 中有从左到右流过的电流，电动机 M 正向转动，天窗打开。

(2) 天窗的上倾

将天窗控制开关 SA2 拨至 UP 侧，这时天窗控制继电器的③端子接地，天窗控制继电器的⑥、④、⑤、⑪端子接通，电流经蓄电池正极→120A 熔断器→40A 熔断器→POWER CB 30A 熔断器→电动天窗电源主继电器②、④端子的闭合触点→天窗控制继电器⑥、④端子→电动机组件③端子→天窗电动机 M→电动机组件⑥端子→天窗控制继电器⑤、⑪端子→接地→蓄电池负极，构成回路。电动天窗电动机中有从右向左的电流流过，电动机 M 转动，天窗上倾。

保护指示：如果滑移式天窗处于向上倾斜位置，两只限位开关在 OFF 状态时，将点火开关转至 ACC 或 OFF 位置，则会发出蜂鸣声，提醒驾驶员注意滑移式天窗仍处于向上倾斜位置。

7.4.3 电动天窗常见故障的检修

电动天窗出现最多的故障是机械故障，特别是漏水故障。当天窗出现电气故障而无法电控关窗时，大多数厂家均有应急关闭天窗的方式。例如大众公司的车辆，在天窗开关面板附近的顶棚内放置有内六角摇把，可以手动强制关闭天窗。

① 当天窗出现漏水故障时，应检查天窗排水孔和滑轨附近是否有杂物。天窗在设计时已经考虑到了防水要求，在天窗的四周布置有导水槽，四角设计了出水口，排水管隐藏在车身A柱内，A柱底端安装有排水口。如果天窗周围的排水管被沙土或树叶堵塞了，水无法顺利排出，必然会向车内泄漏。

② 当天窗出现运动缓慢或无法向某方向运动时，首先应排查机械方面的原因，例如是否滑轨积尘过多导致电机工作阻力过大，必要时应对电机进行初始化操作。应避免长时间按压操纵开关而导致电机过热。

因为电动天窗的结构和原理与电动车窗相似，所以故障也类似，诊断与排除方法也基本一致，这里就不再赘述。

7.5 中央控制门锁

7.5.1 中控门锁的功用与组成

(1) 中控门锁的功用

最早的汽车门锁是机械式门锁，只是用于汽车行驶时防止车门自动打开而发生意外，没有防盗作用。随着科学技术的进步和发展，汽车车门都装上了带钥匙的门锁，这种门锁只控制一个车门，其他车门靠车内门上的门锁按钮进行开启或锁止。这种门锁操作也不是很方便。随着对汽车安全性、可靠性和方便性要求的不断提高，现代一些轿车都配置了中央控制门锁，即汽车上的车门门锁和行李厢锁实现了集中控制。

装置中控门锁后可实现下列功能。

① 将驾驶员车门锁扣按下时，其他几个车门及行李舱门都能自动锁定；如用钥匙锁门，也可同时锁好其他车门和行李舱门。

② 将驾驶员车门锁扣拉起时，其他几个车门和行李舱门锁扣都能同时打开；用钥匙开门，也可实现该操作。

③ 在车厢内个别车门需打开时，可分别拉开各自的锁扣。

(2) 中控门锁的组成

汽车的车门门锁和行李舱盖锁实现集中控制，即采用中控门锁，使用十分方便。中控门锁由门锁执行器、门锁开关和门锁控制器组成。

① 门锁执行器　门锁执行器用于拨动锁扣，完成门锁的锁止和开锁动作。门锁执行器有电磁铁式和电动机式两种形式。

a. 电磁铁式门锁执行器。电磁铁式门锁执行器利用电磁线圈通电后产生电磁力吸动衔铁轴向移动，衔铁通过连杆将门锁锁扣锁止。一般电磁铁式门锁执行器有两个电磁线圈，分别用于门锁的锁止与开启。当锁止线圈通电时，衔铁带动锁扣连杆左移，门锁锁止；当开锁线圈通电时，衔铁带动锁扣连杆右移，门锁开启，如图 7-21 所示。电磁铁式门锁执行器结构简单、内部摩擦力小、动作敏捷、操作方便，但耗电量大、电磁铁质量大，且动作时有撞击声。

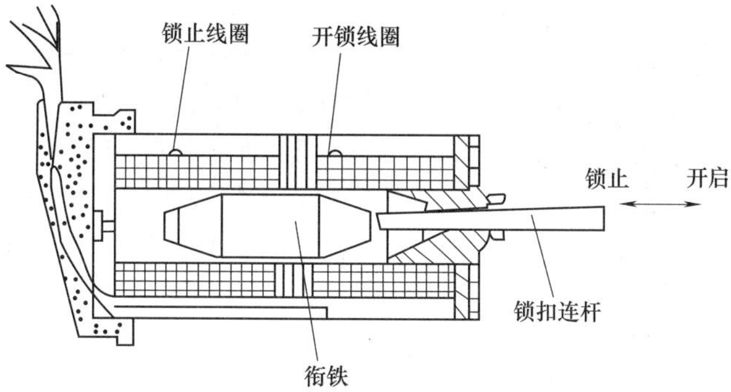

图 7-21 电磁铁式门锁执行器

b. 电动机式门锁执行器。电动机式门锁执行器由门锁电动机和齿轮机构组成，如图7-22所示。门锁电动机为双向直流电动机，改变电流方向，电动机可正反向旋转。电动机通电旋转，带动齿轮机构，实现门锁的锁止和开启。电动机式门锁执行器体积小、耗电量小、动作迅速。

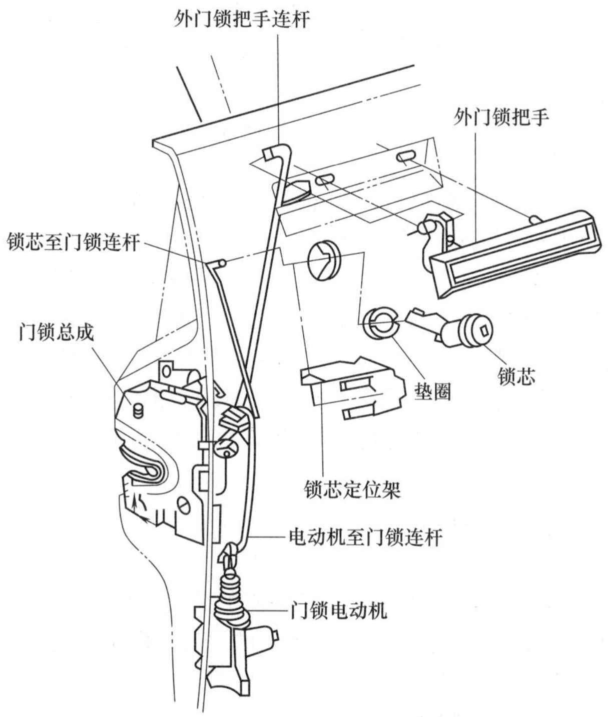

图 7-22 直流电动机式中控门锁的操纵机构

当门锁电动机运转时，通过门锁操纵连杆操纵门锁动作。电动机的旋转方向由经过电动机电枢的电流方向决定。若锁门时，电动机电枢流通的是正向电流，那么开锁时，电动机电枢流通的则为反向电流，电动机即反向旋转。这样利用电动机的正转或反转，就可完成车门的闭锁和开锁动作。

② 门锁开关 门锁开关包括门锁钥匙开关、门锁控制开关（中控门锁开关、车门门锁开关）、行李舱锁开关等。

a. 门锁钥匙开关。门锁钥匙开关一般设在前车门门锁上，从车外通过钥匙开启和锁止

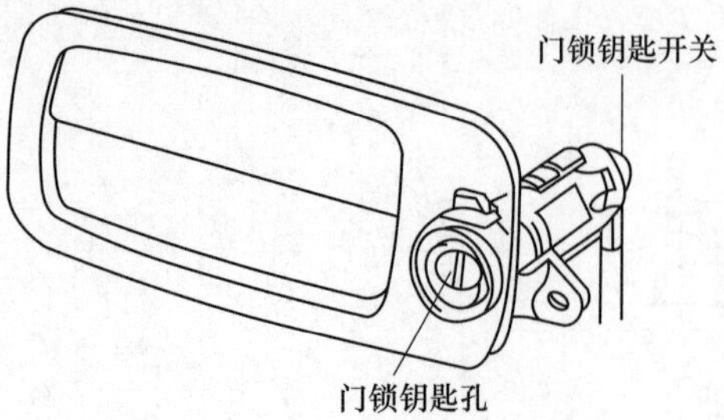

图 7-23 门锁钥匙开关

门锁，如图 7-23 所示。

b. 门锁控制开关。门锁控制开关包括中控门锁开关与车门门锁开关，安装在车门扶手上，如图 7-24 所示。中控门锁开关由驾驶人操作，集中控制各门锁的锁止和开启。车门门锁开关由其他乘员操作，控制单个车门门锁的锁止和开启。

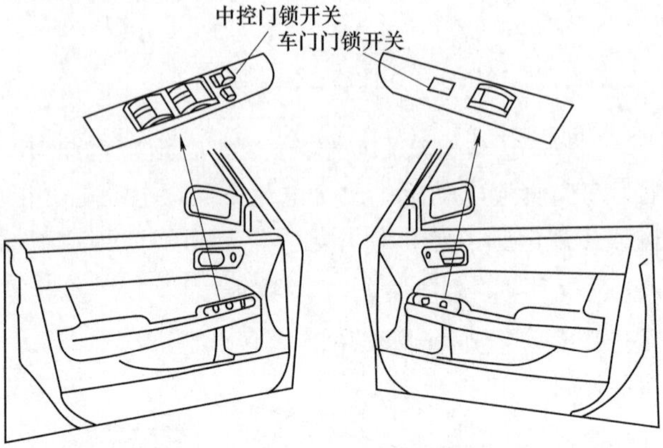

图 7-24 门锁控制开关

c. 行李舱盖锁开关。行李舱盖锁开关设置在行李舱盖锁上，既可用钥匙开启和锁止行李舱盖锁，也可通过仪表板下的行李舱盖锁开关来开启和锁止。

③ 门锁控制器 由于门锁的锁止和开启动作是短暂的，且门锁执行器在工作时要消耗较大电能，因此为了使门锁的动作顺利完成，以及防止过载，一般采用门锁控制器来控制门锁执行器工作。门锁控制器用于短时间接通门锁执行器电路，控制门锁动作。门锁控制器包括定时器和继电器，定时器利用电容器的充电、放电特性控制继电器触点短时间闭合，输送给门锁执行器一个脉冲电流，完成门锁的锁止和开锁动作。

7.5.2 中控门锁控制器

门锁机构在工作时要消耗电能，为缩短工作时间，门锁电路装有定时装置。这种装置的工作原理一般是利用电容器的充放电特性，在超过规定时间后，输送给门锁机构的电流就自行中断，正常锁门或开门也如此，定时装置可以保护电路和用电器的安全。四门轿车使用电动机多，为防止电控门锁开关过载，一般增装继电器，通过门锁开关控制继电器，再控制电动机。为门锁执行机构提供锁/开脉冲电流的控制装置称为门锁控制器，常用形式有以下三种。

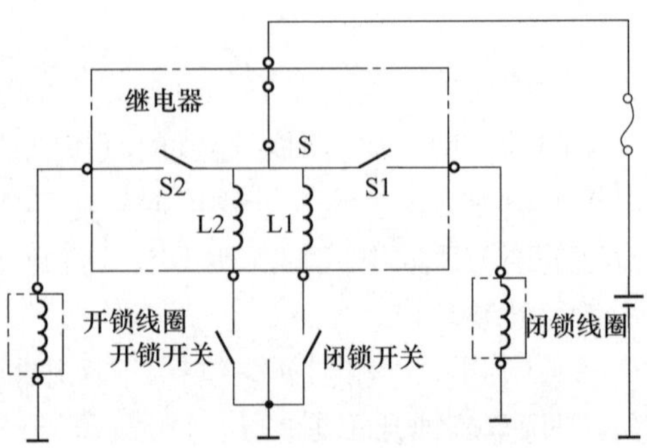

图 7-25 普通门锁开关控制电路

(1) 普通门锁开关控制电路

图7-25所示为普通门锁开关控制电路。

当接通闭锁开关时，闭锁继电器线圈中有

电流通过，闭锁继电器触点闭合，接通闭锁线圈电路，线圈产生的电磁力吸引执行机构动作，将所有车门锁紧。

当接通开锁开关时，开锁继电器线圈中有电流通过，开锁继电器触点闭合，接通开锁线圈电路，线圈产生的电磁力吸引活动铁芯（衔铁），通过连杆机构拉动锁舌，门锁被打开。

(2) 电容式门锁控制器

电容式门锁控制器利用电容充放电特性，平时电容器充足电，工作时把它接入控制电路使电路放电，使两电路之一通电而短时吸合；电容器完全放电后，通过继电器的电容中断而使其触点断开，门锁系统不再工作。其电路如图 7-26 所示。

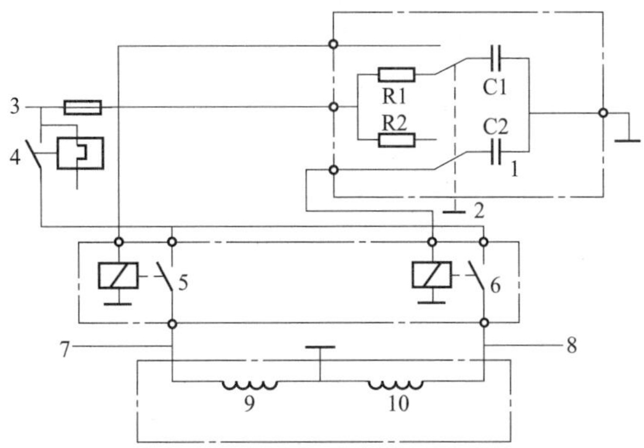

图 7-26 电容式门锁控制器电路图

1—电容器；2—门锁开关；3—接电源正极；4—热敏断路器；5—锁门继电器；6—开门继电器；7—接其他车门（锁）；8—接其他车门（开）；9,10—门锁执行机构（电磁式）

正常状态（开锁位置）时，蓄电池向电容器 C1 充电，其电路为蓄电池→熔断器→电阻 R1→电容器 C1→搭铁→蓄电池负极。

当按下门锁开关时，电容器 C1 放电，使锁门继电器线圈有电流通过，继电器触点闭合；此时，闭锁线圈通电而动作，通过操纵机构将车门锁定。当电容器 C1 放电到一定程度时，锁门继电器线圈断电，闭锁执行器的电路被切断。另外，当按下门锁开关时，电容器 C2 开始充电。

当按回门锁开关后，电容器 C2 放电，使开锁继电器线圈有电流通过，继电器触点闭合；此时，开锁线圈通电而动作，通过操纵机构将车门开启。当电容器 C2 放电到一定程度时，开锁继电器线圈断电，门锁执行器的电路被切断。另外，当按回门锁开关时，电容器 C1 开始充电，回到原始状态。

(3) 车速感应式门锁控制器

在中控门锁系统中加装车速为 10km/h 的感应开关，当车速在 10km/h 以上时，若车门未上锁，驾驶员无须动手，则门锁控制器自动将门上锁。如果个别车门要自行开门或锁门，可分别操作。其电路如图 7-27 所示。

如果驾驶侧以外的车门未锁，则其报警灯开关闭合。当点火开关接通时，电流从蓄电池正极→易熔线→点火开关→熔断器→车门报警灯→驾驶侧以外的车门报警灯开关→搭铁→蓄电池负极，构成闭合回路，报警灯亮。

若按下锁门开关，定时器使三极管 VT2 导通，在 VT2 导通期间，锁门继电器线圈 K1

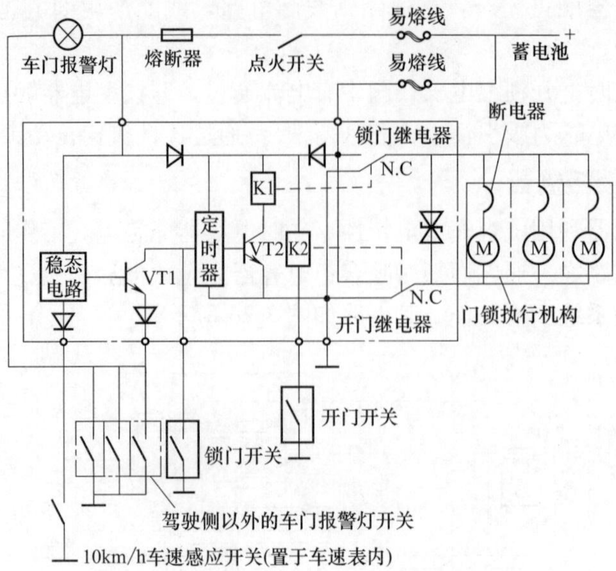

图 7-27 车速感应式中控门锁系统电路

通电，其动合触点闭合，门锁执行机构通正向电流，执行锁门动作。当按下开锁开关时，开锁继电器线圈 K2 通电，其动合触点闭合，门锁执行机构通反向电流，执行开门动作。

汽车行驶时，若车门未锁，且车速低于 10km/h 时，置于车速表内的 10km/h 开关闭合。此时稳态电路不向三极管 VT1 提供基极电流，不执行锁门动作。

当车速高于 10km/h 时，10km/h 车速感应开关断开。此时稳态电路给三极管 VT1 提供基极电流，VT1 导通，定时器触发端经 VT1 和车门报警灯开关搭铁，如同按下锁门开关一样，使车门锁定，从而保证行车安全。

7.5.3 中控门锁遥控系统

中控门锁可实现遥控与防盗。在车外不用钥匙插入门锁，可实现短距离（一般为 1～10m）锁止和开启，即使在夜间或黑暗中使用也非常方便。当非法打开车门时，防盗系统报警。

中控门锁遥控系统常用红外线或无线电波作为遥控信号的载体。遥控门锁系统一般由发射机、分配器、接收机及保险装置等组成，其原理如图 7-28 所示。

当驾驶员操纵遥控器，即按下遥控器的锁止（LOCK）或开启（UNLOCK）按钮，利用红外线或无线电波发出身份密码（开、闭代码），设置在车内的接收器收到遥控信号，并与身份鉴别代码一致时，按照相应的功能代码，实现门锁的锁止或开启。

发射天线用于发射遥控信号。不必设置专用发射天线，可用车门锁钥匙板兼作发射天线，如图 7-29 所示。

接收天线用于接收遥控信号。可采用遥控专用接收天线，与收音机共用一个天线，或采用镶嵌在汽车后风窗玻璃内的加热电阻线作为天线等多种形式。与收音机共用一个天线作为接收天线，接收信号后，由分配器将信号分检出遥控信号和收音机信号。

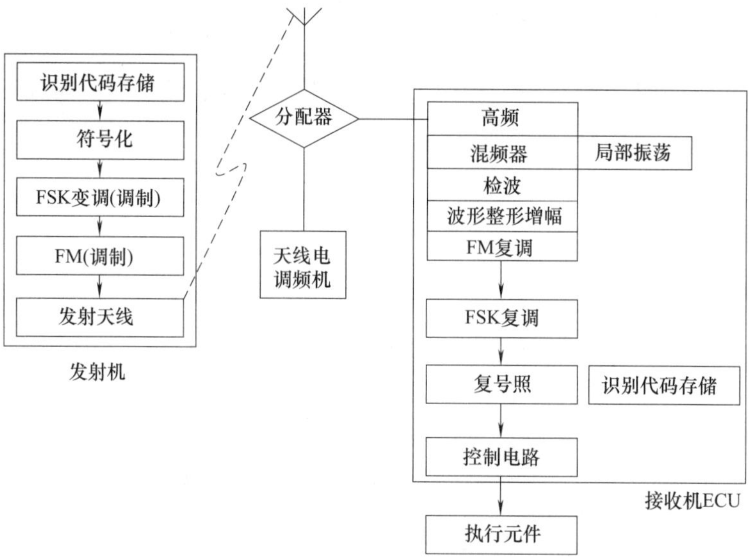

图 7-28　遥控门锁电路

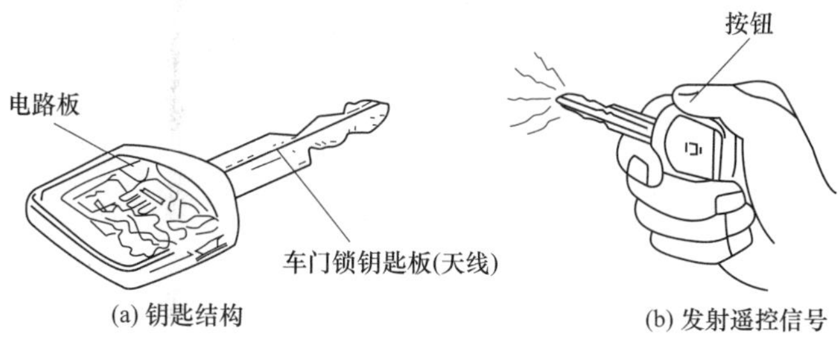

图 7-29　用车门锁钥匙作发射天线

7.5.4　中控门锁常见故障的排除

中控门锁常见故障有：所有门锁均不能锁止和开启、单个门锁不能锁止和开启。

(1) 所有门锁均不能锁止和开启

主要原因：熔断器断开；继电器故障；门控开关触点烧蚀；搭铁点锈蚀或松动；连接线路断路；门锁控制器有故障等。可以首先检查熔断器是否断开；若熔断器良好，则应将门控开关接通，检查电动机接线柱上的电压是否正常，若电压为零，应检查继电器和电源线路；若电压正常，则应检查搭铁线是否良好。若搭铁不良，应清洁、紧固搭铁线；若搭铁良好，应对开关和电动机进行检测。

(2) 单个门锁不能锁止和开启

主要原因：该门锁开关有故障；门锁电动机（或电磁铁）损坏或对应开关、连接导线断路或接线器松脱等。可以先检查线路是否正常，再检查开关和电动机。

(3) 用车钥匙打开左侧驾驶员门锁时，其余车门全部不能自动打开

主要原因：蓄电池亏电；熔断丝烧断；门锁控制器中的继电器线路故障。首先检查蓄电池的存电情况；在排除蓄电池无电的情况下，检查熔断器是否断路。若熔断器良好，则应检查门锁控制器中的继电器线路，必要时更换新件。

(4) 用车钥匙打开左侧驾驶员门锁时，其余车门部分能自动打开，部分不能自动打开

主要原因：线路断路；门锁控制器损坏；闭锁执行器故障。按照先查电路通断的方式进行排查，判断门锁控制器、闭锁执行器是否损坏，必要时把损坏的元器件拆下更换新件。

7.6 电动座椅

7.6.1 电动座椅的功用

为了适应不同驾驶员、乘客对座椅位置的要求，提高乘坐舒适性，尤其是使驾驶员保持正确的坐姿和便于操作，驾驶员座椅和前排乘客的座椅设置了调节装置。座椅一般能进行多部位、多向调整，如前后移动调节、前端上下调节、后端上下调节、靠背倾斜调节、侧背支撑调节、腰椎支撑调节以及头枕上下调节和前后调节等，如图 7-30 所示。

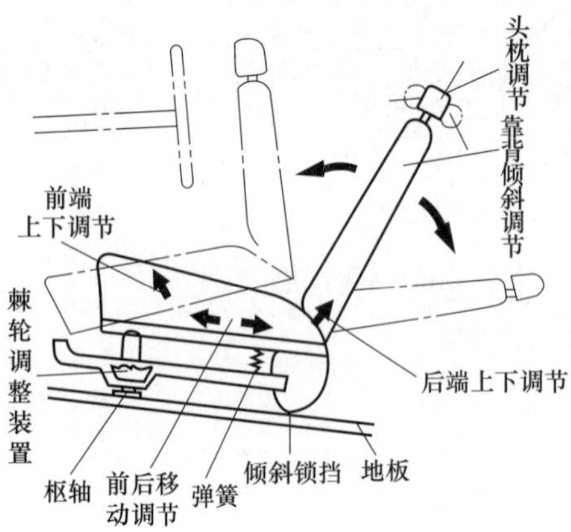

图 7-30 座椅调整示意图

汽车座椅可采用手动方式或电动方式进行调整，采用电动调整的座椅，称为电动座椅。为了提高驾驶员和乘客的安全性、舒适性，现代许多轿车都安装了电动座椅，即用电动机操作的座椅。

汽车电动座椅的主要功能是为驾驶员提供便于操作、舒适而又安全的驾驶位置，以及为乘员提供不易疲劳、舒适而又安全的乘坐位置。

座椅调节的目的就是使驾驶员和乘员乘坐舒适。通过调节还可以变动坐姿，减少乘员长时间乘车的疲劳。

电动座椅前后方向的调节量一般为 100～160mm，座位前部与后部的调节量为 30～50mm。全程移动所需时间为 8～10s。

7.6.2 电动座椅的组成

电动座椅一般由座椅开关、双向电动机、传动装置和座椅调节器等组成，如图 7-31 所示。

(1) 电动机

电动机的数量取决于电动座椅的类型，通常两向移动座椅装有两个电动机，四向移动座椅装有 4 个电动机，最多可达 6 个电动机。大多数电动座椅使用永磁式电动机，通过开关来操纵电机按不同方向旋转。为防止电动机过载，大多数永磁式电动机内装有断路器。

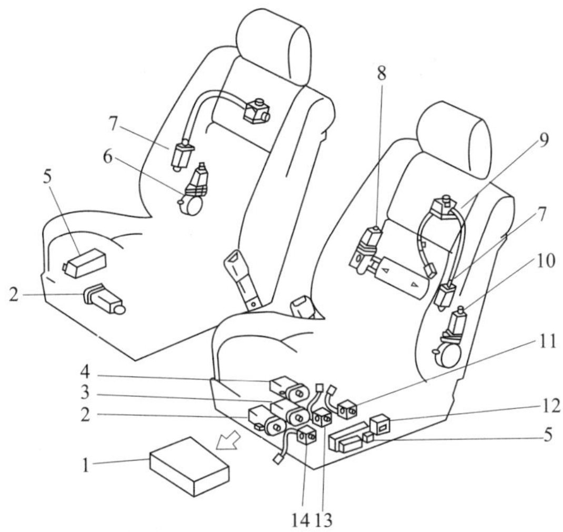

图 7-31 电动座椅的构造

1—电动座椅 ECU；2—滑动电动机；3—前垂直电动机；4—后垂直电动机；5—电动座椅开关；6—倾斜电动机；7—头枕电动机；8—腰垫电动机；9—位置传感器（头枕）；10—倾斜电动机和位置传感器；11—位置传感器（后垂直）；12—腰垫开关；13—位置传感器（前垂直）；14—位置传感器（滑动）

(2) 传动机构

电动座椅的传动机构主要由变速器、联轴装置等组成。其作用是把直流电动机产生的旋转运动，变为座椅的位置调整动作。

① 高度调整机构。高度调整机构由蜗杆轴、蜗轮、心轴等组成，如图 7-32 所示。调整时蜗杆轴在电动机的驱动下，带动蜗轮转动，从而保证心轴旋进或旋出，实现座椅的上升与下降。

② 纵向调整机构。纵向调整机构由蜗杆、蜗轮、齿条、导轨等组成，如图 7-33 所示。齿条装在导轨上。调整时，电动机转矩经蜗杆传至两侧的蜗轮 4 上，经导轨上的齿条，带动座椅前后移动。

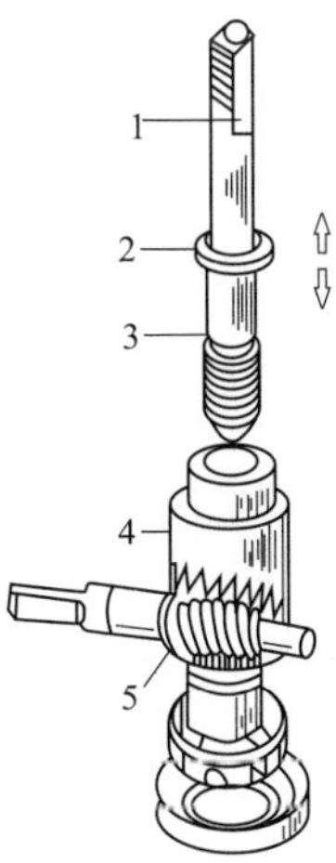

图 7-32 高度调整机构

1—铣平面；2—止推垫片；3—心轴；4—蜗轮；5—挠性驱动蜗杆轴

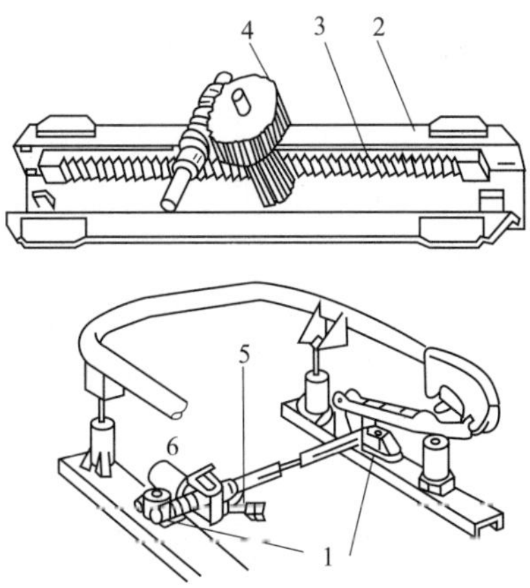

图 7-33 纵向调整机构

1—支撑及导向元件；2—导轨；3—齿条；4—蜗轮；5—反馈信号电位器；6—调整电动机

7.6.3 电动座椅控制电路

电动座椅控制电路的原理与电动车窗的控制电路相似，即通过调整开关控制双向电动机的电流方向。图 7-34 所示为别克轿车驾驶员座椅控制电路，它有 6 种可调方式：座椅前部上下、前后调节和座椅后部上下调节。

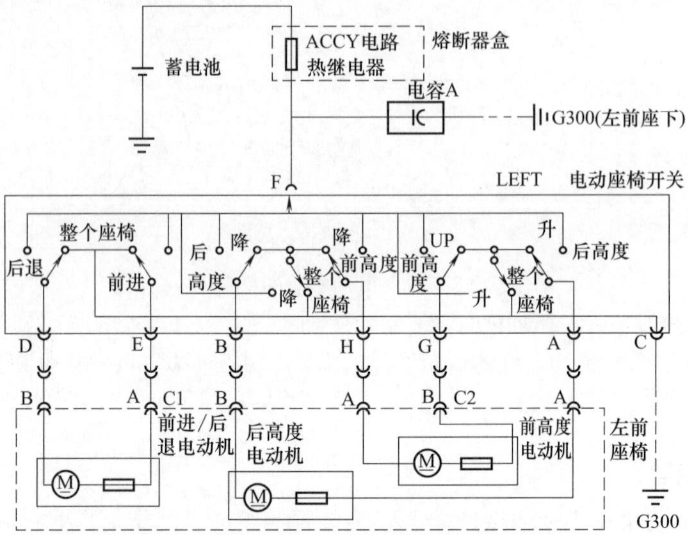

图 7-34 别克轿车驾驶员电动座椅控制电路

向前调节是将电动座椅开关拨到“前进”位置时，电路中的电流为蓄电池“+”→熔断器（发动机盖下熔断器/继电器盒）→电动座椅开关端子 F→前后调节开关“前进位”→电动座椅开关端子 E→前进/后退电动机→电动座椅开关端子 D→电动座椅开关端子 C→搭铁→蓄电池“−”。前进/后退电动机工作，座椅向前移动。

向后调节是将电动座椅开关拨到“后退”位置时，电流从电动座椅开关端子 D 流向电动座椅开关端子 E，此时，流过前进/后退电动机中的电流与“前进”位置时的电流方向相反，电动机反转，实现座椅向后移动。

7.6.4 带存储功能的电动座椅

带存储功能的电动座椅采用了微机控制，它能将选定的座椅调节位置进行存储，使用时只要按指定的按钮开关，座椅就会自动地调节到预先选定的座椅位置上。带存储功能的电动座椅的控制电路如图 7-35 所示。

该系统有一个存储器，存储装置通过 4 个电位器来控制座椅的调定位置。只要座椅位置调定后，驾驶员按下存储器的按钮，电子控制装置就把这些电压信号存储起来，作为重新调整位置时的基准。使用时，只要一按按钮，就能按存储时的状态来调整座椅位置。

7.6.5 电动座椅的检查及常见故障的排除

(1) 电动座椅检查注意事项

检查电动座椅控制系统应注意事项如下。

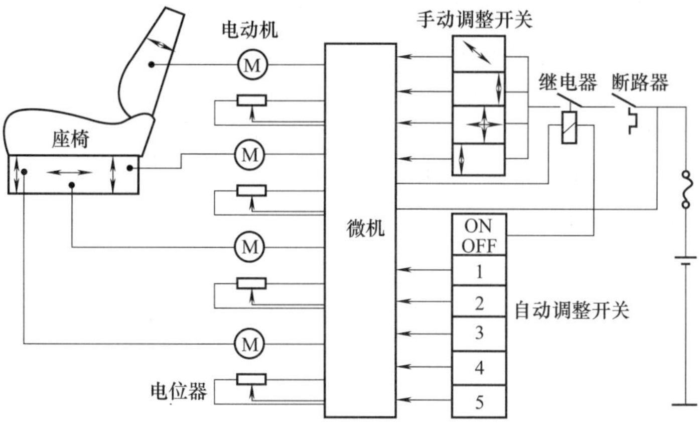

图 7-35　带存储功能的电动座椅控制电路示意图

① 在进行故障分析前，应先检查蓄电池电压是否充足；熔丝是否完好。对于具有存储功能的电动座椅，进行检查时，驾驶员一侧的车门应保持打开。

② 关上驾驶员一侧的车门，进行调节功能操纵，在关上门后 10min 内进行。10min 后，车门接触开关关闭自动调节功能。

③ 当选挡手柄不在驻车（P）位置时，不要使用驾驶位置复位开关来进行调整。

④ 在踩下制动踏板时，也不要使用复位开关。

⑤ 在检测继电器和电动机之前，应先检测开关上的电压，故障也可能出现在开关上。

⑥ 当座椅电动机运转，但座椅不能移动时，可检查电动机和变速器之间的橡胶联轴器是否磨损或损坏。

⑦ 当座椅继电器有吸合声，但电动机不工作时，应该检查电动机、电动机与继电器之间的线路。并检查电动机搭铁是否不良。

(2) 电动座椅常见故障的诊断

电动座椅的常见故障有：电动座椅完全不动作或某个方向不能工作。

① 电动座椅完全不动作　主要原因有：熔断器断路；线路断路；座椅开关有故障等。可以首先检查熔断器是否断路。若熔断器良好，则应检查线路是否正常，最后检查开关。对于有存储功能的电动座椅系统，还应检查控制单元（ECU）的电源电路和搭铁线是否正常，若开关、线路等都正常，应检查控制单元。

② 电动座椅某个方向不能工作　主要原因有：该方向对应的电动机损坏；开关、连接导线断路。可以先检查线路是否正常，再检查开关和电动机。

7.7　电动后视镜

7.7.1　电动后视镜的组成与作用

(1) 电动后视镜的作用

汽车后视镜俗称倒车镜，它安装于汽车左右两侧，其作用是让驾驶员观察汽车左右两侧及后方的行人、车辆以及其他障碍物的情况，确保行车或倒车安全。

汽车后视镜有助于驾驶员观察车辆后方和两侧的情况，对驾驶员安全行车和驻车都具有非常重要的作用。由于后视镜的位置直接关系到驾驶员能否观察到车后的情况，而驾驶员调整它的位置又比较困难，尤其是前排乘客车门一侧的后视镜，因此，现代汽车的后视镜都改为电动的，由电气控制系统来操纵，即为电动外后视镜。

(2) 电动后视镜的组成

电动后视镜和后视镜开关如图 7-36 所示。电动后视镜开关包括选择开关和调节开关，如图 7-37 所示。选择开关用于选择左或右电动后视镜。调节开关控制电动后视镜的调节方向。

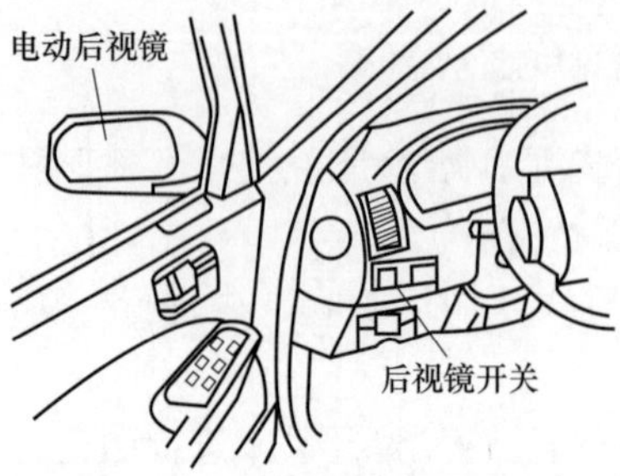

图 7-36 电动后视镜及后视镜开关

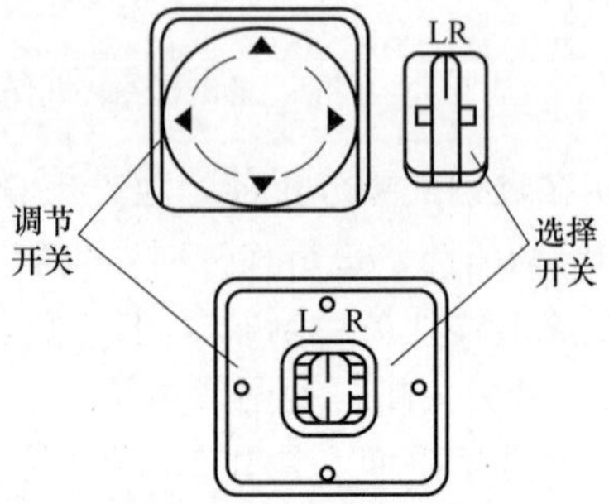

图 7-37 电动后视镜开关

汽车的电动后视镜一般由镜片、驱动电动机、控制电路及操纵开关等组成，如图 7-38 所示。

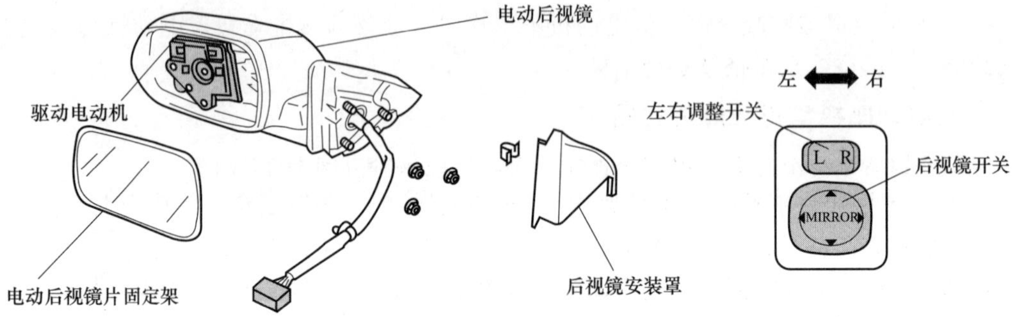

图 7-38 电动后视镜结构

驱动电动机采用双向永磁式，每个后视镜安装两个，上下方向的转动用一个电动机控制，左右方向的转动由另一个电动机控制。每个电动后视镜都用一个独立控制开关，开关杆可多方向移动，可使一个电动机工作或两个电动机同时工作。通过改变电动机的电流方向，对镜片的角度进行上、下偏转和左、右偏转调节，调节范围为 20°～30°。

有的电动后视镜还带有伸缩功能，由伸缩开关控制伸缩电动机工作，使整个后视镜回转伸出或缩回。

(3) 电动后视镜的优点

电动后视镜作为汽车后视镜的一种，具有非常显著的优点；具体如下。

① 驾驶员可以在车内通过按钮对电动后视镜的角度进行调节，以获得良好的后方视域。

② 驾驶员调节右侧车外电动后视镜时不再因距离远而难以操作。

③ 驾驶员在倒车时，通过调节功能让电动后视镜向下翻（前进挡时电动后视镜会自动回位），便于观察车辆与路边的距离，避免剐蹭。

④ 现代轿车的电动后视镜为伸缩式，具有位置记忆功能。

7.7.2　电动后视镜的种类

（1）记忆储存式后视镜

此类后视镜的镜面调节设计与驾驶员座椅、转向盘、内视镜构成一个调节系统，每个驾驶员可根据个人身高与驾驶习惯的不同，来调节后视镜的最佳视角、座椅、转向盘最佳舒适性，然后进行记忆储存。当其他人驾驶汽车后或被他人调整已记忆的视角，就可以非常轻松地开启记忆储存，所有内在设施就可恢复到最佳的设定状态。

（2）可加热电动后视镜

当驾驶员在雾天或雨天行驶时，由雾气造成的后视镜镜面的积雾、冬天积霜或雨水侵袭会造成驾驶员对侧后方的视线不清，影响行车安全，驾驶员需将手伸出车窗外进行清洁镜面，这样极不方便，又是暂时措施，雾气及雨水又会马上使之模糊不清。因此，为了功能上的完备，以及驾驶的安全性及操作的方便性，设计采用加热除霜装置，例如采用电加热除霜镜片，当产生上述情况时，驾驶员就可方便地开启加热除霜按钮，解除后顾之忧。

（3）可折叠电动外后视镜

当汽车进入较小区域，如弄堂、停车泊位时，由于后视镜镜框是车身最宽部位，这时为防擦伤及缩小停车泊位空间，保证在后视安全性上把损害程度降低到最小限度，就需将镜框折叠，通常做法是用手伸出窗外或人到车外将镜框折拢，这样在行车时就很不方便，因此，在折叠上设计了电动折叠功能，驾驶员在车内可方便地调节，解决了许多操作上的不便。折叠机构的设计既要有保证缓冲及缩小车位的作用，又要保证后视功能的正常使用。

（4）带刮水器、洗涤器的后视镜

汽车在各种气候条件下工作，为了在各种情况下均能清晰地观察到汽车外部情况，外后视镜上增加了刮水器、洗涤器，能方便地刮去外后视镜上的雨、雪、泥浆及灰尘等。

7.7.3　电动后视镜的控制电路

图 7-39 所示为丰田皇冠轿车可伸缩式电动后视镜控制系统电路。电动后视镜控制开关的工作状态见表 7-1。

表 7-1　电动后视镜控制开关的工作状态

调整状态＼触点	左上	右下	向上	向下	左	右
向左调整	·				·	
向右调整		·				·
向上调整	·		·			
向下调整		·		·		

注：·表示开关与该触点接通。

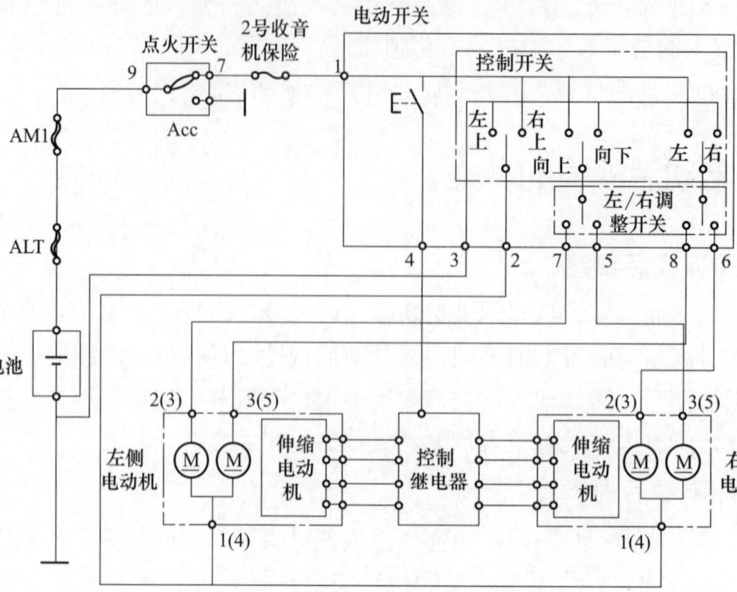

图 7-39 丰田皇冠轿车可伸缩式电动后视镜控制系统电路

在进行调整时，首先通过左/右调整开关选择好要调整的后视镜，如调整左镜时，开关打向左侧，此时开关分别与 7、8 接点接通，再通过控制开关即可进行该镜的上下或左右调整。如果进行向上调整，可将控制开关推向上侧，此时控制开关分别与向上接点、左向上接点接合。电路由蓄电池正极→熔断器→点火开关→控制开关向上接点→左/右调整开关→7 接点→左侧镜上下调整电机→1 接点→电动镜开关 2 接点→控制开关左上接点→电动镜开关 3 接点→蓄电池负极，形成回路，左镜上下调整电机运转，完成调整过程。其他调整过程与向上调整过程类似，通过接通不同的开关即可完成。

电动后视镜的伸缩是通过电动镜开关上的伸缩开关控制的，该开关控制继电器动作，使左右两镜伸缩电机工作，来完成伸缩功能。

7.7.4 电动后视镜的调整与故障排除

(1) 电动后视镜的调整

汽车后视镜安装位置角度，应与车型相适宜。以驾驶员从在驾驶室内看后视镜，可将车身左右侧情况尽收眼底为好；轿车后视镜调整到车后的道路占其面积的 2/3。后视镜中的影像不得变形，镜面不得破损。出车前要认真检查、维护，发现镜面破损或安装不符合要求，必须立即检修调整或换新后方可出车。

① 轿车后视镜的调整。调整轿车后视镜时，白天将其调到车后的道路占后视镜面积的 2/3 左右；夜间稍微向上调整，以消除后车灯光照射所产生的眩目。

② 电动后视镜后视角度的调整。高级轿车的后视镜以电力驱动调整其后视角度。两个后视镜分别由两个可逆永磁电动机进行上、下、左、右四个方向的调整。每个后视镜有控制开关，开关可以上、下、左、右启动，以控制电动机转向。使用调整后视镜时，应先调整好驾驶员座椅。驾驶员按正确的驾驶姿势坐在座椅上，再观察左、右两旁的后视镜，根据后视

镜的反光面调整其各种角度，向下拨动左开关杆时，开关罩向下运动，接通左侧电动机电路，驱动左后视镜向下偏转。向上拨动开关杆时，电动机反转，则驱动后视镜向上偏转。左后视镜的左、右调整以及右后视镜四个方向的调整方法同上。部分高级轿车电动后视镜还设有电子控制系统，各后视镜调整好后，以电子信号的形式储存在存储器中。一旦需要调整后视镜，只要按下所需调整项目的按钮，后视镜便可调整至所需的角度。

(2) 电动后视镜的故障诊断及排除

电动后视镜的常见故障有：电动后视镜都不工作和电动后视镜部分功能不正常。故障主要原因有：保险装置及线路断路、开关及电动机有故障等。

如果电动后视镜都不工作，往往是由保险装置或电源线路、搭铁线路断路引起的，也可能是控制开关有故障。可以先检查保险装置是否正常；然后检查控制开关线头有无脱落、松动，电源线路或搭铁线路是否正常；最后检修控制开关。

如果电动后视镜部分功能不正常，往往是由个别电动机及控制开关对应部分有故障，或对应线路断路、接触不良等引起的。可以先检查线路连接情况，再检查开关和电动机。

7.8 汽车防盗装置

7.8.1 汽车防盗装置的类型

车辆防盗装置的主要作用是防止非法进入汽车、防止破坏或非法搬运汽车、防止汽车被非法开走。因此，汽车防盗应考虑门锁的工作可靠性、发动机的防盗性和汽车的防盗报警功能。

汽车的防盗装置主要有两类：一类是汽车原配的防盗系统；另一类则是附加的防盗设备。各种高级轿车一般都配有原装防盗系统，而且这类防盗系统都采用了最新的技术，如射频识别技术（RFID）。对于普通的汽车来讲，如果防盗系统不完善的话，车主可以自己装备一些防盗设备。

汽车防盗装置按其发展过程可分为机械式、电子式和网络式。不同时期的防盗装置具有不同的结构及功能。

(1) 机械式防盗装置

机械式防盗装置靠机械锁来锁止汽车的操纵装置（离合器踏板、制动踏板、加速踏板或转向盘、变速器操纵杆等）和车轮，如转向盘锁、变速手柄锁、轮胎锁等，只防盗不报警。机械式防盗锁的价格便宜、安装方便，但因不安全可靠而逐渐被淘汰。

(2) 电子式防盗装置

所谓电子防盗，简而言之就是给车锁加上电子识别，开锁配钥匙都需要输入十几位密码的汽车防盗方式，它一般具有遥控技术，是随着电子技术的发展而迅速发展起来的一种防盗方式。

电子式防盗器有如下四大功能。

① 防盗报警功能。这个功能是指在车主通过遥控锁门后，报警器即进入警戒状态，此

时如有人非法移动汽车、打碎玻璃、非法打开车门、破坏点火开关锁芯或非法接通点火开关等，防盗系统均会立即报警。报警方式有灯光闪烁、警笛长鸣、发射电波。有些车型在报警的同时切断启动机电路、切断燃油供给、切断点火系统、切断喷油控制电路、切断变速器电路等，从而使汽车发动机不能启动和运转，变速器不能换挡，汽车处于完全瘫痪的状态。

② 车门未关安全提示功能。行车前车门未关妥，警示灯会连续闪烁数秒。汽车熄火遥控锁门后，若车门未关妥，车灯会不停闪烁，喇叭鸣叫，直至车门关好为止。

③ 寻车功能。车主用遥控器寻车时，喇叭断续鸣叫，同时伴有车灯闪烁提示。

④ 遥控中央门锁。当遥控器发射正确信号时，中央门锁自动开启或关闭。

(3) 芯片式防盗装置

芯片式数码防盗装置是目前汽车防盗器发展的重点，大多数轿车均采用这种防盗方式作为原配防盗器。芯片式防盗的基本原理是锁住汽车的发动机、电路和油路，在没有芯片钥匙的情况下无法启动车辆。由于数字化的密码重码率极低，而且要用密码钥匙接触车上的密码锁才能开锁，因此杜绝了被扫描的可能。

芯片式数码防盗系统除了比以往的电子防盗系统更有效地起到防盗效果外，还具有其他先进之处。它采用的独特的射频识别技术（RFID）可以保证系统在任何情况下都能正确识别驾驶人，在车主接近或远离车辆时可自动识别其身份，自动打开或关闭车锁。

(4) 网络式（GPS）防盗装置

该系统由卫星监控中心的中央控制系统、车辆上的移动GPS终端设备及GSM通信网络组成。这种防盗系统的技术含量很高，但必须在没有盲区的网络（包括中国移动GSM、中国联通CDMA）支持下才能工作，更主要的是需要政府配合公安部门设立监控中心。该类系统发达国家已开始试用，我国已有部分车辆试用。随着智能交通（IT）和通信技术的发展、成熟，该技术必将广泛应用在汽车领域。

GPS卫星定位汽车防盗系统有如下五大功能。

① 定位功能。监控中心在全国范围内可随时监控某辆车的运营状况，可以24h不间断地检测目标车辆当前的运行位置、行驶速度和前行方向等数据。

② 通信功能。GPS适应信息时代的需求，在行车中可以为车主提供GSM网络上的全国漫游服务。车主可以随时随地与外界和服务中心保持联络。在实际使用过程中，对劫车者也具有震慑作用。

③ 监控功能。万一不幸遇上劫匪，可以通过GPS系统配备的脚踏/手动报警、防盗报警等报警设施与监控中心取得联系。

④ 停驶功能。假若爱车不幸丢失，可通过监控中心对它实行“远程控制”。监控中心在对失主所提供的信息和警情核实无误后，可以遥控该车辆，对其实行断油断电，再配合附近警方将困在车里动弹不得的窃贼绳之以法。

⑤ 调度功能。在车辆日渐增多的大城市遇上塞车怎么办？GPS同样可以帮忙。监控服务中心可以将当前的道路堵塞和交通信息广播，发布中文调度指令，提高客货运效率。

7.8.2 汽车防盗系统的组成

狭义的防盗系统主要是指一些防盗设备，如各种防盗锁和各类报警器。广义的防盗系统包括中控门锁、发动机控制单元和报警系统。最基本的汽车防盗系统如图 7-40 所示，一般由报警启动/解除操作部分、控制电路部分、执行机构部分组成。

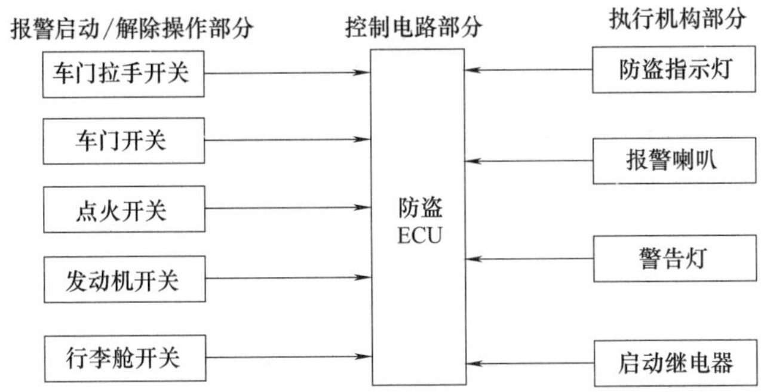

图 7-40 汽车防盗系统的组成

由点火开关、车门开关、发动机罩开关以及行李厢盖等开关向 ECU 输入各开关的状态信号，由 ECU 根据各开关输入的信号判断车门是正常打开还是非法打开，从而向防盗执行器（防盗指示灯、报警喇叭、报警灯以及启动继电器等）发出控制指令。报警灯的作用是当汽车被盗时开始闪烁。启动继电器的作用是当汽车被盗时切断启动机的工作电路，使发动机不能启动。

防盗系统 ECU 由报警状态设置、防盗检测、定时报警和解除报警状态等几个控制模块组成。当所有车门锁好时，系统进行约 30s 定时检测，随后指示器开始断续发光，系统处于预警状态。当防盗与门锁控制 ECU 根据各开关信号判断车门正常开启时，报警状态解除；判断为非法开启车门时，便控制各执行器动作，使防盗喇叭和汽车喇叭响起来，前灯、尾灯和防盗指示灯闪烁，同时切断发动机启动线路，使发动机不能发动。

7.8.3 汽车防盗系统的工作原理

电子式防盗系统一般由车身防盗报警装置和发动机防启动装置两部分组成。当盗贼企图非法开锁或强行进入车内触发防盗报警系统后，车身防盗报警装置将发出刺耳的声音和闪光，恐吓盗贼，增加盗贼的心理压力，使其主动放弃，同时也提醒路人和车主以便采取相应措施；当盗贼企图非法启动车辆时，防盗系统使启动机或发动机电脑控制系统处于锁止状态，使其无法启动车辆，延长其盗车时间。

(1) 车身防盗报警装置

车身防盗报警装置的组成及布置如图 7-41 所示；其控制原理框图如图 7-42 所示。

车身防盗报警装置的各部分组成及主要功能如下。

① 防盗控制器 即遥控防盗系统控制单元。它是防盗系统的核心和控制中心。

② 感应探测部分 它由传感器或探头组成，目前普遍使用的是振荡传感器，部分车辆也使用微波及红外探头，当车辆受到盗贼外力击打、非法开锁或非法进入车内时，将为防盗控制器提供触发信号。

③ 门控部分 包括发动机罩开关、门开关及行李厢开关等。

④ 报警部分 包括安全指示灯和防盗喇叭。安全指示灯用于指示防盗系统的工作状态，当防盗系统被触发或非法动作（开、闭锁）时防盗喇叭发出警报。

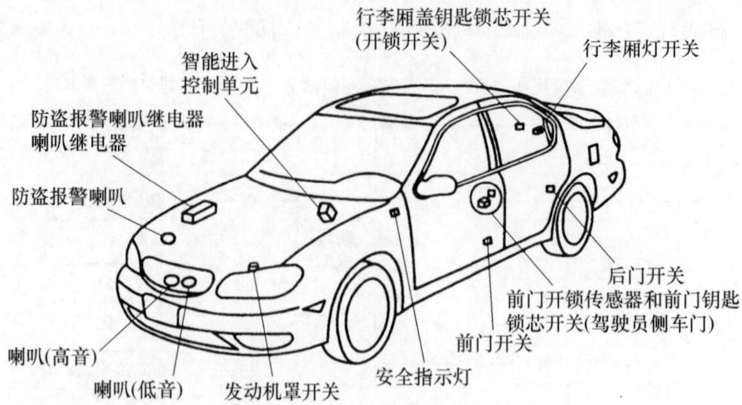

图 7-41 车身防盗报警装置的组成及布置

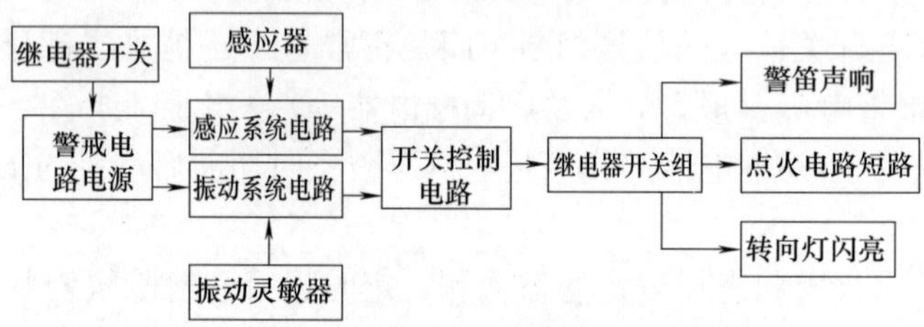

图 7-42 车身防盗报警装置控制原理框图

车身防盗系统的工作原理：当车身防盗系统的微波处于预警状态时，防盗控制器根据车门开关、发动机盖开关、行李厢开关、点火开关和超声波传感器等输入的信号，对汽车的不正常状态和非授权侵入进行监测。当判定出现不正常状态或非授权侵入时，电控单元将控制相应继电器，使喇叭和报警器鸣响，使车灯和警告灯闪烁，发出声光报警信号，并通过防盗继电器切断点火和启动机电路，使汽车不能启动。声光信号持续报警时间可以进行预设，一般为 1～3min。

(2) 发动机防启动装置

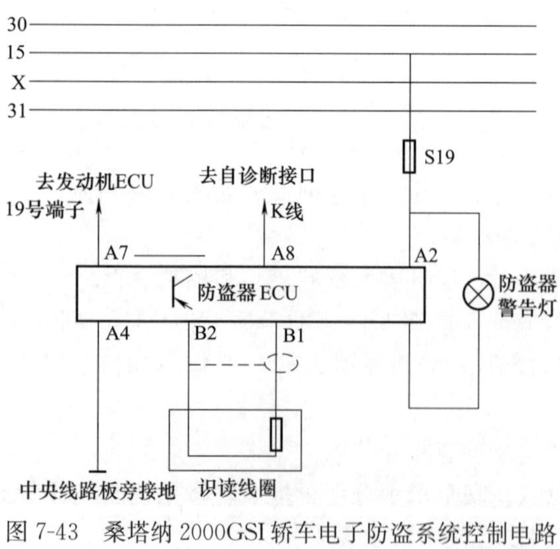

图 7-43 桑塔纳 2000GSI 轿车电子防盗系统控制电路

大部分汽车原厂家的防盗系统多为防启动装置，即在车主离开汽车并设定防盗系统后，如有人非法进入车内，并试图用非法配制的点火钥匙启动车辆时，防发动机启动装置则断开发动机点火电路或通过发动机电脑控制系统切断喷油控制电路(有的车型也同时切断汽油泵电路)，使启动机无法运转，从而防止车辆被盗。下面以桑塔纳 2000GSI 型轿车的发动机防启动装置为例，说明发动机防启动装置的原理。

图 7-43 所示为桑塔纳 2000GSI 型轿车的发动机防启动装置的组成，其由带有

脉冲转发器的汽车钥匙、识读线圈、防盗器 ECU（J362）、带可变代码的发动机 ECU 以及防盗器警告灯组成。

① 带转发器的钥匙　每一把钥匙中都有一只脉冲转发器，内含有运算芯片和一个细小的电磁线圈。在系统工作期间，它与识读线圈一起完成防盗控制器与转发器中运算芯片信号及能量传递工作。

② 识读线圈　识读线圈安装在点火锁芯上，通过一定长度的导线与防盗控制器相连，作为防盗控制器的负载，担负防盗控制器与转发器之间信号及能量的传递任务。

③ 防盗控制器　防盗控制器是包含一个微处理器的电子控制器，只有在点火开关打开时才工作。它进行系统密码运算及比较过程，并控制整个系统的通信过程（包括与转发器和发动机控制器的通信），同时它还完成与诊断仪的通信工作。其内部框图如图 7-44 所示。

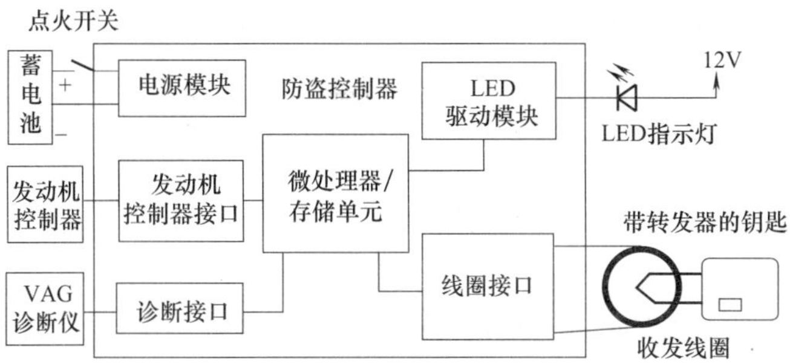

图 7-44　防盗控制器内部框图

防盗器 ECU 安装在转向柱左边支架中央线路板上方。在点火开关置于 ON 时，激活脉冲转发器，通过识读线圈把它的识别代码接收回防盗器 ECU。防盗器 ECU 把输入的识别代码与先前存储在防盗器内的车钥匙代码进行核对。同时防盗器 ECU 又对发动机 ECU 存储在防盗器 ECU 中的代码进行核对。若核对后代码不一致，发动机将在发动后 2s 内中断点火。

因此，此车只有使用经防盗器 ECU 匹配并认可的车钥匙，才能安全启动发动机。

7.8.4　汽车防盗装置的安装

(1) 防盗装置安装标准

车辆防盗报警装置与车辆的性能、状态紧密关联，其安装应专业规范，使产品最大限度地发挥自身的防范性能，防止其被轻易破坏或解除。通过良好的安装与服务，不仅便于用户使用和维护，而且能够将其对车辆性能可能造成的影响降到最低。

(2) 严格遵守安装操作规程

① 防盗装置蜂鸣器必须安装在发动机靠近前风窗玻璃下面，控制导线应循着车边隐蔽固定，并让汽车前盖正好压住。

② 发动机罩最好加装碰撞开关，在非正常打开时，防盗装置蜂鸣器会鸣响报警。

③ 后排车门应增加门控开关，倘若后门被撬开，防盗装置蜂鸣器会鸣响报警。

④ 两厢车型后行李舱应增加门控开关或中控锁，以防盗贼从汽车后面进入车内。

⑤ 整车最好能加装中央控制门锁。安装时应注意不能破坏车门内防水装置，否则会因

漏水导致中央控锁失灵。

⑥ 安装防盗锁时应尽量使锁芯的朝向与车体底板平行，钥匙的形状应不易复制，互开率要符合机械防盗锁的要求。

⑦ 制动踏板锁要放在制动踏板的下面，安装与固定有一定的难度。一辆车的底板与制动踏板的距离并不规则。因此，安装制动踏板锁应有一定的调节余量。

⑧ 购买防盗锁时，一定要检查是否具有防拆卸功能。

7.8.5 汽车防盗系统故障的诊断及排除

(1) 电子控制防盗系统常见故障的诊断与排除

① 故障现象：防盗系统常见故障有系统不能设定、报警装置工作不正常、防盗功能不能正常清除等。

② 原因分析及排除方法：主要原因有传感器故障、控制线路连接不良、执行机构和微机控制单元有故障等。

如果防盗系统不能设定，应首先检查各门控开关、门锁电动机位置开关等与设定功能有关的传感器及其线路；然后检查微机控制单元及其配线。

如果报警装置工作不正常，应首先检查灯光、喇叭等执行机构的熔断器、线路等是否正常；然后检查执行机构有无故障；最后检查微机控制单元及其配线。

如果防盗功能不能正常清除，应首先检查各门控开关是否正常；然后检查点火开关及其线路；最后检查微机控制单元及其配线。

(2) 遥控器常见故障的诊断与排除

① 故障现象 1：遥控操作不起作用，按遥控器各功能按键时，遥控器的红色 LED 指示灯不亮。

原因分析及排除方法：此故障多在遥控器本身，有以下几种情况：电池电量用尽；电池正、负极簧片生锈或接触不良；遥控器被雨淋或进水、油浸等。对此，可将电路板取出，用工业酒精清洗后，用家用电吹风吹干或待其自然干燥后，就可以使用。

② 故障现象 2：遥控距离越来越短，发射信号时，遥控器的 LED 亮度变暗或闪烁。

原因分析及排除方法：此现象多是由电池电量不足造成的，更换电池即可。除此以外，建议不要自己调整或更换遥控器的元件，以免造成更大的损失。

③ 故障现象 3：遥控器某一功能键失效，按该键时 LED 指示灯不亮。

原因分析及排除方法：某功能键失效（其他功能键正常）多为本功能键损坏或按键引脚与电路板的焊点脱焊。遥控器的按键多为微型开关，平时使用时用力要轻，并注意防水、防摔和防重压。

第8章 空调系统

8.1 汽车空调的基础知识

8.1.1 汽车空调的功能

随着人们对汽车乘坐舒适性要求的提高，目前轿车都装备了汽车空调系统。一般汽车空调系统可分为普通空调系统与全自动空调系统两种。

通常的普通空调系统是通过人工手动设定风机转速、出风方式和出风温度，空调系统不能自动根据车内、外环境温度与光照强度的变化而调整工作状态。

自动空调系统主要特点是通过若干个温度及光照等传感器来测量环境的温度及光照的变化信号，微机控制系统内事先设定好的程序自动进行制冷及采暖、送风方式、压缩机状态及内外气热循环的控制，从而使车内的环境温度及空气质量达到最佳的状态。最先进的汽车空调系统还可以根据车内不同乘客的不同要求，在车厢内营造出适合每个人不同的温区。

汽车空调作为空调技术在汽车上的应用，它能创造车内环境的舒适性、保持车室内空气温度、湿度、流速、洁净度、噪声和余压等在舒适的标准范围内，不仅有利于司乘人员的身心健康，提高其工作效率和生活质量，而且对增加汽车行驶安全性具有积极作用。因而，汽车空调技术正成为提高汽车市场竞争能力的重要手段之一，也成为人们生活水平提高和汽车工业发展的重要标志。

8.1.2 汽车空调的分类

一般汽车空调系统的分类有以下几种方式。

(1) 按空调的功能分类

汽车空调按功能可分为单一功能型和冷暖一体型（组合式）两种。

① 单一功能型空调。将制冷系统、采暖系统、通风系统各自安装，单独操作，互不干涉，

多用于大型客车、载货汽车和加装冷气装置的汽车上。

② 冷暖一体型空调。制冷、采暖和通风共用一台风机及一个风道，冷风、暖风和通风在同一控制板上进行控制。工作时又可分为冷、暖风分别工作的组合式，及冷、暖风同时工作的混合调湿式两种。混合调湿式结构紧凑、易调温、操作方便，多用于轿车上。

(2) 按空调的驱动方式分类

汽车空调按驱动方式可分为非独立式汽车空调系统和独立式汽车空调系统两种。

① 非独立式汽车空调系统　空调制冷压缩机由汽车本身的发动机驱动，汽车空调系统的制冷性能受汽车发动机工况的影响较大，工作稳定性较差。尤其是低速时制冷量不足，而在高速时制冷量过剩，并且消耗功率较大，影响发动机动力性。这种类型的汽车空调系统一般用于制冷量相对较小的中、小型汽车上。

② 独立式汽车空调系统　空调制冷压缩机由专用的空调发动机（也称副发动机）驱动，汽车空调系统的制冷性能不受汽车主发动机工况的影响，工作稳定，制冷量大，但由于加装了一台发动机，因此不仅成本增加，而且体积和质量增加。这种类型的汽车空调系统多用于大、中型客车上。

8.2 空调系统的组成与工作原理

8.2.1 空调系统的组成

完善的汽车空调系统应由采暖系统、制冷系统、送风系统、空气净化系统、电气控制系统五大部分组成。图 8-1 所示为汽车空调系统的组成及安装位置。

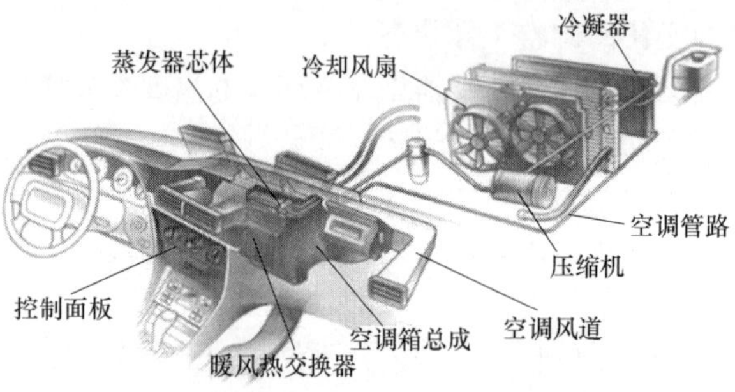

图 8-1　汽车空调系统的组成及安装位置

(1) 采暖系统

冬季天气寒冷，在运动的汽车内人们感觉更寒冷。这时，汽车空调可以向车内提供暖风，提高车室内的温度，使乘员不再感觉到寒冷。另外在冬季或者初春，室内外温差较大，车窗玻璃会结霜或起雾，影响司机和乘客的视线，不利于安全行车，这时可以用暖风来除霜和除雾。这种对车内空气或进入车内的外部空气进行加热的装置，称为汽车采暖系统。

(2) 制冷系统

制冷系统的作用是在天气较热时，提供冷气，带走车厢内的热量，以降低车厢内的温度。

(3) 通风系统

通风系统（又称进风系统）的作用是吸入来自车外或车内的空气，经制冷或加热后通过一些风门的控制后送到车内各个部位。

(4) 空气净化系统

空气净化系统的作用是不断把向车内补充的外界新鲜空气进行过滤，以保证车内空气的清新度。

(5) 电气控制系统

电气控制系统的作用是根据各种温度、压力、转速等信号控制空调系统各组成部件的动作，以使车内空气保持在驾乘人员感觉舒适的范围内。

8.2.2 汽车空调通风系统

通风系统的作用是在汽车运行中从车外引入一定量的新鲜空气，并将车内浑浊空气排出车厢外，同时通风系统还具有风窗除霜作用，可以防止风窗玻璃起雾。通风系统可使车内的空气保持新鲜，提高车辆的舒适性。通风系统的通风方式一般有以下三种。

(1) 动压通风

动压通风方式是利用汽车行驶时，各个部位所产生的不同压力进行通风。汽车行驶时的压力分布如图 8-2 所示。在考虑通风时，只要将进风口设在正压区，排风口设在负压区即可。

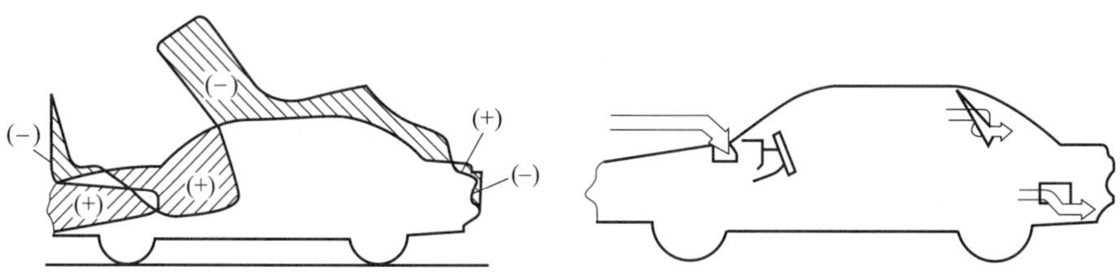

图 8-2 动压通风

(+)—正压；(−)—负压

动压通风是利用汽车行驶时，对车外部所产生的风压，通过进风口和排风口实现通风换气（自然通风）。进风口与排风口的位置要根据汽车行驶时作用于车外表面上的风压分布状况与车身结构来确定。一般车身大部分在负压区，仅前面风窗玻璃及前围上部等少部分在正压区。在设置时要求进风口必须装在正压区，排风口必须装在负压区，以便充分利用汽车行驶所产生的动压而引入大量的新鲜空气。同时进风口应尽可能远离地面，以防止吸入地面附近的污染空气和灰尘。进入车内的空气流速最佳范围是 1.5～2.0m/s。排风口的压力系数随着不同的安装位置而改变，要尽可能加大排风口的有效截面积，以提高排风效果，还必须注意防止尘埃、噪声以及雨水、洗车水的侵入。动压通风方式不需要另加动力，比较经济。但空气在车内流动过程中形成车辆行驶阻力，而且，当汽车在行驶速度较低时，通风的效果较差。

(2) 强制通风

强制通风是利用鼓风机进行通风，在进风口安装鼓风机将车外的空气吸入车内，车内的空气从排风口排出，如图 8-3 所示。

采用动压通风方式进行换气时，车辆在静止或在低速行驶时通风量小。故一些车辆采用

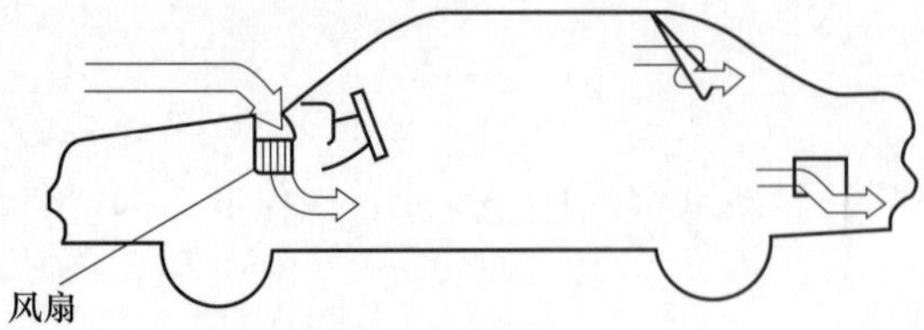

图 8-3 强制通风

强制通风方式。强制通风是采用鼓风机强制车外新鲜空气进入车内的一种通风方式。此种方式不受车速的限制，通风效果好。

(3) 综合通风

综合通风是指一辆汽车上同时采用动压通风和强制通风。在汽车行驶时，强制通风与动压通风一起配合使用。汽车低速行驶时采用强制通风，汽车高速行驶时采用动压通风。这样就保证了汽车在各种工况下均能保持良好的通风效果，同时也降低了能耗。

轿车均采用动压通风与强制通风结合的方式，其通风装置与采暖装置、制冷装置等结合在一起而形成完整的空调系统，导入的空气既可经调节也可不经调节而进入车内。但是空气的进入到排出能否起到有效的作用，还取决于它在车内的流动状态。因此要提高车内的舒适性，必须对空调空气进口的布局进行周密的考虑。

采用综合通风系统的汽车比单独采用强制通风或自然通风的汽车结构要复杂得多。最简单的综合通风系统是在自然通风的车身基础上，安装强制通风扇，根据需要可分别使用或同时使用。这样，基本上能满足各种气候条件的通风换气要求。

8.2.3 汽车空调采暖系统

汽车空调采暖系统是汽车空调的重要组成部分，是一种将空气送入加热器（又称为热交换器），同时吸入某种热源的热量，用来提高车内空气温度的装置。根据供热热源的不同，采暖装置可分为非独立式和独立式两种。

(1) 非独立热源式采暖系统

非独立式采暖系统（又称余热式采暖系统），以发动机工作时的冷却液或废气为热源，通过一个热交换器和电动机组成的暖风机，加热流经暖风机的空气，使车厢内的温度上升。

① 发动机冷却液采暖系统　发动机冷却液采暖系统如图 8-4 所示；其工作原理如图 8-5 所示。采暖时，将送入加热器中的车外或车内空气，与升温后的发动机冷却液进行热交换，

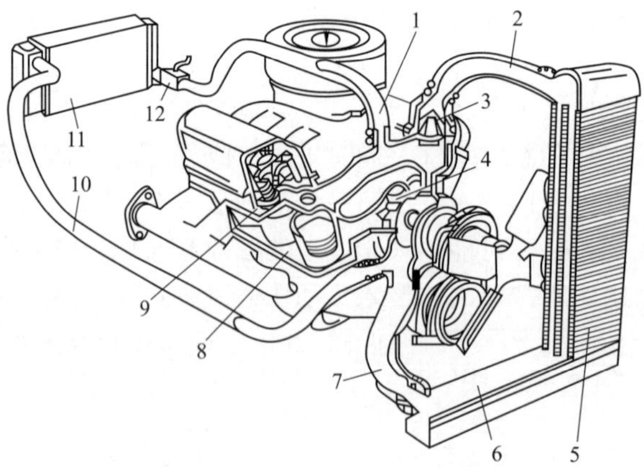

图 8-4 发动机冷却液采暖系统

1—加热器进水管；2—上部软管；3—节温器；4—水泵；5—散热器；6—底座；7—下部软管；8—缸体水套；9—缸盖水套；10—加热器的回水管；11—加热器；12—热水阀

由电动鼓风机将升温的空气经出风口送入车内。如图 8-5 所示，冷却液通过热水阀流入加热器，散热后的冷却液再流回水泵参与循环。热水阀对通过加热器的水流量进行调节，而加热器将冷却液的热量传给空气。加热器的结构有管片式、管带式和带状蜂窝式，由热导率很高的黄铜制造而成。鼓风机多为离心式叶片鼓风机，具有高、中、低三挡转速，可以调节换气强度，一般与空调制冷系统送风共用。

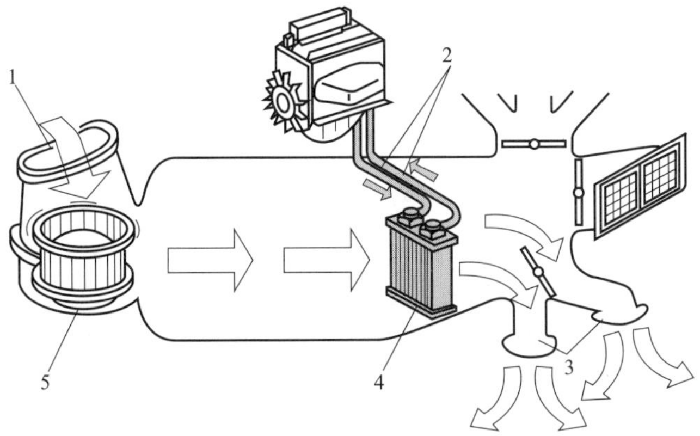

图 8-5　非独立式采暖装置组成原理

1—进风口；2—发动机冷却液；3—出风口；4—采暖换热器；5—鼓风机

这种采暖系统没有独立的热源，采暖冷却液的流量不但受水泵工作状况的限制，还与发动机的热状态有关，致使其采暖能力不高，在大、中型客车上很少采用。该系统除了供车内采暖外，还可对风窗玻璃进行除霜。当不进行采暖时，也可以起到强制通风的作用。

② 发动机废气采暖系统　发动机废气采暖系统是利用装在排气管道上的特殊加热器，实现高温空气与低温空气的热交换，把产生的暖风送入车内，供采暖与风窗玻璃除霜之用。该系统多用于风冷式发动机的汽车上。由于这种废气采暖系统的加热器效率很低、结构复杂、体积较大，车速及负荷的变化对采暖效果影响极为显著，暖风温度变化很大，同时对发动机排气存在一定的阻力而影响发动机的性能，对采暖系统密封性要求也很高，因此已经逐步被淘汰。

(2) 独立热源式采暖系统

独立热源式采暖系统是专门利用汽油、煤油、柴油等作为燃料，使其在燃烧装置中燃烧产生热量，利用空气与燃烧装置进行热交换，使空气升温。图 8-6 所示为燃气取暖系统的示

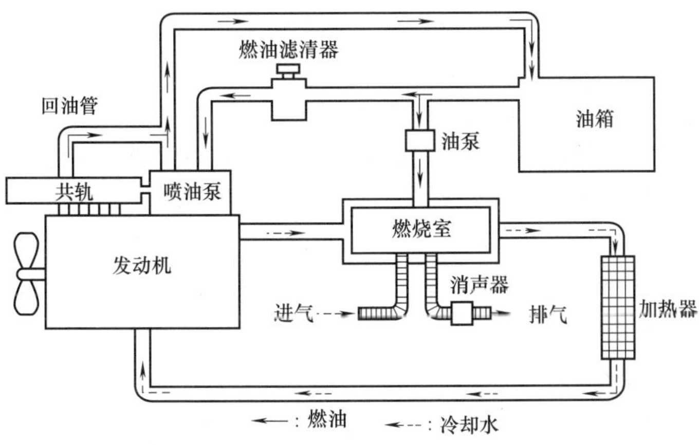

图 8-6　燃气取暖系统

意图。燃油和空气在燃烧室中混合燃烧，加热发动机的冷却水，加热后的水进入加热器芯向外散热，降温后返回发动机再进行循环。

此种采暖系统的优点是不受汽车使用情况的影响，采暖迅速，不仅可作为车厢采暖用，而且可预热发动机、润滑油，以利于发动机启动，待发动机启动后，再将被加热的水通向车厢内的水散热器；其缺点是要有复杂的燃烧装置、送风管装置，还要消耗燃料。独立热源式采暖系统一般用于大、中型客车上，或用于严寒地区只靠冷却水热量还不足以采暖的轿车上。

8.2.4 空调系统制冷剂和冷冻油

8.2.4.1 制冷剂

物质有气态、液态和固态三种形态，由于温度的变化，三者之间会相互转化，如图 8-7 所示。汽车空调制冷系统就是利用一种物质由于温度的变化而导致形态变化的原理来产生制冷效应的。该物质称为制冷剂，也称冷媒。物质由液态变为气态的过程称为汽化。物质汽化时需要吸收一定的热量，汽化的形式有蒸发和沸腾两种；在汽车空调系统中，是采用降低压力的方法使制冷剂在蒸发器内完成汽化过程的。物质由气态变为液态的过程称为液化，物质液化时需要放出一定的热量。对气体冷却或对其加压，都可以使气体液化。制冷剂温度与压力之间关系的特性曲线称为蒸发曲线，如图 8-8 所示。曲线以上的部分是气态制冷剂；曲线以下的部分是液态制冷剂。

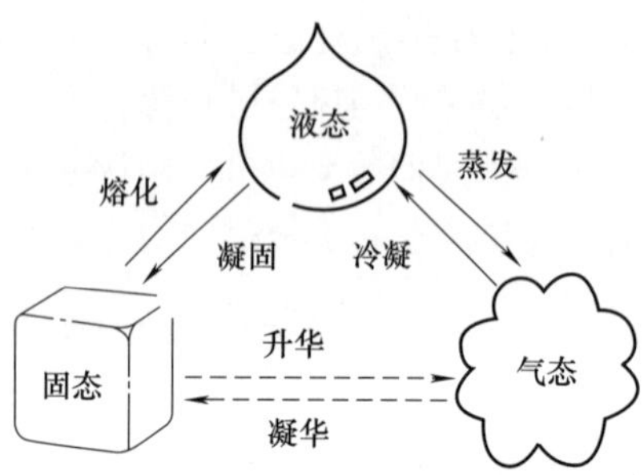

图 8-7 物质的形态变化

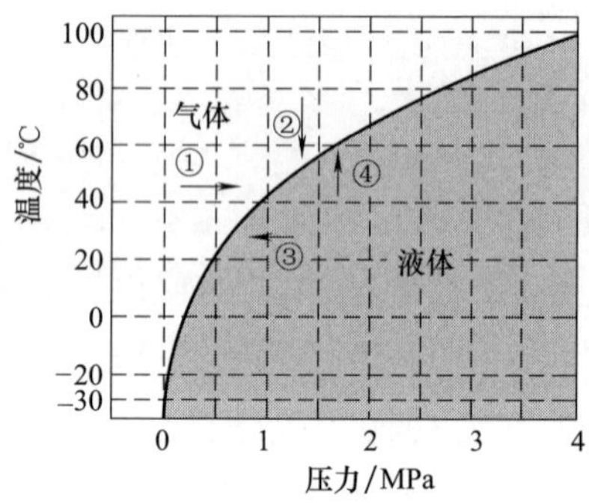

图 8-8 R134a 蒸发曲线

采用提高压力而不改变温度，或降低温度而不改变压力的方法，都可使气态制冷剂转化为液态制冷剂，如图 8-8 中①、②所示。采用降低压力而不改变温度，或升高温度而不改变压力的方法，可使液态制冷剂转化为气态制冷剂，如图 8-8 中③、④所示。汽车空调是利用压缩制冷装置，利用制冷剂循环流动来实现制冷的。液态制冷剂在蒸发器中低温下吸取冷却对象的热量而汽化，使被冷却对象得到降温。然后，又在高温下把热量传给周围介质冷凝成液体。如此不断循环，借助于制冷剂的状态变化，将热量由车内带到车外，达到制冷目的。

目前汽车空调系统中使用的制冷剂有 R12 和 R134a 两种。其中字母“R”是 Refrigerant（制冷剂）的简称。

(1) 制冷剂 R12 的特性

① 无色、无味、无毒、不易燃烧、不易爆炸，化学性质稳定。

② 不溶于水，对金属无腐蚀作用。

③ 能溶解多种有机物，一般橡胶密封圈不能使用。

④ 具有较好的热力性能，冷凝压力比较低。

⑤ 互溶性较好，它能与矿物油以任意比例互相溶解。

⑥ 对大气臭氧层有破坏作用，使全球变暖产生温室效应。

(2) 制冷剂 R134a 的特点

① 无色、无味、无毒、不易燃烧、不易爆炸，化学性质稳定。

② 不破坏臭氧层，在大气层停留寿命短，温室效应影响也很小。

③ 黏度较低，流动阻力较小。

④ 分子直径比 R12 略小，易外泄，能被分子筛吸收。

⑤ 与矿物油不相溶，与氟橡胶不相溶。

⑥ 吸水性和水溶性比 R12 高。

⑦ 汽化潜热高，定压比热大，具有较好的制冷能力。

(3) 制冷剂使用注意事项

① 操作制冷剂时，不要与皮肤接触，应戴护目镜，以免冻伤皮肤和眼球。

② 避免振动和放置高温处，以免发生爆炸。

③ 远离火苗，避免 R12 分解产生有毒光气。

④ R134a 与 R12 不相溶，所以不能混用，否则会导致压缩机损坏。

⑤ 使用 R134a 制冷剂的系统，应避免使用铜材料，否则会产生镀铜现象。

⑥ 制冷剂应放置在低于 40℃的地方保存。

8.2.4.2　冷冻机油

(1) 冷冻油的作用

在制冷系统中，为了保证压缩机正常工作，相对运动的部件需要润滑。因为制冷系统中的工作条件比较特殊，所以需要专门的润滑油——冷冻机油（又称压缩机油或冷冻润滑油）。冷冻机油除了起到润滑作用外，还可以起到冷却、密封和降低机械噪声的作用。在制冷系统中的润滑油还有一个特殊的要求，就是要与制冷剂相溶，并且随着制冷剂一起循环。因此，在冷冻机油的选用上，一定要注意正确选用冷冻机油的型号，切不可乱用，否则将造成严重后果。

(2) 冷冻机油使用注意事项

① 冷冻机油应保存在干燥、密封的容器里，防止空气中的水分和其他杂质进入油中。

② 不同牌号的冷冻机油不能混装、混用。

③ 变质的冷冻机油不能使用。

④ 冷冻系统中不能加注过量的冷冻机油，以免影响制冷效果。

⑤ 更换系统部件时，应适当补充冷冻机油。

⑥ 冷冻机油吸潮能力极强，加注或更换时，操作必须迅速，在加注完后立即将盖子拧紧，不得有渗漏现象。

⑦ 加注制冷剂时，应先加冷冻机油；排放时要缓慢进行，以免冷冻机油和制冷剂一起喷出。

8.2.5 汽车空调制冷系统

8.2.5.1 空调系统制冷的基本原理

制冷系统用来降低车厢内空气的温度，它是利用制冷剂由液态转化为气态需要吸收热量和由气态转化为液态对外放出热量的原理工作的。车用空调制冷系统由制冷剂循环系统和电控系统组成。

空调系统制冷的基本原理如图 8-9 所示，当液体变成气体时吸收了热量，从而降低了温度。汽车制冷就是通过消耗一定的动力把制冷剂由气体变成液体，来达到给汽车室内制冷的目的。

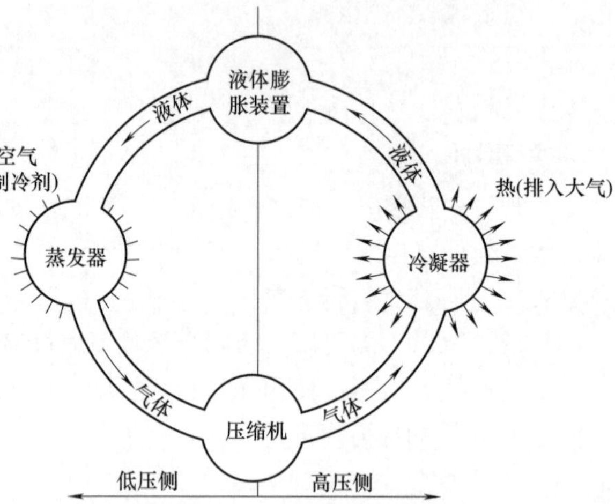

图 8-9 空调系统的制冷循环流程

8.2.5.2 制冷剂循环系统的种类

制冷剂循环系统多采用以 R134a（早期采用氟利昂 R12）为制冷剂的蒸气压缩式封闭循环系统，分节流孔管（FOT）式和膨胀阀（TXV）式两种。

FOT 式制冷剂循环系统主要由压缩机、冷凝器、集液器、节流孔管、蒸发器和管路等组成。

压缩机将气态制冷剂加压升温后送入冷凝器；制冷剂通过冷凝器将热量散发到大气中，逐渐降温液化；液化后的制冷剂经过节流孔管节流进入蒸发器，由于蒸发器内压力低，制冷剂迅速汽化并通过蒸发器吸收车内空气的热量、使车辆降温；从蒸发器出来的制冷剂经过集液器进行气液分离，使气态制冷剂进入压缩机重复上述过程，液体制冷剂留在集液器，避免危害压缩机。由于节流孔管尺寸固定，因此制冷剂流量无法调节。

TXV 式制冷剂循环系统主要由压缩机、冷凝器、储液干燥罐、膨胀阀、蒸发器等组成。制冷原理与 FOT 式制冷剂循环系统基本相同，用膨胀阀取代了节流孔管，可以保证蒸发器出来的制冷剂全部为气态，取消了蒸发器和压缩机之间的集液器；而在冷凝器和膨胀阀之间增设了储液干燥罐，一方面对冷凝器来的制冷剂进行过滤、去除水分；另一方面储存适量的制冷剂以便在各种制冷负荷情况下，为膨胀阀提供液态制冷剂。由于膨胀阀能够根据制冷负荷的大小自动调节制冷剂流量，因此 TXV 式制冷剂循环系统应用更多。

8.2.5.3 汽车空调制冷系统的基本组成

汽车空调制冷系统主要由压缩机、冷凝器、蒸发器、储液干燥器、节流孔管或膨胀阀、高低压管路、鼓风机和控制电路等组成。汽车空调制冷系统各部件及其在轿车上的布置如图8-10所示。

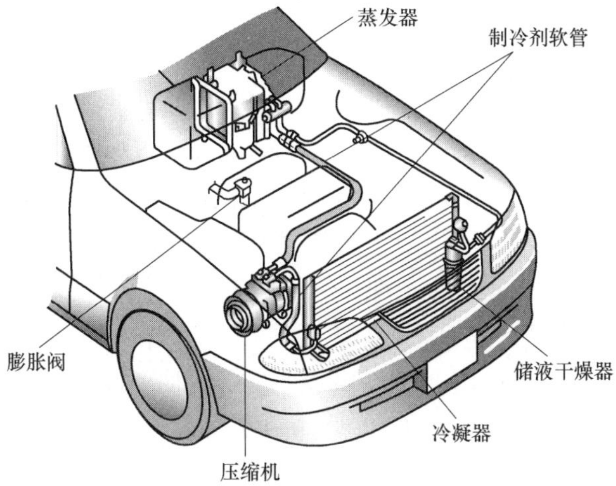

图 8-10 轿车制冷系统各部件及布置

装有膨胀阀的汽车空调制冷系统工作原理如图8-11所示。压缩机是制冷系统的心脏，连接蒸发器和冷凝器；膨胀阀总是装在液体管路上的蒸发器进口处；而使用储液干燥器的系统必须把储液干燥器放在冷凝器和膨胀阀之间。

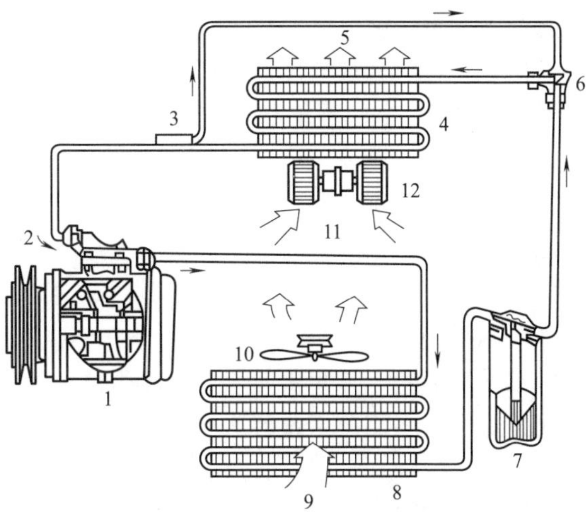

图 8-11 汽车空调制冷系统工作原理

1—压缩机；2—低压侧；3—感温包；4—蒸发器；5—冷气；6—膨胀阀；7—储液干燥器；8—冷凝器；9—迎面风；10—发动机冷却风扇；11—热空气；12—鼓风机

(1) 连接制冷系统的管路

连接制冷系统的管路有以下三种。

① 高压软管。用于连接压缩机和冷凝器。

② 液体管路。用于连接冷凝器和蒸发器。

③ 回气管路。用于连接蒸发器和压缩机。

(2) 制冷系统各部件的作用

压缩机是空调制冷系统的心脏，它是使制冷剂R134a在系统内循环的动力源。它的作用是使制冷剂由低压气体压缩为高温高压气体。没有它，系统不仅不制冷而且失去了运行的动力。压缩机的动力，大部分来自于汽车发动机。

冷凝器的作用是将压缩机排出的高温高压制冷剂蒸气进行冷却，并使其凝结为液体，凝结时所放出的热量被排至大气中。它经常被安装在车头，与散热器一起，共同享受来自前方的习习凉风。

储液干燥器实际上是一个储存制冷剂及吸收制冷剂水分、杂质的装置。一方面，它相当于汽车的油箱，为由于泄漏制冷剂而多出的空间补充制冷剂；另一方面，它又像空气滤清器那样，过滤掉制冷剂中掺杂的杂质。储液干燥器还装有一定的硅胶物质，起到吸收水分的作用。

蒸发器的作用与冷凝器正好相反，它是制冷剂由液态变成气态（即蒸发）吸收热量的场所。车内湿热空气通过蒸发器时，蒸发器内液态雾状制冷剂吸收流经蒸发器的湿热空气热量蒸发而使空气冷却，湿气凝结成露水沿导管排出车外，冷干空气经风机作用循环于车内，最终体现了汽车空调制冷的作用。

膨胀阀的作用是降低进入蒸发器内的制冷剂的压力，控制进入蒸发器内的制冷剂的流量。压力降低，温度同时降低，制冷剂雾化成液态微粒，制冷剂易于吸热而蒸发膨胀。控制进入蒸发器内的制冷剂的流量，可以防止因制冷剂流量过大使蒸发器温度过低而结冰，也可以防止因制冷剂流量过小使蒸发器过热而造成空调系统制冷度不足。

8.2.5.4 汽车空调制冷系统的工作原理

压缩机由发动机经皮带轮和电磁离合器带动旋转，吸入蒸发器中的低温低压（约5℃、0.15MPa）制冷剂蒸气，将其压缩成为高温高压（70～80℃、1.3～2.0MPa）的气体，然后经高压管路送入冷凝器；进入冷凝器的高温高压制冷剂气体与环境空气进行热交换，释放热量，当温度下降至50℃左右时，便冷凝为液态；冷凝为液态的高温高压制冷剂进入储液干燥罐，除去水分和杂质，再经高压液管送至膨胀阀；因为膨胀阀有节流作用，所以高温高压的液态制冷剂流经膨胀阀后，变为低温低压的雾状喷入蒸发器，在蒸发器中吸收周围空气的热量而蒸发、汽化，使周围空气温度降低；由于吸热，因此制冷剂气体到达蒸发器出口时温度升至5℃左右；如果压缩机不停地运转，吸热汽化的制冷剂又被压缩机吸入，上述过程将连续不断地循环，蒸发器周围将始终保持较低的温度。鼓风机将空气吹过蒸发器表面，空气被冷却变为凉气送进车厢，使车厢内变得凉爽；同时，当车厢内空气湿度较高时，空气经过温度低的蒸发器表面时，其中的水分会在蒸发器表面凝结成液体流到车外，从而使车厢内空气中的水分减少，湿度降低。为了加强冷凝器散热，一般设有冷凝器散热风扇（或由发动机冷却液风扇承担）。

由于通风装置、采暖装置结构比较简单，而制冷系统比较复杂，是空调系统的主要部分，因此习惯上将制冷系统称为空调系统。

8.2.6 汽车空调制冷系统主要组成部件的结构

8.2.6.1 压缩机

汽车空调按采用的压缩机结构不同分为多种类型，常见的有斜盘式压缩机、摇板式压缩机、曲柄连杆式压缩机等。压缩机按排量是否可调分为定排量压缩机和变排量压缩机。

(1) 斜盘式压缩机

斜盘式压缩机是一种轴向往复活塞式压缩机。斜盘式压缩机结构紧凑、效率高、性能可靠，采用往复式双头活塞。其主要零件是一根主轴，斜盘用花键和主轴固定在一起。当主轴转动时，带动斜盘转动，依靠斜盘的旋转运动驱动活塞做轴向往复运动。

斜盘式压缩机结构如图8-12所示，在气缸体圆周布置有多个气缸，每个气缸都有进气阀和排气阀，中部安装有双向的活塞，可以旋转的斜盘驱动活塞；电磁离合器控制皮带轮和压缩机轴之间的接合和分离。

电磁离合器通电，皮带轮和压缩机轴之间接合，曲轴通过皮带传动装置、压缩机轴驱动斜盘转动，使所有活塞都做往复直线运动，斜盘旋转一周，每个活塞都往复运动一次（如图8-13所示），每个气缸分别完成一次吸入制冷剂和排出制冷剂的循环。活塞向左运动时，活塞左侧空间减小，制冷剂被压缩、升温，排气阀打开，高压高温的制冷剂向外排出；活塞右侧空间增大，压力减小，进气阀打开，制冷剂被吸入气缸。同理，活塞向右运动时，左侧气缸吸入制冷剂，右侧气缸排出高压高温的制冷剂。

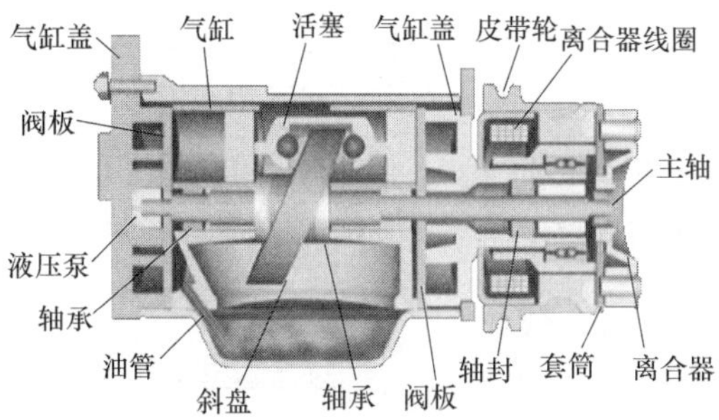

图8-12 斜盘式压缩机的结构

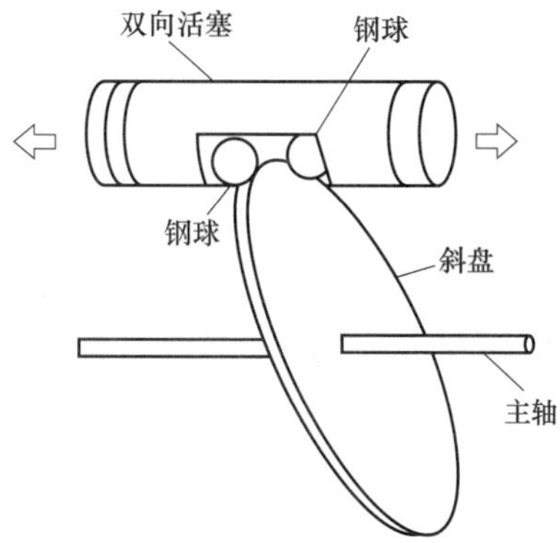

图8-13 斜盘式压缩机的工作过程

（2）摇板式压缩机

摇板式压缩机结构如图8-14所示，其结构、原理与斜盘式压缩机类似，只是将双向活塞变为单向活塞，倾斜角度固定的斜盘变为倾斜角度可变的摇板，从而可以改变活塞的行程，实现改变压缩机的排量的目的。

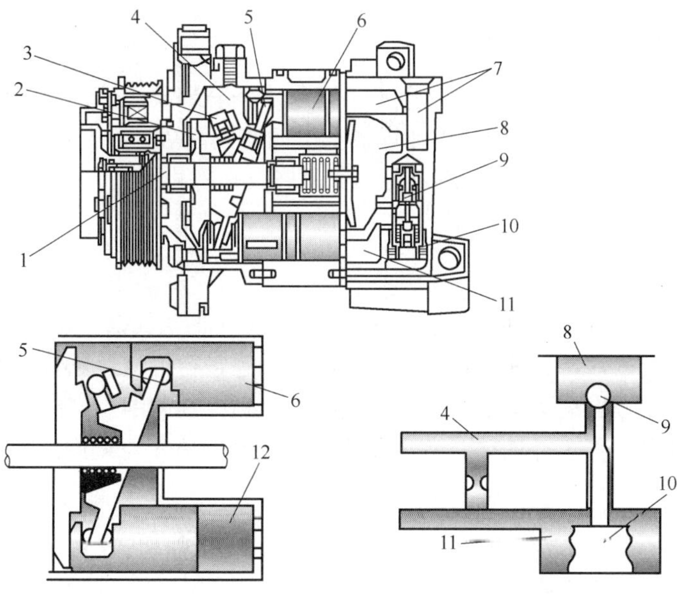

图8-14 摇板式压缩机

1—轴；2—牵引盘；3—导向销钉；4—摇板腔；5—摇板；6—活塞；7—低压腔；8—高压腔；9—控制阀；10—波纹管；11—低压腔；12—活塞行程

压缩机轴旋转时，通过牵引盘、导向销钉带动摇板转动使活塞做往复直线运动。它是根据制冷负荷大小调节排量的。制冷负荷减小时，压缩机低压腔压力降低使波纹管膨胀打开控制阀，高压腔的制冷剂便会通过控制阀进入摇板腔，使摇板腔压力增大，摇板倾斜角度减小，减小活塞行程和压缩机排量。

8.2.6.2 冷凝器

汽车空调系统的冷凝器（包括蒸发器）是一种由管子和铝散热片组合起来的热交换设备。冷凝器的材料可以是铜、钢、铝，目前以铝质居多。管子做成各种盘管状，散热片不仅可增大冷凝器的散热面积，而且可支撑盘管。

用于汽车空调中的冷凝器，常用的有以下几种，如图 8-15 所示。

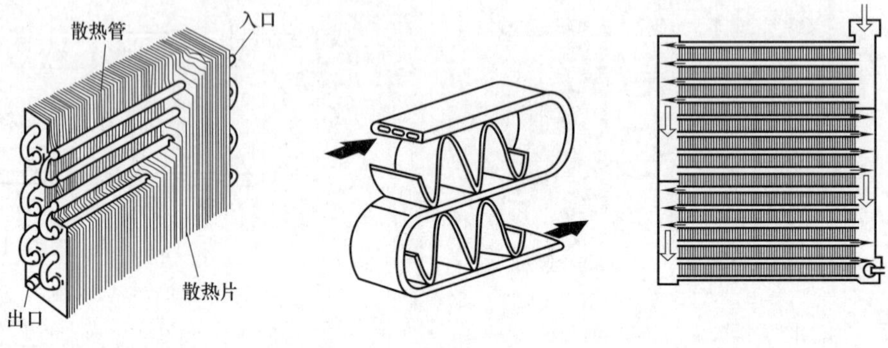

(a) 管片式　(b) 管带式　(c) 平流式

图 8-15　冷凝器的种类

(1) 管片式（管翅式）冷凝器

管片式冷凝器的制作工艺简单，它是在圆铜管上胀上 0.2mm 铝片组合而成，是较早采用的一种冷凝形式，目前一般用在大中型客车的冷气装置上。

(2) 管带式冷凝器

这种冷凝器目前普遍使用在小型汽车上。它采用一整根扁形管，弯成蛇形状。管内用钢筋隔成若干个孔道，管外用 0.2mm 铝片焊在上下两管外皮处，铝片折成皱纹状，以增大散热面积。这种冷凝器结构紧凑（单管多孔）、重量轻（全部铝质）、可靠性高（不用多处弯头焊接），但其管内制冷剂流动阻力要高于管片式。

(3) 平流式冷凝器

这种冷凝器是为了汽车空调使用新型制冷剂 R134a 而开发投入市场的。制冷剂由输入端接头进入圆柱主管中，再分别同时流入多个扁管，并平行地流至对面的主管，然后集中经过跨接管流至冷凝器输出端接头。平流式冷凝器具有制冷剂侧的压力损失小、热导率高、制冷剂充注量少等特点，更适合具有 R134a 性质的制冷剂在汽车空调中使用。

8.2.6.3 蒸发器

汽车空调系统使用的蒸发器亦有管片式、管带式。其结构、材料与冷凝器相同，只是外管不同，其表面积约为冷凝器的 50%（同一冷气系统中）。图 8-16 为管片式蒸发器的结构。比管片式和管带式蒸发器换热效率更高的是板翅式蒸发器，亦称层叠式，由两片冲成复杂形状的铝板叠在一起组成制冷剂通道，每两片通道之间焊接上蛇形散热带，将一个个单层叠置焊接，再焊上集流箱，即构成了板翅式蒸发器。它的特点是：在较小的体积内可有较大的导热表面积，结构紧凑，热效率高。但其焊接工艺难度大，通道狭窄，容易堵塞。经过不断改进在使用R134a制冷剂的汽车空调系统中已被广泛使用。

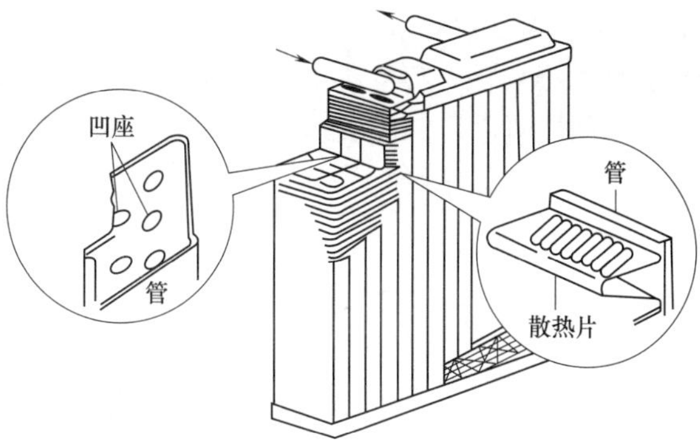

图 8-16　管片式蒸发器结构

8.2.6.4　膨胀阀和节流孔管

膨胀阀和节流孔管都安装在蒸发器入口处，用来将高温高压的液态制冷剂节流后喷入蒸发器，但两者适用的循环系统类型不同，结构也不同。

(1) 膨胀阀

膨胀阀有3种结构形式：外平衡式膨胀阀、内平衡式膨胀阀和H形膨胀阀。

① 外平衡式膨胀阀　外平衡式膨胀阀的结构如图8-17所示，阀的顶部有一个膜片室，膜片室端部一侧通过毛细管接感温包、内部充满气态制冷剂，感温包安装在蒸发器的出口处，感受蒸发器出口处温度；膜片室下方通过平衡管与蒸发器出口相通，感受蒸发器出口压力；阀的中部有一个针阀，控制制冷剂的流量，针阀开度大小由膜片位置决定。

膨胀阀可以根据制冷负荷大小、压缩机转速高低等自动调节制冷剂流量，确保在各种工况下蒸发器出口处制冷剂全部为气态。膨胀阀针阀弹簧刚度和初始位置确定后，膜片位置就取决于膜片室两侧的压力差，蒸发器出口温度升高或蒸发器出口压力降低，膜片室两侧的压力差就增大，针阀开度增大，制冷剂流量增大，制冷能力就增强。制冷负荷减小时，蒸发器出口温度低，感温包内部压力减小，膜片室上方压力减小（或者压缩机转速变化使蒸发器出口压力增大，膜片室下方压力增大），针阀开度减小，制冷剂流量减小，制冷负荷（或压缩机转速）和制冷剂流量适应时，针阀开度稳定，维持一定的制冷强度。当蒸发器出口压力超过一定值时，膨胀阀关闭。

② 内平衡式膨胀阀　内平衡式膨胀阀的结构如图8-18所示，其结构与外平衡式膨胀阀基本相同，只是省掉了平衡管，膜片室下方直接与蒸发器入口相通，感受蒸发器内部压力。工作原理和工作过程与外平衡式膨胀阀相同。

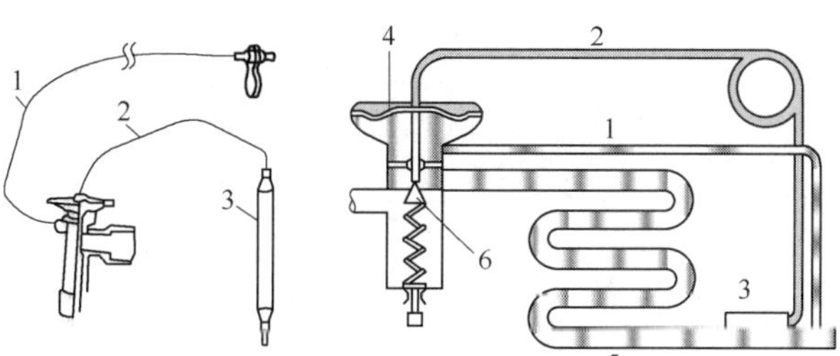

图 8-17　外平衡式膨胀阀

1—平衡管；2—毛细管；3—感温包；4—膜片；5—蒸发器；6—针阀

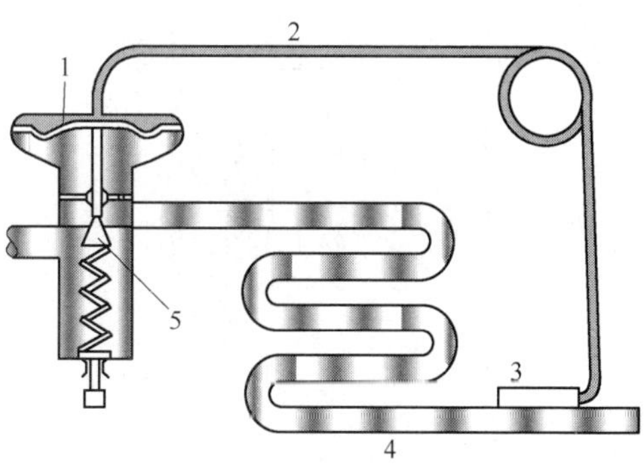

图 8-18　内平衡式膨胀阀

1—膜片；2—毛细管；3—感温包；4—蒸发器；5—针阀

③ H 形膨胀阀　H 形膨胀阀的结构如图 8-19 所示，通过直接连接蒸发器出口和入口，增加了热敏杆来感受蒸发器出口温度，并传热控制膜片室内气态制冷剂的压力、针阀开度，调节制冷剂流量适应制冷负荷和压缩机转速等变化。由于 H 形膨胀阀省掉了感温包及毛细管，结构简单，工作可靠，因此应用越来越广。

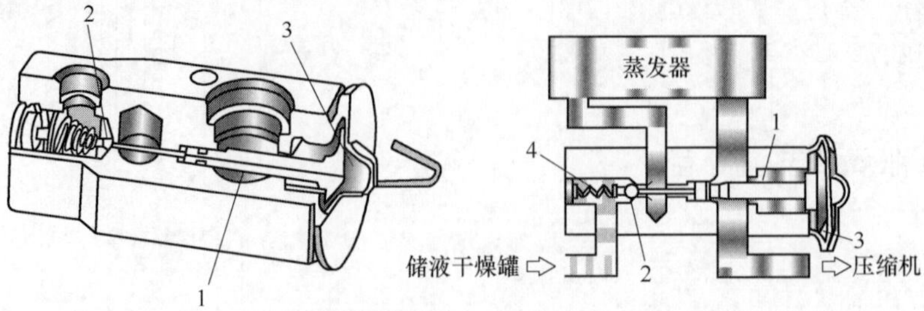

图 8-19　H 形膨胀阀

1—热敏杆；2—针阀；3—膜片；4—弹簧

(2) 节流孔管

节流孔管与膨胀阀的作用基本相同，结构如图 8-20 所示，安装在冷凝器与蒸发器之间。虽然节流孔管的节流孔径固定，没有调节制冷剂流量的功能，但是没有运动件，结构简单、工作可靠，在许多车上获得应用。

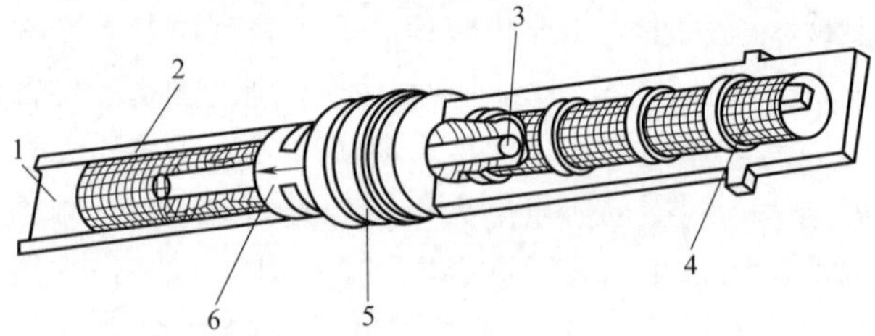

图 8-20　节流孔管

1—去蒸发器；2—制冷剂雾化滤网；3—节流孔；4—制冷剂杂质滤网；5—密封圈；6—制冷剂流向

8.2.6.5　储液干燥器

储液干燥器用于膨胀阀式制冷循环系统，用来吸收和过滤制冷剂中的水分和杂质，并向膨胀阀输送液态制冷剂。储液干燥器的结构如图 8-21 所示。储液干燥器是一个密封的钢制

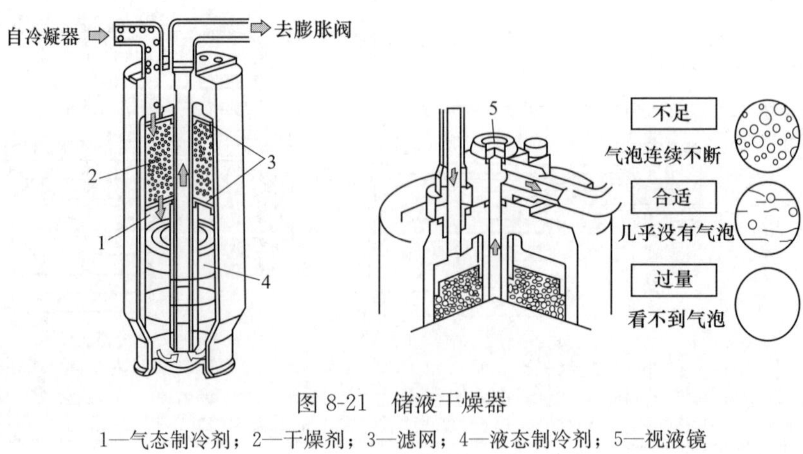

图 8-21　储液干燥器

1—气态制冷剂；2—干燥剂；3—滤网；4—液态制冷剂；5—视液镜

或铝质压力容器，里面放有干燥剂、过滤网，上方有进、出口，中间为用来检查制冷剂是否充足的视液镜（观察窗）。从冷凝器来的高压液态制冷剂从上部进入罐中，经过过滤干燥后，从底部（液态制冷剂区域）由引管排出至膨胀阀。用于观察制冷剂流动情况的镜片正对着流出来的制冷剂。

有些储液干燥器上装有检修阀，便于安装压力表和加注制冷剂。有些储液干燥器上装有压力开关，可以根据制冷循环系统压力控制压缩机或冷凝器风扇运转。还有些储液干燥器上装有易熔塞，以便在制冷循环系统压力、温度过高时，放出制冷剂，保护系统的重要部件。

8.2.6.6 集液器

集液器（气液分离器）用于节流孔管式制冷循环系统，安装在蒸发器出口和压缩机之间，对蒸发器来的制冷剂进行气液分离。集液器的结构如图 8-22 所示。

系统工作时，制冷剂进入容器中，液态的沉入容器底部，气态的从顶部被吸回压缩机中。此容器做得较大，这是因为要容纳较多的气态制冷剂。因它要与孔管配套使用，故此系统无膨胀阀，且已具有过滤干燥功能，亦不必有储液干燥器。

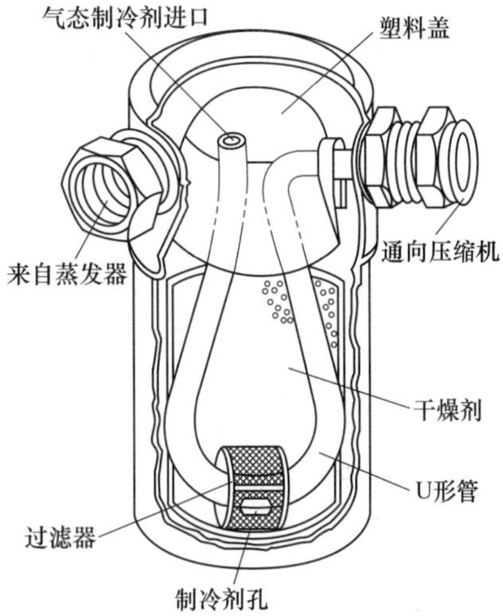

图 8-22 集液器

8.2.7 空气净化系统

汽车空调空气净化系统的作用是除去车内空气中的灰尘，保持车内空气的清洁。部分车辆的空气净化系统还具有去除异味、杀灭细菌的作用。

汽车空调空气净化系统通常有空气过滤式和静电除尘式两种。前者是在空调系统的进风和回风口处设置空气滤清装置。它仅能滤除空气中的灰尘和杂物，结构简单，工作可靠。只需定期清理过滤网上的灰尘和杂物即可，故广泛用于各种汽车空调系统中。后者则是在空气进口的过滤器后再设置一套静电除尘装置或单独安装一套用于净化车内空气的静电除尘装置。它除具有过滤和吸附烟尘等微小颗粒的杂质外，还具有除臭、杀菌作用，有的还能产生负离子，以使车内空气更为新鲜洁净。由于其结构复杂，成本高，因此，只用于某些高级轿车和旅游车上。

在空调系统的进气系统中安装空气滤清器，如图 8-23 所示。

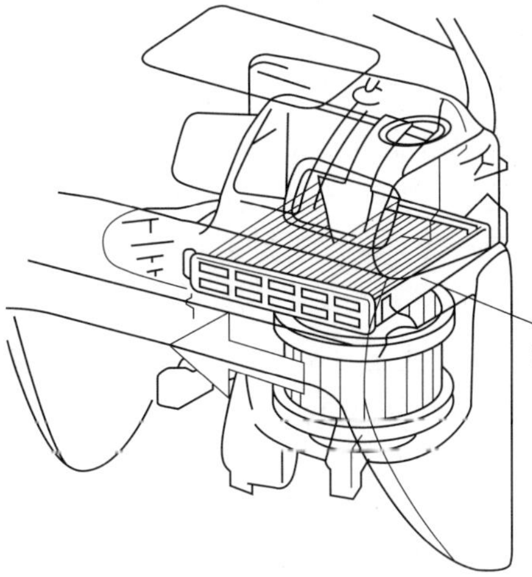

图 8-23 空调进气系统中的空气滤清器

8.2.8 空调电控系统

(1) 空调电控系统的组成

按调节方式不同，空调系统有手动和自动之分，对应的电控系统组成也不相同。

① 手动空调电控系统 手动空调的调

节通过控制面板上的拨杆、旋钮或相应按键实现，如图 8-24 所示。电控系统主要包括各种控制开关、执行装置和传感器。控制开关包括空调制冷开关、温控开关、鼓风机开关、空气循环方式开关等；执行装置包括空调电磁离合器、鼓风机、新鲜空气电磁阀、冷却风扇继电器等；传感器包括冷却风扇温控开关、环境温控开关、高压开关、低压开关等。

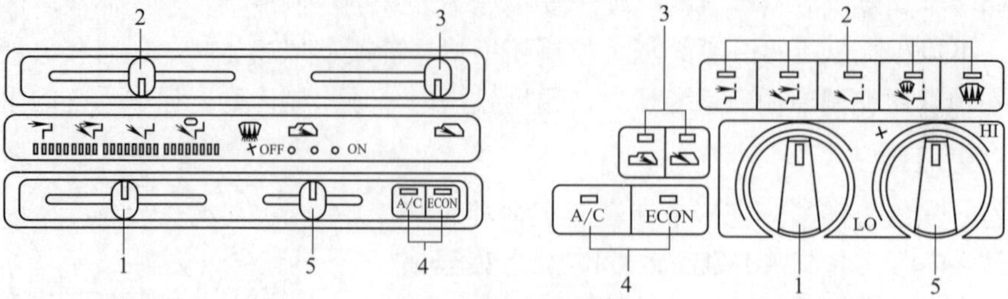

图 8-24 空调控制面板

1—温度选择；2—出风口位置选择；3—空气循环方式选择；4—A/C 开关；5—风速选择

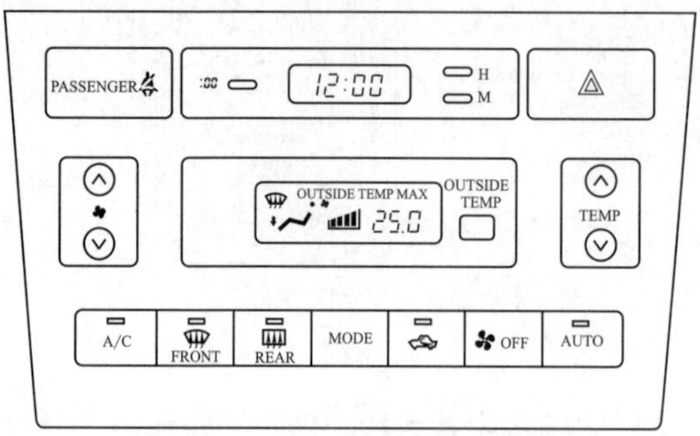

图 8-25 自动空调控制和显示实例

② 自动空调电控系统 自动空调电控系统除了包括控制开关、执行装置和传感器外，还增加了控制单元和显示器。显示器可以显示鼓风机转速、出风口位置、运行模式、车外温度等信息，如图 8-25 所示。控制单元根据传感器信息及乘员指令确定车内空气温度、气流速度、空气循环方式、出风口位置和冷凝器风扇转速等参数的目标值和实际值，必要时通过控制电磁离合器、鼓风机电压、空气循环电磁阀、风门电机、冷凝器风扇电机等执行装置进行调节。还增加了模式开关，供驾驶员选择不同的空调运行模式；图 8-26 为自动空调送风系统及有关传感器电路。

(2) 空调系统的控制电路

上海桑塔纳 LX 型轿车空调电路如图 8-27 所示。该电路由电源电路、温度控制电路、鼓风机控制电路、冷凝器风扇电路、怠速控制电路和压力控制电路组成。其工作原理如下。

① 点火开关 1 处于断开（置 OFF）位置时，减负荷继电器 2 的线圈电路切断，触点断开，空调系统不工作。

② 点火开关 1 处于启动（置 ON）位置时，减负荷继电器线圈电路接通，触点闭合，主继电器 3 中的 J2 线圈通电，接通鼓风机电路。此时可由鼓风机开关 16 进行调速，使鼓风机按要求的转速运转，进行强制通风、换气或送出暖风。

③ 当外界温度高于 10℃时，才允许使用空调。当需要制冷系统工作时，接通空调 A/C 开关 4，空调开关指示灯亮，表示空调开关已接通，此时电流经空调 A/C 开关、环境温度开关，便可接通下列电路。

a. 新鲜空气电磁阀 6 电路接通，该阀动作，接通新鲜空气控制电磁阀的真空通路，使新鲜空气进口关闭，制冷系统进入车内空气内循环。

b. 电源经环境温度开关 7、恒温器 8、低压保护开关 13 对电磁离合器 9 的线圈供电，同时对怠速提升电磁真空转换阀 10 供电，提高发动机的转速，以满足空调动力源的需要。

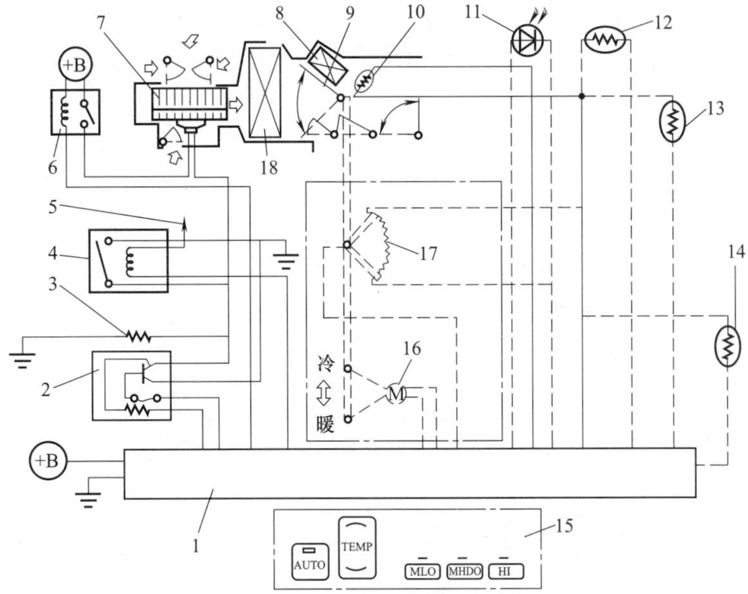

图 8-26 空调送风系统及有关传感器原理图

1—空调 ECU；2—功率管；3—鼓风机电阻；4—超高继电器；5—到蓄电池；6—采暖继电器；7—鼓风机；8—采暖换热器；9—冷暖风门；10—冷却液温度传感器；11—日照传感器；12—室温传感器；13—车外温度传感器；14—蒸发器出口温度传感器；15—控制仪表板；16—伺服电动机；17—位置传感器；18—蒸发器

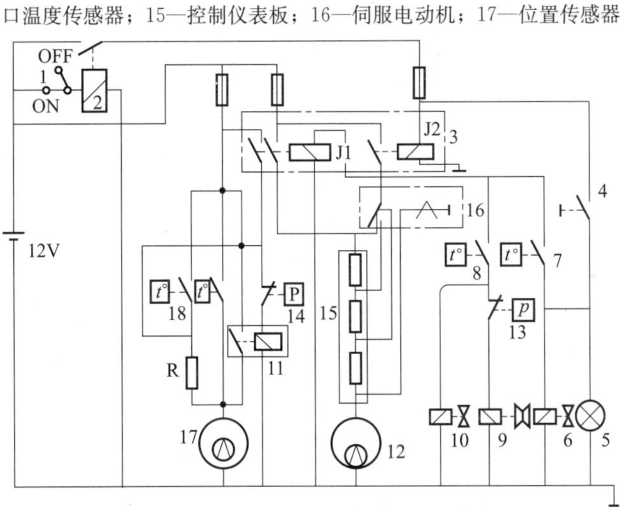

图 8-27 上海桑塔纳 LX 型轿车空调电路

1—点火开关；2—减负荷继电器；3—主继电器；4—空调 A/C 开关；5—空调开关指示灯；6—新鲜空气电磁阀；7—环境温度开关；8—恒温器；9—电磁离合器；10—怠速提升电磁真空转换阀；11—冷却风扇继电器；12—鼓风机；13—低压保护开关；14—高压保护开关；15—风机调整电阻；16—鼓风机开关；17—冷却风扇电动机；18—冷却液温度开关

c. 另一路对主继电器中的 J1 线圈供电，使两对触点同时闭合，其中一对触点接通冷凝器冷却风扇继电器 11 线圈电路；另一对触点接通鼓风机电路。

低压保护开关串联在恒温器和电磁离合器之间，当制冷系统因缺少制冷剂而压力过低时，开关断开，压缩机停止工作。

高压保护开关串联在冷却风扇继电器和空调继电器 J1 的一对触点之间，当制冷系统高压值正常时，触点断开，将电阻 R 串接入冷却风扇电动机电路中，使风扇电动机低速运转。当制冷系统高压超过规定值时，高压保护开关触点闭合，接通冷却风扇继电器线圈电路，冷却风扇继电器的触点闭合，将电阻 R 短接，使风扇电动机高速运转，以增强冷凝器的冷却能力。同时，冷却风扇电动机还直接受发动机冷却液温控开关 18 的控制，当不开空调开关 A/C 时，若发动机冷却液温度低于 95℃，则风扇电动机不转动；当发动机冷却液温度高于 95℃时，冷却风扇电动机低速转动；当冷却液温度达到 105℃时，风扇电动机将高速转动。

空调继电器中的 J1 触点在空调开关 A/C 接通时即可闭合，使鼓风机低速运转，以防止蒸发器表面因温度过低而结冰。

点火开关置于启动位置（ST）时，减负荷继电器线圈电路切断，触点断开，中断空调系统的工作，以保证发动机启动时，蓄电池维持足够的电能。

8.3 汽车空调系统的使用与维护

8.3.1 汽车空调的正确使用

正确使用空调系统，不仅有助于保持车内适宜的温度、湿度，改善驾乘环境，提高乘坐舒适性，而且可以避免风窗玻璃雾化，提高行车安全。正确使用空调系统是保证其发挥最大效率的必要条件，也是为了节约能源，保证汽车空调系统具有良好的技术状况和工作可靠性。为了更好发挥空调系统作用，使用中应注意以下几点。

(1) 使用前的检查

① 检查冷凝器、蒸发器表面的清洁情况。如果灰尘较多，应予以清洗并用压缩空气吹净。还要冲洗空调的散热器和散热风扇，以免过厚的油泥影响散热效果。

② 检查各开关、控制元件的性能是否可靠，空调是否缺制冷剂。制冷剂不足是空调失效的原因之一。

③ 检查空调滤芯是否需要更换。空调滤芯在前机器盖下靠近挡风玻璃位置，是车内空调进风口的过滤器。如果长时间不更换，其上面吸附的尘土会在空调开启时吹进车内。

(2) 使用注意事项

① 使用前按标准量加足制冷剂，清除冷凝器、加热器上的污垢，放净蒸发箱里的积水。

② 关闭车窗、车门，否则会降低制冷效率。

③ 调整风口、风向。正确选择出风口位置，保持最佳效果：采暖时，风吹足部；制冷时，风吹面部；除雾除霜时，风吹风窗玻璃。

④ 发动机停转，请勿打开空调，以免耗电。

⑤ 避免暴晒，以免加重空调负担。

⑥ 正确使用空调控制面板上的操作按钮。

⑦ 要做常规检查和定期维护。

⑧ 经常注意观察软管是否磨损、老化、堵塞，电路是否磨损、短路。

⑨ 正确选用和保存制冷剂、冷冻机油。

⑩ 不要让制冷剂进入眼睛或在雨天加注制冷剂。

⑪ 正确选择应用时机，更加节能：采暖系统尽量在发动机冷却液温度升高后使用；车内温度很高时，应开窗通风后再开启制冷系统。

⑫ 只有发动机运行后才可以开启采暖系统和制冷系统；发动机熄火后，鼓风机虽然可以运转、换风，但无采暖和制冷功能。

⑬ 夏季车内外温差较大，在进入车内的时候，不宜马上将空调温度调得过低，可以先用大风量自然风吹散轿厢内的热气，然后不要将车窗全部关闭，开启空调，等身体逐渐适应后，将空调调制到需要温度，关闭车窗。

⑭ 空调的温度，也并不是越低越好，人体最舒适的温度是23℃左右，在夏季阳光充足的午后，空调也不宜过低，既能抵抗炎夏的阳光，又能保证人体所处的环境温度不至于过低，从而导致“空调病”，同时也响应了国家节能减排、低碳环保的号召。

⑮ 在开启空调的时候，乘客最好不要在车内吸烟，这是因为空调开启时，车内空气在一个相对密闭的环境内循环，首先烟气不易散出，其次烟雾中的微小颗粒会附着在空调进气滤芯上，造成车内长久的异味。

⑯ 定期进行专业的空调系统清洗和杀菌除异味养护。

8.3.2 汽车空调的维护

经常定时地做好空调系统的维护工作，不仅可以保证空调的最佳制冷效果，而且可以延长机件的使用寿命，减少维修工作量。日常维护包括如下各项内容。

① 经常检查清洗蒸发器滤气网。滤网堵塞会使风量减小。如发现堵塞，可拆下蝴蝶栓，打开蒸发器检查门，卸下滤网，然后用压缩机空气或带有中性洗涤剂的温水清洗，并用水龙头冲洗滤网的反面。也可将滤网浸在水里用毛刷刷洗污物，干后即可使用。

② 经常检查和冲洗冷凝器、散热器和冷却器。这些部位如有堵塞，会使制冷损坏的高压侧压力增高，应用压缩空气吹净或用压力清水冲洗干净。

③ 经常检查各部皮带的松紧度。皮带过紧会增加磨损，导致轴承损坏；过松则易使转速降低，制冷不足，甚至发生尖叫声。故应经常检查和调整。

④ 定时维护风机，轴承内要保证不缺油脂。

⑤ 经常检查制冷是否充足。用低速运转空调，从观察窗上察看是否有气泡出现。若出现气泡，说明制冷剂不足，某一部位出了故障，应找专业人员进行检查修理。

⑥ 保持电路部分不受潮湿，否则将导致空调工作不良。

⑦ 冬季不用空调时，也应在一个星期左右开动一次，以免油封胶圈与金属粘连，夏季使用时会拉坏，导致制冷剂泄漏。

⑧ 检查各连接螺栓及接头部分是否松动，传动机构的工作是否正常。

⑨ 要经常注意空调在运转中有无不正常的噪声、振动或异常气味；如有，应立即停止运转，进行检查修理。

⑩ 定期更换空调滤芯。一般在城市路况行驶，3000km左右我们就需要更换空调滤芯，这样不但可以让进气系统更加清洁，还可以避免因为空调滤芯堵塞而造成制冷能力下降。

8.3.3 空调系统的检测

(1) 空调系统的检漏

汽车空调系统工作条件比较恶劣，其制冷系统一直随汽车工作在振动的工况之下，极易造成部件、管道损坏和接头松动，使制冷剂发生泄漏，其泄漏的常发部位见表 8-1。

表 8-1 汽车空调系统泄漏的常发部位部件

部件	泄漏常发部位	部件	泄漏常发部位
冷凝器	① 冷凝器进气管和出液管连接处 ② 冷凝器盘管	制冷剂管道	① 高、低压软管 ② 高、低压软管各接头处
蒸发器	① 蒸发器进气管和出口管连接处 ② 蒸发器盘管 ③ 膨胀阀	压缩机	① 压缩机油封 ② 压缩机吸排气阀处 ③ 前后盖密封处 ④ 制冷剂管道接头处
储液干燥器	① 易熔塞 ② 管道接口喇叭口处		

汽车空调制冷系统常用的检漏方法有卤素灯检漏、电子检漏仪检漏、肥皂泡检漏、染料检漏、真空检漏和外观检漏等。

(2) 用压力表检测

把表座软管接在压缩机上，排除软管内的空气，启动汽车，调整发动机转速至 1250r/min；开动空调器，将有关控制器调至最凉位置（风机也应在最高速）；按需要使发动机温度正常（运行 5～10min）后，进行检测和维修作业。

根据压力表的读数来判断空调系统的状况如下。

① 压力表的读数，高、低压均很低时，说明制冷剂不足。如空调系统工作一段时间出现此现象，可能系统内某处出现泄漏，必须找出泄漏点并加以排除。

② 压力表的读数，高、低压均过高时，很可能是由制冷剂过多引起的。处理方法是：从低压侧逐渐放出一部分制冷剂，直到压力表指针显示规定压力为止。如开始时正常，后来出现上述现象，这是由冷凝器散热差造成的。可检查冷凝器散热片是否堵塞，风扇皮带是否过松，风扇转速是否正常，并予以排除。循环系统内，由于加注制冷剂过程中没有将空气抽净，存在空气，因此高、低压都增高，现象同制冷剂过多时相似，高压侧比前者还要高些。

③ 压力表读数，低压侧偏高，高压侧偏低时，如增加发动机转速，高、低压变化都不大。这种情况一般是由压缩机工作不良所造成的。应检查机内阀片是否损坏，活塞是否磨损，并予以排除。

④ 压力表读数，低压侧出现真空，高压侧压力过低。这种情况产生的原因大多是膨胀阀感温包内的制冷剂完全泄漏，使膨胀阀内的小孔全部堵死，使制冷剂不环流，系统不能制冷。排除的办法是更换或拆修膨胀阀。

8.3.4 制冷剂的判断与加注

(1) 汽车空调制冷剂是否充足的判断法

汽车空调系统制冷剂不足会导致制冷量不足，在无泄漏情况下，一般 3 年左右添加一次制冷剂即可。可以通过观察玻璃检视窗内的制冷剂的气泡情况，来判断制冷剂是否充足。

① 启动发动机，将其转速保持在 2000r/min 左右，并使空调系统工作，然后透过玻璃检视窗观察制冷剂的流动。如果空调制冷系统的制冷剂量合适，则应能从玻璃检视窗里看到清澈的制冷剂在不停地流动，并且看不到气泡，只有在高温时偶然看到有一些小气泡。

② 交替地开动和关停空调器。注视玻璃检视窗，如果空调系统运转时，看不见小的气

泡，并且空调系统已向车内送冷空气了，则表明一切都正常。如果在空调系统运转时，能够从玻璃检视窗内看见小气泡，则说明制冷剂不足，应及时检修、查出泄漏处。

③ 若空调系统运转时，从玻璃检视窗里看到一长串机油条纹或偶尔见到成块的机油条纹，则表明有部分制冷剂已泄漏，应及时检修。

④ 检查空调系统制冷剂是否充足，也可通过检查储液干燥器进、出口温度差来判断。

储液干燥器通常装在冷凝器的后方，外形为圆筒状且有两根管路，一根管路通向膨胀阀；另一根管路通向冷凝器。运转发动机，使其转速保持在2000r/min左右，再让空调系统进入工作状态，用两手分别握住上述的两根管子，感受它们的温差。

a. 若感觉两根管路的温度很相近，则表明制冷剂的充注量合适。

b. 若感觉到通往冷凝管的管子较冷，则表明制冷系统中的制冷剂不足，应及时检修。

c. 若感觉到通往膨胀阀的管子较冷，则表明制冷系统中的制冷剂过量（此种情况较少）。

（2）空调制冷剂的加注量的判断

① 每种汽车空调制冷系统，所需注入制冷剂的量不同，须按厂家的规定加注制冷剂。一般小量制冷剂罐的外壳均标有容量，而大容量的制冷剂罐则可通过过磅秤称重。

② 目前所使用的汽车空调，大多制冷系统均装有视液镜。若想知道充入的制冷剂量，可直接通过视液镜观察，看制冷剂的流向，并对量的多少进行合理的判断。

③ 可通过高、低压进行判别。若两侧压力均偏低，说明制冷剂的量过少，而均偏高，说明制冷剂的量过多，需进行适当的调节。

（3）充注空调制冷剂应注意哪些事项

目前汽车空调制冷剂主要有R12和HFC-R134a两种。目前国内外新车的空调系统大都使用了R134a制冷剂。

R134a与R12空调系统相比，两者热力学性质和系统结构相似，最大的不同之处是冷冻油。凡是车用的R134a空调系统，厂方都会在压缩机、冷凝器、蒸发器、橡胶管和灌充设备上注明R134a的标志以防误用。

汽车空调系统补充制冷剂时应注意以下两点。

① 制冷剂不可互换。目前进口的汽车空调装置大多采用R134a制冷剂，若是将R134a空调系统改为灌充R12制冷剂，虽然一样可以发出冷风，但将会损害压缩机。因此哪一种制冷剂应灌充到哪一种空调系统中，不可互用。

② 当汽车空调修理和安装时都需要进行抽真空。抽真空好坏直接关系着空调的使用寿命。如果抽真空时间不够，将水分残留在机内，会破坏空调系统正常的工作。一般来说小车抽真空时间不可少于半小时，大客车抽真空时间不可少于1h。

8.4 空调系统的故障诊断与排除

8.4.1 空调系统的故障诊断方法

（1）看

① 观察整个空调系统各个零件是否处于正常工作状态。启动空调，观察储液干燥过滤

器的观察窗，看制冷剂是否适量。如果每隔 1～2s 就会有气泡出现，表示制冷剂不足；如果观察到有连续不断的气泡出现，说明制冷剂严重不足。

② 观察各接头处是否有油污，是否沾有灰尘。如果有油污和灰尘，则可能泄漏。

③ 观察冷凝器表面是否脏污，散热片是否倒伏变形。

(2) 听

① 听运转中的空调系统有无异常声音。如果有噪声，则可能是电磁线圈老化，吸力不足，通电后打滑造成的，也可能是离合器片磨损造成间隙过大，使离合器打滑。

② 听压缩机是否有液击声。如果有液击声，可能是制冷剂过多或膨胀阀开度过大，应释放制冷剂或调整膨胀阀。除此之外，就是压缩机内部损坏。

(3) 摸

① 用手摸高、低压管路。高压管路比较热，如果某处特别热或进、出口有明显温差，说明该处堵塞。

② 用手触摸压缩机的进气管和排气管，正常情况下，应该有明显的温度差，而且进气管较凉，排气管较热，否则，说明空调系统工作不正常。

③ 用手感觉比较冷凝器进入管和排出管的温度，正常情况下，进气管应较热，排气管应较凉，冷凝器上部温度比下部温度要高。

④ 用手摸储液干燥过滤器，前后温度应一致。

⑤ 冷凝器输出管到膨胀阀输入管之间是制冷剂高压、高温区，温度应该均匀一致。低压管路比较凉，用手摸膨胀阀前后要有明显的温差，即前热后凉。膨胀阀出口到压缩机之间的软管应该凉而不结霜，正常情况应为结霜后立即融化，用肉眼看到的是霜融化后结成的水珠。如果高压管路、低压管路没有明显温差，说明制冷系统不工作或系统泄漏，制冷剂严重不足。

⑥ 用手感觉车内出风口应有凉的感觉，车内保持适应人体的正常温度。

(4) 测

① 用检漏仪检查各接头是否有泄漏。用歧管压力表检查制冷系统的压力。运转压缩机，发动机转速为 2000r/min，观察歧管压力表。在一定的大气湿度内，轿车制冷系统工作时，其高、低压范围正常状况是高压端压力应为 1.421～1.470MPa，低压端压力应为 0.147～0.196MPa；若不在此范围内，则说明系统有故障。

② 用万用表检查空调电路故障。

③ 用温度计测量。

a. 蒸发器。不结霜的前提下，蒸发器表面温度越低越好。

b. 冷凝器。正常工作时，冷凝器入口温度为 70～90℃，冷凝器出口温度为 50～65℃。

c. 储液干燥器。正常情况下应为 50℃。如果上下温度不一致，说明储液干燥器堵塞。

8.4.2 空调系统的常见故障及其排除方法

(1) 压缩机卡死

① 故障现象：所谓卡死，就是压缩机不能转动。

② 故障原因：压缩机卡死的原因通常是润滑不良或没有润滑油。冷冻润滑油因制冷剂

泄漏而将其带出漏完，或者蒸发器的溢流管、POA 阀的溢油阀、CCOT 系统的油气分离器的油孔堵塞，都会使压缩机因得不到足够的润滑油而卡死。

③ 故障诊断与排除：如果发现离合器打滑或 V 带打滑，一般都是压缩机卡死所致。这时应立即将压缩机离合器电源关掉。检查系统有无泄漏。若有，则可能是油路问题，这时可查溢油管是否被压扁或扭折。若无，则应是蒸发器压力控制装置上的放油阀堵塞所致，这时便需要修理放油阀。

为此，要将系统内的制冷剂放卸完，更换溢油阀，并清洗上述各阀，将系统重新安装，然后抽真空、检漏、注补充油和充注制冷剂。在发动机重新启动前先用手转动一下压缩机，让内部各润滑面布满润滑油膜后，再行启动，否则，容易将压缩机拉伤而报废。

(2) 压缩机泄漏

① 故障现象：压缩机出现较重的泄漏现象。

② 故障原因：泄漏也是压缩机的常见故障。一般在轴封有微量的泄漏，每年的泄漏量小于 14.2g 是正常的。这不会影响制冷系统的运行性能。但是如果泄漏量超过此量，便会影响空调性能，这时必须进行检修。

③ 故障诊断与排除。

a. 压缩机内部泄漏检查。在压缩机吸、排气检修阀上装上歧管压力计，并关闭手动高、低压阀，再用手转动压缩机主轴，每秒钟转一圈，共转 10 圈，这时打开手动高压阀，高压表的压力应大于 0.345MPa 或更大；若压力小于 0.310MPa，则说明压缩机内部有泄漏，须重新修理或更换阀片、阀板和缸垫。

b. 压缩机外部泄漏检查。从压缩机吸入端注入少量制冷剂，然后用手转动其主轴，用检漏仪检查轴封、端盖、吸排气阀口等处有无泄漏，若有泄漏须拆卸重新检修；若无泄漏，就可装回发动机上。

(3) 压缩机无制冷剂输出或者压缩不良

① 故障现象：用压力表检查压缩机的吸气和排气压力，两者压力几乎相同，用手仔细触摸压缩机感觉发热。

② 故障原因：压缩机缸垫窜气，造成从排气阀出来的高压高温蒸汽通过缸垫的缺口又窜回到吸气室，进行再次压缩，产生温度更高的蒸汽。这样来回地在压缩机内部循环压缩，蒸汽温度便会越来越高，最后把冷冻润滑油烧焦，造成压缩机的报废，这是一种非常严重的故障。

若进排气弹簧片破损或者变软，则压缩机可能不压缩制冷剂或者压缩不良。这种故障的表现只是吸气压力和排气压力相同或相差不多，而压缩机不会发热。

③ 故障诊断与排除：上述的故障都可以归纳到压缩机内部泄漏上，压缩机内部泄漏的检查方法主要是用表阀接通压缩机的吸气检修阀和排气检修阀，启动发动机和空调系统，如果高、低压力表值相等或相差不大，就可能是制冷剂不足和压缩机内部泄漏。此时再用观察视液镜方法就可以判断制冷剂是否不足；若否，便可确诊为是压缩机的内部泄漏。压缩机卡死、泄漏和压缩机不压缩的故障，均需要拆开压缩机进行修理。

(4) 空调系统风量不足或无风

① 故障现象：接通点火开关，将鼓风机开关置所有挡位或某一挡位时，出风口不出风或出风量小。

② 故障原因：熔断器断路；鼓风机开关继电器接触不良或损坏；鼓风机损坏或分挡电阻断路；连接线路断路或接触不良；通风管道不畅或风门不能打开等。

③ 故障诊断与排除：如果鼓风机开关置于任何挡位，出风口均不出风，应首先检查熔断器是否断路，若熔断器断路，应核对熔断器的容量是否符合要求，检查线路及鼓风机电机电枢绕组是否搭铁，查明原因并修复或更换；若熔断器良好，则应检查鼓风机开关电源线上的电压。电压为零时，应检查空调继电器的线圈是否断路、触点能否闭合及连接线路是否断路；电压正常时，应检查鼓风机开关是否损坏，鼓风机搭铁是否良好。若上述检查均正常，则应检修鼓风机电机。

如果鼓风机电机仅在某一挡位不能转动，应检查鼓风机开关该挡位的触点是否导通，该挡至分挡电阻间的连接导线及分挡电阻是否断路，并视情况予以修复。

如果鼓风机开关置于任何挡位，鼓风机电机转动缓慢，各出风口风量均较少，则一般是鼓风机电机损坏或鼓风机开关及连接导线接触不良，应检查连接导线各插接件是否松动，鼓风机电机搭铁是否良好，鼓风机开关各接触点接触是否良好。最好对鼓风机电机进行检修。

如果鼓风机电机运转正常，但个别出风口无风或风量过小，应检查该风口出风管道中有无异物堵塞，风门能否打开，各连接管道是否密封，并视情况予以修复。

(5) 系统不制冷

① 故障现象：接通制冷开关 A/C 与鼓风机开关 5min 后，出风口无冷风吹出。

② 故障原因：电磁离合器线圈或线路断路；压缩机损坏；控制线路中温控开关、低压开关等损坏；系统内制冷剂泄漏；储液干燥器或膨胀阀堵塞。

③ 故障诊断与排除：启动发动机正常运转，接通制冷开关，检查电磁离合器能否吸合。

若电磁离合器吸合，而压缩机不转，应检查离合器线圈的电阻值。若电阻小于规定值，说明线圈匝间短路，应更换线圈；若电阻符合规定值，说明压缩机内部卡死，应检修或更换压缩机；如果压缩机运转正常，则应检查储液干燥器或膨胀阀是否堵塞。

若电磁离合器不吸合，应检查低压开关处电源线上的电压。若电压为零，则分别检查温控开关及线路连接是否正常；若电压正常，可短接低压开关。此时，若电磁离合器仍不吸合，应检查电磁离合器线圈或连接线路是否断路；电磁离合器若能吸合，应检查系统内制冷剂是否适量，测试压缩机工作是否正常。

(6) 制冷效果差

① 故障现象：接通制冷开关 A/C 和鼓风机开关 5min 后，出风口有冷风，但温度偏高而无凉爽感，车厢内温度下降缓慢。

② 故障原因：系统内制冷剂量不足；储液干燥器、膨胀阀滤网、蒸发器等不畅或堵塞；膨胀阀感温包失效；冷凝器或蒸发器表面过分脏污，影响热交换；压缩机皮带、离合器打滑或压缩机内部工作不良；鼓风机开关接触电阻过大或鼓风机功率不足。

③ 故障诊断与排除：检查压缩机皮带是否损坏、打滑，皮带损坏应予更换；皮带过松时，应予以调整。启动发动机后，接通制冷开关，若听到刺耳的金属摩擦声，一般是电磁离合器打滑，应检修电磁离合器。如无明显异常响声，用手触摸系统管路和各部件根据温度进行判断。

正常情况下，高压端管路温度为 55～65℃，手感热而不烫手；低压端管路为低温状态，其部件及连接管路有水露。

如果高压端有烫手感觉，应检查冷凝器表面是否清洁，冷却风扇转动是否缓慢，风扇护罩是否损坏；如果无异常，则可能是制冷剂过多。

如果高压端手感热度不够，则可能是制冷剂量不足或压缩机工作不良。

如果在储液干燥器上出现霜冻或水露，则说明干燥器破碎堵塞制冷剂流通进口管道，此时应检修。

膨胀阀工作正常时，其进口连接处是热的，但出口连接处是凉的，有水露。若膨胀阀出口处有霜冻现象，说明膨胀阀的阀口可能被堵塞，须马上处理。低压管手感冰凉、有水露，但不应有霜冻。若出现霜冻，则可能是膨胀阀的感温包内传感液体漏光，须更换新件。

经上述直观检查，若不能准确判断故障所在，可借助歧管压力表总成检测系统高、低压侧的压力值，作为判断故障的依据，见表 8-2。

表 8-2 空调系统压力对应故障原因及解决方法

压力表读数/×10kPa		故障原因	解决方法
低压侧	高压侧		
10	80	系统内缺少制冷剂	检漏、抽空、补充制冷剂
30～50	200～350	系统内制冷剂过量，冷凝器散热不良	放卸制冷剂；检查冷凝器
0～69	300	储液干燥器堵塞	更换储液干燥器
15～30	200	储液干燥器饱和	更换储液干燥器
0	130	膨胀阀只闭不开	更换膨胀阀
45	230	膨胀阀只开不闭	更换膨胀阀

(7) 系统噪声太大

① 故障现象：空调系统工作时，发出异常的响声或出现明显的振动。

② 故障原因：压缩机皮带松紧度调整不当；电磁离合器间隙调整不当或摩擦片不平、沾有油污；压缩机皮带轮或张紧轮轴承损坏；压缩机内部部件磨损严重、配合松旷；制冷剂过量引起高压管振动、压缩机敲击；鼓风机有故障。

③ 故障诊断与排除：尖叫声主要由离合器吸合时打滑引起，或者由 V 形传动带（V 形皮带轮，简称 V 形带轮）过松和磨光而打滑所引起。它们是噪声过大的最主要来源。如果无论制冷系统是否工作，系统都有噪声，一般是鼓风机有故障或压缩机固定螺栓松动或皮带轮、张紧轮轴承损坏。首先检查鼓风机工作是否正常，然后检修皮带轮轴承和鼓风机电动机。若接通制冷开关响声出现，可先检查压缩机传动带是否松弛，并视情况予以调整或更换。传动皮带工作正常，可直观检查制冷系统制冷剂量是否合适。若上述检查正常，应检查电磁线圈安装是否正常、皮带轮是否倾斜；若无异常，应检修或更换电磁离合器和压缩机。

压缩机的振动以及轴的振动也是噪声过大的来源之一。首先要检查其支承是否发生断裂，紧固螺栓是否松动。引起压缩机振动的还有 V 形传动带张力过紧和带轮轴线不平行。压缩机的轴承磨损使轴、轴承两者间隙过大，也会引起轴的振动；离合器带轮轴承的润滑不良会引起噪声过大。当发现压缩机轴封处有泄油痕迹时，便应检查压缩机的油位是否正常；若油位过低，会造成压缩机润滑不良，亦会发生过大的噪声。

对于自动空调系统，有故障自诊断功能时，应首先按规定的方法进行自诊断，参考故障码进行检修，故障排除后消除故障码。

参考文献

[1] 吴芷红，等主编. 汽车电气设备. 北京：中国水利水电工业出版社，2010.

[2] 蒋志伟主编. 汽车电气设备拆装与维修. 北京：机械工业出版社，2013.

[3] 代洪主编. 汽车电气系统检修. 北京：国防工业出版社，2015.

[4] 朱帆，等主编. 汽车电气设备维修. 北京：人民交通出版社，2012.

[5] 吴文琳主编. 怎样读新型汽车电路图. 北京：中国电力出版社，2007.

[6] 王慧君主编. 汽车电气设备. 北京：人民交通出版社，2014.

[7] 熊强，等主编. 汽车电气设备. 北京：国防工业出版社，2012.

[8] 邢艳云，等主编. 汽车电器. 北京：科学出版社，2009.

[9] 蹇小平，等主编. 汽车电器与电子技术. 北京：人民交通出版社，2006.

[10] 韩攀峰编著. 图解汽车电工入门. 北京：中国电力出版社，2010.

[11] 孙余凯，等编著. 汽车电工实用技术. 北京：电子工业出版社，2005.

[12] 吴文琳，等主编. 汽车电工 1000 个怎么办. 北京：中国电力出版社，2010.